新时代北外文库

教育法治与大学治理

Education Rule of Law and University Governance

秦惠民　著

人民出版社

统　　筹:张振明　孙兴民
责任编辑:李媛媛
封面设计:徐　晖
版式设计:王　婷
责任校对:白　玥

图书在版编目(CIP)数据

教育法治与大学治理/秦惠民 著. —北京:人民出版社,2021.7
(新时代北外文库/王定华,杨丹主编)
ISBN 978 - 7 - 01 - 022885 - 3

Ⅰ.①教…　Ⅱ.①秦…　Ⅲ.①教育法-中国-文集 ②高校管理-中国-文集
　Ⅳ.①D922.164-53 ②G647-53

中国版本图书馆 CIP 数据核字(2020)第 252163 号

教育法治与大学治理

JIAOYU FAZHI YU DAXUE ZHILI

秦惠民　著

人民出版社 出版发行
(100706　北京市东城区隆福寺街 99 号)

北京新华印刷有限公司印刷　新华书店经销

2021 年 7 月第 1 版　2021 年 7 月北京第 1 次印刷
开本:710 毫米×1000 毫米 1/16　印张:23.75　插页:1 页
字数:366 千字

ISBN 978 - 7 - 01 - 022885 - 3　定价:98.00 元

邮购地址 100706　北京市东城区隆福寺街 99 号
人民东方图书销售中心　电话 (010)65250042　65289539

作者简介
ABOUT THE AUTHOR

秦惠民 1955 年生，法学博士。1982 年中国人民大学本科毕业留校工作，先后受聘助理研究员、副研究员、研究员、教授、学科责任教授、博士生导师，校学术委员会委员、学位评定委员会委员；先后担任副科长、科长、副处长、处长、研究生院副院长、教育科学研究所所长、公共管理学院党委书记兼副院长、教育研究所所长、教育学院党总支书记、教育学院代理院长。2018 年受聘北京外国语大学特聘教授、博士生导师、国际教育学院院长。主要从事教育政策与法律制度、教育发展与学校治理、高等教育学、教育法学等的教学和研究，已发表相关论文 140 余篇，多篇被《中国社会科学文摘》《新华文摘》《红旗文摘》等全文转载或摘编；代表性学术专著《走入教育法制的深处——论教育权的演变》；论文和著作多次获得中国高校人文社会科学优秀成果奖和北京市哲学社会科学优秀成果奖；教学成果多次获得北京市优秀教学成果奖。2008 年获批国务院特殊津贴专家，2013 年获评中国高等教育学会"从事高教工作逾 30 年高教研究有重要贡献学者"。目前的主要学术兼职有：教育部法律咨询专家委员会委员；教育部学风建设委员会委员兼秘书长；全国高校信息资料研究会会长；中国高等教育学会学术委员会委员；中国教育发展战略学会学术委员会委员；中国教育发展战略学会教育法治专业委员会学术委员会主任；中国教育学会教育法律与政策分会副理事长等。

内 容 提 要
EXECUTIVE SUMMARY

　　本书选编了作者 21 世纪以来发表的与教育法治和大学治理相关的部分论文，分别发表在 CSSCI 期刊、集刊或重要的核心报刊上。其中，《中国高教研究》9 篇；《中国教育法制评论》5 篇；《教育研究》3 篇；《中国高等教育》2 篇；《探索与争鸣》《北京师范大学学报》《高等教育研究》《学位与研究生教育》《判解研究》《法律适用》《沈阳师范学院学报》《光明日报》各 1 篇；共计 27 篇。其中，被《中国社会科学文摘》全文摘编 1 篇，被《新华文摘》正文转载 4 篇、论点摘编 1 篇，被《中国国情报告》全文收录 1 篇。这些论文既表现了作者对相关问题学习与思考的心路历程，又反映了我国教育法治和大学治理理论与实践的历史发展。

　　本书将展现：中国教育法治与教育法学的进步和发展；新中国的教育立法为何始于《学位条例》；教育法治建设和教育法律体系的完善正在推进良法善治的发展；法治方式是中国教育管理体制机制改革的发展趋向；大学被告上法庭是推进教育法治的划时代事件；法治理性和法治逻辑是大学治理体系和治理能力现代化的基本要素和重要标志；对大学理性和大学功能的探讨促进着有关高等教育价值及其实现的认知；大学章程建设的民主与法治实践反映着以法治思维和法治方式推进大学治理现代化的进程。

　　本书可作为高等教育学、法学、教育管理学研究者的参考用书。

出版说明

2021 年是中国共产党成立 100 周年,也是北京外国语大学建校 80 周年。作为中国共产党创办的第一所外国语高等学校,北外紧密结合国家战略发展需要,秉承"外、特、精、通"的办学理念和"兼容并蓄、博学笃行"的校训精神,培养了一大批外交、翻译、教育、经贸、新闻、法律、金融等涉外高素质人才,也涌现了一批学术名家与精品力作。王佐良、许国璋、纳忠等学术大师,为学人所熟知,奠定了北外的学术传统。他们的经典作品被收录到 2011 年北外 70 年校庆期间出版的《北外学者选集》,代表了北外自建校以来在外国语言文学研究领域的杰出成果。

进入 21 世纪尤其是新时代以来,北外主动响应国家号召,加大非通用语建设力度,现获批开设 101 种外国语言,致力复合型人才培养,优化学科布局,逐步形成了以外国语言文学学科为主体,多学科协调发展的格局。植根在外国语言文学的肥沃土地上,徜徉在开放多元的学术氛围里,一大批北外学者追随先辈脚步,着眼中外比较,潜心学术研究,在国家语言政策、经济社会发展、中华文化传播、国别区域研究等领域颇有建树。这些思想观点往往以论文散见于期刊,而汇编为文集,整理成文库,更能相得益彰,蔚为大观,既便于研读查考,又利于学术传承。"新时代北外文库"之编纂,其意正在于此,冀切磋琢磨,交锋碰撞,助力培育北外学派,形成新时代北外发展的新气象。

"新时代北外文库"共收录 32 本,每本选编一位北外教授的论文,均系进入 21 世纪以来在重要刊物上发表的高质量学术论文。既展现北外学者在外国文学、外国语言学及应用语言学、翻译学、比较文学与跨文化研究、国别与区域研究等外国语言文学研究最新进展,也涵盖北外学者在政治学、经济学、教育学、新闻传播学、法学、哲学等领域发挥外语优势，开展比较研究的创新成果。希望能为校内外、国内外的同行和师生提供学术借鉴。

北京外国语大学将以此次文库出版为新的起点，进一步贯彻落实习近平新时代中国特色社会主义思想和党中央关于教育的重要部署，秉承传统，追求卓越，精益求精，促进学校平稳较快发展，致力于培养国家急需，富有社会责任感、创新精神和实践能力，具有中国情怀、国际视野、思辨能力和跨文化能力的复合型、复语型、高层次国际化人才，加快中国特色、世界一流外国语大学的建设步伐。

谨以此书，

献给中国共产党成立 100 周年。

献给北京外国语大学建校 80 周年。

文库编委会

庚子年秋于北外

目　录

以法治理性推进大学治理

教育法治与教育法学相关问题

高等教育价值与大学理性和功能

自　序

以法治思维和法治方式推进大学治理

值此北京外国语大学诞辰 80 周年之际,荣幸入选学校组织出版的《新时代北外文库》。从党的十五大确立依法治国基本方略,到党的十九届四中全会关于推进国家治理体系和治理能力现代化若干重大问题的决定,中国的法治进步推动着国家治理体系与治理能力现代化的进程。

新中国的教育立法始于《学位条例》;教育法治建设和教育法律体系的完善正在推进良法善治的发展;法治方式是中国教育管理体制机制改革的发展趋向;大学被告上法庭是推进教育法治的划时代事件;对大学理性和大学功能的探讨促进着有关高等教育价值及其实现的认知;大学章程建设的民主与法治实践反映着以法治思维和法治方式推进大学治理现代化的进程。法治要求依法治理,包括依法行政和依法办事的一整套制度安排及其运行体制机制,其价值原则是法律至上、权力制约、程序公正、保障人权和良法善治。正如习近平总书记所指出的,"人类社会发展的事实证明,依法治理是最可靠、最稳定的治理","法治是国家治理体系和治理能力的重要依托"。

以法治思维和法治方式推进大学治理,既是教育法治的要求,又是大学治理的基石。为此,就要建立和完善符合法治要求的教育法律体系和政策体系,形成和发展符合教育法治的教育治理体制机制和府学关系,以及符合法治理性的大学治理方式和制度规范。

从制度性探索走向良法善治

高等教育法治发展从制度性
探索走向良法善治

　　高等教育法治发展的 70 年,是一段在中国共产党的领导下坚持探索、勇于实践并不断发展和完善的历史。从理念上看,对法律价值与功能的认识不断深化,逐步实现了从需要法律制度、改变人治状态向依法治教、推进良法善治的转变;从立法实践来看,逐步从单项立法走向综合立法,法律制度体系不断完善;从法律适用来看,逐步从宣示性法律制度走向依法行政和具有法律效力的司法实践;从法律作用和社会效果来看,法律对于高等教育事业的保障功能、调整功能、指引功能和评价功能逐步增强,对高等教育事业的健康发展发挥了重要的引领和保障作用。

一、对高等教育学位制度的艰辛探索

　　新中国教育法律制度的探索实践,始于高等教育。从 1949 年新中国成立到 1966 年"文革"开始,对教育法律制度的探索主要集中于建立学位制度。《中国人民政治协商会议共同纲领》第 46 条规定,"人民政府应有计划有步骤地改革旧的教育制度"。据此,1949 年 12 月 23 日至 31 日教育部在北京召开第一次全国教育工作会议,明确了改革旧教育的方针、步骤和发展新教育的方向。1950 年 6 月 1 日至 9 日,教育部在北京召开第一次全国高等教育会议,讨论了改造高等教育的方针和新中国高等教育建设的方向,通过了《高等学校暂行规程》。1951 年 10 月 1 日,中央人民政府政务院颁布《关于改革学制的决定》,其中规定:"实施高等教育的学校为各种高等学校,即大学、专门学院和专科学校。高等学校应在全面的普通的文化知识教育的基础上给学生以专门的教育,为国家培养具有高级专门知识的建设人才。"还规定,大学和专门学院可设研究部,招收大学及专门学院毕业生或具有同等学力者,与中国科学院及其他研究机构配合,培养高等学校的师资和科学研究人员。

1953 年 11 月 27 日,高教部印发《高等学校培养研究生暂行办法(草案)》,成为新中国第一部有关研究生教育的制度性规范。这一阶段,我国开始尝试学习借鉴苏联的学位学衔制度。1955 年 9 月,由时任国务院第二办公室主任林枫主持组成了起草委员会,并于 1956 年 6 月拟出了《中华人民共和国学位条例(草案)》《中华人民共和国国务院学位和学衔委员会组织条例(草案)》等 11 个文件,对学位分级、授予学位的学科门类、各级学位的要求及评审办法等都作了比较详细的规定。但这项工作未能继续下去,因整风反右运动的开展于 1957 年中断。

1961 年 3 月,教育部经过调查研究,拟出了《教育部直属高等学校暂行工作条例(草案)》(简称"高校六十条"),于 1961 年 9 月 15 日印发试行。中共中央同时发布了关于讨论和试行"高教六十条"的指示,明确要求高等学校必须以教学为主,努力提高教育质量。在此背景下,建立学位、学衔等制度的问题再次被提到日程上来。从 1962 年开始,在时任国务院副总理、国家科委主任聂荣臻主持下,起草小组经反复讨论、修改,于 1964 年 4 月 2 日提出《中华人民共和国学位授予条例(草案)》,但一直到 1966 年"文革"开始,始终没能完成《学位条例》的立法程序。高教部根据周总理指示于 1966 年 1 月拟定了《关于授予外国留学生学位试行办法》上报国务院,也由于"文革"的开展而中断进程。

有关学位立法的搁浅,除了当时的一些历史原因,还有一个重要的理论认识上的原因,就是当时存在着有关"资产阶级法权"的争论。那时曾认为军衔、学衔、学位这些东西属于"资产阶级法权"的范畴。这种思想认识上的偏差和争论,阻碍了《学位条例》的出台。"文革"前对于学位制度的艰难探索,虽未能完成立法程序,但在学位立法草案的研究拟定过程中,对建立学位制度的目的、学位的级别与学位学科门类、各级学位的标准及评审办法等进行了反复研究论证,为学位制度的建立奠定了重要基础。

二、高等教育有法可依的开端——学位制度的颁布实施

"文革"以后,全党一致认识到要通过制定和实施法律来改变过去的人治状态。这个认识,成为改革开放大幕初启时中国迈向未来的一个重要出发点。

1980 年初《中华人民共和国学位条例》的出台,是从五六十年代就已经开始的对学位制度探索活动的继续。根据中央建立学位制度的指示,从 1979 年 3 月开始,由时任教育部部长蒋南翔主持的"学位小组"经过反复调查研究、论证和征求意见,在五六十年代两次学位制度(草案)的基础上,于 1979 年 12 月向全国人大常委会法制工作委员会提出了《中华人民共和国学位条例(草案)》。1980 年 2 月 1 日,反复修改后的《学位条例(草案)》经国务院常务会议讨论通过;1980 年 2 月 12 日,经第五届全国人大常委会第十三次会议审议通过。由学位小组起草的《中华人民共和国学位条例暂行实施办法》,经 1980 年 12 月国务院学位委员会第一次(扩大)会议审议通过。1981 年 5 月 20 日,国务院批转了国务院学位委员会的报告和《学位条例暂行实施办法》,印发全国遵照执行。正如时任教育部部长蒋南翔在五届全国人大十三次会议全体会议上所作的《关于〈中华人民共和国学位条例(草案)〉的说明》中所指出的,"学位制度是反映高等教育各个阶段所达到的不同学术水平的称号,它是评价学术水平的一种尺度,也是衡量高等教育质量的一种标志。"《学位条例》的颁布实施,使我国高等教育有了法律性的制度规范,实现了有法可依。

三、在党的领导下加快高等教育法制建设

《学位条例》的颁布实施,对于规范我国的学位授予和高等教育工作的开展,从而促进和保障我国高层次人才培养的质量,发挥了极其重要的作用。继《学位条例》之后,1986 年 12 月 15 日国务院发布《普通高等学校设置暂行条例》;1988 年 3 月 3 日国务院发布《高等教育自学考试暂行条例》;1990 年 1

月20日国家教育委员会发布《普通高等学校学生管理规定》。从《学位条例》开始,通过法律、国务院行政法规、国务院教育行政部门规章等形式,形成了初步的高等教育法律制度。

1993年2月13日,中共中央、国务院印发《中国教育改革和发展纲要》（以下简称《纲要》）。《纲要》对我国高等教育法制建设提出了明确的具体要求:"通过立法,明确高等学校的权利和义务,使高等学校真正成为面向社会自主办学的法人实体。要在招生、专业调整、机构设置、干部任免、经费使用、职称评定、工资分配和国际合作交流等方面,分别不同情况,进一步扩大高等学校的办学自主权。学校要善于行使自己的权力,承担应负的责任,建立起主动适应经济建设和社会发展需要的自我发展、自我约束的运行机制。"

在《纲要》精神指引下,我国教育法制建设的速度明显加快。1993年10月31日,第八届全国人民代表大会常务委员会第四次会议通过了《教师法》,其中规定了我国高等学校教师管理的基本制度。1995年3月18日,第八届全国人民代表大会第三次会议通过了《教育法》,全面规定了我国教育的基本法律制度。1996年5月15日,第八届全国人民代表大会常务委员会第十九次会议通过了《职业教育法》,规定了我国职业教育基本制度。1997年7月31日国务院发布《社会力量办学条例》,规定了我国民办教育的基本制度。

1997年9月12日,党的十五大报告提出"依法治国,是党领导人民治理国家的基本方略",正式提出了党的治国理政方式是依法治国;1999年3月,"依法治国,建设社会主义法治国家"写入宪法,党的依法治国方略得到了宪法确认。高等教育事业是重要的公共性事务,加强高等教育的法制建设,势在必行。根据《纲要》对高等教育明确提出的立法要求,1998年8月29日,第九届全国人民代表大会常务委员会第四次会议审议通过了《高等教育法》,使我国高等教育实现依法治教有了基本的法律依据。

四、高等教育以法制建设为基础走向依法治教

改革开放以来,我国高等教育的规模和数量不断扩大。特别是1999年扩

招以来，我国高等教育已经由精英化阶段跨入大众化阶段，逐步发展成为世界上最大规模的高等教育系统。日益庞大和复杂的高等教育体系、多样化的高等教育主体以及多方面、多层次的利益诉求和改革愿望，产生了对于依法调整和规范日趋复杂多样的权利义务关系的强大需求，进而形成了对于高等教育法制建设、依法治教、依法行政、依法治校的现实需要和内在动力。

高等教育法制建设的成果和依法治教的推进，带来了高等教育制度、体制、机制的稳定运行和对高等教育主体权利的重视和保障。第一，形成了高等教育依法治教的制度体系。规范高等教育的法律、法规和规章所确立的学位制度、高等教育管理体制和职责机制、高等学校治理机制、民办高校发展机制、职业高等教育制度等，提供了我国高等教育依法治教的法律框架和制度体系。第二，规范和保障高等教育投入的多元化渠道。1998年《高等教育法》确立了以财政拨款为主、其他多种渠道筹措高等教育经费为辅的体制，逐步确立起高等教育成本分担机制。2002年《民办教育促进法》使民办高等教育的发展有了进一步的促进机制和法律保障。投入体制上的重大变化，使民间资本进入了高等教育领域，改变了高等教育单一政府投入的状况，通过调动社会各方面的积极性，为高等教育的发展注入新的动力。第三，确认高等教育管理体制的改革成果。1993年中共中央、国务院印发的《纲要》明确了中央与省（自治区、直辖市）分级管理、分级负责的教育管理体制。经过一系列改革实践形成的高等教育管理体制改革的成果，通过《教育法》和《高等教育法》确认为高等教育管理体制的法律制度。第四，确立和保障高等学校的独立法人地位和法人权利。《中共中央关于教育体制改革的决定》《高等教育法》明确了高等学校的独立法人地位，明确了政府与高等学校之间的基本法律关系，使高等学校的办学自主权成为受到法律保护的法人权利。第五，重视和保障高等学校学生与教师的合法权益。经过若干次修订的教育部规章《普通高等学校学生管理规定》，在学生基本权利的贬损遵循法律保留、学生处理应当遵循正当程序、避免不当关联和权利救济原则等方面持续进步。高校教师的干部身份，逐步转变为由高校聘任的具有特定职业要求和职业义务的专业人员，其与教师职业相联系的特定权利义务，如在科学研究、文化活动中的学术自由等权利，明确进入了法律保障的框架之内。

五、高等教育法治建设发展方向——良法善治

70年来在党的领导下进行的高等教育法治建设实践,为我国高等教育事业的发展提供了基本的制度性保障,通过法的调整功能、指引功能、保障功能和评价功能,促进了我国高等教育事业的健康和谐发展。党的十八大以来,以习近平同志为核心的党中央把中国特色社会主义法治体系建设作为全面依法治国的总抓手,作出了全面推进依法治国的战略部署。在此基础上,党的十八届四中全会提出了良法善治的理念,提出"良法是善治之前提""重大改革于法有据"。党的十九大进一步明确"要以良法促进发展、保障善治",强调运用法治思维和法治方式推动改革,标志着改革进入法治化的新阶段。

高等教育法治建设的发展方向,就是要根据党对依法治国的总要求,进一步推进高等教育法治体系建设,通过良法善治推进高等教育领域的改革发展。第一,要通过高等教育法治体系建设,处理好政府、高校与市场的关系,构建良好的制度平台,明确、规范高等教育领域各方的权利义务关系,促进政府对高等教育管理职能的转变,把办学的权利和义务更多地赋予高等学校,扩大和落实高等学校的办学自主权;同时更好地履行政府在高等教育发展中的职责,充分发挥市场在配置高等教育资源过程中的决定性作用。第二,通过良法善治,更好地保障公民依法享有的接受高等教育的机会和相应权利。保障弱势群体和处于非优势地位个体实现接受高等教育的权利,促进高等教育机会公平,实现社会和谐发展。第三,进一步落实高等学校的办学自主权,推进高校法人制度建设和法人权利的落实,使高校真正成为独立承担责任的市场主体,促进高等学校教育教学质量的提高,最大限度地有利于高等教育适应需求、不断创新发展。

伴随中国社会的整体变化和高等教育的改革发展,高等教育法治建设面临新的任务和挑战。从发展趋势看,高等教育的改革发展已越来越与社会的整体格局和利益密不可分。如何适应社会主义法治发展,面对全球性的挑战,以更加开放的姿态,提供更加适应需求的新制度和新机制,统筹、协调和平衡

各方的利益诉求,调动高等教育利益相关者的参与积极性,推进高等教育的创新发展,解决高等教育所面临的问题,通过良法善治,更好地发挥法治的引领功能、规范功能、调整功能和保障功能,是高等教育法治建设的艰巨课题。

参考文献

①梁桂芝、孟汇丽:《中华人民共和国学位与研究生教育要事志》,西安交通大学出版社 1994 年版。

②国务院学位委员会办公室、国家教育委员会研究生司:《学位与研究生工作文件选编》,北京航空航天大学出版社 1988 年版。

③吴镇柔、陆淑云、汪太辅:《中华人民共和国研究生教育和学位制度史》,北京理工大学出版社 2001 年版。

④秦惠民主编:《学位与研究生教育大辞典》,北京理工大学出版社 1994 年版。

(本文原载《中国高等教育》2019 年第 17 期)

我国高等教育法制建设 30 年

——影响、经验与发展方向

我国 1954 年宪法规定，"全国人民代表大会是行使国家立法权的唯一机关"。1975 年宪法和 1978 年宪法取消了全国人大是唯一立法机关的条文，但未授予行政机关以行政法规和行政规章的制定权。从法理上讲，于此期间我国行政机关制定和发布的各种行政措施、决议和命令，尽管在实践中既有普遍性和规范性，又有强制性，完全具备了法律规范的实质性特征，但它们并不属于法律性规范。由此可以说，我国在 1980 年颁布《中华人民共和国学位条例》以前，除宪法中有关教育的条款外，没有严格意义上的教育法律制度。

1978 年 12 月召开的党的十一届三中全会在决定把党和国家的工作重点转移到社会主义现代化建设上来的同时，充分汲取"文化大革命"的教训，着重提出了发扬社会主义民主、加强社会主义法制的任务。正是在党的十一届三中全会确定的解放思想、实事求是的思想路线指引下，新中国开始了高等教育的法制建设。

一、我国高等教育法律制度建立和发展的三个主要阶段

30 年来，按照高等教育主要法律法规的制定过程，我国高等教育法制建设可以划分为三个阶段。

（一） 高等教育法律制度的初创和探索阶段(1978—1993 年)

1949 年新中国成立后,曾进行过两次建立学位制度的努力。一次是 20 世纪 50 年代(1954—1957 年),另一次是 60 年代(1961—1964 年)。但由于历史的原因和时代的局限,特别是受到当时各种错误指导思想的干扰,两次都未能完成立法程序。党的十一届三中全会以后,随着党和国家工作重心的转移,建立学位制度成为当时我国高等教育发展的迫切需要。1979 年 3 月,根据中央关于建立学位制度的指示,教育部、国务院科技干部管理局联合组成"学位小组",研究过去两次拟定学位条例的历史经验并对当时高等教育现状进行调研,广泛征求有关政府部门、高等学校和社会各界的意见,起草学位制度草案。

1980 年 2 月 12 日,第五届全国人民代表大会常务委员会第十三次会议审议通过了《中华人民共和国学位条例》,揭开了我国高等教育立法的序幕。《学位条例》作为新中国第一部高等教育法律的颁布实施,规范并极大地推动了我国高等教育的发展。80 年代中期特别是 1986 年《中华人民共和国义务教育法》颁布以后,高等教育相关法律的立法准备工作正式进入日程,高等教育相关法律的立法前期调研和法律草案的研究起草工作加快进行。80 年代中期以后,高等教育的行政立法工作取得重要进展,如 1986 年国务院发布《普通高等学校设置暂行条例》,1988 年国务院发布《高等教育自学考试暂行条例》,1990 年国家教育委员会发布《普通高等学校学生管理规定》等。

1993 年 2 月 13 日,中共中央、国务院印发《中国教育改革和发展纲要》,明确提出要"加快教育法制建设,建立和完善执法监督系统,逐步走上依法治教的轨道","要抓紧草拟基本的教育法律、法规和当前急需的教育法律、法规,争取到本世纪末,初步建立起教育法律、法规体系的框架",要求"地方要从各自的实际出发,加快制定地方性的教育法规","通过立法,明确高等学校的权利和义务,使高等学校真正成为面向社会自主办学的法人实体。要在招生、专业调整、机构设置、干部任免、经费使用、职称评定、工资分配和国际合作交流等方面,分别不同情况,进一步扩大高等学校的办学自主权。学校要善于行使自己的权力,承担应负的责任,建立起主动适应经济建设和社会发展需要的自我发展、自我约束的运行机制"。《纲要》为我国高等教育立法的加快发展提出了明确的要求。

（二）高等教育法律制度的快速发展阶段（1993—2005 年）

1993 年 10 月 31 日第八届全国人民代表大会常务委员会第四次会议审议通过了《中华人民共和国教师法》，它是我国教师制度的基本法律，规定了我国高等学校教师管理的基本制度。1995 年 3 月 18 日第八届全国人民代表大会第三次会议通过了《中华人民共和国教育法》，它是我国的教育基本法，奠定了我国教育法律的基本制度，起到了统领教育立法的作用。1997 年 7 月 31 日国务院颁布的《社会力量办学条例》，规定了我国民办教育的基本制度，奠定了其后《中华人民共和国民办教育促进法》的立法基础。

1998 年 8 月 29 日，九届全国人大常委会四次会议审议通过的《中华人民共和国高等教育法》，是我国高等教育的基本法律，规定了我国高等教育的基本原则、各级政府在高等教育中的职责、学生和教师基本权利和义务等方面的内容，是我国高等教育法律制度进一步完善的重要标志；2002 年第九届全国人民代表大会常务委员会第三十一次会议通过的《民办教育促进法》和 2004 年 4 月 1 日起施行的《民办教育促进法实施条例》，是规范和促进我国民办高等教育发展的重要法律和法规；2003 年 3 月 1 日国务院颁布的《中华人民共和国中外合作办学条例》规范了中外合作办学活动，促进了高等教育对外交流与合作的开展；2005 年 3 月，教育部根据我国法治进展的新形势以及高等教育法制建设的发展，颁布了新的《普通高等学校学生管理规定》，使之与《教育法》《高等教育法》等法律相配套，增加了对于高等学校学生权利的保护和救济机制，原国家教育委员会 1990 年颁布的《规定》同时废止。

（三）高等教育法律制度的完善阶段（2004 年开始）

以教育部 2004 年 2 月 10 日颁布并经国务院办公厅转发的《2003—2007 教育振兴行动计划》为标志，我国高等教育法制建设进入了完善和改善立法质量阶段。《行动计划》明确提出了今后一段时期教育立法的目标与任务："加强和改善教育立法工作，完善中国特色教育法律法规体系。修订《义务教育法》《教育法》《教师法》《高等教育法》和《学位条例》,适时起草《学校法》《教育考试法》《教育投入法》和《终身学习法》,研究制定有关教育行政法规,全面清理、修订教育部部门规章和规范性文件,适时制定符合实践需要的部门规章,积极推动各地制定配套性的教育法规、规章,力争用五至十年的时间形成较为完善的中国特色教育法律法规体系。"为了实现上述目标,各种立法调研和法律草案的研究、起草、论证工作有序进行,我国高等教育的法制建设在中国法治进步的大背景下进入一个新的发展阶段。

二、推进我国高等教育法制建设的外部环境与内在需求

改革开放以来,我国民主与法治建设的进展是推动高等教育法制建设发展的重要外部环境,而我国高等教育迅速发展的形势也形成了推动高等教育法制建设发展的内在动力。

伴随着改革开放进程的深入,我国各方面的法律制度不断建立和发展,法制建设成就空前。在此过程中,社会的法律意识逐步提高,对法律价值与功能的认识也在不断深化。1997 年 9 月,江泽民同志在党的十五大报告中提出了依法治国的方略,明确了建设社会主义法治国家的目标。1999 年 3 月 15 日通过的宪法修正案,把"依法治国,建设社会主义法治国家"写进了宪法,极大地推动了我国社会主义法治进程。依法治国,要求在社会政治、经济、文化教育等各个方面,建立完善的反映客观规律并得到严格执行的法律制度,形成良好的制度安排。在整个国家全面走向法治的进程中,教育事业作为重要的公共事务,不可能不受影响地孤立于这一时代进程之外。

另一方面,高等教育法制建设也是我国高等教育迅速发展的内在需求。改革开放以来,高等教育规模迅速扩大,我国的高等教育事业已经成为世界上规模最大的高等教育系统。我国高等教育领域的改革也在不断深化,高等教育的体制、机制和制度以及高等教育的办学理念都在发生着变化,高等教育领域的各种社会关系也在发生改变,需要依法调整的权利义务关系越来越复杂,越来越多样化。政府与高校之间、高校与教师之间、高校与学生之间、政府与

学生之间的关系以及高校与社会其他主体之间的关系,错综复杂,纵横交错。面对日益庞大和复杂的高等教育体系、多样化的高等教育主体以及多层次的高等教育改革要求,特别是依法行政的要求,需要法律层面的规范,从而形成了对于高等教育法制建设的迫切需求,高等教育改革与发展的实践成为推进高等教育法制建设的内在动力,加强高等教育法制建设已经成为我国高等教育健康发展的现实要求。

20 世纪 80 年代初,《学位条例》作为第一部中华人民共和国教育法律的出现是一个重要的历史事件。它标志着新中国的领导者"以法治国"的意识和行动,终于在教育领域有了开端,即用法律来调整社会教育关系,用法律来规范教育活动。领导者"以法治国"的观念和意识,推动着作为"社会主义法制建设"一部分的教育法律的产生和发展,使国家教育权的实现有了法律手段的强有力保障。进入 90 年代以后,随着对"实行法治"的探讨和提出,特别是九届人大二次会议把"实行依法治国、建设社会主义法治国家"正式写入宪法,标志着中国社会的巨大政治进步。这是一次伟大的观念变革,表明中国不仅仅要加强法律制度的建设,而且要从治国方式上根本抛弃"人治"的传统,实行法治。2004 年 3 月召开的第十届全国人大第二次会议上,把"国家尊重和保障人权"写入宪法,标志着中国进入了人权保障的时代,也使得教育法律对于作为基本人权的受教育权的保障有了宪法依据。如果说,教育法律的产生,是改革开放以后我国法制建设的一个重要组成部分,那么,教育法律的发展,正在适应和融入大踏步前进的中国法治进程。高等教育法制建设是这个进程的一部分,它翻开了中国高等教育发展历史的新篇章。

三、高等教育法制建设对我国高等教育发展的影响

高等教育法制建设的成果,对我国高等教育发展所带来的最大变化是制度、体制的稳定运行和对高等教育主体权利的重视和保障。其中主要的变化可以概括为以下几个方面。

1. 形成了保障高等教育健康发展的制度体系。高等教育的法律、法规和

规章中所确立的学位制度、高校教师管理与聘任制度、高等教育管理体制与政府职责、高等学校法律地位及其治理机制、高校办学自主权及其保障机制、规范民办高等学校发展的法律制度、高校学生权利保障机制以及高等教育自学考试制度等,形成了我国高等教育法律制度的框架和规则体系,为我国高等教育发展中的依法行政和高等学校的内部治理奠定了制度基础,也为高等教育体制适应信息化和终身教育的要求,进一步实现转型和改革发展奠定了法治基础。

2. 明确了高等教育投入的法定渠道,带来了高等教育办学结构的显著变化。改革开放之初,高等教育的投入只有单一的政府渠道。1997 年国务院颁布的《社会力量办学条例》、1998 年颁布的《高等教育法》以及 2003 年施行的《民办教育促进法》逐步确立了以财政拨款为主、多种渠道筹措高等教育经费的体制,建立起高等教育成本分担机制。高等教育的快速发展,与投入体制上的重大变化有很大关系,特别是民间资本进入高等教育领域,为高等教育的发展注入了新的活力。目前,民办高等教育已经成为我国高等教育事业的重要组成部分,高等教育领域初步形成了多元化的办学格局。

3. 巩固了高等教育管理体制的改革成果。经过一系列改革,我国基本形成了中央、省(自治区、直辖市)两级管理,以地方统筹为主,实行政府宏观管理、学校面向社会依法自主办学的新型高等教育管理体制。高等教育管理体制改革的成果通过《教育法》和《高等教育法》以法律的形式加以确定,形成了高等教育管理体制的法律制度,改变了原有的中央部门和地方都办高等教育、条块分割的体制,许多高等学校通过资源的整合和优化,成为门类齐全的综合性大学。这一变化对促进高等教育的协调发展和人才培养质量的提高,正在产生重大的影响。

4. 高等学校的法律地位得以确立。《高等教育法》中明确高等学校具有独立法人地位,并规定高等学校在招生、专业设置、教育教学、科学研究和社会服务、对外交流、内部机构设置和教师聘任、财产管理和使用等 7 个方面享有自主权。这些规定明确了政府与高等学校之间的基本法律关系,随着改革和法治进程的深入,这种关系正在逐步趋向清晰和明确。高等学校的办学自主权已经成为具有法律意义并受到法律保护的法人权利。

5.高等学校教师和学生的法律地位以及相应的法定权利得到了明确。高等学校教师由原来的"干部",转变为由高校聘任的、具有特定职业要求的专业人员,不仅仅是身份地位的变化,而且教师的特定权利义务,如科学研究、文化活动中的学术自由等,也进入了法律保障的框架之内。改革开放之初,在计划经济体制下,高等学校的学生相当于"准干部"。随着高等教育法制建设的推进,高校学生的法律地位逐步得以明确,学生权利的保障也日益受到重视。近年来,教育部依法相继取消了大学入学年龄的限制,明确了高校在学生管理中要遵循法律保留、程序正当等法治原则,建立了学生行政申诉制度。2005年新颁布的《普通高等学校学生管理规定》中,取消了高校学生"擅自结婚"将被退学的原规定,曾引发了社会舆论的广泛关注。事实上,这一变化只是学生法定权利在教育管理过程中进一步得到确认和保护的一个表现。

四、我国高等教育法制建设的主要经验与发展方向

高等教育法制建设所提供的基本制度保障,促进了我国高等教育事业健康平稳发展。30年来,我国初步建立和形成了高等教育法律制度的规则框架和法律规范,构成了我国高等教育实现法治和司法适用的基础。这套制度框架由四个层次的法律规范和规则构成:第一个层次是宪法中有关的原则和涉及教育的规定;第二个层次是有关部门法特别是《高等教育法》等教育法律的规定;第三个层次是国务院颁行的教育法规或相关法规中涉及高等教育的相应规定;第四个层次是政府有关部门颁布的规章以及符合法律规定的规范性文件。

我国高等教育法律制度尽管仍存在着需要解决的问题,但从整体上和发展趋势上来说,高等教育法律制度的建立、发展和逐步完善,对于中国高等教育的健康发展及其法治进程已经和正在发挥着积极的引导和保障作用。在取得巨大成就并积累了丰富经验的同时,我国高等教育法制建设又不断面临着新的挑战和紧迫的任务。特别是高等教育大众化、扩大高校办学自主权、高校办学主体多元化和办学方式多样化等实践的发展,使得法律制度与高等教育

实践之间存在着不相适应的情况,对相关的法制建设提出了更高的要求。以下几个方面,既在我国高等教育法制建设中积累了成功经验,又是面对挑战和问题而需要重点建设的发展方向。

(一) 处理好政府、高校与市场的关系,构建良好的制度平台,明确和规范高等教育各主体的权利义务关系,是法制建设的基础和重心

改革开放之前,我国高等教育由政府单一举办、集中管理;改革开放之后,高等教育发展模式伴随我国社会整体结构的改变而发生变化,高等教育的举办者、办学者和管理者由政府独自承担的局面发生变化,社会力量开始参与举办高等教育,市场机制开始在高等教育领域发挥作用。

解决好政府和高校的关系,是我国高等教育法制建设的重要内容。政府与高校的关系是高等教育管理领域中一对基本的社会关系。随着我国高教体制改革的深入,政府在高教领域的角色逐渐发生变化,由原来的举办者、办学者和管理者三者合一的角色转向管理者和举办者的角色,把办学的权利更多地赋予高等学校。《教育法》和《高等教育法》明确了政府管理高等教育的职责和对高等教育投入的义务。政府对高等教育的作用得到重新定位,政府不再直接管理高等教育中的具体事务,而是更多地提供服务和条件。进一步扩大和落实高等学校的办学自主权,把实施高等教育的权利真正交给高校、交给教师;进一步落实《民办教育促进法》关于民办与公办高等教育机构享有平等地位的规定;基于维护公共性的目的,在不断扩大高校办学自主权的同时,对其进行必要的监管和约束,已经成为高等教育法制建设不可忽视的内容。

高校与市场关系的正确处理,对于保证高等教育的健康发展是一个关键性因素。高校作为社会的一个具有独立法人性质的基本单位,不得不面对市场,处理和市场的关系。同时,高等教育机构,特别是公立高等教育机构是公共性机构,承担着广泛的社会公共职能,其共同消费和利用的可能性平等地开放给全体社会成员。高等教育通过促进人的全面发展来推动社会的全面进步,具有直接使公民个人受益的责任和功效。不能将高等教育的公共性简单地等同于公益性,而忽视了公共性应有的私益性内涵。建立公益性与私益性

相平衡的法律保障机制,通过明确高等教育领域各类法律关系主体的法律地位及其行为规则,明确各主体的权利及义务,规范权利救济途径和法律责任,有效地保障受教育者个人权益、高校自身利益和社会公共利益,从而实现大学的公共性,这些仍是我国高等教育法制建设的艰巨任务。

(二) 以人为本,保障公民平等地接受高等教育,是高等教育法制建设的出发点和落脚点

我国《教育法》规定:"公民不分民族、种族、性别、职业、财产状况、宗教信仰等,依法享有平等的受教育机会。"《高等教育法》进一步规定,"公民依法享有接受高等教育的权利。国家采取措施,帮助少数民族学生和经济困难的学生接受高等教育。高等学校必须招收符合国家规定的录取标准的残疾学生入学,不得因其残疾拒绝招收",并且规定"家庭经济困难的学生,可以申请补助或者减免学费","国家设立奖学金……国家设立高等学校学生勤工助学基金和贷学金……"有关的法规和规章,则进一步把法律规定具体化。保障公民平等地接受高等教育,正在逐渐成为我国高等教育法制建设的重要出发点和落脚点。

我国宪法、法律、法规和规章对于保障公民依法平等地享有接受高等教育机会的原则和规定,符合法治原则并体现以人为本的时代精神,对于保障弱势群体实现其接受高等教育的权利,促进教育公平,实现社会和谐发展作出了重要贡献,是我国高等教育法制建设的成功经验。在高等教育实行成本分担后,对这些原则的充实、完善和进一步具体化显得尤为重要。

(三) 完善高校办学自主权,推进高校法人制度建设是高等教育法制建设的重要内容

计划经济时代,高校和政府之间是一种内部行政关系,政府对高校的管理主要是通过行政命令的方式实施,学校的自主权很少。这种管理模式限制了高校的办学主动性,不适应改革开放特别是市场经济条件下高等教育发展的需要。随着我国政府对高等教育管理权力下放进程的加快,高等学校获得了更多的自主权利。《教育法》和《高等教育法》确认了高等学校的法人地位,明

确了我国高等学校是相对独立的办学主体,高校和政府的法律关系从内部行政关系转变为外部行政关系。

高等学校应依据法律法规,制定和完善学校章程,依据章程自主管理,依法行使权力并接受监督。依法治校是我国建立现代大学制度的重要内容,而明确高校自主权的性质和内容是实现依法治校的重要前提。推进高校法人制度建设的目的,在于将高校作为独立法人主体的性质和权利义务、高校内部权力的分配和行使、高校财产权的内容及行使方式、高校内外利益相关者参与高校重大决策的形式、结构和程序等涉及高校法人治理的重要问题,以法律制度的形式加以明确,使其在享有高校法人权利的同时,依法承担和履行高校法人的责任与义务。同时,建立必要的外部监管与内部自律相结合的约束机制,是高等教育法制建设的紧迫任务。

(四) 有针对性地完善和创新高等教育法律制度

进入 21 世纪以后,伴随着中国社会的整体变化和高等教育的改革与发展,高等教育法制建设正在面临新的挑战。从发展趋势看,高等教育的改革与发展已愈来愈与社会的整体利益密不可分,要解决高等学校所面临的问题,需要制度的重构与创新。为实现这一目的,统筹各方的利益诉求,综合设计新的体制和制度,是高等教育法制建设的重要任务。为此,我国高等教育法制建设应当从以下几个方面进行重点完善。

第一,进一步强调以人为本,确立通过教育实现人的全面发展的理念。高等教育中应当突出强调教育的主体——教师和学生的地位。未来的高等学校应当是以学习者为中心的教育组织。学习权正在成为新的教育观念。高等教育的法律制度要突出学生的中心地位,保障和激励学生自主学习、自由学习,使学生能够有更多的自主选择权,真正成为学习的主体,获得终身学习的能力。其中,要特别重视对学生权利的保护,把关注学生的利益和发展放到学校和教育工作的中心位置。与此相适应,要改革学业评价机制,改革考试制度,完善学校评估体系,创造多样化的学习机会,建立全民学习、终身学习的宽广平台。

第二,对于公民平等地接受高等教育机会的保障,要以促进公民学习权的发展为基础,推进高等教育法制的完善。面对高等教育发展的新趋势,特别是构建学习型社会的要求,应当整合学校教育和社会教育,促进和保障公民实现终身学习的权利;应当促进适应社会要求的新的高等教育体制的发展和完善,应当有利于激发政府、社会、高等学校和每一个公民参与教育的积极性和主动性。新的高等教育体制应当是开放的,能够更多引进和容纳国外的优质教育资源,适应经济全球化和高等教育国际化的挑战。

第三,在具体的制度设计上,要建立有利于教育创新的制度环境。在设计高等教育法律制度时,要更加重视组织创新,培养教师和学习者的创新意识,并以此为基础设计更为灵活的高等教育制度和学习组织。要以推进高等教育创新为主线,改革高校内部的组织结构和治理机制,为新型教育教学组织、科研组织的形成创造制度环境。要通过完善法律制度,建立保护教师、学生学术自由的机制,调动高校教师、学生开展创新的积极性。

第四,根据层级的高低和效力的大小,我国高等教育法律制度可以分为基本法、单行法律、行政法规和部门规章。其中,上位法是下位法的立法原则和依据,下位法是上位法的细化与延伸。法律制度之间应当分工明确,衔接紧密。目前我国的高等教育法律制度中,不仅在结构上不够协调,而且上位法与下位法之间、同位法之间也存在着一定的衔接和协调方面的问题。此外,还存在着程序性规定少、具体操作难、可诉性差等问题。如何通过高等教育法律制度的完善和具体适用过程推进我国高等教育的法治进程,应当成为今后高等教育法制建设的一个重点。

（本文原载《中国高教研究》2008 年第 10 期）

《学位条例》的"立""释""修"

——略论我国学位法律制度的历史与发展

一、《学位条例》的诞生——国家法制建设中对高等教育规范发展的制度性探索

1980 年 2 月 12 日,第五届全国人民代表大会常务委员会第十三次会议通过了《中华人民共和国学位条例》,这是新中国成立以后制定颁布的第一部教育法律。《学位条例》出台的社会历史背景是我国的改革开放,直接的教育需求背景是 1978 年我国研究生教育的恢复和对外交流的需要,即国外的研究生教育都有学位,而我国的研究生教育不授学位;另一个重要背景是国家法制建设的全面恢复。

《学位条例》出台意味着我国教育法律制度的建立,对于促进和保障我国教育科技文化事业在新的起点上迅速恢复和提升,对于在当时的社会历史背景下快出人才,适应以经济建设为中心进行现代化建设的需要,对于我国高等教育事业特别是研究生教育的规范发展以及开展对外交流并与国际接轨,都具有极其重要的特殊意义。

经历了"文化大革命"以后,全党一致认识到要通过制定和实施法律来改变过去的人治状态。这个认识,成为改革开放大幕初启时中国迈向未来的一个重要出发点。根据 1978 年党的十一届三中全会"解放思想、实事求是"的思想路线,1979 年国家集中制定出台了《中华人民共和国刑法》《中华人民共和国刑事诉讼法》《中华人民共和国中外合资经营企业法》《中华人民共和国

全国人民代表大会和地方各级人民代表大会选举法》《中华人民共和国地方
各级人民代表大会和各级人民政府组织法》《中华人民共和国人民法院组织
法》《中华人民共和国人民检察院组织法》等七部法律,重启了尘封已久的中
国"法律之门"①。那么,为什么新中国教育领域的第一部法律是《学位条
例》? 一个重要原因是在此前已有若干次建立学位制度的立法研究和论证基
础,制定并颁布《学位条例》是新中国五六十年代教育立法活动的继续。"建
国以来,我们曾经两次研究建立学位制度,但由于指导思想上的'左'的偏差
和'文化大革命'的发动,都没有搞成。1978 年,党的十一届三中全会开始全
面地、认真地纠正'文化大革命'中及其以前的'左倾'错误以后,我国的学位
条例,才能顺利地完成了立法程序。"②对《学位条例》草案的研究论证,在"文
化大革命"以前已经具有了一定的基础。50 年代初期,在学习苏联经验的背
景下,开始尝试借鉴苏联的研究生教育和学位制度。根据中央的指示③,
1954—1957 年,由林枫同志主持起草了《中华人民共和国学位条例(草案)》
的初稿,但因 1957 年整风"反右"运动的开展而中断了立法进程。1961—
1964 年,第二次启动《学位条例》的立法活动,当时由聂荣臻副总理主持起草
了《中华人民共和国学位授予条例(草案)》,但一直到 1966 年"文化大革命"
开始,始终没能完成《学位条例》的立法程序。④ 1978 年"党的十一届三中全
会后,邓小平同志再次提出要建立学位制度"⑤。他说:"关于学校和科学研究
单位培养、选拔人才的问题,我昨天在中国科学院成立三十周年纪念会上讲
了,要建立学位制度,也要搞学术和技术职称。"⑥正是在这样的历史背景和特
殊条件下,1979 年得以重启《学位条例》的立法工作,并在较短的时间内完成
了立法程序。1979 年 12 月 24 日,全国人大常委会法制委员会全体会议讨论

---

① 蔡定剑、王晨光:《中国走向法治 30 年(1978—2008)》,社会科学文献出版社 2008 年版。
② 国务院学位委员会办公室、国家教育委员会研究生司:《学位与研究生工作文件选编》,
北京航空航天大学出版社 1988 年版,第 386 页。
③ 参见吴镇柔、陆叔云、汪太辅:《中华人民共和国研究生教育和学位制度史》,北京理工
大学出版社 2001 年版,第 21 页。
④ 参见秦惠民:《学位与研究生教育大辞典》,北京理工大学出版社 1994 年版,第 4—6 页。
⑤ 国务院学位委员会办公室、国家教育委员会研究生司:《学位与研究生工作文件选编》,
北京航空航天大学出版社 1988 年版,第 399 页。
⑥ 《邓小平文选》第二卷,人民出版社 1994 年版,第 224 页。

了《学位条例(草案)》①;1980年2月12日,经第五届全国人大常委会第十三次会议完成立法程序,叶剑英委员长签署命令,从1981年1月1日起施行。

《学位条例》的出台过程,既反映了时代的变化和当时的迫切需求,又使其不可避免地带有历史的烙印。教育部部长蒋南翔在五届全国人大十三次会议全体会议上所作的《关于〈中华人民共和国学位条例(草案)〉的说明》中指出:学位制度是反映高等教育各个阶段所达到的不同学术水平的称号,它是评价学术水平的一种尺度,也是衡量高等教育质量的一种标志②。《学位条例》的颁布实施,使我国高等教育有了法律性的制度规范,实现了有法可依。

《学位条例》的颁布实施,标志着我国学位制度的正式建立。从此,我国的高等教育特别是研究生教育进入了以攻读学位为质量标准和衡量尺度的规范发展历程。近40年来,《学位条例》对于规范我国的学位授予和高等教育的开展,从而促进和保障我国高层次人才培养的质量,推进研究生教育事业的有序发展发挥了极其重要的作用,作出了不可替代的贡献。

二、《学位条例》的适用——通过释法和运用政策工具进行学位管理的改革发展史

《学位条例》首先明确了我国实施学士、硕士、博士三级学位制度,规定学士学位由高等学校授予;硕士学位、博士学位由高等学校和科学研究机构授予。同时规定了学位授予的国家授权制度,即授予学位的高等学校和科研机构要获得国家最高行政机关——国务院的授权。授予学位的高等学校和科学研究机构及其可以授予学位的名单,由国务院学位委员会提出,经国务院批准公布。为简化审批程序,经国务院同意,从1986年起改为由国务院学位委员会批准公布。《学位条例》有关学位授权的规定,默示了我国学位的"国家学

① 参见梁桂芝、孟汇丽:《中华人民共和国学位与研究生教育要事志》,西安交通大学出版社1994年版。

② 参见国务院学位委员会办公室、国家教育委员会研究生司:《学位与研究生工作文件选编》,北京航空航天大学出版社1988年版,第7页。

位"属性,被授权的高等学校和科研机构代表国家行使学位授予权。1998 年颁布的《中华人民共和国高等教育法》第 22 条将此明确为"国家实行学位制度"。

《学位条例》规定,国务院设立学位委员会,负责领导全国学位授予工作。国务院学位委员会由此成为法律授权的领导国家学位工作的行政主体。尽管国务院学位委员会在国务院序列中被列为"议事协调机构",并且其印章并不带有象征国家权力的国徽,但由于《学位条例》的授权,国务院学位委员会这个法定机构依法获得了一种非列举式的概括性权力,即为实施《学位条例》而对学位的授予和学位授权进行统筹协调以及布局和管理的一种授权与职责,使之能够运用政策手段和方式,实施和推进学位管理工作及其改革发展。几十年来,这种授权在一定程度上弥补了在具体工作中法律规范的不足,解决了立法的有限性与实践的丰富性之间的矛盾。

《学位条例》第 16 条、第 17 条和第 18 条,在明示规定的同时,默示了对于学位授予质量和学位授权质量的保障和监督要求。《学位条例》通过抽象的、具体的、明示的、默示的、正向的和反向的要求和规定,形成了从学位授予、学位授权到学位质量保障监督的完整法律授权链条,从而为国务院学位委员会作为法律授权的行政主体依据《学位条例》进行的学位管理,划定了任务明确的政策工具运用空间,使之得以在工作实践中通过将学位管理和改革的政策目标转变为具体的学位管理工作措施,使政策思想和改革意图转变为具体的政策措施和政策现实。同时,在这些授权中明确区分了学位授予、学位授权以及与学位质量保障相关联的主体,保护了学位获得者的合法权益。

《学位条例》第 19 条规定:本条例的实施办法,由国务院学位委员会制定,报国务院审批。通过这一条款,《学位条例》授予了国务院学位委员会通过制定实施办法进行释法和提出具体实施要求的相应权限。1981 年 5 月 20 日国务院批准实施的《中华人民共和国学位条例暂行实施办法》(以下简称"《暂行实施办法》")作为《学位条例》的从属性文件,对《学位条例》的规定或部分条文进行了解释和补充,提出了具体的实施做法和要求,使之更具操作性而利于贯彻执行。

1. 学位授予

作为学位授予的规范尺度,《学位条例》对各级学位的授予标准和环节要件逐一作出了概括性的具有价值引导功能的原则规定,建立了各级学位授予的国家标准。由于这些概括性的原则规定用语使用抽象概念,从而具有一定的不确定性和解释空间。为实现《学位条例》的法定要求和目标,《暂行实施办法》对《学位条例》的规定或部分条文作出了进一步的解释性或补充性的规定。

例如,《学位条例》规定,"高等学校本科毕业生,成绩优良,达到下述学术水平者,授予学士学位:(一)较好地掌握本门学科的基础理论、专门知识和基本技能;(二)具有从事科学研究工作或担负专门技术工作的初步能力。"《暂行实施办法》对此作出了进一步的解释性和补充性的规定,"高等学校本科学生完成教学计划的各项要求,经审核准予毕业,其课程学习和毕业论文(毕业设计或其他毕业实践环节)的成绩,表明确已较好地掌握本门学科的基础理论、专门知识和基本技能,并且有从事科学研究工作或担负专门技术工作的初步能力的,授予学士学位。"

再如,《学位条例》规定:"高等学校和科学研究机构的研究生,或具有研究生毕业同等学力的人员,通过硕士学位的课程考试和论文答辩,成绩合格,达到下述学术水平者,授予硕士学位:(一)在本门学科上掌握坚实的基础理论和系统的专门知识;(二)具有从事科学研究工作或独立担负专门技术工作的能力。"《暂行实施办法》对其中的课程考试进一步明确为:"硕士学位的考试课程和要求:1.马克思主义理论课。要求掌握马克思主义的基本理论。2.基础理论课和专业课,一般为三至四门。要求掌握坚实的基础理论和系统的专门知识。3.一门外国语。要求比较熟练地阅读本专业的外文资料。学位授予单位研究生的硕士学位课程考试,可按上述的课程要求,结合培养计划安排进行。""申请硕士学位人员必须通过规定的课程考试,成绩合格,方可参加论文答辩。规定考试的课程中,如有一门不及格,可在半年内申请补考一次,补考不及格的,不能参加论文答辩。试行学分制的学位授予单位,应当按上述的课程要求,规定授予硕士学位所应取得的课程学分。申请硕士学位人员必须取得规定的学分后,方可参加论文答辩。"对其中的论文答辩进一步明确为:"硕士学位论文对所研究的课题应当有新的见解,表明作者具有从事科学研究工作或独立担负专门技术工作的能力。"

又如,《学位条例》规定:"高等学校和科学研究机构的研究生,或具有研究生毕业同等学力的人员,通过博士学位的课程考试和论文答辩,成绩合格,达到下述学术水平者,授予博士学位:(一)在本门学科上掌握坚实宽广的基础理论和系统深入的专门知识;(二)具有独立从事科学研究工作的能力;(三)在科学或专门技术上做出创造性的成果。"《暂行实施办法》对其中的课程考试进一步明确为:"博士学位的考试课程和要求:1. 马克思主义理论课。要求较好地掌握马克思主义的基本理论。2. 基础理论课和专业课。要求掌握坚实宽广的基础理论和系统深入的专门知识。考试范围由学位授予单位的学位评定委员会审定。基础理论课和专业课的考试,由学位授予单位学位评定委员会指定三位专家组成的考试委员会主持,考试委员会主席必须由教授、副教授或相当职称的专家担任。3. 两门外国语。第一外语要求熟练地阅读本专业的外文资料,并具有一定的写作能力,第二外国语要求有阅读本专业外文资料的初步能力。个别学科、专业,经学位授予单位的学位评定委员会审定,可只考第一外国语。攻读博士学位研究生的课程考试,可按上述的课程要求,结合培养计划安排进行。""申请博士学位人员必须通过博士学位的课程考试,成绩合格,方可参加博士学位论文答辩。"对其中的论文答辩进一步明确为,"博士学位论文应当表明作者具有独立从事科学研究工作的能力,并在科学或专门技术上做出创造性的成果。博士学位论文或摘要,应当在答辩前三个月印送有关单位,并经同行评议。"在学位授予管理实践中,国务院学位委员会办公室对有关"成绩合格"具体标准等问题作出解释[1]就是依据《学位条例》和管理职权引导质量保障政策目标实现的具体实践。

2. 学位授权

《学位条例》对国务院学位委员会的授权,使其具有了对全国学位授予工作进行统筹规划、布局授权和管理的特定领导职能和相应的概括性权力。其中,根据《学位条例》第 8 条的规定,进行学位授权审核是其重要工作。

学位授权审核,包括对学位授权单位(高等学校或科学研究机构)的审核及其学科专业的审核。根据《学位条例》第 8 条的规定,授予学位的高等学校

---

[1]　参见秦惠民:《学位与研究生教育大辞典》,北京理工大学出版社 1994 年版,第 264 页。

和科研机构要获得国务院的授权;授予学位的高等学校和科研机构及其可以授予学位的学科名单,由国务院学位委员会提出,经国务院批准公布。从1981年《国务院学位委员会关于审定学位授予单位的原则和办法》开始,国务院学位委员会作为国家学位主管部门,依据《学位条例》和管理职权,在学位授权工作实践中采取了一系列政策措施,使对学位授权的管理和改革,成为规范、引导和激励高等教育改革和发展的一项强有力的政策工具,通过调整学位授权政策措施,产生注重质量的政策效应,实现了"保证所授学位具有应有的学术水平"的政策目标①。同时运用宏观调控手段,统筹学位授权布局,使学位授权布点符合国家经济社会发展战略以及区域布局的需要。通过政策工具的使用,适用《学位条例》和贯彻法律原则,使《学位条例》中具有价值引导功能的原则规定得到具体执行。

《学位条例》实施以来,我国的学位授权工作不断积累经验并在实践中适应高等教育管理体制改革的新情况不断改革发展,简化审批手续并按学位等级下放审批层级,从中央高度集权向扩大省级统筹和给予部分学位授予单位自主权转变。从1986年开始,逐步试行在一定学科范围内下放硕士学位授权学科、专业审批权,并与对研究生院的审批结合起来批准试点单位,在保障与提高研究生教育质量的同时,强化高校责任意识,扩大部分高校的自主权,并逐步扩大到授权部分高校在博士学位一级学科授权范围内自主设置二级学科博士学位点和自主设置一级学科博士学位点。

随着中央和地方在高等教育领域分权体制的发展,逐步明确省级学位委员会对本地区新增学士学位授予单位以及新增硕士点等的统筹和审批权。1995年国务院学位委员会《关于加强省级学位委员会建设的几点意见》和1997年《国家教委、国务院学位委员会关于加强省级人民政府对学位与研究生教育工作统筹权的意见》,通过国务院学位委员会委托授权的方式,建立起中央和省级地方两级政府学位管理体制,其合法性来源是《学位条例》授予国务院学位委员会"领导全国学位授予工作"的概括性权力。

---

① 参见国务院学位委员会办公室、国家教育委员会研究生司:《学位与研究生工作文件选编》,北京航空航天大学出版社1988年版,第30页。

3. 学位质量保障

1985 年 5—6 月,基于《学位条例》第 18 条关于"保证所授学位的学术水平"的要求,国务院学位委员会首次组织了对政治经济学等 5 个二级学科、136 个硕士点学位授予质量的检查和评估①,开创了保障学位授予质量的新的政策工具。依据《学位条例》第 18 条的规定,从 1991 年起,国务院学位委员会组织了对第一、第二、第三批有权授予硕士、博士学位学科专业点的复查和评估,经复查和评估认可合格的硕士点、博士点,可继续行使硕士或博士学位授予权,不合格的暂停或撤销其授予学位的资格,对存在问题较多的学位点则限期整改。2014 年国务院学位委员会印发《学位授权点合格评估办法》和《关于开展学位授权点合格评估工作的通知》,进一步规范了对学位授权的评估工作。据此,2019 年国务院学位委员会、教育部定期布置开展了学位授权点合格评估抽评工作。正是通过这些政策措施,建立、充实和丰富了学位质量保障体系。

三、《学位条例》的修订——法治与学位管理实践的适切性进程

改革开放 40 年来,我国的教育事业和法治发展大踏步前进。中共中央和国务院在 20 世纪提出的立足国内培养博士生的战略目标已经实现,高等教育强国建设持续进步。我国的法治进程,已从《学位条例》颁布之时的恢复法制建设发展到全面依法治国。在这一进程中,教育法治也获得了很大的发展。

《学位条例》实施的实践,就是近 40 年来学位管理工作不断改革和完善的过程。其中,学位授予管理和学位授权管理分别遵循了不同的改革逻辑和发展路径。从学位授予管理的政策过程来看,对学位授予单位而言,其发展逻辑是内向的,与建立现代大学制度相适应,对学位授予工作愈益强调科学化与

---

① 参见梁桂芝、孟汇丽:《中华人民共和国学位与研究生教育要事志》,西安交通大学出版社 1994 年版,第 253 页。

合理化,权力向细化发展——区分学术权力与行政权力,遵循着从相对粗放的管理走向精细化管理的改革趋向。从学位授权管理的政策过程来看,对授权行政主体而言,其发展逻辑则是外向的,与权力分化和扩大高等学校办学自主权相适应,对学位授权工作则遵循着日益走向开放和下放权力的改革路径。1985 年《中共中央关于教育体制改革的决定》、1993 年《中国教育改革和发展纲要》和 2010 年《国家中长期教育改革和发展规划纲要》不断推动着扩大高校办学自主权和省级地方高等教育统筹权的放权改革进程。伴随中国的法治进步,有关学位纠纷的司法实践和影响性案件强有力地推动着人们法治观念的进步和学位管理的精细化、规范化发展。《学位条例》的修订启动,也在促进着学位管理工作的合理化与合法化进程。《学位条例》的修订,从 1997 年正式列入国家教委上报全国人大常委会审批的立法项目,至今已经 22 年。但很遗憾,有关《学位条例》的修订,只是不断地进行研究和论证,始终未能进入立法程序。究其原因,一是其作为规范高等教育发展的一项基本的制度性立法没有出现法律性信任危机;二是在学位管理过程中对政策工具的使用,至今没有出现重大的法律性障碍。但现在看来,几乎未经重要修改的《学位条例》,在法治理念、人权观念、分权改革、权力的细化、吸收已有改革成果、适应社会主体自主性改革以及适应现代学校制度发展等方面,都不同程度地表现出滞后和难以适应。作为新中国第一部教育法律的《学位条例》,以其开启中国教育法律之门的标志性重要地位来衡量,这部法律的价值或重要性正在减弱或下降,不仅由于作为国家高等教育基本制度的学位制度部分核心内容,已经一定程度地被《高等教育法》所覆盖,还由于《学位条例》与其他教育法律相比,法律的调整功能、指引功能、保障功能和评价功能都相对较弱,难以充分发挥法律的作用。因此,对于《学位条例》的修订,我认为应主要着力在下列几个方面:

1. 应增强《学位条例》的权利保障功能,进一步充实《学位条例》有关人权保护的基本理念和涉及权利保护、权利救济的有关规定

《学位条例》不仅在第 1 条中没有权利保护的抽象概括,而且在《学位条例》的具体条文中没有具体的对不利相对人进行说明理由、听取意见、回避、送达等正当程序的相关规定。这个情况已经不能适应今天我国社会法治进步

和社会个体权利意识极大提高的现实情况,不断出现的法律纠纷就是这种难以适应的表现。《学位条例》中有关学位授予的条件,目前的规定过于笼统和开放,应有符合立法原则和立法初衷的必要的法律保留。可通过对"学业"的限定明确学位授予条件的边界,排除影响授予学位的非学业性因素,避免例如因打架受纪律处分影响学位授予等不当关联的发生,即对非学业内容的条件设定,应有法律保留。

2. 应全面增强《学位条例》作为法律的调整功能、指引功能和评价功能

党的十八届四中全会提出了良法善治的理念,提出"良法是善治之前提"。党的十九大进一步明确"要以良法促进发展、保障善治"。由于《学位条例》出台时国家整体的法治化程度较低,因此沿袭了法律给政府概括性授权,政府通过政策工具的使用即运用政策手段和方式进行管理,实施和推动学位管理工作的改革和发展。现在看来,不仅难以发挥法律的引领和保障作用,而且不符合今天中国的法治理念和法治要求。应通过修订《学位条例》,进一步明确和理顺学位申请人、学位授予单位以及学位管理授权机关之间的权利义务关系,增强《学位条例》调整法律关系、指引行为方向、保障相关主体权益、评价行为正当性等法律的功能,以充分发挥法律的作用。

3.《学位条例》适应实践发展和改革趋势应遵循法律的性质和功能

习近平总书记多次强调,凡属重大改革都要于法有据。"重大改革于法有据"的提出,是强调运用法治思维和法治方式推动改革,标志改革进入法治化的新阶段。近40年来我国高等教育实践的发展以及专业学位试点等工作的开展,出现了增加学位类型、学科门类和学位层级等的实践要求。是通过将其直接写进法律还是由法律来设定和明确原则来适应实践需求? 对此,我认为应当遵循法律的性质和功能来确定。有的直接写入法律,有的则只应确定原则,特别是其中具有局部性、学术性、改革性和发展性的业务内容,为使改革能够依法进行,要为今后的改革留出发展空间和充分照顾到多样化的需要,可依据法律所明确的原则具体交由行政法规、部门规章或政策来规范和调整。

4. 应通过修订《学位条例》明确区分学术权力与行政权力

治理与统治、管理相区别的现代意义之一,是大一统的权力结构向多元权力结构的转化。权力结构的转化过程伴随着一系列的功能性区分,被分化出

来的权力,不断地在新的功能区分中确立自己的独立价值、主导地位和功能性差异,建构自己的运行规则,证明自己的合法化依据。因此可以说,现代大学治理的发展,正是表现为一种结构和功能不断分化与重构的历史过程。在走向现代大学制度的治理结构发展中,权力的分化与重构过程体现了现代社会的理性化或合理化进程。

北京大学刘燕文案及学位授权审核中出现的一些纠纷案件,都反映了进行这种权力区分的必要性。因此,不仅学位授予的审核过程应区分学术权力与行政权力,而且学位授权审核过程亦应区分学术权力和行政权力。目前《暂行实施办法》中有关学位授予单位的学位评定委员会应按学科设立分委员会的规定,以及国务院学位委员会、省级学位委员会都应下设学科评议专家组织,应写进法律条文。

5. 应通过修订《学位条例》扩大高校办学自主权

改革开放以来,从农村联产承包责任制到城市的企业改革,在中国社会有关释放和激发活力、提高效能和增强适应性的自主性改革发展趋势中,社会主体的自主性日益增大,政府管制日益减弱。作为行政事业单位的高等学校自主性改革,至今仍在推进之中。1985 年《中共中央关于教育体制改革的决定》要求改变政府对高等学校统得过多的管理体制,要"坚决实行简政放权,扩大学校的办学自主权"。《学位条例》规定的学位授予条件,只是原则性的抽象标准,建议对具体学业标准的设定,可规定为学位授予单位的自主权范畴;在授予学位的学科专业方面,应扩大高等学校的自主权。

6. 通过修订《学位条例》与我国高等教育管理体制改革和事业发展相适应

《学位条例》中一些已经不适应现状的规定需要进行修改,如"授予学位的高等学校和科学研究机构及其可以授予学位的名单,由国务院学位委员会提出,经国务院批准公布"。《学位条例》对学位管理的授权集中在中央,而我国高等教育管理体制的改革实践,已经形成了国务院学位委员会、省级学位委员会、学位授予单位三级学位管理体制,现有《学位条例》的相关规定无法与之相适应,应予修改。

一些在制定《学位条例》时很有必要,但已经不适应我国研究生教育事业发展现状和要求的规定,如《学位条例》第 5 条和第 6 条中,对"具有研究生毕业同等学力人员"申请学位的规定,以及第 12 条关于"非学位授予单位应届毕业研究生"申请学位的规定,建议删除。

关于《学位条例》如何修改,已经有了大量较高水平的相关研究。除了因法律纠纷等影响性案件引发的学者个体和学术界的研究以外,国务院学位委员会办公室和教育部政策法规司都分别组织专家进行了多次专项研究和论证。各种修订草案注意借鉴国外经验和理论研究成果,在权益保护、适度分权、区分学术权力和行政权力、吸收已有的改革成果等方面都有重要和明显的改进。我认为目前有关《学位条例》修订的实践发展和各种研究工作已经大体成熟,基本具备了进入立法程序的基础。《学位条例》作为我国学位制度的法律,不仅其名称应符合我国立法法的规范,而且其内容应与国家的法治进步以及学位管理的实践发展具有适切性,立法理念和立法技术的进步亦应反映在新的法律规范中,使学位立法在总结实践经验的基础上更加精细化,回应实践需求。

(本文原载《学位与研究生教育》2019 年第 8 期)

对完善我国教育法律体系的思考

党的十八届四中全会首次以全会的形式专题研究部署"依法治国",审议并通过了《中共中央关于全面推进依法治国若干重大问题的决定》,强调坚持依法治国、依法执政、依法行政共同推进,坚持法治国家、法治政府、法治社会一体建设,实现科学立法、严格执法、公正司法、全民守法。"依法治教"是"依法治国"的重要组成部分,是实现教育治理体系与治理能力现代化的必然途径。"依法治教"要求教育管理与改革实践依循法治思维、采取法治方式,因而必须要有科学、全面、成体系的教育法律法规予以支撑。改革开放以来,我国教育法律从无到有,已初步形成教育法律体系,但从整体上看,现有的教育法律体系还不能完全适应国家整体法治推进和教育改革发展的步伐和需要。进一步完善教育法律体系,对于实现依法治教、推进教育治理体系与治理能力的现代化具有重要意义。

一、我国教育法律体系概况及发展历程回顾

体系是指某些事物或意识按照一定的秩序和内部联系组合而成的整体,具有整体性和系统性。教育法律体系就是由多种与教育相关的法律法规按照其内在的秩序和联系组成的系统。我国自 1980 年颁布第一部教育法律《中华人民共和国学位条例》起,三十余年来相继颁布了百余种教育法律法规,逐步形成了一套相对完整、自成系统的教育法律体系,也可称为一个相对独立的法律部门。教育法律体系的形成和完善,对规范我国的教育活动、推动教育事业

的科学发展发挥了重要作用。

（一）我国现行教育法律体系的基本框架

框架之于体系犹如骨架之于人体,把握住框架就可清晰了解一个体系的结构。我国现行教育法律体系的框架为:以《教育法》为基本法律,纵向上分为基本法律、单行法律、行政法规、地方性法规、政府规章五个层次,横向上包含《学位条例》《义务教育法》《教师法》《职业教育法》《高等教育法》《民办教育促进法》六个教育法律部门(见表1)。这个法律体系具有一定的整体性和系统性,五个层次、六个部门纵横交错,此外还有百余种相关的法律法规填充其中,形成一个广覆盖、多层次的立体式法律网络,结构相对完整、内容基本全面、层次较为清晰、功能相对明确。作为中国特色社会主义法律体系的重要组成部分,我国现行的教育法律体系是三十余年来中国教育法制理论与实践不断发展、完善的结果。

表1 我国现行教育法律体系框架

层次	法律名称	制定部门
基本法律	《教育法》	全国人大
单行法律	《义务教育法》《高等教育法》《职业教育法》《民办教育促进法》《教师法》《学位条例》	全国人大及其常委会
行政法规	《学位条例暂行实施办法》《幼儿园管理条例》《教师资格条例》等	国务院
地方性法规、自治条例、单行条例	如:《江苏省幼儿教育暂行条例》《四川省义务教育条例》等	省、直辖市、自治区人大及常委会
政府规章	《学生伤害事故处理办法》《普通高等学校学生管理规定》等	国务院各部委,省、直辖市、自治区政府等

（二）我国现行教育法律体系发展历程回顾

1.我国教育法律体系形成、发展的阶段梳理

到目前为止,我国教育法律体系的形成、发展大体经历了四个阶段。

1978—1980 年为酝酿阶段。党的十一届三中全会以后,国家通过撤销 1971 年《全国教育工作会议纪要》、修订新的学校工作条例、恢复高考制度,全面恢复、整顿了在"文化大革命"中遭受破坏的教育秩序,探索和提出新的制度性规范草案,为教育法制的开端奠定了基础。1980—1995 年为起步阶段。1980 年《中华人民共和国学位条例》的颁布具有重要的标志性意义,这是新中国成立以来由国家最高权力机关制定的第一部有关教育的法律,拉开了中国教育法制建设、发展的帷幕,其后《义务教育法》《教师法》的相继颁布,推进了教育法制建设的进程。1995—2000 年为教育法制建设的综合化、系统化阶段。这期间颁布了教育领域的基本法律——《中华人民共和国教育法》,此后又相继颁布了《职业教育法》《高等教育法》等教育部门法。2000 年以后为教育法制建设的发展和体系形成阶段。《民办教育促进法》《中外合作办学条例》等法律法规的相继颁布,标志着中国教育法律体系的基本形成。

2. 我国教育法律体系形成、发展历程中的重要推动力与关键节点

中国教育法律体系的形成过程与中国特色社会主义法制建设的历程是一致的。改革开放以来我国的社会主义法制建设特别是依法治国的提出,既是教育法律体系的形成背景,也为教育法律体系的形成注入了强大动力;与此同时,教育法律体系的形成历程与教育事业的改革发展历程也是相辅相成的,教育改革与实践发展过程中的重大背景事件,也成为教育法律体系形成过程中的关键节点。1982 年《宪法》的颁布与实施,对我国教育事业发展以及教育法律体系的形成具有重要意义。

1982 年《宪法》规定了教育立法的基本指导思想和立法依据,规定了教育教学活动的基本法律规范,为教育法制建设奠定了坚实的基础①和宪法依据。"依法治国"理念的提出是教育法治发展的重要动力,1996 年《国民经济和社会发展"九五"计划和 2010 年远景目标纲要(草案)》首次提出"要坚持和实行依法治国,积极推进社会主义法制建设的进程";1997 年党的十五大报告提出"到 2010 年形成有中国特色社会主义法律体系"。教育事业的改革与发展要

①　参见劳凯声:《中国教育改革 30 年(政策法律卷)》,北京师范大学出版社 2009 年版,第 4 页。

在"依法治国"的框架下进行,依法治教是依法治国理念在教育领域的具体化。

1985 年颁布的《中共中央关于教育体制改革的决定》,在我国教育改革与发展历史上具有里程碑式的重大意义,20 世纪 80 年代我国的教育法制建设,就是依据该决定提出的教育改革目标进行的。1993 年《中国教育改革和发展纲要》提出"争取到本世纪末,初步建立起教育法律、法规体系的框架",更是明确了教育法制建设的具体任务。这两个对我国教育发展具有总体指导性的重要政策文件的颁发,是我国教育法律体系形成过程中的关键节点。

二、比较视野中的我国教育法律体系

英美法系国家的教育法律,法院的判例居重要地位,其成文法往往不追求系统和完善。与英美法系国家相比较,中国和日本都属于大陆法系或成文法系,相互之间具有较强的可比性。通过与日本的教育法律体系相比较,可以从差异中分析特点、原因和问题,从而为完善我国教育法律体系提供借鉴和参考。

(一) 日本教育法律体系的特点

日本的《教育基本法》是《日本国宪法》下一个独立的法律部门,《教育基本法》之下按照"教育活动、教育活动主体、教育行政"三个标准进行分类,所有的教育相关法律均归类于三个标准之下,横向上覆盖教育各个方面;同时,每一部教育法律之下均有配套的施行令、施行规则,形成"法律—施行令—施行规则"纵向体系,确保法律效力充分落实。

日本的教育法律体系体现出以下几个特点:一是作为教育领域基本法律的教育法,是宪法之下的独立法律部门,体现了教育在现代社会中的重要地位,也体现了教育法律在整个法律体系中的地位;二是教育法律体系完善,逻辑清晰,"教育活动、教育活动主体、教育行政"的分类标准在横向上足以覆盖教育的各个方面,纵向上遵从"自上而下,原则性递减、操作性递增"的规则,保证了法律的实效性;三是教育法律体系注重对国际先进教育法制理念的借鉴。

（二）我国目前教育法律体系存在的问题

通过与日本教育法律体系的比较,可看出我国教育法律体系具有如下差异:第一,我国教育法律在国家法律体系中并不具有独立法律部门的地位。2011 年 10 月,国务院新闻办公室发布的《中国特色社会主义法律体系白皮书》中说,中国特色社会主义法律体系的部门包括宪法及宪法相关法、民法商法、行政法、经济法、社会法、刑法、诉讼与非诉讼程序法;与教育相关的法律法规(教育法、义务教育法、高等教育法、职业教育法、教师法和幼儿园管理条例、教师资格条例、中外合作办学条例等)被列入行政法这一法律部门①。第二,教育法律法规体系建设缺乏整体设计和系统性。例如,2012 年 3 月 28 日公布的《校车安全管理条例》,就是针对近年来"夺命校车"事故频发而应急制定的。但从完善教育法律体系角度需要的一些重要教育法律,诸如学校教育法、考试法、教育投入法等,虽呼吁和研究论证多年,却难以出台;有些早期制定的教育法律如《学位条例》,虽然已经难以适应和满足我国法治的进步和实践需要,但迟迟不能得到与整体法制建设相协调的系统修订。第三,由于没有如日本"教育活动、教育活动主体、教育行政"这样明确的立法分类标准,我国教育法律体系的横向覆盖周延性差,存在大量立法空白,导致教育实践中很多问题处于无法可依的境地,使依法治教难以实现。第四,在纵向上,我国的教育法律缺乏如日本"法律—施行令—施行规则"这样的配套实施规则,导致教育法律难以得到彻底落实。同时在立法技术上由于法律用语空泛,使得教育法律的实效性进一步削减。例如《义务教育法》第三十二条规定"县级人民政府教育行政部门应当均衡配置本行政区域内学校师资力量,组织校长、教师的培训和流动,加强对薄弱学校的建设",但在实践中,校长、教师的合理流动缺乏配套的制度规范和保障措施,实施起来还面临诸多困难,导致法律规定仅仅成为一种难以执行的原则性宣示。

我国教育法制建设发展至今,成果显著,已经建立起基本的教育法律体

---

① 参见国务院新闻办公室:《中国特色社会主义法律体系白皮书》,人民出版社 2011 年版,第 22 页。

系。但目前教育法律体系不够完善,已有的实定法也难以适应教育改革发展的实际需要,解释力较弱,实效性不强,尚不能很好地适应我国经济社会发展和教育事业发展的现实国情,难以满足依法治教的现实要求。因此,进一步完善我国教育法律体系、推进教育法制建设十分必要。完善教育法律体系的一个极其重要的内容,是厘清体系构建的基本逻辑。

三、对教育法律体系构建逻辑的思考

(一) 受教育权的实现与保护——现代教育法律体系构建的逻辑起点

教育是实现个人的发展、自由和尊严的前提,受教育权是现代社会中人权的重要组成部分。《世界人权宣言》第 26 条规定"人人都有受教育的权利",我国《宪法》第 46 条规定"中华人民共和国公民有受教育的权利和义务",受教育权是《宪法》规定的一项基本权利,也是整个教育法律体系构建的逻辑起点,所有教育法律的制定与实施都应当围绕实现和保障公民的受教育权这一核心①。从世界各国的宪法和法律规定来看,实体性的受教育权,主要是指各国义务教育法规定的受教育权利,必须实质性地平等享有;形式上的受教育权,则表现为非义务教育阶段受教育机会的平等享有。实现和保障公民的受教育权,是构建各国教育法律体系的基石和逻辑起点。

(二) 教育权的区分与设定——现代教育法律体系的规范逻辑

现代社会的法定教育权包括家庭教育权、社会教育权和国家教育权。家庭教育权主要指由法律所确认和维护的父母对其子女在教育问题上所享有的权利和义务;社会教育权则是指法定的社会主体依据法律规定所行使的教育权利,它主要指各社会主体依法享有的教育举办权和对教育活动进行参与、监

---

① 参见秦惠民:《走入教育法制的深处——论教育权的演变》,中国人民公安大学出版社 1998 年版,第 190—196 页。

督的权利和义务;国家教育权是指国家依法履行教育职能的资格及依法行使的公权力,它包括国家的施教权和对教育的管理权,是国家统治权力的一部分。在这三种教育权中,国家教育权是现代社会教育权的主体。

教育法律体系的一个重要功能在于规范教育权,将多种教育权置于科学、合理的体系和结构之中。这种作用主要体现在:一是对家庭教育权、社会教育权、国家教育权进行区分、规范和设定,明确各种教育权的行使边界,实现教育权的合理归置。例如《义务教育法》主要是对国家、家庭的教育责任和义务进行了设定,而《民办教育促进法》则主要规范了社会办学主体的权利与义务。二是协调三种教育权的关系、促进三种教育权的平衡。在这三种教育权中,国家教育权由于有国家强制力作为支撑,在教育权的制衡中占据主导地位。完善的教育法律体系就是要通过多部教育法律的协调配合,限制国家教育权力的恣意扩张,引导国家教育权由权力本位向责任本位转变,使之成为实现公民受教育权利和机会平等的基本保障。教育法律体系对教育权的规范限制作用,有利于在家庭教育权、社会教育权和国家教育权之间形成一种平衡的张力,"既避免了没有制约的国家教育权走向教育国家主义,也防止了绝对的教育自由主义产生的弊病"①。

(三) 教育法的地位——教育法律在国家法律体系中的逻辑定位

教育法在国家法律体系中的地位,体现着国家对教育的重视程度,也体现着教育这项社会活动区别于其他社会活动的特殊性。

在中国特色社会主义法律体系建设发展过程中,无论是学者的学术研究②,还是国家的法制实践③,教育法都被视为行政法的子部门,并不具有独立的法律部门④的地位。这种归类方式隐含的逻辑是:教育管理隶属于行政

---

① 温辉:《宪法与教育:国家教育权研究纲要》,中国方正出版社 2008 年版,前言。
② 参见张文显:《法理学》,高等教育出版社 2011 年版,第 86 页。
③ 参见国务院新闻办公室:《中国特色社会主义法律体系白皮书》,人民出版社 2011 年版,第 22 页。
④ 法律部门既是一个法学概念,也是组成法律体系的一种客观的基本要素。法律部门虽然是一种学理上的划分,但对法律体系的建立以及法制实践非常重要,直接影响着立法、执法、司法的实践过程。(参见张文显:《法理学》,高等教育出版社 2011 年版,第 81 页)

管理,教育法依循行政法的法理逻辑。这是我国传统的教育管理理念在立法领域的反映,不能体现教育活动的特殊性和现代教育的发展规律,不符合教育的改革发展趋势。在教育法律实践中,这种立法归类方式所带来的行政法思维逻辑,难免导致教育管理者用行政思维替代教育思维、用行政逻辑替代教育逻辑的思想和行为倾向。

从逻辑角度而言,教育法律所调整的社会关系有一部分涉及行政法律关系,但随着学校类型的多样化和教育改革的深化,教育领域内也存在大量的民事法律关系等其他法律关系或混合型的法律关系。即使是在行政法律关系中,教育行政关系和其他行政法律关系也存在差异,教育行政机关不能简单地用行政命令的方式管理学校,而必须要考虑到学校的自主性与专业性。另外,教育法律的调整方法也具有特殊性。行政法选择用行政许可、行政处罚、行政强制等行政行为维护行政主体的权威、实现对行政相对人的有效管理;而教育管理由于其对象的特殊性,更强调采用协商合作、批评教育、合理引导的方式,要求教育管理者从保护受教育者(特别是青少年学生)、保护教师的职业权利、维护学校的合法权益的角度考量和解决问题。

从现实角度而言,我国的教育法治进程不断推进,教育法律数量不断增多,教育法律体系已基本形成并不断完善,教育法律成为一个独立法律部门的可能性与现实基础已经初步具备。

(四) 立法分类维度——教育法律体系隐含的逻辑结构

所谓立法的分类维度,在教育立法中是指制定一部教育法律时首先要考虑该法律所针对的是教育体系中哪一维度或哪一层面的问题。不同的教育法律面向教育体系的不同维度或不同层面(例如《教师法》是立足于"教师"这一"教育主体"的维度,而《高等教育法》是立足于"高等教育"这一"教育阶段"的维度,教育主体与教育阶段显然不是同一维度)。教育立法分类维度,体现着一国教育法律体系隐含的逻辑结构,纵向上使《宪法》《教育法》与具体的教育法律相衔接,横向上体现着教育法律体系的覆盖范围。教育立法分类维度决定着教育法律体系的逻辑自洽性和结构的科学性。

由于我国现有教育法律体系不是按照严格的立法分类维度建构的,所以已有的教育法律法规缺少体系性的内在逻辑联系和相互衔接。教育法律体系中各法律部门不仅存在着交叉重复,而且存在较多法律空白,一些问题依然无法可依。没有明确的教育立法分类维度,不能不说是这种状况存在的原因之一。如我国现有的六个教育法律部门中,《义务教育法》《高等教育法》《职业教育法》《民办教育促进法》是按照教育阶段或教育部门进行区分的,而《教师法》属于教育主体的维度,《学位条例》则属于教育活动过程维度。这些教育法律并不在相同的分类维度上,没有统一的分类标准,覆盖面也就有限,存在内容交叉和法律空白也就在所难免。再如在教育阶段的维度上,就明显地存在着学前教育、高中教育、成人教育等相关法律的缺失。

教育立法分类维度的设置应当科学、合理,既要做到系统全面,做到不遗漏、不缺失,也要顾及相互间的统筹协调,做到不重叠、不冲突。如何设置教育法律的分类维度,根本上取决于我们如何看待教育。首先,教育是一项具有特殊规律性的社会活动,教育法律既是调节教育活动主体间关系的制度与规范,同时还是教育活动过程顺利进行的保障。其次,从系统论的角度,我们还应把教育看作一个系统,教育法律既要协调系统内部各种关系,还要协调教育系统与外部其他社会系统的关系。

日本的教育法律分类维度具有一定的科学性,“教育活动”“教育活动主体”这两个维度,是从教育被看作一项社会活动的角度出发的,“过程”“主体”基本上概括了教育活动的全部;“教育行政”的维度,则是从教育被看作一个系统的角度出发的,相关法律用以规范教育与政府间的关系。当然,这种分类也存在明显的问题,教育系统外部不仅仅涉及教育与政府的关系,还涉及教育与社会、教育与市场的关系,因此仅有教育行政法律规范显然是不全面的。

我国教育立法的分类维度,可以在充分借鉴其他国家和地区教育法律分类方式的基础上,结合我国的具体国情,进行研究和设计。我国教育法律的分类标准可设计为(见图1):教育活动主体,教育活动过程,教育与政府,教育与社会、家庭,教育与市场,特殊类型。其中,“教育活动主体”“教育活动过程”是基于教育活动这个维度。“教育活动主体”应当包括学校、教师、学生,关于每一主体应当单独立法;“教育活动过程”又可细分为两个层面,一是宏观上的教育阶段,包括学前教育、义务教育、高中教育、高等教育、职业教育、成人教育、终身教育;二是微观的教育活动过程,包括招生、培养、考试、学位、就业等具体环节,每一阶段、每一环节都应当有相应的法律规范。"教育与政府""教育与社会、家庭"是基于教育系统维度,相关法律用以规范教育系统与其他社会系统的关系,其中"教育与政府"相当于日本"教育行政"这一维度,应当包括关于教育投入、教育质量评估、教育公平的相关法律;"教育与社会、家庭"主要涉及家庭教育、社会教育相关的法律规范。"教育与市场"主要针对营利性的教育机构。"特殊部分"主要针对我国具体国情,例如由我国多民族的特点所涉及的民族教育问题,由我国经济社会发展不平衡,城乡、区域、阶层差异所导致的弱势群体教育问题(如农民工子弟的教育),等等,都应制定专门的法律。

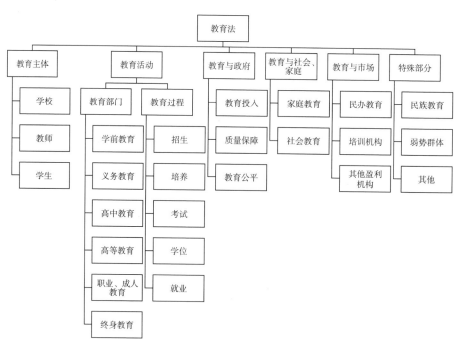

图 1　教育法律体系建构逻辑图

四、完善我国教育法律体系的现实选择

关于教育法律体系构建逻辑的分析是一种理论探讨,具有一定的理想化色彩。现实中的立法活动是一种宏大叙事,不像学者们讨论起来这么简单。因此,就我国教育法律体系的构建、完善而言,必须坚持"历史与逻辑相统一、理论与实践相结合"的原则。

(一) 把握完善教育法律体系的重要契机

从我国教育法律体系形成、发展的历程中,我们可以总结出一些重要的历史契机对于教育法制建设具有重要意义。当前,国家教育法制发展又面临着三个重要契机,《国家中长期教育改革和发展规划纲要(2010—2020年)》提出"按照全面实施依法治国基本方略的要求,加快教育法制建设进程,完善中国特色社会主义教育法律法规",对教育法制建设高度重视,为完善我国教育法律体系提供了重要的政策支持;2011年3月10日,全国人大常委会委员长在十一届全国人大四次会议第二次全体会议上宣布:"中国特色社会主义法律体系已经形成",中国社会主义法制建设进入新的历史阶段,这为教育法制建设从体系的形成和完善上进一步推进提出了要求;2014年10月,党的十八届四中全会提出"坚持依法治国、依法执政、依法行政",对进一步完善教育法律体系、推进依法治教指明了方向、提出了更高的要求。

(二) 提升教育法律在我国法律体系中的地位

如前文所述,教育法在我国不是独立的法律部门,而是行政法之下的一个子部门,这既影响了教育法律在国家法律体系中的地位,也不利于在司法实践中对教育领域一些法律纠纷的实际解决,还不利于教育法律体系的发展和完善。关于教育法是否应该成为一个独立的法律部门的问题,在学界尚存争议。如日本即存在"教育行政法规说"与"教育制度独自法说"。日本著名的行政法学家兼子仁就提出特殊法学论的主张,认为教育行政及其他个别行政已分

别具有自己的法理论,逐渐成为独立的法及法学,实际上是特殊法学,应将特殊法从行政法中分离出去而独立①。

（三）以填补立法空白为重点,促进教育法律体系逻辑结构的完善

我国现行教育法律体系的形成是一个历史的过程,每一部教育法律的制定都有其具体的、特殊的时代背景。例如《学位条例》作为新中国第一部教育法律的颁布实施,就是顺应当时建立学位制度的需要而出台的;《职业教育法》的颁布则是适应职业教育蓬勃发展的新形势,对职业教育领域中出现的各种新问题进行规范而诞生的。我们应当站在历史唯物主义的角度来认识我国教育法律体系的形成和发展,虽然已有的教育法律体系尚不完善,与理想的逻辑框架有较大差距,但也要承认这是由我国的经济、社会和教育发展决定的,是我国教育法制发展的现实写照,是历史的产物。客观的历史发展往往是不以人的意志为转移的,不容许我们先设定一个理论框架、明确立法分类维度,逐一制定各项教育法律,最终形成一套完整的教育法律体系。

我国当前教育法律体系最为突出的问题是:在横向结构上,还存在很多立法空白;在纵向结构上,每一部法律的配套实施制度或下位支持制度尚待完善。因此,结合现实国情,加大立法力度,填补法律空白,努力实现教育领域内重大问题有法可依。不断完善我国教育法律体系,是我国教育法制建设的一项重要任务。

（四）不断优化教育法治实践,积极回应教育法律体系建设的现实需求

第一,当前我国教育法律体系中所缺失的教育法律在紧迫性上存在差异,程度并不完全相同。所以在立法过程中,应当注意待出台法律的必要性与迫切性,应当把国家的教育发展战略、人民群众的热切关注作为重要的依据,以确定在不同时间不同法律的重要性排序。例如《国家中长期教育改革和发展

---

① 参见杨建顺:《日本行政法通论》,中国法制出版社1998年版,第67页。

规划纲要(2010—2020 年)》里提出"根据经济社会发展和教育改革的需要，修订教育法、职业教育法、高等教育法、学位条例、教师法、民办教育促进法，制定有关考试、学校、终身学习、学前教育、家庭教育等法律"，从中可以看出考试法、学校法、终身学习法、学前教育法、家庭教育法是国家教育战略关注的重点，在教育法制建设与发展中具有重要性和优先性。再如 2010 年、2011 年、2012 年连续三年的两会提案中，关于学前教育的提案占到教育类提案的80%，从中也可看出学前教育立法的社会关注程度和迫切性。

第二，在完善我国教育法律体系的过程中，应当避免片面追求法律的高位阶倾向。我国的法律体系分为宪法、法律、行政法规、地方性法规、自治条例与单行条例、规章等几个层面。并不是所有的教育法律制度都要追求较高的立法层次。就我国教育法制建设的现实而言，解决教育法律制度的缺失问题从而解决依法治教有法可依以及教育纠纷定分止争的问题是摆在首位的，不应为追求法律的高位阶而影响实践中紧迫需要的教育法律制度的及时出台。

第三，在完善我国教育法律体系的过程中，要注意加大法律借鉴、法律移植的力度。所谓法律移植是指在鉴别、认同、调适、整合的基础上，引进、吸收、采纳、摄取、同化国外已有的法律规范，使之成为我国法律体系的有机组成部分，为我所用。法律移植的范围，一是外国的法律，二是国际法和惯例①。我国教育改革与发展中面临一系列由教育国际化趋势带来的新问题，这些新问题的解决需要我们拓展国际视野，需要我国的教育法制建设借鉴国外先进的法律理念、法律技术、法律规范。在法律移植与借鉴过程中，需要将我国的教育法律体系与其他国家法律以及国际法进行比较，并结合我国国情进行理性选择和本土化改造。

（本文原载《北京师范大学学报（社会科学版）》2016 年第 2 期；《新华文摘》2016 年第 12 期正文转载，本文作者为秦惠民、谷昆鹏）

---

① 参见张文显：《法理学》，高等教育出版社 2011 年版，第 164 页。

从简政放权走向法治方式

从渐进放权走向法治方式

——对高教简政放权的趋势解读

2017 年 3 月 31 日，教育部、中央编办、发展改革委、财政部、人力资源社会保障部联合发布《教育部等五部门关于深化高等教育领域简政放权放管结合优化服务改革的若干意见》（以下简称《意见》），进一步推进对高等学校的简政放权。《意见》在高校学科专业设置、高校编制及岗位管理制度、高校进人用人管理、高校教师职称评审机制、大学薪酬分配制度、高校经费使用等方面，使高校进一步有了"依法自主管理"的更大权限。这次简政放权，对高校的自主发展、提高活力和效能将起到巨大的推动和激励作用，具有重要意义。

一、本次放权的特点

我认为这次简政放权有三个亮点：

一是"一竿子插到底"。这次五部门的意见明确要"破除束缚高等教育改革发展的体制机制障碍，进一步向地方和高校放权，给高校松绑减负、简除烦苛，让学校拥有更大办学自主权，激发广大教学科研人员教书育人、干事创业的积极性和主动性"。为此，这次放权突破了现有中央和地方以及部门和行业管理的体制划分和统筹管理权限，"一竿子插到底"，改变了以往的放权只是针对部分高等学校的做法，直接面向全国所有的高等学校，打破高等教育管理的体制机制障碍直接授权给高等学校。

二是在一些事项上放权力度较大，使一部分权力一次性放到底。例如，对职业教育专业管制的放权比较彻底。《意见》明确,高校"自主设置高等职业教育(专科)专业,报省级教育行政部门备案"。不再有《专业目录》的约束。

再如,下放高校教师职称评审权。《意见》明确:改进高校教师职称评审机制,"将高校教师职称评审权直接下放至高校,由高校自主组织职称评审、自主评价、按岗聘用"。

又如,高校自主设置内设机构。《意见》明确:"高校根据办学实际需要和精简、效能的原则,自主确定教学、科研、行政职能部门等内设机构的设置和人员配备。鼓励高校推进内设机构取消行政级别的试点,管理人员实行职员制。"

三是综合改革、整体推进。这次由五部门联合发布意见,涉及高等教育改革的 8 个方面 20 项内容,有可能减少和避免单项改革面临的相互掣肘和扯皮,具有整体推进的联动效应。

二、本次放权的性质和思路

本次放权是自 1985 年《中共中央关于教育体制改革的决定》以来,政府不断放松对高等学校的管束、进一步提高高等学校自主性的继续。

改革开放以来,在中国社会有关释放和激发活力、提高效能和增强适应性的自主性改革发展趋势中,社会主体的自主性日益增大,政府管制日益缩小和减弱。继农村改革之后,城市中各种社会主体的自主性改革首先是从企业开始,然后是各种社会团体和事业单位。企业的自主性改革是成功的,企业已经基本完成了作为一个独立的市场主体的改革。这是一个社会主体与政府之间双向互动、多元参与的博弈过程。在这一过程中,公立大学始终在呼吁和争取办学和管理的自主权,政府则逐步下放权力。

1985 年《中共中央关于教育体制改革的决定》指出,"政府有关部门对学校主要是对高等学校统得过死,使学校缺乏应有的活力","当前高等教育体制改革的关键,就是改变政府对高等学校统得过多的管理体制",要"坚决实行简政放权,扩大学校的办学自主权"。根据这个改革思路,若干年来政府逐步放松对高等学校的管制、实施简政放权;高等学校则在不断地争取自主办学和自主管理的权利。今天高等学校和政府间的关系状态就是这个改革思路的实践结果和改革成效。

这次五部门在放权的同时,强调"各地各部门要进一步转变职能和管理方式,支持高校适应创新发展需要,推进治理结构改革。要深入推进管办评分离,切实履行监管职责。创新监管方式和手段,通过完善信用机制、'双随机'抽查、行政执法、督导、巡视、第三方评估等加强事中事后监管"。

三、已有放权的成效和局限

一方面,中国的公立大学作为民事主体的自主性改革或去行政化成效显著:公立大学实现了法人化,区分了大学的责任和政府的责任。公立高等学校具有了参加民事行为的自主意识能力、独立的民事责任能力,解决了诉讼的问题,大学可以成为独立的被告。今天的中国公立大学,确已成为独立的民事法人,享有充分的民事权利。20世纪八九十年代,教育部直属高校在校园里建个自行车棚、修个厕所也要报当时的国家教委审批。现在中国的公立大学拥有了民法意义上的对自己的人、财、物的支配和处置权利。尽管对于中国公立大学的法人性质仍存在学术上的争议,例如大学是公法人还是私法人?大学是行政法人吗?由于实践中存在大学法人性质的模糊现象,有人提出大学是一种公私融合的法人,等等。但中国公立大学作为一个民事法人或民事主体,已有的权利已经不小,可以自主地向银行借贷甚至置换校园;作为一个非营利性组织,却每天都在进行着各种各样的营利性活动。这在其他国家的公立大学中是绝无仅有的。很多外国大学的校长,听到我们的公立大学可以大笔地向银行贷款甚至置换校园,都对中国公立大学所具有的自主权利感到十分惊讶!世界其他国家的公立大学鲜有中国公立大学如此之大的民事权利。

但另一方面,中国公立大学作为一个从事教育活动的公法主体,其自主办学的权利依然受到诸多限制。中国公立大学作为一个教育机构的办学权利和自主能力,依然受到各种各样的约束,其办学权利在全世界可以说是最小的。

伴随政府的放权进程,虽然政府对大学办学活动的行政管制在持续放松,但高等学校享有的公法权利与其承担的公法责任仍不相匹配。目前《教育法》《高等教育法》等教育法律规定的高等学校"依法自主"享有的办学权利,实际上还没有真正落实到位,还没有从根本上解决大学依法自主办学的问题。很多管制事项特别是各种教育标准性的《目录》约束,导致中国的公立大学还不能说是一个独立自主的办学实体。

就拿广受诟病的我国现行《授予博士、硕士学位和培养研究生的学科、专业目录》来说,它已成为大学适应科学和社会的发展,自主调整学科专业培养人才和整合力量进行科学研究的一种体制上的障碍,严重影响大学根据实际需要办出特色、办出水平。现在审批学科点要按照这个《目录》划分的一级学科来审批,要申报一级学科,就必须要满足这个《目录》规定的三个以上二级学科的设置条件,否则就无法获得这个《目录》规定的一级学科的授权。例如,大学中的一个高等教育研究机构,持续地办好一个高等教育学科,进行相关的科学研究和人才培养,为什么就不行?目前"高等教育学"在《目录》中是教育学一级学科下的一个二级学科,为什么非要按这个《目录》来进行所谓的"一级学科"建设?

四、现有放权的纠结和未来发展趋势

影响放权的因素也许是多层次和多方面的,其中可能会有对于大学缺乏自律机制的担忧,担心大学缺少自律意识和自我约束机制,担心大学因质量保障机制的问题而导致劣币驱逐良币的情况。这种担忧势必导致放权过程中的反复权衡和小心斟酌。

这次五部委《意见》的第一条"改革学位授权审核机制",放权就显得十分谨慎,只是规定"对承担国家重大科研任务、符合学位授予标准的高校,新增硕士博士学位授权可不再要求培养年限"。看起来虽然在资格条件上进一步放松了一点儿,但紧接着就强调说:"国务院学位委员会要加强授权监管,完善学位授权准入标准,强化专家评审环节,开展学位授权点合格评估,对于不按照标准和程序办理、不能保证质量的,依法责令限期整改,直至撤销其博士硕士学位授权。"第二条"改进高校本专科专业设置",还是要求"除国家控制布点的专业外，高校自主设置《普通高等学校本科专业目录》内的专业，报教育部备案"。

党的十八以来，中央强调要注重发挥法治在国家治理和社会管理中的重要作用；提高运用法治思维和法治方式深化改革、推动发展的能力。伴随依法治国、建设社会主义法治国家的持续推进，国家不断完善教育法治体系和教育法律制度，进一步明晰政府和大学的权责边界；政府和大学的关系，从趋势上将按照法治思维和法治方式改革和发展。法治要求政府依法行政，法无授权不可为。政府的放权虽然还没有从根本上彻底解决大学自主办学的问题，但随着政府放权幅度的不断增大，将使政府的职能转变趋向加快和增大，使政府在实践中变换角色的阻力越来越小。因此，政府放权的程度将在一定程度上决定其转变职能的限度。政府的放权，释放和提高了大学的自主性，使得公立大学进入法治轨道依法办学和自主管理的能力持续增强。

政府放权的本质是归还高校作为教育机构所应享有的权利，减轻和取消对高校教育活动不必要的管制，使高校能够依法自主办学和自主管理。因此，高等学校依法享有自主权利，必须建立和完善合理合法的运行规范和自我约束机制。这次五部门在放权的同时，强调高校要"加强制度建设。高校要坚持正确办学方向和教育法律规定的基本制度，依法依章程行使自主权，强化章程在学校依法自主办学、实施管理和履行公共职能方面的基础作用"。

从政府渐进放权的思路和实践方式，转向高校作为法定办学主体依法自主办学的法治思维和法治方式，是思维和方式的重大转变。因此，这是个循序渐进的过程，难以一蹴而就。如果有一个从量变到质变的突变和飞跃，那么，目前政府的渐进放权进程已经接近这个转变的临界状态。从这个角度说，本次的政府放权对于推进教育法治具有重要意义。

伴随我国教育法治的不断推进，可以预言，从放权方式走向法治方式，正在成为我国高等教育管理体制改革——政府简政放权、高等学校自主性不断提高的一个必然趋势和实践结果。

（本文原载《探索与争鸣》2017 年第 8 期）

我国高等教育评估制度演变的
社会基础与制度逻辑

——基于历史制度主义的分析

　　2015 年教育部发布了《关于深入推进管办评分离促进政府职能转变的若干意见》，对深入推进教育管办评分离、促进政府职能转变提出了具体要求。"推进管办评分离，构建政府、学校、社会之间新型关系，是全面深化教育领域综合改革的重要内容，是全面推进依法治教的必然要求。……到 2020 年，基本形成政府依法管理、学校依法自主办学、社会各界依法参与和监督的教育公共治理新格局，为基本实现教育现代化提供重要制度保障"①。"管办评分离"的提出，对未来高等教育评估的发展和走向具有重大影响，评估机构作为一个专业性的客观中立的非利益相关中介机构的出现和发展，有利于教育公共治理新格局的形成和完善，突出体现了加快推进教育治理体系和治理能力现代化的制度逻辑。为更好地理解和把握"管办评分离"的新体制对高等教育评估制度的新要求，以建立符合"管办评分离"体制内涵和建构逻辑的高等教育评估制度，有必要对我国高等教育评估制度形成和演变的社会基础进行分析，以把握其制度逻辑的性质、特征和发展路径。

　　历史制度主义将制度观和历史观相融合，对制度变迁和制度逻辑具有较强的解释力。历史制度主义从历史的视角，整体地、相互联系地、辩证发展地研究制度的演化，把关注的焦点对准特定的国家体制、政治制度、经济政策和社会变迁，认为任何制度的形成和演变轨迹都嵌入在复杂的经济、政治、社会、

---

　　① 教育部：《关于深入推进管办评分离促进政府职能转变的若干意见》，2015 年。

文化等环境和关系之中,并非孤立的存在。其分析框架具有5个特征:(1)历史制度主义是一种理论综合,适合于在中观层面上做中长期的制度变迁研究;(2)强调在制度的运作和产生过程中权力的非对称性,以及这种权力不对称性对制度变迁的影响;(3)重视非正式制度与规则在制度变迁中的作用;(4)重视意义系统在制度变迁中的作用;(5)既强调制度变迁中的路径依赖,也强调长时段制度变迁中随机扰动因素所导致的意外后果。

我国的高等教育评估长期遵循一种自上而下、"行政主导"的制度逻辑。在30年的发展历程中,我国高等教育评估制度的形成、转型、替换、终止和断裂均受到国家政治、经济和教育管理体制变革的形塑和规制。如今"管办评分离"体制下的高等教育评估制度是对旧的行政主导型评估制度的断裂和替代,它体现了一种典型的高等教育评估领域的制度变迁。

我国高等教育评估制度与高等教育管理制度紧密联系,反映我国高等教育管理的模式性质和特征。我国高等教育评估政策的每一次调整和变迁都蕴含着特定的制度逻辑,运用历史制度主义的分析框架,可以考察高等教育评估政策背后的深层机制以及为适应该制度要素的建构逻辑,微观行动者在关键节点所采取的行动策略。

一、我国高等教育评估制度的逻辑演变及其社会基础分析

历史制度主义的研究核心在于观察制度演变的历时性模式,即对制度的历史变迁进行分期。"只有找出某一历史阶段内制度运转的内在逻辑并以此为标准对历史进行分期后,我们才能够在此基础上找出政治制度与公共政策在不同时期内的互动方式。"①换句话说,研究制度变迁要以制度建构过程中所依存的历史进行分期为前提,进而把制度当作因变量,分析制度在何种客观

---

① 何俊志:《结构、历史与行为:历史制度主义对政治科学的重构》,复旦大学出版社2004年版,第273页。

条件和情境下出现再生、转型、替换和终止的过程。"制度实际上也就是某一历史进程的具体遗产,所以我们在研究某一事件的因果模式时就必须要通过追寻其生发过程的方式来找出具体的因果关系。"①因此,对于我国高等教育评估制度逻辑演变及其社会基础的分析,要将其置身于该制度所在的历史进程中,重点分析国家政治经济环境和教育管理体制变革对其造成的多重影响。据此,我国的高等教育评估制度可依据政策文本制定的历史进程和演变逻辑分为以下四个阶段。

1. 1985—1991年:高等教育评估制度的起始和稳定阶段。1985年《中共中央关于教育体制改革的决定》中提出,"教育管理部门还要组织教育界、知识界和用人单位定期对高等学校的办学水平进行评估",拉开了我国高等教育评估理论与实践的序幕。同年,国家教委《关于开展高等工程教育评估研究和试点工作的通知》中指出,"我国正式开展高等工科学校综合办学水平评估、专业评估、课程评估三个层次的试点工作",标志着我国高等教育评估工作试点正式开始。1990年,国家教委在《普通高等学校教育评估暂行规定》中提出,"普通高等学校教育评估是国家对高等学校实行监督的重要形式,由各级人民政府及其教育部门组织实施"。自此,我国高等学校评估工作逐步规范化,行政主导逻辑下的评估制度正式登上历史舞台。

新中国成立以来,我国实行以国家指令性计划调控经济生活为特征的计划经济体制和与之相配套的集权管理模式,并在相当一段时间内保持主导地位。在计划经济体制下,经济运行方式由国家计划调控,政府以行政手段配置资源,在高等教育管理领域和评估的体制机制中,政府通过直接干预实现行政主导。政府既是大学的管理者又是大学的举办者,大学的运行和发展体现政府意志,大学办学自主权小,社会参与机会少。在这一时期,我国的高等教育评估制度处于起步阶段,高等教育评估制度在计划经济体制、教育集权管理模式的社会基础中被建构,主要遵循行政主导逻辑,用于对高等学校教育教学质量的监督和管控。

---

① 何俊志:《结构、历史与行为:历史制度主义对政治科学的重构》,复旦大学出版社2004年版,第258页。

2. 1992—1998 年:高等教育评估制度的推动和发展阶段。1993 年《中国教育改革和发展纲要》的颁布,确立了质量标准和评估指标的重要性,将评估工作作为一种常规性任务确定下来。1995 年颁布的《中华人民共和国教育法》首次以法律形式确立了学校教育评估的重要地位,其中的第二十四条规定,"国家实行教育督导制度和学校及其他教育机构教育评估制度"。1998 年《中华人民共和国高等教育法》第四十四条规定,"高等学校的办学水平、教育质量,接受教育行政部门的监督和由其组织的评估",表明由政府组织的高等教育评估制度,作为一种管理手段获得了法律赋予的稳定地位,评估制度的行政主导逻辑以法律形式被确定下来。值得注意的是,1993 年国家教委在《关于加快改革和积极发展普通高等教育的意见》中提出,"社会各界要积极支持和直接参与高等学校的建设和人才培养、评估办学水平和教育质量",从而肯定了民间实施高等教育评估的应有地位,以进一步激发社会各界参与高等教育评估的积极性。1994 年《国务院关于〈中国教育改革和发展纲要〉的实施意见》中提出,"要建立健全社会中介组织,包括教育决策咨询研究机构、高等学校设置和学位评议与咨询机构、教育评估机构、教育考试机构、资格证书机构等,发挥社会各界参与教育决策和管理的作用"。1998 年教育部在《关于进一步做好普通高等学校本科教学工作评价的若干意见》中明确指出,"本科教学工作评价由教育部统一领导,目前评价工作主要由教育部高等教育司组织专家实施;今后将委托高等学校教学工作评价专家委员会实施,同时吸收社会力量参与"。这些政策规定的出台,使得在行政主导型评估制度日趋完善的同时,管办评共同参与并分别发挥作用的多元评估制度开始萌芽。

1992 年党的十四大正式确立了"社会主义市场经济体制"的改革目标,同时国家颁布一系列法律法规推进高等教育体制改革,以适应国家经济体制改革的政策需求。如 1995 年《中华人民共和国教育法》第三十一条规定,"学校及其他教育机构具备法人条件的,自批准设立或者登记注册之日起取得法人资格";1998 年《中华人民共和国高等教育法》第六条规定"国家鼓励企业事业组织、社会团体及其他社会组织和公民等社会力量依法举办高等学校,参与和支持高等教育事业的改革和发展"。与此同时,高等教育管理体制改革取得突破性进展,国务院部分部委下属的 90 多所高校实行中央和地方政府共管共建,《高等教育法》的颁布明确了大学办学自主权的 7 方面内容,打破了我国计划经济体制下形成的条块分割的高等教育管理模式。政府逐步下放一部分管理权力,大学的办学自主权扩大,使得政府对大学的举办权和管理权一定程度上出现了分离。但高等教育评估制度的行政主导模式不仅在制度上得到规范,还被以法律的手段固定下来,行政主导型教育评估从"初始试点"步入"全面发展"阶段。另外,社会力量参与教育教学评估在市场经济体制改革的不断深入中应运而生。

3. 1999—2008 年:高等教育评估制度的均衡和专业化阶段。2004 年教育部出台《2003—2007 年教育振兴行动计划》进一步明确提出,"实行以五年为一周期的全国高等学校教学质量评估制度"。同年教育部公布《普通高等学校本科教学工作水平评估方案(试行)》,规范了评估方式,明了了评估原则,突出了评估重点。2005 年国务院学位委员会《关于开展对博士、硕士学位授权点定期评估工作的几点意见》、2007 年教育部《关于进一步深化本科教学改革全面提高教学质量的若干意见》、2008 年教育部《独立学院设置与管理办法》等文件,分别对研究生学位的定期评估、专业认证的开展、对独立学院办学质量的监控做了规定。这些政策文件标志着高等教育评估工作走向规范化、科学化、制度化和专业化的全面发展阶段。2004 年设立的教育部高等教育教学评估中心,被列为教育部直属行政事业单位,在教育部领导下开展评估工作,部分省市教育厅(委)设立下属行政性评估机构,标志着行政主导型高等教育评估制度日臻成熟,其发展行程已达到顶峰。

在这一时期,1999 年《中共中央、国务院关于深化教育改革全面推进素质教育的决定》中提出,"逐步形成对学校办学行为和教育质量的社会监督机制以及评价体系,完善高等学校自我约束、自我管理机制",以鼓励和发展社会评估;2001 年教育部《关于加强高等学校本科教学工作提高教学质量的若干意见》提出,"政府和社会监督与高校自我约束相结合的教育质量检测和保证体系,是提高本科教学质量的基本制度保障",提倡政府、社会、高校共同评估教育质量,实行多方评估体制。与此同时,不同类型的社会评估机构自 1999 年开始发端,相继出现了辽宁省教育评估事务所(1999 年)、云南高等教育评估事务所(2000 年)、广东省教育发展研究与评估中心(2000 年)、浙江省新时代教育评估中心(2003年)等。2000年7月,武书连发表大学综合排名——《中国大学评价》,丰富了大学评估体系。自此,民间自发形成的各类大学排行榜,作为一种评估结论向社会公布并引起很大的反响,社会组织参加高等教育评估日趋活跃。

1999年,国家实施高等教育规模扩招,高等教育入学人数迅猛增加,从"精英高等教育"迅速进入"大众化高等教育",到2002年我国高等教育毛入学率已达15%。与此同时,高等教育的质量广受诟病,社会问责意识逐渐形成。1998年和2003年两次大规模的行政管理体制改革,逐步建立起了适应社会主义市场经济体制的中国特色的政府行政管理体制。在高等教育管理体制方面,简政放权是改革的主要目标,主要是中央向地方放权,重点在"共建、调整、合作、合并",虽然也提出"切实落实和扩大高等学校的办学自主权",但并没有实际落实的内容。在这一阶段,高等教育评估工作由政府教育行政部门定期开展,行政主导模式不断被强化,高等教育评估制度进入均衡和专业化阶段,由政府教育行政部门按照统一的质量模式和标准对大学进行评价。与此同时,随着社会问责意识的不断觉醒,对大学同质化以及对政府评估的批评日渐增多,要求建立"管办评分离"的多元评估制度的呼声日益高涨,社会参与高等教育评估的实践也在持续深入。

4. 2009年至今:高等教育评估制度的断裂和变迁阶段。2008年《关于深化行政管理体制改革的意见》中,首次提出事业单位改革的原则是"政事分开、事企分开和管办分离"。同年,教育部调整七项部门职能,"按照政事分开、管办分离的原则,深化直属高校管理体制改革"列为其中之一。2010年中共中央、国务院颁布的《国家中长期教育改革和发展规划纲要(2010—2020年)》中明确提出"以转变政府职能和简政放权为重点,深化教育管理体制改革,提高公共教育服务水平","促进管办评分离"。2011年《教育部关于普通高等教育本科教学评估工作的意见》提出,建立与"管办评分离"相适应的评估工作组织体系,充分发挥第三方评估的作用,由具备条件的教育评估机构实施相关评估工作。2013年《中共中央关于全面深化改革若干重大问题的决定》强调"要深入推进管办评分离"。2015年教育部出台《关于深入推进教育管办评分离促进政府职能转变的若干意见》,对政府、学校、社会多元主体如何将管办评分离各项任务落到实处提出明确要求。

随着我国社会主义市场经济体制的不断发展和深入,高等教育和高等教育评估市场也在逐渐发展,集权管理模式下计划体制所形成的评估制度难以适应市场的发展,弊端也日益显现。如行政主导型评估容易滋生和导致各种不正之风、腐败关系、权力寻租、暗箱操作等问题,阻碍评估实践的健康发展。以往政府教育行政部门既当运动员又当裁判员的角色不符合"依法治国"和"推进国家治理体系和治理能力现代化"的要求。"依法治教""依法治校""依法评估""完善教育治理体系和实现教育治理能力现代化"成为教育工作的新理念。行政主导型的高等教育评估制度被多元评估制度所取代成为大势所趋,原有的高等教育评估制度进入断裂和变迁阶段。

二、行政主导逻辑下我国高等教育评估制度的自我复制和路径依赖分析

制度的自我复制机制是指一旦某种制度被行动者选择之后,制度本身就会生成一种自我强化、自我捍卫的机制。随着制度运行时间的推移,转换和退出该制度将受到其生产成本的制约和阻碍,导致制度创新变得愈发困难,从而形成路径依赖。制度的自我复制机制主要表现在对高昂的建构成本、学习效应、合作效应和适应性预期四个方面的依赖。具体表现为:

1.高等教育评估制度的形成具有高昂的初始建构成本。在某一特定技术或制度建构之初,其初始建构成本巨大;而当特定的技术或制度在选定之后,随着制度的推行,对其进行进一步投资将会带来较高的报酬,逐渐形成规模效应。在规模效应的作用下,初始建构成本可能为更多单位所分担,进而导致每个单位的分担成本有所下降。尤其是在初始建构成本相当高昂的时候,所有分担单位都可能固守原有选择而不愿进入新的制度之中。行政主导型的评估制度从拉开序幕至达到顶峰历时 17 年,先后有 20 多项法律、法规、规章和制度性规范对其进行建构和巩固,专门成立了教育行政部门所属的评估机构,有专门的人员编制和特定的财政经费开展评估工作。涉及这种评估制度的工作

单位大多愿意继续延续这种评估路径。

2. 高等教育评估制度的学习效应。一旦某一制度形成,在对其进行不断重复使用之后,会使个体学习到如何在该制度下更为恰当有效地开展活动,并且其活动经验将促使在已有的制度框架下引发创新,形成对制度回报的预期。在行政主导型的高等教育评估工作中,从事教育评估活动的行政管理人员、评估专家以及接受评估的高等院校,在长时间的开展和接受评估过程中,已经适应、熟知并找到了如何实行"高效"评估的规律和方法,评估制度的学习效应已根深蒂固,各评估主体不愿主动放弃业已成熟的评估制度去重新学习和探索另一种新的评估模式。

3. 高等教育评估制度的合作效应。制度的合作效应可理解为既得利益集团对自身利益的维护、对新制度的排斥。一种制度形成后总会产生该制度下的既得利益者和既得利益集团,这一集团基于对现有利益的强烈需求,以自身拥有支配资源的能力去竭力维护现有制度,如通过制定一系列与之相适应的规则对其进行补充和协作,以实现对现有制度的固化,并反对各种企图进行制度路径替代的颠覆活动。他们所关心的并不是其行为是否增加社会总收益,而是能否在总收益中占有更大的份额。我国现行的高等教育评估制度在长期的实施过程中已经形成了较为稳定的利益格局。社会第三方评估模式的实行,势必要打破原有的权力垄断和约束力,破坏原有的利益分配格局。为维持既得利益,势必会力求巩固现有制度,遏制"管办评分离"的创新,阻碍改革的进行。

4. 高等教育评估制度的适应性预期。"随着以特定制度为基础的契约盛行,将减少这项制度持久下去的不确定性"①。行政主导型教育评估制度从形成、发展到完善,并达至顶峰时,不确定因素持续减少,制度被广泛接受和认同。这种已有的思维和行为的双重定势,有可能成为一种强大的路径依赖,不利于新制度的形成和发展。

在上述四种因素的共同作用下,行政主导型高等教育评估制度作为评价高等教育质量的主要制度,其地位不断得到强化并逐步趋于稳定。一方面,行

---

① 卢晶:《高等教育专业认证制度的治理模式研究》,经济管理出版社 2011 年版,第 188 页。

政主导型高等教育评估制度在高等教育自主发展能力较弱的时期对于提高教育质量、规范教育活动起到了积极作用;但另一方面,由于存在自我复制和路径依赖的机制,影响了新制度体系的形成与建构,从而对高等教育质量评价主动适应高等教育的转型发展形成了阻碍。

三、我国高等教育评估制度变迁中的关键节点及制度失灵分析

历史制度主义认为历史的发展并非一个连续的过程,而是在制度和政策既有连续又有断裂的进程中逐渐进行的,制度的正常时期与制度的断裂时期由制度变迁中的"关键节点"来衔接。"所谓关键节点,是指历史发展中的某一重要转折点,在这一节点上,政治冲突中的主导一方或制度设计者们的某一重要决策直接决定了下一阶段政治发展的方向和道路。"①我国高等教育评估制度的变迁基本上与我国高等教育管理体制的变迁一致,由于高等教育管理体制与政治经济体制的耦合程度极高,政治经济体制的变迁必然带来高等教育评估制度的演化,因此,政治经济变迁中的关键节点往往也是高等教育评估制度变迁中的关键节点。具体而言,在我国高等教育评估制度变革的四个历史时段中,各自的关键节点是:

第一次制度变迁的关键节点是 1992 年党的十四大正式确立了"社会主义市场经济体制"的改革目标,教育领域中集权式的管理体制开始进行适应性制度微调,大学逐步成为面向市场自主办学的法人实体,社会力量参与教育评估开始出现,但强大的行政力量仍将行政主导型教育评估以法律形式确定下来。

第二次制度变迁的关键节点是 1999 年全国高等院校的大规模扩招。高等教育规模的急剧扩张与招生数量的激增引发社会各界对高等教育质量的担

① 何俊志:《结构、历史与行为——历史制度主义对政治科学的重构》,复旦大学出版社 2004 年版,第 286 页。

忧,在行政问责的同时,社会问责开始出现。行政主导型教育评估制度随着政府评估机构的设立达到顶峰,但与此同时,制度转换也在进行,社会组织正以多种多样的方式广泛参与到教育评估过程之中。

第三次制度变迁有两个关键节点。第一个关键节点是行政主导型高等教育评估所导致的"评估失灵"危机。克拉斯勒(Krasner)在其制度的断续性平衡(punctuated equilibria)理论中就指出:"制度在经历了一段长时间的稳定之后,会在某一时期内被危机所打断,从而产生出突发性的制度变迁,自此之后,制度会再次进入静态平衡期。"①一项对我国第一轮本科教学评估有效性的调查显示,"认为有效性'一般'的比率占40%,认为有效性'较好'和'很好'的比率之和只占24%,而认为有效性'较低'和'很低'的比率高达36%,'一般'及'一般'以下共计达到76%"②。行政主导型本科教学评估的有效性受到质疑,再加上评估实践中所暴露的"评估标准过于单一,区分度弱,针对性不强,未能发挥分类评估分类指导的作用;水平评估(也称等级评估)使高校过分重视评估结果,相互攀比心态较重,评估优秀率过高,与公众判断和感受出入较大;评估主体单一,行政性过强,高校评估积极性和主动性受到压抑,'被动迎评'现象较为普遍,同时评估封闭于高教系统内部,社会参与度不高"③等问题,使得行政主导的教育评估制度出现"制度失灵"的危机。第二个关键节点是2010年颁布的《国家中长期教育改革和发展规划纲要(2010—2020年)》中提出,"促进管办评分离,形成政事分开、权责明确、统筹协调、规范有序的教育管理体制","管办评分离"的理念正式出现于中共中央、国务院颁发的教育政策纲要中,决定了行政主导型评估制度行将断裂。这一关键节点的出现基础在于以下两个方面:首先,市场经济体制改革突破了人们的传统观念,高校的办学自主权和社会公众问责意识的显著提升,为新制度的产生提供了认识论基础。其次,"在原有的制度环境中,利益没有得到充分考虑的社会公众

———————

① 何俊志:《结构、历史与行为——历史制度主义对政治科学的重构》,复旦大学出版社2004年版,第247页。

② 周光礼:《高等教育质量评估体系的有效性:中国的问题与对策》,《复旦教育论坛》2012年第10期。

③ 刘振天:《我国新一轮高校本科教学评估总体设计与制度创新》,《高等教育研究》2012年第03期。

和高等院校的力量在市场经济的大背景下越来越不容易忽视,它们完全有动力作为制度变迁的获利主体,打破原有的利益平衡,从而建立新的制度"①。(见图1)

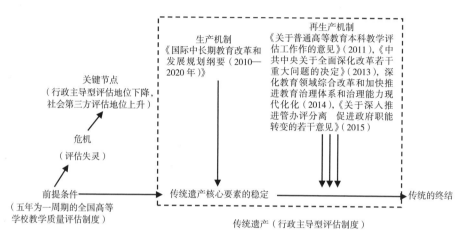

图1　我国高等教育评估制度变迁中关键节点的框架模型

四、我国高等教育评估制度的逻辑重构:从行政管理到价值中立

我国高等教育评估制度经历了以政府单向管理为主到多元主体参与的变迁。以行政管理为核心的高等教育评估制度从形成、发展、完善直至衰退,在较长一段时间内达到了制度需求与制度供给的均衡状态,对于维护制度稳定、促进高等教育发展发挥了重要作用。然而随着我国市场经济体制的逐步完善和行政体制改革的不断深化,教育治理体系和治理能力现代化要求的逐步提升,旧的行政主导型评估制度显现出评估方式和路径行政化、方法和手段官场化,并且评估标准单一,评估有效性差,高校疲于应付、被动迎合,评估成为高

① 韩晓燕、张彦通、李汉邦:《基于新制度经济学的我国高等教育评估制度变迁研究》,《国家教育行政学院学报》2006年第10期。

校的负担和恐惧,怨声载道,"制度失灵"已是不可避免。"管办评分离"的新体制要求与之相适应的新型高等教育评估制度,这个新制度必须实现从行政管理到价值中立的逻辑重构。

"管办评分离"最核心的制度诉求在于"评"和"办"的分离,而"管"和"评"的分离是实现"评"和"办"分离的前提。在"管""评"不分的评估模式下,"评"是政府进行"管"的手段和工具,"评"以行政管理为价值导向,政府通过评估对学校办学进行直接干预。在此过程中,高等教育评估不仅仅对高校教育教学质量作出评价,更意味着各种资源配置的再分配,政府通过评估的方式将管理的"有形之手"轻而易举地伸入进学校办学的各个角落。在此制度逻辑下,学校难以把办出特色作为发展目标,如何能在评估中取胜成为学校最重要的价值追求。学校常常是提前一两年就为被动迎评做准备,甚至出现根据评估要求和评估标准"建立"新的教学档案和评估资料,"完善"学校教学计划、教学教案、学生试卷等造假现象,评估的客观公正性大打折扣。这种具有较强导向性和行政化色彩的评估,对学校是一种巨大的压力和负担,影响高等学校的正常教学科研秩序,学校、教师和学生往往产生反感、抵触乃至厌恶情绪。总而言之,"管"通过"评"干预"办"的自主权,"办"通过"评"获取"管"的办学资源和各种利益,再加上"管"和"办"之间有着千丝万缕的利益纠葛,"评"自然也就无法保持其客观中立的价值判断。只有当政府不再直接通过"评"的手段对学校的"办"进行"管",实现评估的客观中立,"评"和"办"才有可能从根本上实现分离,并得到真实的评估结果。

"管办评分离"的制度逻辑在于教育评估必须和政府的管理分开、与学校的办学分离,评估不再是政府对高校直接管理的手段,而是追求价值的客观中立,即重新构建起"管""办""评"三个主体相对独立又相互制约的关系,真正实现"管"的合法、"办"的自主、"评"的中立。在"管办评分离"的体制下,政府、高校及社会评价机构各具相对明确的职责分工。

政府应加强依法行政、制定发展规划和办学要求,强化教育督导监测。在当前"管办分离"已有实质性进展的前提下,为更好地实现"管办评分离",当务之急应做到"管""评"的分离。"管""评"分离的实质是将政府的管理之手从评估中分离出来,即政府不能再既当"运动员"又当"裁判员",而应切实转变职能,加强宏观管理。政府可建立全国高等学校公开信息数据库,对高校教育教学工作及其质量进行常态性监控。

高校应依法自主办学,根据现代大学制度要求建立和完善信息公开和学校自我评估制度。高等学校必须公开的数据应及时更新并向社会发布,真实反映学校的教育教学状况。学校办学过程中重大事项决策过程、学校发展规划、教育教学标准和内容、教育教学年度质量报告、教育统计数据等资料都应公开并接受政府和社会监督。应建立学校内部自我评价制度,根据学校确定的发展目标和人才培养目标,围绕教学条件、教学过程、教学效果进行评估,要特别注重教师和学生对教学工作的评价,注重学生学习效果和教学资源使用效率的评价,注重用人单位对人才培养质量的评价。高校内部自我评估,是今后评估改革工作中的重要内容,它体现了高校自主地位的提升,有利于增强高校的自主办学能力。通过用"自己的尺子量自己",重点在于评价学校自己所立、所说、所做、所为是否实现了既定目标,促进学校办出水平、办出特色。

社会第三方评估机构应建立独立自主、科学专业的评估机制,坚持客观中立的价值判断,形成不干扰办学主体的评估制度,为政府决策、学校自我评价和社会问责提供有益参考。首先,社会第三方评估机构应加强评估的专业性。高等教育评估是一项专业性很强的工作,其操作实施需要遵循教育教学领域的相关规律,在评估标准、评估内容、评估流程上要考虑到院校、专业的多样性,运用专业的评估方法开展评估活动。同时评估专家最好是教育领域的专家学者,熟悉高等教育的办学规律且具有一定的评估实践经验;相关评估人员应进行全面的培训和考核,提升评估队伍的专业素养,保证评估工作的科学性和专业性。其次,评估必须依据学校公开的信息开展工作,必要时通过实地考察等方式验证信息的真实性,从而使评估既不会异化为政府干预学校办学的手段,也不会对学校正常的办学秩序造成干扰而成为学校的负担,实现"办"和"评"的分离。再次,根据国家对高等教育发展的总体规划及办学标准,兼顾具体学校的办学思路和方向特色,制定科学专业的评估指标体系,合理确定指标权重,避免因评估标准单一而导致学校发展出现同质化倾向。最后,在评估实践中,应注意把握客观中立和评估成效之间的平衡,在充分考虑评估委托方(政府或学校)需求的同时,努力做到评估立场、评估方法、评估过程等要素的中立性,以实现评估的客观公正,使评估最大限度地接近真实情况。

总之,评估应以客观中立为自身立场,以实事求是为评估原则,以公开信息为评估材料,以科学专业为工作要求,对学校办学是否符合国家政策规划进行评价,对是否符合教育发展规律作出评判,对是否满足经济社会发展对人才的需求进行衡量判断,不受"管"和"办"的影响与制约,始终保持"评"对于"管"和"办"的独立价值与特性。

(本文原载《中国高教研究》2015 年第 10 期;《中国社会科学文摘》2016年第 3 期全文摘编,本文作者为秦惠民、王名扬)

有关大学章程认识的若干问题

    大学依据法律的规定制定章程,通过制定和实施章程实现依法治校,符合法治思维和法治方式,理应是法治社会的一个基本要求。符合法治要求的大学章程,是社会法治的一部分,是国家法律、法规的延伸。中国公办大学的章程建设,从十几年前颁布的一项法律规定,在国家政策和政府主管部门的积极推动下,正在成为当前中国高等学校改革和发展进程中的一项重要立法活动。它反映了中国社会的法治发展,也反映了日趋走向法治的我国社会对于大学的认识与要求——作为一种重要社会组织的大学,不能独立于法治社会之外。我国宪法在规定"实行依法治国"的同时,规定"任何组织或者个人都不得有超越宪法和法律的特权"。高等学校作为一种社会组织,其设立与运行都必须符合宪法和法律的规定。

    近几年,随着政府教育行政机关对大学章程的日益重视,有关大学章程的文章和著作虽谈不上汗牛充栋,但确实不少。特别是教育部组织研究讨论并颁布相关规定以来,探讨和研究大学章程的科研成果越来越多。这些成果对古今中外的大学章程进行了研究,还特别结合中国现代大学的发展实际进行实践分析和理论概括。笔者在浏览了一部分成果和参与了一定范围的相关实践之后,感觉下列几个有关大学章程认识的问题,对于提高章程建设的质量、推进高等学校的民主与法治建设、完善中国特色现代大学制度的实践至关重要,有必要进一步讨论和深入思考。

一、大学章程与现代大学制度

很多文章和著作都不加论证地写道,制定大学章程是建立现代大学制度的需要。笔者以为,这个说法中有几个问题应该讨论:一是"现代大学制度"的含义是什么？二是章程是现代大学的产物吗？三是为什么不宜简单地从形式上把章程与现代大学制度相联系？

关于什么是现代大学制度的问题,在现实的中国是一个非常重要的问题。它的重要性其实并不来自于这个概念本身。由于"现代大学制度"这个概念反复被党和国家的各种重要的政策文件所提及,现已成为政府文件和学者文章中的一个常用概念,不搞清楚这个概念的含义,势必导致认识上的偏差和实践中的混乱。学者对于"现代大学制度"的含义,从不同的角度有各种各样的解释。但从世界范围来看,实际上并不存在一个抽象的、放之四海而皆准的、具有普遍意义的"现代大学制度"。现代世界各国的大学,可以说各有各的制度。这些以世界各国的经济、政治、社会文化状况和历史发展为背景的大学制度和规则体系,是世界各国大学得以存续和发展的形式载体。各国大学制度在框架结构上虽大同小异,但在制度内容和具体规则上差异和特色明显。它们共同构成了当今世界丰富多彩的多样性的"现代大学制度"。笔者认为,"现代大学制度"就是对一定历史阶段中大学制度存在和发展状况的一种概括和描述,同时,这个概念反映了以各国大学制度为基础的、结合各自的问题和经验,对当今世界大学制度存在与发展问题的一种自觉的比较和对话。

《国家中长期教育改革和发展规划纲要(2010—2020年)》在第三部分"体制改革"中提出了"建设现代学校制度"的任务,其主要内容为"推进政校分开、管办分离。适应中国国情和时代要求,建设依法办学、自主管理、民主监督、社会参与的现代学校制度,构建政府、学校、社会之间新型关系。适应国家行政管理体制改革要求,明确政府管理权限和职责,明确各级各类学校办学权利和责任。探索适应不同类型教育和人才成长的学校管理体制与办学模式,避免千校一面。完善学校目标管理和绩效管理机制。健全校务公开制度,接受师生员工和社会的监督。随着国家事业单位分类改革推进,探索建立符合学校特点的管理制度和配套政策,克服行政化倾向,取消实际存在的行政级别和行政化管理模式"。"落实和扩大学校办学自主权"。其中,明确提出要"完善中国特色现代大学制度"。也就是说,中国特色的现代大学制度是一种客观存在,但它仍然是一种不完善的制度形式,需要不断地改革、发展和完善,这是作为改革与发展的任务提出来的,是体制改革的重要内容。

《国家中长期教育改革和发展规划纲要(2010—2020年)》关于"完善中国特色现代大学制度"的提法,在肯定中国特色现代大学制度的同时,明确提出了对其进行完善的任务。中国特色的现代大学制度是在中国特殊历史背景和国情条件下逐步形成和发展起来的,在中国经济与社会的发展和改革的大背景下加以完善,是中国特色现代大学制度适应中国社会的经济与政治发展,适应大学建设和发展需要的时代要求。同时,强调"中国特色"并不意味着故步自封、自我欣赏和自说自话,以全球的视角和世界的经验来审视中国大学制度的问题和经验,广泛深入地比较和探讨各国大学制度的"长短"及其适应性,是"现代大学制度"语境中不可缺少的对话维度。也就是说,讨论现代大学制度,不能没有世界范围的学术交流、思想碰撞和理论对话。

大学章程并不是现代大学才有的,前现代的大学就有章程。欧洲从13世纪起就有了大学章程。中国从清末起就有了起草和制定大学章程的活动,例如,1898年梁启超起草的《奏拟京师大学堂章程》、1902年张百熙主持编订的《钦定京师大学堂章程》和1903年张之洞主导重订的《奏定京师大学堂章程》等。① 因此,从形式上讲,章程并不是现代大学制度的标志。简单地从形式上说"制定大学章程是建立现代大学制度的需要"是不准确的,不仅因为从世界范围来看,章程的形式并不为现代大学所特有,还因为中国目前实际存在的大学制度作为中国特色的一种现代大学制度,章程的实际作用在已有的实践中似乎并不重要。但是,为了完善中国特色的现代大学制度,"建设依法办学、

---

① 参见张国有:《大学章程(第一卷)》,北京大学出版社2011年版,第10页。

自主管理、民主监督、社会参与的现代学校制度",章程是法治环境下的大学制度不可缺少的一个重要环节。因此说,章程建设是完善中国特色现代大学制度的需要。讨论这个问题的意义在于,章程建设重在内容而不在形式,仅有形式上的章程,不能起到完善中国特色现代大学制度的作用。

根据《国家中长期教育改革和发展规划纲要(2010—2020年)》的要求,"完善中国特色现代大学制度"的主要内容为:"完善治理结构。公办高等学校要坚持和完善党委领导下的校长负责制。健全议事规则与决策程序,依法落实党委、校长职权。完善大学校长选拔任用办法。充分发挥学术委员会在学科建设、学术评价、学术发展中的重要作用。探索教授治学的有效途径,充分发挥教授在教学、学术研究和学校管理中的作用。加强教职工代表大会、学生代表大会建设,发挥群众团体的作用。"可见,仅仅有一个章程的形式是不够的,中国特色的现代大学制度需要通过章程建设推进大学治理结构的完善。因此,根据《国家中长期教育改革和发展规划纲要(2010—2020年)》在要求"加强章程建设"的同时明确指出,"各类高校应依法制定章程,依照章程规定管理学校。尊重学术自由,营造宽松的学术环境。全面实行聘任制度和岗位管理制度。确立科学的考核评价和激励机制"。

章程建设就是要对"完善中国特色现代大学制度"的主要内容进行一种制度性的回应。因此,今日中国公立大学的章程建设,不可能是完全没有实践基础的全新内容,其主要内容应该是把已有的办学实践中的经验教训,经过协商民主过程和民主决策程序将之理性化、科学化、规范化、系统化所形成的规范体系。由于大学利益相关主体的多元性,章程的制定应是各利益相关方充分博弈的产物。政府作为公办大学的主办者对大学章程的审核,应该是利益相关方之一重要的权利表达。章程作为大学内部制度的顶层设计,作为大学运行和发展的基本依据,应该明确学校运行的基本原则和基本组织程序,应满足大学依法办学、完善法人治理结构、自主管理、自我约束和社会参与的需要。不仅如此,章程也是政府对高等学校整体办学实施管理、进行评价的重要依据,同时还应适应法治社会司法审查的需要,成为司法在裁判学校纠纷时重要的参照性依据。

二、大学章程与大学的民主和法治

中国特色的现代大学制度对于大学章程的呼唤，是在中国建设社会主义法治国家的背景下出现的，与社会的法治进步相联系。适应我国法治进程中权利纠纷和权利救济的客观需要，为公民的权利提供司法保障，是司法裁判权的当然责任。在公民权利的保障制度中，司法保障制度占有核心地位。国家通过司法机关，处理各种侵犯公民权利的案件，为公民的权利提供司法保障。司法审判作为救济权利的权力，在法律适用中既要维护学生的权利，又要维护教师和学校的权利。通过行政诉讼对学校自主管理权力的合法性进行司法审查和救济性控制，实现对学校管理权力正当行使的最后监控和对权力相对人的最后救济。这是学校管理的法治底线，其中蕴涵着法治社会人权保护的基本价值，它构成个体权利社会保护的基础。正是由于司法审查对高校管理的介入，使得无论大学中管理者的主观意愿如何，大学都无法独立于法治社会之外。

中国的人权发展和受教育权保障的进步推动了大学法治的发展。1999年被最高人民法院公布为成功判例的田永案，开辟了学生权利司法救济的渠道，该案成为法院创造性地适用法律对大学管理进行司法审查的一个典范。1998年以来，随着中国法治深入而日益增多的对高校管理的司法审查以及对于学生受教育权利的司法救济，正是通过这样一个个具体的具有创新性的鲜活的法律适用过程而实现的。法治的要求使得学校管理不能像非法治状态下那么自由和随意，这或许正是学校管理适应法治社会而走向现代化的一个标志或一种反映。司法审查推动高等学校管理逐步进入法治状态，这是高等学校管理适应法治社会而走向现代化的一个发展趋势。从这个意义上可以说，学校管理的法治化趋向标志着学校管理的现代化进程。在一个个具体的司法审查案例中，大学内部符合法治原则的制度体系的不完善以及符合法治精神的程序规则的缺失，成为大学在司法诉讼中屡屡败诉的一个重要原因。大学的败诉，反映了大学内部管理行为存在缺少法定依据或者缺少合法的规范可循的状况。在我国公立高校自认为有理而败诉的一些纠纷案件中，不符合法治要求的学校规定，在司法审查中不能作为依据被法院参照和采信。正是在这样的背景下，制定符合法治要求的大学章程和制度体系以适应中国法治的发展和现实需要，合乎逻辑地成为大学治理走向法治进程中的重要一环。

通过章程来规范和约束权力是章程建设所要实现的重要价值之一。因此，衡量大学章程是否体现法治原则的一个重要尺度，就是看章程是否能够规范和约束权力，是否能够把权力真正关进制度的笼子里，是否能够实现对权力的优化配置和有效约束。倘若权力的行使者对章程的内容不以为然，章程对权力的行使和制约并不产生实质性的影响，那么，章程制度的实际意义势必大打折扣而流于形式，甚至成为"无用之物"。

民主与法治不可分割，民主是法治的一个前提条件。党的十八大报告提出，要"更加注重健全民主制度、丰富民主形式，保证人民依法实行民主选举、民主决策、民主管理、民主监督；更加注重发挥法治在国家治理和社会管理中的重要作用"。制定章程就是一个在高等学校践行民主与法治的过程。民主本质上是一种决策机制，而不仅仅是一种参与形式。以制度化的程序机制保障大学决策过程的民主性而不仅仅是民主参与，即实现大学决策过程的民主化，应该是完善中国特色现代大学制度的核心内涵之一。因此，使章程的制定过程成为高等学校中一次重要的民主实践，应该成为章程建设中的重要内容。

制定与核准章程，是在高等学校治理过程中实现协商民主的一种重要实践。章程的制定，应该是通过校内平等主体间协商民主而达成共识、达成共同约定或协议的过程，形成协议前的讨价还价和协商谈判是必不可少的。例如学院与学校间权力关系的界定和分工，就应该是一个协商民主的博弈过程；章程的核定，同样也应该是学校与政府间实现协商民主、达成共识的过程。

大学作为高级知识分子最为集中的地方，理应成为民主与法治的典范。民主是现代大学实现法治的基础。写在章程上的权利，不应仅仅是起草小组和个别专家参与的产物，而应该是大学的各相关主体利益诉求、权利主张表达和博弈的结果。没有各利益主体的充分参与，没有各利益主体在制定章程过程中的充分利益表达，没有各利益相关主体主张权利并参与博弈的权利保障机制，章程的制定就不能体现法治精神，就不是一个民主的过程。民主与法治要求各相关主体利益的充分表达、平等博弈以及在此基础上实现的平衡。不是以此为前提而形成的章程,不可能真正地被认同从而有真正的权威,更不可能深入人心。没有民主这个实践基础的章程,只能是一纸空文。从这个意义上说,没有民主与法治原则的贯彻,就不可能有符合法治要求的现代大学章程。

法治不仅要求大学章程的内容符合法治原则,而且要求大学章程的制定过程必须是一个充分体现法治原则的民主过程。一个不是经过民主过程产生的大学章程,势必难以符合法治的要求;而不能体现民主与法治的章程建设,不可能完成"完善中国特色现代大学制度"的任务。因此,在章程建设过程中,民主原则的贯彻程度以及各种利益主体间交锋与博弈的充分程度,表现大学现实的立法能力,亦应成为衡量大学章程立法水平和大学治理水平的另一个重要尺度。

三、大学章程与大学的办学自主权

随着中国高等教育管理体制改革的不断深化,高等教育的改革逐渐进入到高等学校层面。中国公办大学的改革趋向是逐步成为相对独立的自主办学实体,高等学校的办学自主权和自主管理权日益扩大。随着国家和各级政府教育行政部门对于公立大学的"松绑",政府逐步向高等学校下放权力,今天的中国公办大学,已经改变了20世纪90年代以前那种在校园里建个厕所和自行车棚也需要政府主管部门具体立项和审批的状况。中国公办大学作为独立的民事法人主体,已经享有民事法人对于学校人、财、物的完全的独立支配权,从世界范围的公办大学实践来看,中国的公立大学所享有的民事法人权利可以说是最大的。中国的公办大学可以独立地向银行贷款,可以按照自己的意志扩大和置换校园的土地,可以在世界范围内聘用人才。

中国公立大学作为自主办学实体的公法人权利也在不断扩大。公办大学在学院(系、所)等内部组织机构的设置、人员配备以及学科规划、人才引进、学生培养、教师聘用、国际交流等方面的自主权不断扩大,但仍然存在着公办大学作为民事法人主体的权利过大而作为一个教育机构所应享有的教育法权利却太小的问题,亦即办事的权力不"小"而办学的权力不"大"。《高等教育法》所规定的高等学校办学自主权,仍有待通过高等学校的章程建设来具体落实。章程建设的"立法"过程,应该是大学与政府主管部门通过充分的谈判协商,明确划定大学自主权边界的过程。

伴随高等学校办学自主权的日益扩大和落实,与高等学校办学自主权相联系的问题和纠纷也在增多。在公办大学办学自主权日益增大的同时,建立和完善对于办学自主权的自我约束机制就成为一种迫切需要。为避免办学自主权的滥用,必须厘清公办大学自主发展的合法性边界,建立和完善公办高等学校的法人治理结构和自我约束机制——对不断扩大的办学自主权的制约和监督。"依法制定章程,依照章程规定管理学校"是公办大学"依法办学,自主管理"的基本要求。为此,法人治理结构、校长职权、高等学校依法行使的权力,是在"章程建设"过程中落实大学"依法办学,自主管理"的重要内容。

(一) 完善法人治理结构应是高等学校章程建设核心性的重要任务

公司法人治理结构是以法制为基础,按照公司本质属性的要求形成的。公司法人治理结构各个组成部分的产生和组成,行使的职权、行事的规则等都由公司法作出具体规定。经济合作与发展组织(OECD)理事会1999年通过的《公司治理结构原则》,概括了不同公司治理结构的共同要求,充分考虑了在公司治理结构中各个利益相关者的作用,认识到一个公司竞争力的发挥和最终成功是利益相关者协同作用的结果,来自不同资源提供者(特别是包括职工在内)的贡献。

高等学校的本质属性不同于公司,高等学校法人治理结构难以完全照搬公司法人的治理结构,但公司法人治理结构的基本原则,对完善大学法人治理结构具有参考意义。我国《高等教育法》所明确的那些公办大学法人治理结构原则,仍需要通过高等学校的章程建设加以细化和作出具体的规定。党的十八大报告提出:"健全权力运行制约和监督体系。坚持用制度管权管事管人","要确保决策权、执行权、监督权既相互制约又相互协调,确保国家机关按照法定权限和程序行使权力"。章程建设是落实党的十八大报告精神、完善高等学校法人治理结构的一个重要契机。通过章程建设推进大学管理的民主化和法治化,实现利益相关者的多元共同治理,是章程建设肩负的一个核心性的重要任务。

(二) 进一步建立和完善相应的自我约束机制

章程建设应有利于提高高等学校自主办学行为的合法性,在明确高等学校办学自主权的同时,应进一步建立和完善相应的自我约束机制。高等学校办学行为的合法性,要求办学行为要有法定依据,即实现依法办学。因此,通过大学的章程建设,厘清公办大学自主发展的合法性边界,对大学的各种办学行为和管理活动作出明确的规定并形成规范体系,使大学的自主办学和发展有章可循、有据可查。所以说,完善的章程是公立大学依法自主办学和自主管理的重要依据。在这个基础上,才能有合理与合法的大学自主权,也才能形成合乎逻辑的大学自律。从这个意义上可以说,学校管理的法治化趋向标志着学校管理的现代化进程。

(三) 大学的自主权不等于大学校长的自主权

大学校长作为学校的法定代表人和行政负责人,一方面"权力太小"——应有的权力没有,另一方面又"权力太大"——不该有的权力也有,而且对其缺乏有效的应有限制和约束机制。"章程建设"应明确校长权力及其行使的边界,落实和保障校长的应有职权。同时,应通过完善"党委领导下的校长负责制"以及明确和完善教职工代表大会、学生代表大会及其他群众团体的制度性机制和作用,完善校长权力依法接受师生员工和社会监督的体制性和制度性的制约和监督机制。

大学自治或大学的自主权,主要表现为一种对外的学校权利或对内的机构权力。学校权力作为一种学术机构的权力,可以从广义上称为"学术权力"①,

---

① [加]约翰·范德格拉夫等:《学术权力:七国高等教育管理体制比较》,王承绪等译,浙江教育出版社 2001 年版。

但是,这种被视为"学术共同体的权力",在中国特色的现代大学中并不意味着良好的学术环境和学术自由。"这是因为,在一切能够接受法律支配的人类状态中,哪里没有法律,哪里就没有自由。"①近些年来,中国大学的行政化备受诟病,大学中行政权力无处不在的强势地位以及相应的行政化思维和行政化行为方式,削弱了大学的民主与法治,破坏了大学应有的学术环境,对"强势校长"或"强势书记"缺少应有的制约机制。大学行政化的症结在于,目前的大学中没有大学相关主体进行利益博弈的参与平台和制度机制。因此,通过章程建设完善大学治理,改变行政化管理模式,建立和完善最有利于学术发展的制度机制和治理模式,形成对行政性管理权力的有效平衡、制约和监督机制,对中国大学的健康发展至关重要。

四、大学章程与大学的公共性

中国目前进行的"完善中国特色现代大学制度"改革的价值目标是什么?以什么样的标准来衡量这一改革的成败? 这是在当前中国公共政策语境下讨论中国现代大学制度改革的一个不可缺少的前提。

在新公共管理理论的影响下,公共管理注重市场的力量,引入市场原则,更注重管理的弹性而不是僵化,广泛采用私营部门成功的管理方法和竞争机制,承认交易行为,在提高灵活性和效率的同时,也使得掌握公共权力的人或者群体有了谋取私利的可能。在公共管理实践中,权力的交易现象大量地存在着。处在改革与发展进程中的中国公办大学,在资源有限和竞争不断加剧的压力下,公办大学为谋求发展和争取资源,在运用市场方式的交易行为中,掌握权力的个体和群体以权谋私的现象在一定程度上存在着。"消费者导向"的思维以及相应的行为,在公办大学的发展实践中虽然显示出了生机和活力,但也积淀了不容忽视的理念、价值观与现实的矛盾和冲突。例如有关"教育产业化"的争议,有关"大学公共性"的讨论以及公办大学与民办大学在

---

① [英]洛克:《政府论(下篇)》,瞿菊农、叶启芳译,商务印书馆1980年版,第36页。

履行公共职能、承担社会责任方面的异同等。当社会评价一所大学办得好与不好时,评价依据和判断标准是什么?在公办大学所应承担的社会担当、政治责任、公共职能和大学的效率、效益甚至表面数据之间如何协调和平衡?大学的治理结构和核心理念对于评价一所公办大学的优劣居于何种地位?著名公办大学的学者受到媒体关注的那些具有"轰动"效应的言论反映了大学中的什么问题?"引导社会"是大学的责任吗?如何评价量化思维和技术性数据至上对中国大学发展的影响,以及与此相联系的中国大学对于"没有灵魂的卓越"的追求?导致这些现象的根源是什么?公办大学的章程建设是否需要正视并认真面对这些问题?

以"完善中国特色现代大学制度"为目的而进行的大学章程建设,绝不能仅仅是一个大学内部权利的宣言。谋求特殊利益甚至非法利益的大学,其机构利益和公办大学的公共性及其所应承担的公共职能不具有一致性。因此,今天中国公办大学的章程,不应该仅仅是大学内部的权利宣言或大学自主权的一种表达。一个有着明确公共服务理念和责任意识的公办高等学校,应该自觉地承担起推进文明进步、民主法治和社会公正,促进社会公平的责任,不仅应拒绝乱收费、乱招生等明显不符合公共性要求的行为,而且应该自觉抵制一切有违大学作为一个公共服务机构价值原则的不当利益获得和交换行为。

教育部《高等学校章程制定暂行办法》总则第三条规定,"章程是高等学校依法自主办学、实施管理和履行公共职能的基本准则。高等学校应当以章程为依据,制定内部管理制度及规范性文件、实施办学和管理活动、开展社会合作"。这条规定体现了政府对公立高等学校权利与义务相平衡的要求。章程不仅要规定学校"自主办学、实施管理"的权利,而且应明确公立高等学校履行的社会公共职能,以及所应承担的社会责任和义务——对国家、地方或行业发展所承担的责任和义务;学校的类型不同(综合、师范、医学院、财经学院、政法学院等),所应承担的社会责任和公共职能也是不同的;学科设置不同,学科优势存在差异,都应与大学的公共性相联系。

今天的公办高等学校,已经不同于欧洲传统的非公立大学。盎格鲁-撒克逊自由教育传统中的大学,曾经主要是一个学术共同体,大家共同的自由研究兴趣凑在一起,在象牙塔中自己玩。那时的大学章程,基本上是基于大学自治的需要,是学者在学术共同体中的一种游戏规则。

中国的现代公办大学,作为一种主要依赖公共财政建立并维持和发展(供养)的公营造物或社会公器,作为一种公共服务机构,应更好地高效率地履行社会公共职能、承担社会责任、满足公共性的基本要求。约翰·布鲁贝克认为,高等教育越卷入社会事务就越有必要用政治观点来看待,就像战争意义太重大而不能完全交给将军决定一样,高等教育也不能完全留给教授们决定。① 高等教育作为一种准公共物品的特性,意味着大学自身并不是完整意义上的办学利益主体,而是应由社会利益来决定其公共价值,每一类利益相关者都不应单独地对大学行使控制权。大学治理结构作为比管理结构更为基础的制度结构,其根本目的是建立大学决策过程与公共利益以及社会权利主体的合理联系,实现大学的公共性和社会价值的最大化。

今天的中国,正在走向法治,强调科学发展,国家的公共管理体制也在进行改革和重构。正是在这种背景下,人们对大学自身运行中的弊端(对行政化的批评是其中的焦点之一)以及大学履行公共职能中的问题进行批评和质疑。大学备受诟病的核心,是近十几年来在高等教育经费不断增加、大学中亮丽的大楼拔地而起的同时,大学是否真正承担了应有的公共职能和社会责任,是否真正提高了公共服务的质量和水平,是否真正符合民主与法治和社会进步的要求而坚持了公办大学的公共价值?

大学的改革和发展不能脱离大学的公共价值。公共性不是一个空洞的口号,也不是公办大学与生俱来的专利。大学的公共性可通过大学治理结构的公共性、大学功能的公共性、大学与社会沟通方式的公共性、大学观念的公共性和大学实践的公共性等具体样态表现出来。② 为避免"没有灵魂的卓越",坚持大学的公共性,履行公共职能和承担社会责任,是大学作为一种学者共同体的重要文化自觉。对此,应在全校的民主协商中达成共识,这是大学实现文

---

① 参见[美]约翰·布鲁贝克:《高等教育哲学》,王承绪等译,浙江教育出版社1987年版,第32页。

② 参见郭湛:《社会公共性研究》,人民出版社2009年版,第97页。

化自觉的一个重要的实践过程;应通过"章程建设",明确学校的社会责任和义务,强化公立高等学校坚持公共价值的自我约束理念,形成并固化公立高等学校履行公共职能和承担社会责任的自觉意识。

（本文原载《教育研究》2013 年第 2 期;《新华文摘》2013 年第 12 期正文转载）

大学章程：教育"软法"的实施效力

目前，我国公立大学已经完成了"一校一章程"的建设任务，正在进入修订完善章程的新阶段。第一阶段章程建设的问题，主要是两个：一个是章程"千校一面"，缺少特色和个性特征；另一个是章程的实际效用问题。这两个问题既是章程问题又是大学治理的问题，既有认识上的问题又有实践层面的问题。

笔者认为，从我国《公司法》关于公司章程的规定，可看出其在公司治理中的作用是由法律明确赋予的。在公司法的大量条款中有明确的"除本法有规定的外，由公司章程规定"和"公司章程另有规定的除外"或者"公司章程对其另有规定的，从其规定"，从而以认可公司章程"另有规定"的形式赋予公司自治权。公司章程之所以能够在公司的治理中发挥不可替代的重要作用，是因为公司章程对公司治理中应属于自治范畴的事项赋予了优先的法律地位。

我国《高等教育法》虽没有给予大学章程类似于公司章程的法律地位，但对于大学内部治理的很多内容亦没有作出具体规定，这就为大学"按照章程自主管理"的法律规定来确定章程的内容，提供或者留下了发挥作用的制度空间。但从目前已有的章程现状来看，这个空间还没有被充分利用。例如，学院和学校的权力如何配置；学院和校部机关是一种什么样的权力关系；校内"学院"的设立、合并和撤销，谁有权提出，经何种程序、以何种方式形成决议。再如，学院的党政联席会、学术委员会和院长全面负责是什么关系，权力如何保障并相互制约，等等。

人们常抱怨教育法太"软"，这或许是教育领域特有的法现象。大学章程亦可视为一种教育软法。大学章程的实施和作用机制，实际上就是一种适应其软法性质的"软约束"机制。这种"软约束"的基础,是平等主体间的协商共治模式,即大学利益相关者经过利益充分表达、博弈和妥协所达成的共识与合意,是一种在充分的民主参与和协商基础上的自觉服从。作为高等学校适用于自身组织和组织成员的软法,大学章程可以从其自身的制定过程和内容中获得实施效力。大学章程的合法性,不仅表现在其规范内容的合法性,而且表现在章程的制定应是一个各种利益群体充分博弈和互动的过程,以及通过各方妥协能使利益的对抗和冲突达致平衡的过程。不是以此为前提而形成的章程,不可能有真正的权威和被认同,当然也就难以在大学的治理实践中发挥出应有的作用。

（本文原载《光明日报》2018 年 12 月 29 日第 6 版）

关于"独立学院"属性及其
相关问题的思考

　　"独立学院"①发展过程中的很多问题涉及其属性。属性的模糊导致对问题判断的差异以及理解和认识上的矛盾与冲突，影响着"独立学院"进一步的规范发展。研究和界定"独立学院"的属性，具有重要的现实意义。

一、"独立学院"属性相关概念辨析

（一）"公办""民办"与"公立""私立"概念的使用

　　"公办学校""民办学校"在我国是法律概念，而"公立学校""私立学校"不是法律概念，只在学术研究中使用。我国已有的法律法规中，主要是按办学主体和经费来源界定和区分"公办学校"与"民办学校"：一是按办学主体进行的区分。将"国家机构以外的社会组织或者个人"举办的学校称之为民办学校；将各级政府机关举办的学校称之为公办学校。二是按经费来源进行的区分。凡使用国家财政性经费举办的教育机构，无论何种办学主体，均"按公办学校实施管理"；国家机构以外的社会组织或者个人，利用非国家财政性经

---

　　① 《中华人民共和国高等教育法》第二十三条规定："本法所称高等学校是指大学、独立设置的学院和高等专科学校，其中包括高等职业学校和成人高等学校。"因此，一般意义上的独立学院是和大学里的内设学院相区分的一个概念。本文中的"独立学院"是教育部文件定义的内涵特定的专有名称，既具有前述区分的意义，其内涵和外延的界定又区别于一般意义上的独立学院。

费,面向社会举办的学校或其他教育机构属于民办学校。

（二）重要相似概念的辨析

1.民办学校与私立学校,两者既相联系又有重要区别。其联系在于:民办学校与私立学校在民办学校的范围内是重合的,即民办学校包容私立学校,私立学校是民办学校的一部分。其区别在于:根据我国立法,"民办学校"概念的外延远远大于"私立学校"。民办学校是指除政府机关以外的举办者创办的一切学校类型,不仅包括私人、私营组织,而且包括国家企事业单位、集体经济组织以及其他一切社会组织和个人开办的学校。

2.公办学校与官办学校,两者同样既相联系又有区别。两者的联系是:官办学校与公办学校在公办学校范围内,两者是重合的,即公办学校包容官办学校。两者的区别是:官办学校仅指由政府举办的学校;而按照我国的法律法规,公办学校的举办者除政府之外,还包括国有企事业单位和集体经济组织利用公有财产举办的学校。

3.私立学校与私法人。私立学校不等于私法人。依公法设立的法人为公法人,依私法设立的法人为私法人,如公司、企业等。日本《学校教育法》第二条规定,"私立学校"是指学校法人设立的学校。

二、民办教育实践和"独立学院"的发展,对我国法律法规的相关规定提出挑战

（一）现有法律法规在概念使用上的特点

"公办学校"与"民办学校"概念的不对应使用,是现有法律法规的一个特点。实际上"公"与"民",不是严格按同一分类标准划分的,同一归类标准应是"公与私""官与民"。"公"的对应词为"私"。"公立"的含义是学校属于国家或集体的财产,如公款、公物等。"私立"则表明学校属于个人或私有财产;"公"还是"私",是有关学校产权所有制的区分。

"民"的对应词为"官"。"官办"指官府(政府机关)开办,如官办报馆、官办铁路等;"民办"则指非官府的社会组织、群众团体或私人创办,如民办医院、民办企业等。中国历史上的学校,非官办即民办。官办学校与民办学校的区分,即政府办学与社会办学的区分。

(二) 现有法律制度中相关规定的辨析

我国《宪法》第19条规定:"国家鼓励集体经济组织、国家企业事业组织和其他社会力量依照法律规定举办各种教育事业。"用"社会力量"这个概念,旨在强调其办学与政府办学的不同。我国《民办教育促进法》第2条规定:"国家机构以外的社会组织或者个人,利用非国家财政性经费,面向社会举办学校及其他教育机构的活动,适用本法。"可见,我国法律规定中"社会力量办学"是与"民办教育"在同一意义上使用的概念。

《民办教育促进法实施条例》第六条第二款规定:"参与举办民办学校的公办学校依法享有举办者权益,依法履行国有资产的管理义务,防止国有资产流失。"该规定明确告诉我们,公办学校可以利用国有资产举办民办学校。《民办非企业单位登记暂行办法》第五条第三款更是明确规定,民办非企业单位的非国有资产份额不得低于总财产的2/3。而《民办非企业单位登记管理暂行条例》第二条规定,"民办非企业单位,是指企业事业单位、社会团体和其他社会力量以及公民个人利用非国有资产举办的,从事非营利性社会服务活动的社会组织"。其中,"利用非国有资产"的规定,排除了企业事业单位、社会团体和其他社会力量以及公民个人利用国有资产创办民办非企业单位的情形。显然,这些相关规定之间存在着明显的矛盾。《教育类民办非企业单位登记办法(试行)》所依据的上位法正是《民办非企业单位登记管理暂行条例》和《民办非企业单位登记暂行办法》。

(三) 规范相关概念的使用,有利于防止公有资产的流失

法律制度中明确规定的利用国家财政性经费举办的公办教育机构,其所有权的公有性质没有争议,而国家机构以外的社会组织或者个人,利用非国家财政性经费举办的民办学校和民办教育机构,其所有权性质在实践中存在很

大争议。实际上,"独立学院"的民办机制并不表明其所有权属性。

根据我国宪法和法律法规,全民所有和集体所有都是公有。我国《宪法》第六条规定:"中华人民共和国的社会主义经济制度的基础是生产资料的社会主义公有制,即全民所有制和劳动群众集体所有制。"我国《民法通则》第73条规定:"国家财产属于全民所有。国家财产神圣不可侵犯,禁止任何组织或者个人侵占、哄抢、私分、截留、破坏。"第七十四条规定:"劳动群众集体组织的财产属于劳动群众集体所有。集体所有的财产受法律保护,禁止任何组织或者个人侵占、哄抢、私分、破坏或者非法查封、扣押、冻结、没收。"因此,无论何种办学主体,利用公有财产举办的学校和教育机构都应属于公有。公有资产不管将其投到何处,创办何种组织,它始终是公有资产,性质不应改变。公有资产并不因其投资办学就改变了其资产所有制的性质。

三、"独立学院"的所有制关系和类型

(一)"独立学院"的所有权类型中基本上不存在私人所有的私立学校

我国《宪法》第十一条规定:"在法律规定范围内的个体经济、私营经济等非公有制经济,是社会主义市场经济的重要组成部分。"依据这个宪法原则,办学主体为私人或私营组织的民办学校,其所有权性质为私立学校。按教育部文件,"独立学院"是专指由公办的普通本科高校按新机制、新模式举办的本科层次的二级学院。其申请者是普通本科高校,对教学和管理负责,并保证办学质量,所以,"独立学院"虽采用民办机制,但其所有权性质不应是私人所有的私立学校。

(二)混合所有制是一部分"独立学院"的所有制形式

混合制是不同所有制之间的混合,而不是同类所有制之间的混合。在市场经济条件下,各种商品和生产要素都处在不断的流动之中,这就为不同所有

制的相互渗透和相互融合创造了广阔的空间,各种所有制的相互渗透和相互融合导致了混合所有制的兴起。混合所有制是不同所有制或不同产权形式的相互联合,这种联合的典型形式就是股份制。混合所有制的出现,为公有制与市场经济的结合创造了新的形式,有利于扩大公有制经济的影响力,发挥国有经济的主导作用。① 党的十六大报告指出:"除极少数必须由国家独资经营的企业外,积极推行股份制,发展混合所有制经济。实行投资主体多元化,重要的企业由国家控股。"《民法通则》规定了企业之间或者企业、事业单位之间的联营。联营有法人型、合伙型和合同型三种联营方式。不同所有制企事业单位之间的联营,必然导致混合制企事业组织的存在。

一部分"独立学院"是一种客观存在的混合所有制。混合所有制形式既符合一部分"独立学院"的实际,又有充分的政策依据。改革的过程,就是要打破以公有制为唯一所有制形式的格局,确立从单一政府办学到以政府办学为主、社会各界共同参与办学的新的发展格局。②

(三) 公办"独立学院"的民办机制并不意味着其所有权性质的改变

列入"独立学院"范畴的原有新机制"二级学院"中,有相当一部分是通过高校与政府合作的形式建立的,将其定位为民办学校,存在着法律上的问题和认识上的分歧。此类"独立学院"一般是由重点大学采取与地方政府合作的方式创建。其中,地方政府提供土地和基础设施;大学负责提供教育教学管理,并利用自身的无形资产在招生、招聘教师等方面创造便利条件。这种结合,使新建的学校能够很快达到本科或者更高层次学历教育的水平,并具备较好的社会声誉。

这种由地方政府和公办高校利用国有资产合作创办的"独立学院",尽管其采用民办机制,按照民办学校的模式运行,其发展主要依靠所收学费,但其

---

① 中华人民共和国教育部:《"三个代表"重要思想概论》,中国人民大学出版社 2003 年版,第 88 页。

② 中华人民共和国教育部:《"三个代表"重要思想概论》,中国人民大学出版社 2003 年版,第 88 页。

所有权性质应为公有,属于公办学校。该类型"独立学院"本身,亦应属于国有财产。从其主体构成和行为特征看,地方政府是此类"独立学院"的举办方之一。由于此类"独立学院"的举办者中包含了政府,所以,按照《民办教育促进法》的规定,此类"独立学院"并不符合民办学校的法律特征。但是与原有的公办高校相比较,此类"独立学院"也有明显的不同,突出反映在以下两点:一是此类"独立学院"并不是由政府单一举办,地方政府与高校的合作关系必然体现在其产权关系、管理制度等方面;二是此类"独立学院"的培养经费主要来源于学费,而不是像其他公办高校那样,有稳定的公办财源(财政经费来源)。因此,此类"独立学院"的基本特点可以概括为"国有民办",即其属于公办学校,但是按照民办学校的模式生存和发展。

鉴于高等教育带动当地社会经济发展、提高地方整体竞争力的重要功能,从长远看,高等教育资源的外延性扩张趋势还将进一步加剧,其中的利益主体不仅仅是高等学校、参与投资的企业或个人,地方政府也是其中重要而且关键的主体之一。这就是出现了大量由重点大学与地方政府合作创建的"独立学院"的原因。

四、"独立学院"法人属性的可能性与现实性分析

根据"独立学院"主体构成、行为特征的实际状态和不同情况,今后"独立学院"的法人性质有可能进一步发生分化,大部分具有非营利性特点的"独立学院",例如高校与政府合作举办的"独立学院",按照教育的公益性规律办学,以发展高等教育和有利于社会进步为其基本目的,这种类型的"独立学院",不可能也不应该成为营利性法人;而一部分具有比较明显营利性特征的"独立学院",例如高校和企业合作举办的"独立学院",其行为方式在很大程度上遵循营利性规律,这种类型"独立学院"的法人特征,虽然在现有的法人制度框架内很难准确概括,但随着我国法人制度的发展和完善,其法人性质应与前一种"独立学院"有所区别。作为一种探讨,我们认为,这种"独立学院"有可能发展成为公益性企业法人。这一判断并不是凭空构想,我们在研究中

发现,无论在理论上和实践中,还是在政策和制度层面,都存在着对这一判断的实际支持。①

在对"独立学院"这一特殊现象进行实践层面和理论层面的探讨过程中,我们深感用现有的法律概念来解释"独立学院"现象所具有的局限性,法律的滞后性已经难以适应不断发展的社会实践。"独立学院"法人的实际状况,已经突破了现有法律法规关于法人规定的框架,简单地套用已有的法律制度概念,如"民办非企业法人",解决不了在"独立学院"法人问题上的困惑。从"独立学院"的实际情况看,"独立学院"区别于母体高校的基本特征是其"不独立性"和"营利性"②,具体表现在组织上和师资队伍对母体高校的依附性、教学上接受母体高校管理的非自主性、名义上的非营利性与实际上的营利性,等等。因此,无论是"企业法人"还是"非企业法人"的概念,都难以概括"独立学院"的多样性和丰富实践。

毫无疑问的是,教育是一项公益性事业。教育的公益性不仅仅源于经济学视角的教育的正外部性特征,教育还必须承担机会平等和促进公正的社会责任。在分析"独立学院"法人性质的可能性与现实性的时候,我们并不情愿将其中的一部分归类为"公益性企业法人"。但我们无法否认的事实是,"独立学院"名义上的非营利性与实际的营利性特征间的深刻矛盾,以营利为目的基本上是一部分"独立学院"建立和发展的原始动力,在公益性的旗帜下,蕴涵着"独立学院"实际股东之间的利益博弈以及法律现象与"独立学院"事实之间的内在冲突。

"独立学院"是何种性质的法人,在理论上和实践中,都有不同的争论。从"独立学院"的实际情况和现有的法律规定来看,"独立学院"既不是按所有制划分的企业法人,也不是《民法通则》规定的非企业法人——事业单位。我们的基本观点是:由于"独立学院"的主体构成各不相同,应区分其主要行为

① 参见秦惠民、胡林龙、陈立鹏:《公办高校优质教育资源外延性扩张中"独立学院"法律地位之探讨》,《中国高教研究》2005年第1期。

② "独立学院"表现为两种不同性质的营利性:一种是在"股东"之间的分成,合作方企业依协议拿走一部分赢利;另一种是举办高校将"独立学院"的赢利按一定比例拿走,补贴该高校的经费。

特征是营利性还是非营利性而区别对待。在"独立学院"的实际法律地位只能依存于现有法律规定的前提下,我们对一部分"独立学院"可能属于"公益性企业法人"的探讨,只能说是对已有法律概念的修补,不过是对法律法规概念在"独立学院"实践中的适用合理性进行探讨,因为"独立学院"的法人属性问题,既关系到其法律地位和正确适用法律、有效实施管理及其规范发展,又是在实践中事关其存在与发展的合理性与合法性的重要问题。

五、关于"独立学院"概念的诠释和属性的确定

"独立学院"专指由普通本科高校按新机制、新模式举办的本科层次的办学实体。它是中国特殊国情背景下特殊时期通过公办高校教育资源外延性扩张的方式,实现高等教育规模在短时期内迅速扩大的一种实践创新;是在长期公办机制发展高等教育背景下,国家行政机制和社会市场机制相结合发展中国高等教育的一种顺势选择。用市场方式解决高等教育资源扩张的投入问题,用市场力量置换行政力量在推动高等教育优质资源扩大上的主导地位,以市场机制所具有的制度性优势,更有效地吸引和配置社会资源,探索和寻求更为全面与合理的教育发展社会公众参与机制,是试办"独立学院"的正确初衷,也是"独立学院"这一新模式设计的合理出发点。基于这种分析,我们建议:

1. 在"独立学院"的概念诠释上,应当主要是对一种办学模式的描述,即"独立学院"是公办高校利用自身的无形资产以及教育教学管理优势,与其他组织合作创建的独立设置的具有法人资格的新型办学实体。

2. 对"独立学院"属性的确定,要根据学校举办者及举办资金的来源状况等法律要素,依法进行个案判断。公办类型的"独立学院",应当依照我国现行法律法规,定位为公办高等学校,登记为事业法人;对高校利用民间资金设立的"独立学院",则按照民办学校对待,登记为民办非企业法人。作为一种政策导向,应鼓励举办完全公益性的"独立学院"。

3. 要在政策层面认同公办类型"独立学院"不同于一般公办高校的特点,

在制度上保证其能够发挥自身的优势,起到探索、促进高校内部体制改革的作用。如:此类高校可以在精简机构、教授治校、健全学校决策机制等方面,比原有公办高校有更多的试验余地。

六、关于"独立学院"产权结构的规范

在举办"独立学院"的实践中,普通高校在产权问题上发生了角色的转变,由单纯的国有公益性资产的使用者,转变为"独立学院"的出资人、资产所有者之一、国有资产的监督者。如何通过组织和制度建设,适应这种角色的转换,将是公办高校在"独立学院"实践中面临的核心问题之一。

在举办"独立学院"的过程中,普通高校的投入主要是师资、管理和学校的办学优势,实物的投入(包括校舍、土地等)主要是由合作方承担。高校从这种合作中获得了直接的利益回报(学费分成),对产权问题一般缺乏关注。其表现为在办学协议中一般很少就此问题作出约定。由此而导致的问题是,"独立学院"作为新成立的学校,既没有规范的公司化的产权结构,也没有形成为公益性法人财产,产权结构不清晰、不稳定。特别是在实践中形成了举办高校仅负责教学和相关的管理工作,"独立学院"的财产和相关的管理权完全由出资方控制的局面,"独立学院"产权与出资方的财产缺乏明确界限,出资方利益最大化的追求得不到制衡。这种情况的直接后果,就是造成了"独立学院"办学行为的急功近利。

我们认为,从高等学校发展的规律和趋势看,建立公益性法人的产权结构最有利于学校的稳定,即学校的财产不属于任何组织或个人所有,而属于社会公有,由学校理事会负责管理。理由在于:其一,教育的公益性属性决定了学校的产权结构性质。该产权结构性质应适合于学校这种公益性组织的长期存在和稳定发展。特别是借助高校的社会声誉而存在的"独立学院",由于其更容易在投机办学中获益,各方利益博弈所导致的风险始终存在,只有按照非营利性法人的产权结构保证财产管理的社会性、开放性和公益性,才能减少和避免风险。其二,教育的培养周期决定了学校产品的社会评价滞后,需要学校的

长期存在;而营利性组织的生存期限很难长久。基于上述考虑,我们认为,教育行政管理部门在对现有"独立学院"的规范以及审查新设立"独立学院"的过程中,应当把规范"独立学院"的产权关系,作为一个极其重要的中心环节。从规范产权的角度,我们建议采取以下措施:

1. 要对普通高校内部国有资产的管理规则进行规范,建立完备的国有资产(包括学校的无形资产)使用和监管制度。对高校参与举办"独立学院"或者利用其他方式进行资源扩张的行为,要从国有资产使用的角度建立相应的审核、监督措施。

2. 要加强对办学协议和学校章程等法定文件的规范和监管。具体如下:

(1)办学协议或高校与其他主体签订的合作办学协议是约定举办双方权利义务的重要法律文件。其中,应直接反映双方合作的宗旨、意向、所创办学校的属性与规划等重要信息,特别是出资方的出资义务、经济能力、办学承诺等要素。将这些内容规定在办学协议中,就具备了相应的法定义务,有利于办学活动的规范、稳定。因此,审批机关应当将办学协议作为行政许可审查的重要方面;如果可能,教育部或有关主管部门可以按照《民办教育促进法实施条例》的规定,考虑制定有关办学协议的示范文本,确定需要规范的必要内容。

(2)学校章程是规范学校办学行为的重要法律文件。应当进一步强化学校章程的作用,使其不仅成为学校自主办学的依据,而且要成为行政部门监督、管理学校活动的依据。建议管理部门要明确学校章程中对学校资产的性质、使用、收益的规则,要对学校终止后资产的归属等内容作出规定,以进一步确立学校的产权结构。

3. 要对高校投入的教育教学资源、品牌等无形资产,建立相应的评估制度。由于目前还没有关于高校无形资产评估的组织与指标,高校的办学投入难以转化为可量化的货币资本,因此,其在"独立学院"中所享有的权利义务份额难以得到明确的界定。建立高校无形资产的评估机制,有利于从健全学校产权制度的角度,明确"独立学院"内部的产权关系。

4. 推动、促进"独立学院"建立公益信托财产制度。我国《信托法》对"公益信托"作出了原则规定,但在操作层面尚缺乏具体的制度。"独立学院"的出现,为在教育领域实践这种制度提供了一个机会。合作举办"独立学院"的各方可以通过公益信托的形式,将建校的投入作为公益信托财产交给学院使用,明确学校财产的教育公益属性,并通过理事会等机构按照"公益信托"的法律规定来管理学校的财产。这种模式有些类似于国外的教育财团法人制度。但由于我国有关此项制度的法律规范尚不完善,短时间内建立此制度尚有困难。当前可以有针对性地引导一部分具有非营利性特征的"独立学院"向建立公益性法人财产的方向努力,如,对高校与其他社会组织合作举办的"独立学院",应当规定合作的期限,对期限届满后学校的产权应明确地划归高校,或为社会公有,或者设立为公益信托财产。

（本文原载《中国高教研究》2005 年第 4 期,本文作者为秦惠民、王大泉）

以法治理性推进大学治理

用法治理性建构校园和谐

现代法治的实质合理性或法治的实体正义,表现为现代法治的价值观,即以尊重一切人的基本权利为核心,以实现社会的有序治理为目标,以追求人类的幸福和社会的和谐为宗旨。现代法治的这些价值内核,寄托了人类对自由、正义、安宁、尊严、公平、效率以及秩序与和谐的渴望,影响并引导着现代社会政治、经济、文化和社会制度现代化目标中的社会道德认同和行为取向。现代法治形式价值领域的自身合理性是其实质价值合理性的重要保障,如表现在现代公法中的人权保障、民主、法律面前一律平等、无罪推定、罪刑法定、罪刑相当等原则,以及表现在现代私法中的公平、诚信、契约自由,等等。

现代和谐社会首先是法治社会,法治理性是现代社会存在与和谐发展的基础。从党中央提出建设社会主义法治国家,到明确提出我国社会发展的一个重要目标是构建社会主义和谐社会,党的十六届四中全会强调"要适应我国社会的深刻变化,把和谐社会建设摆在重要位置,注重激发社会活力,促进社会公平和正义,增强全社会的法律意识和诚信意识,维护社会安定团结"。这些都渗透着对"以人为本"的法治理性及其对社会发展作用认识的深化,体现了马克思主义价值观与方法论的统一、合目的性与合规律性的统一。

建设校园和谐关系,是在学校环境中实现党中央提出的建设和谐社会任务的具体体现。以法治理性的价值判断和价值选择审视并优化校园环境,是坚持以人为本、以民主法治原则建设校园和谐关系的关键所在。

一、以民主法治原则构建现代校园和谐关系是法治理性的基本要求

社会和谐是法治的基本精神和价值选择。最大限度地寻求利益的平衡，尽可能地消解冲突，以维护各方利益为基础，建设和谐关系，是法治的基本要求和品质特征。公平和正义，是以法治理性进行制度安排和制度创新的重要内容与前提。法治追求正义，要求公平、平等，讲究社会成员间利益的平衡与协调。因此，法治是合理的社会秩序，是刚与柔、疏与密、宽与严的均衡配置。

法治通过制度性约束实现有序。学校秩序的法治化，就是通过确立符合校园和谐与利益平衡的权利与义务，并通过保障权利人利益的实现和义务人义务的履行来达到校园和谐所要求的秩序状态。法治追求内在的制度性和谐，并以此为基础化解矛盾，消除冲突，形成共同的价值观念、道德追求，实现行为选择的协调。在法治的秩序状态中，矛盾和冲突也是不可避免的，也就是说，以法治为基础的和谐关系并不意味着没有冲突和纠纷，而是指以法治原则建立起来的校园和谐关系模式中，存在着实现和谐的制度性保障。在管理权力与相对人权利互动过程中，是否存在能够有效化解矛盾冲突的机制，是能否形成和谐关系的关键所在。在管理权力与相对人权利互动形态下形成的和谐，是权利与权利、权利与权力相互冲突下的动态平衡。和谐是矛盾统一性的表现形式之一，是表示事物发展的协调性、有序性、平衡性、完整性与合乎规律性的哲学范畴。古希腊哲人认为，"和谐是杂多因素的统一，不协调因素的协调"①。可以说，在法律、制度的规制下所形成的合理的校园主体关系体系和行为体系，井然有序，和而不同，就是一种和谐。

现代法治社会是以民主为基础的，与民主政治紧密相连。法治是民主的理性表现，民主是法治精神的一个本质性内涵。校园需要学术自由，要求和而不同，其制度性保障就是民主。没有民主、公正的制度性保障，公平、正义不会

---

① 参见周来祥：《论美是和谐》，贵州人民出版社 1984 年版，第 73—74 页。

自动实现;没有公平、正义,就不会有真正的诚信友爱;合法权益得不到保护,侵权行为得不到纠正,安定有序的和谐关系就是一句空话。所以,现代学校管理应建立在民主的基础之上,通过制度创新健全学校民主制度,丰富和发展学校管理的民主形式,扩大管理过程中必要的民主参与,实行民主决策、民主管理和民主监督。作为校园和谐关系的制度性保障,离不开民主和法治原则的贯彻实施。

在学生、教师和管理者之间,以民主法治精神创造和谐而不是冲突,整合、协调、平衡他们的共同利益与个体利益的关系,是和谐校园关系的内在要求。毫无疑问,高等学校理应成为我国民主法治建设的示范组织,高等学校的人际关系理应成为整个社会中符合现代民主法治精神的典范。

以法治精神建设和谐校园关系,并不意味着存在着一个精确的关于校园和谐关系的唯一“标准”,而是强调法治理性在学校管理活动中的统领、整合与协调作用,以法治精神改革和更新学校的管理机制、激励机制和制约机制。法治精神要求我们在学校管理工作中,自觉贯彻现代社会法治的基本人权保障原则,权利救济原则,正当程序原则,权力的公开、公正、合法行使等原则,认真探讨如何在新的时代,结合学校的实际进行制度创新,建设更加合理、公正和人人心情舒畅的和谐校园关系。

二、尊重人权是法治理性的真谛

近年来高校出现的纠纷中,学生合法权利与高校规定间的矛盾和冲突,反映了高校管理的传统理念正在面临挑战。法律赋予学生的人格权、婚育权、受教育权、机会平等权、在学业成绩和品行上获得公正评价等权利,在高校管理实践中不同程度地受到侵害。有关高校管理的各种讼案反映出,人们的权利意识正在随着我国法治的发展不断提高,越来越追求人的权利的平等,越来越看重人的选择的自由,越来越重视教育活动中对人的尊严的确认与维护,人性尊严正在从一种“潜在需要”迅速地成为“显性需求”。它反映了在今天的中国,法治的主要价值观念,即以人为中心和归宿的人本主义的法的价值观越来越深入人心,并具体体现为法治对人的现实关怀。

从实现社会正义的立场出发,法的价值主体是人而不是物。正是从这个意义上说,法的核心是权利。十届全国人大第二次会议把"国家尊重和保障人权"写入《中华人民共和国宪法》,这是我国法治进程中有关人权保障的重大突破和发展,确立了我国尊重和保障人权的宪法原则。人权观的被认同,不仅充分体现了人们对于中国特色社会主义法治与人权关系的认识和理解,而且彰显"以人为本"的时代精神,显示中国的法治进程已经进入大规模地对人的权利进行确认的时代,标志着我国社会主义法治事业的日趋成熟。如果说从 20 世纪 80 年代初开始建立起来的中国教育法律制度,在体现人的主体性方面还十分欠缺的话,那么,今天我们谈论教育的法治问题和学校的制度建设,已经不可能不问津法治的终极关怀。

列宁指出:"宪法就是一张写着人民权利的纸。"①从这个意义上说,法治意识所要求的就是权利意识。可以说,用尊重和保障人权的宪法精神更新高校的管理理念,以尊重和保障人权的宪法原则重新审视高校的管理工作、创新管理机制,是当前时代的要求。尊重权利的一个重要要求就是慎用权力。这是判断对学生处理合理性的一个重要尺度。学生所犯错误是否够得上"勒令退学"或"开除学籍"这种剥夺受教育权性质的处分,必须以法治的精神来判断。也就是说,对学生行为"错误"性质的价值判断,并不能代替对其所犯"错误"程度的事实判断。毫无疑问,学校依法享有对学生的管理和处分权利,它的确属于学校合法的自由裁量行为。但是,正因为如此,它也就成为一项管理者必须根据公认的合理性原则来行使并接受监督和评判的权力。所谓合理性,说白了就是要合乎情理。在学校管理工作中的情与理,就是要兼顾学校的教育目的和保护学生的合法权利。探寻二者合理兼顾的制度"临界点"以实现二者的平衡,是学校管理工作中的一项艰巨任务。学校不能不顾育人和管理的导向问题,但为此而实施的管理措施以及对学生有可能造成的不利影响,应被控制在一个尽可能合理的限度之内,即所采取的措施应与其正当目的之间存在逻辑上的关联性——必然联系,从公正的意义上具有必要性以及用社

---

① 《列宁全集》第 12 卷,人民出版社 1987 年版,第 50 页。

会通常观念来理解具有适当性。

高校管理工作的价值导向,过去主要是着眼于维护学校秩序和有效地对学生实施管制,而对于如何"维护人的权益"重视不够。秩序无疑是法治的一项重要价值追求,但在现代法治的法益追求中,权利是更大的法益,其与秩序相比的价值地位也更重。在现代法治的两项重要价值追求——秩序与权利的关系中,秩序为权利而建构,而不是相反。人的权利是一切制度的出发点和归宿,法律制度创设秩序限制人们的自由,正是为了保障权利更好地行使。因此,秩序诉求不能以牺牲权利为代价。在学校管理工作中牢固树立权利意识,坚持"以人为本",切实尊重和保障人权,恰恰是体现现代法治的精髓。为此,我们就必须改变那种一抓管理就从限制被管理者的权利入手的传统做法,应当自觉形成管理是制约管理者权力并落实管理者责任的现代法治理念,并将这种理念通过现实的活生生的具体法治体现出来。只有这样,才能营造出符合现代法治理性与价值追求的校园秩序。

近年来,有关的校园纠纷之所以受到社会的广泛关注而成为人们谈论的热门话题,与我国整体法治建设的发展以及社会法律意识的提高密不可分。一个显而易见的现象是,在现时我国的各种热门话题中,人们特别关注对于个人权益的维护和保障。从相关事件见诸媒体的反应来看,大多数人更倾向于学校的规章制度应能充分维护人的权利和体现人文关怀。

以学生为本,使学生的合法权益受到充分的尊重;在法治理性的宽容信任中,使学生的合法权益得到切实的保护,是校园和谐的基础。也就是说,通过依法治校、建立法治秩序,才能真正实现校园的和谐。法治文明对管理工作者的要求是"认真地对待权利"。管理工作应充分体现尊重人权的理性精神。

三、校园和谐需要法治理性的宽容精神

为维护和谐秩序,法治要求约束人的行为。法律是人类规范和约束自己的表现。不同的法治阶段或不同历史时期的法律,反映了人们的认识受到自己有限理性限制的程度。作为人类有限理性产物的法治,是人类智慧和理性

的结晶,是人类对于自我行为予以规范和制约的努力。

法律限制人们的自由和维护现有秩序的过程,就是以有限理性控制可能产生的非理性,约束人们的行为使之符合有限理性条件下的和谐。但这种约束是以理性秩序和正义机制为前提的。只有符合法治精神的秩序,才能真正实现并维护和谐。法治精神所表现的是法治条件下的理性,其价值关怀是宽容。这是法治精神的伦理基础。因此,"宽容"是法治文明的本质特征之一。法治理性是价值权衡,两害相权取其轻。刑法的"疑罪从无"原则就体现了法治理性的宽容精神。法治精神要求管理工作者不能以理想的一元化的纯洁道德情感代替宽容的理性精神。

宽容的理性表现是坚持以人为本,鼓励和倡导人与人之间的相互关爱、尊重和谅解,以满足生活在校园环境中的人们特别是青年学生基本的生存与身心发展的需要。实践证明,人类情感比人类理性更加丰富无限。当青年学生的正当情感受到应有的尊重时,他们会被激发出更多的潜能,也更有利于其理性的形成和发展。类似于大学生恋爱婚姻这种事情,作为一种私权利,法无禁止即自由,应该得到尊重和保护,没有法律明确的规定时不得限制和剥夺。用学校制度来限制或剥夺学生的法定权利甚至"自然权利"时,必须有法律依据,否则,势必存在"法律保留"方面的合法性缺陷。时代在发展,社会在进步,人们的道德尺度也在发生着变化。这就是为什么社会对此类事情日益持有一种较之过去相对宽容态度的原因。因为它在性质上,毕竟属于个人的私生活领域,不同于考试作弊这种关乎人的"诚信"以及对他人的公平的行为,后者在任何时代以及世界的任何地方都被认为是严重的道德缺失,或侵害了他人利益甚至是重要的公共利益。

校园和谐需要法治理性的宽容精神。也就是说,符合法治精神的校园秩序必须包含理性的宽容信任。学校享有在校内实施管理的概括性权力,但如果仅以权力来保障秩序,维持的只能是表面的和谐。理性的宽容是建设和谐校园的法治体现,不仅学校管理权力的运用(包括抽象行政行为和具体行政行为)应符合这种理性精神,而且学校的各项制度应当成为这种宽容理性的权威载体。为此,和谐校园要求用法治精神来约束权力。实际上,之所以有那么多校园纠纷,很大程度上是在管理工作中不能慎用权力所致。

缺乏制度性约束的管理权力,势必导致权力使用上的随意和无度。因此,从国家来讲,依法行政是依法治国、建设和谐社会与法治文明的核心内容;从学校来讲,依法治校是建设和谐校园关系与现代校园文明的关键所在。依法治校要求学校管理一方面应避免权力行使的"越位""错位"和"缺位",对该管的事情要充分发挥行政权力的作用,制定和完善规则,消除各种不应有的不平等和歧视,强化对合法权益的保护,维护符合法治精神的校园秩序,努力营造公平、民主的和谐校园环境;而对不该管的事情就不要去管,从而避免权力的滥用。另一方面,对照刑法"罚当其罪"的原则,违纪者所受到的惩戒,应与其所犯错误相适应。学校惩戒较之刑罚更应符合人性原则,体现惩戒的公正性。

和谐的校园环境离不开学校秩序的制度化和规范化,依法治校要求"有法可依"和"依法办事"。贯彻法治精神就要在以下两个问题上端正认识。

第一,现实生活中不可能所有的事情都有明确的法律和制度性规定,在这种情况下,解决作为制度的法律之不足就要靠作为方法的法律和作为理念的法律来弥补,即法律分析的方法和法治理念是法治社会中的管理工作所必须遵循的。这也是管理工作是否符合法治精神的判断标准。法律分析方法要求首先要分析某一现象、某一事物、某一行为的法律性质,它属于何种法律范畴,主体法律地位如何,权利义务关系如何,行为构成要件如何;其次是把握事实真相(包括确定主观过错),一切凭证据说话,一切结论只在全部证据掌握之后;最后才是得出判断。法律作为一种理念是指法治观念、法治意识。有没有正确的法律意识至关重要。法律是要靠人去执行的,当有明确的法律制度安排时,如果执行的人缺乏正确的法治观念,好的制度也能变坏;当没有明确的法律制度安排时,由于执行的人有正确的法律意识,仍然可以按法治原则来处理好事务。[1] 在学校自主管理的自由裁量权范围内把握好权力行使的边界,就是要以法治精神慎用权力,避免不当抑制学生的自主精神和创新活动,防止侵害学生正当权益行为的发生。

第二,"依法办事"的习惯性思维或传统语境往往限定在法律本身或对实

---

[1] 参见江平:《法律:制度·方法·理念》,《法制日报》2005 年 3 月 25 日。

定法的严格执行上,使管理过程中的执行规章制度成为一种没有灵魂和指导思想的机械性活动。世界法治发展的趋势是从形式法治向实质法治转化。实质法治所体现的理性精神,要求行政权力特别是自由裁量权的行使,不仅应该严格依照法律的明文规定,而且应该符合法律的目的、原则和精神。法治所追求的正义理念是公平。法治以个案实质正义为目标,从法律与政治、经济、文化的关联性以及国家法律制度的整体性角度全面考察法律条文的本意。民主、平等、比例、诚信、利益权衡、禁止权利滥用等一般法律原则成为立法和执法的先验道德评价标准。法治理性所要求的依法,并不仅仅指依照实定法规范和各种规章制度条文,还应遵循和符合"人文关怀"或"人性关爱"的基本法治理念。高校管理作为一个尚未实现法治化或者从根本上说不可能完全法律化的领域,应该通过执行规章制度的行为,具体地将"人文关怀"的法治理念表现出来。也就是说,学校的规章制度是为人设计的,而人不是为规章制度服务的。执行规章制度不是机械操作规程,执行规章制度的对象是人而不是物,任何以人为管理对象的规章制度,都应以人为核心和归宿。法治理念是法律制度的灵魂和生命,各种法律制度是法治理念的外在规范形态。任何规章制度的执行,都应该是法治精神所要求的正义理念的实践过程。诚如有的学者所指出的,"机械化、无主观意志地执行法律在任何社会状态下都不会被接受。任何一个法治国家都不会是'纯而又纯'的法律至上。法律如果不对道德正义做出让步,就不可能为人们所敬仰、崇尚、遵从"。①

四、法治理性包含对法制的敬畏和行使自由权利的节制

法律制度以强制力执行,其效用是权威的、直接的和现实的。现代法治社会中,一切社会成员都必须无条件地遵守法律,不能因为个人的好恶而拒绝。学生应当遵守法律、法规和所在学校依法制定的规章制度,这是我国法律规定的受教育者应当履行的义务。否则,就有可能受到相应的批评教育甚至纪律

---

① 李雪津:《"通行费"事件的法治理性剖析》,《法制日报》2004年4月22日。

处分。这是学校维护教育秩序和校园生活秩序的需要。遵守学校制度和接受相应的约束,并不意味着是对某个管理者的屈从,而是体现对法制程序的敬畏。

高校作为以培养人的主观能动性和创造性为己任的场所,没有对个性发展的充分尊重、崇尚和鼓励,就难以形成校园环境中的和谐关系。个性发展离不开一定程度的自由,法律和制度则使这种自由提升为受保护的权利。法律和制度通过明确自由的范围,实现对自由的保护和限制,使之成为从事一切对别人没有害处的活动的权利,其目的是使每个人的自由能够与他人的自由同时并存。

法治维护自由,但在法治环境下,绝对的自由是没有的;确切地说,人们的行动自由是一种法律自由。正如孟德斯鸠所言:"自由是做法律所许可的一切事情的权利;如果一个公民能够做法律所禁止的事情,也就不再有自由了,因为其他的人也同样会有这个权利。"①1948 年联合国大会通过的《世界人权宣言》,在宣称人人生而自由、在尊严和权利上一律平等的同时,强调权利与义务的不可分割性,指出人人在行使权利和自由时,应依法尊重他人的权利和自由,并服从道德、公共秩序和普遍福利的正当需要。也就是说,一个人行使权利的基本前提是不能侵扰他人的合法权利。法律正是为了避免一个人的行动与他人的行动自由发生冲突而对个人的行动施加的一种限制。滥用个人自由,势必危及他人的自由,因此会受到法律的惩罚,也会导致自由的丧失。为了维护校园正常的学习秩序和学生的整体自由——大家的公共利益,某些私权利会在一定范围内受到限制。正如英国法哲学家哈耶克所说:"限制自由的理由来自自由本身。"以实现和谐校园环境为目的的制度建设,有利于引导学生树立对法治的敬畏和对自我行为的约束。《正义论》的作者罗尔斯说过,"个人不能因为天赋人权而对抗大家都普遍接受的规则约束",每个人实现自己的自由都要满足一定的程序正义,即追求自己的自由要建立在理性的基础之上。法律对个人的行为自由施加限制的目的,是为了避免一个人的行为自由与他人的行为自由发生冲突,以平等地保护每一个人的自由权利不受侵犯。从这个意义上讲,学校制度的设立是为校园公共秩序的和谐而对自由权利行使的制约。因此,校园环境中的个人自由,是宪法、法律法规和学校管理制度

---

① [法]孟德斯鸠:《论法的精神(上册)》,张雁深译,商务印书馆 1961 年版,第 187 页。

范围内的自由。学校制度规则的约束以及学校必要的领导和管理,与学生合法的权利和自由并不冲突。

法治社会的权利意识,是建立在承认人的多样性以及社会和文化多样性的基础之上的。和谐校园所要求的权利意识,不仅表现为权利人知晓自己所享有的权利,还表现为对他人权利的充分尊重,只有尊重他人的权利,才能要求他人同样地尊重自己的权利,人们才能做到相互尊重、和睦相处。① 只有人人都能感受自由并拥有尊严,和谐关系才是良性的和持久的。

对法律程序的尊重既是对守法者的要求,也是对立法者的要求。广大师生对于学校制度的实体内容合理与否展开讨论、提出建议,是在通过自己的言论自由和行使自己的民主权利来推动学校制度的科学、公正与合理化。学校制度的立法过程必须充分体现民主精神,在立法程序上保障广大师生的参与权,广开言路,集思广益。

五、校园和谐关系呼唤体现法治理性的校园文化

学校法律纠纷所表现的价值冲突,反映了校园文化正受到当代中国法治发展的影响而处在一个转变运动的过程之中。长期积淀而成的我国学校文化的存续和再造,不可能不是当代中国法律文化发展变化的一部分。

古往今来,关于师道尊严,关于教师、学校与学生的关系,以及对这种关系的道德评价,一直是学校教育关系的基础。"天、地、君、亲、师"的观念,在我国深入人心而且根深蒂固。礼法结合、以礼入法的制度模式,巩固和强化着这种道德规范和学校环境中的社会行为规范。在传统文化环境中,师生之间不是平等的关系,从而学生敬畏先生。"敬畏"的存在,要求有高下之分。我国传统文化中长期居于主导地位的儒家思想,以"礼"来规范社会各类人基于其身份所应遵循的义务,使人们之间产生"敬畏"感,压抑人的权利意识,以实现和睦相处。

现代社会是以人为本的社会,尊重人权是实现人和人和谐相处的共同尺

---

① 参见吕世伦:《理论法学经纬》,中国检察出版社 2004 年版,第 128 页。

度。我们所要构建的社会主义和谐社会是现代的和谐社会,我们所追求的和谐校园关系是现代和谐社会中的师生关系。这种和谐关系的基础是平等待人,诚如恩格斯所言,"一切人,或至少是一个国家的一切公民,或一个社会的一切成员,都应当有平等的政治地位和社会地位。要从这种相对平等的原始观念中得出国家和社会中的平等权利的结论,要使这个结论甚至能够成为某种自然而然的、不言而喻的东西"。①

　　尊敬师长是中华民族的传统美德,也是当今学生应当依法履行的义务。对师长的尊敬,无疑是学校文化中的重要内容。但法治语境中的"尊敬"不同于非法治状态下的"敬畏"。法治文化呼唤平等,不承认高下尊卑。因此,在法治环境中,学生和教师、学生和管理者、教师和校长,都是平等的关系。平等主体之间不太可能也不应该产生"敬畏"。我国传统的师生和谐是建立在"师道尊严"基础之上的,这种和谐关系往往是以忽视甚至牺牲学生利益来换取师生的和谐。随着人权时代的到来,权利主张和要求平等对话的呼声日益提高,因权利冲突引发的学生告老师、学生告学校的法律纠纷,正在冲破以往某些约定俗成的禁忌;学校与学生关系中长期形成的传统的特别权力关系,也正在受到法治原则所引导的公民基本权利理念的强烈冲击。"尊师重教"与"学生和教师平等"观念的碰撞,正在迫使千百年来作为学校教育基础的传统校园文化不得不面对新的价值评判和选择,以寻求新的道德平衡、消除价值冲突或将这种冲突降到最低限度。

　　在传统的校园文化环境中孕育延续的学校制度以及与之相联系的人际关系模式,正在面临法治原则和权利观念的挑战。学校管理者不得不应对学校制度重构的新形势。新的学校制度必然和新的道德评价及新的校园文化观念相联系。当传统道德的约束逐渐逝去的时候,用新的学校制度引导新的道德共识,形成新的道德感召力,是在新形势下构建校园和谐关系的客观要求。新的时代呼唤符合时代精神的新制度,新的学校制度必将伴随和孕育新的校园文化。可以说,构建符合法治理性的纠纷解决机制,是学校环境中法治状态的要求,也是重构学校校园文化的需要。

---

① 《马克思恩格斯选集》第3卷,人民出版社1995年版,第444页。

　　所谓文化,是指一种存在于社会或一定范围中的普遍信仰和由共同遵守的规范及惯例所形成的氛围。校园环境所呈现的文化状态,反映了师生群体的思维方式、行为趋向和基本价值选择,是校园社会中的共同生活准则、是非观念、人际关系模式、情感倾向和经验体会的文化心理表现。由大学管理工作的"规范及惯例"所形成的氛围,应是一种充分尊重权利和体现法治精神的文化。从人们认识和尊重法律的规律来看,情感体验和内心认同是非常重要的。大学的管理工作,不仅应使学生的正当权益得到有效的保护,还应有利于学生法律意识和内在法律信仰的养成,从而对其成为现代社会合格公民形成潜移默化的影响。因此,大学的管理文化应该是一种崇尚法治、尊重权利的文化。

　　学术自由和批判精神是学校环境的一个重要特点。缺失了这个特点,就难以称之为大学。但是,人们在学校环境中讨论各种法律制度实体性内容的合理与否,并不意味着人们的行为可以不受法律形式的约束。"徒法不足以自行"。一种良好的体现法治理性的学校制度的有效遵守,有赖于学校人良好的法治意识和校园社会对违法行为的抵制。法治精神、法治观念是法治被信仰的道德基石,强烈而深厚的法治意识是良好制度得以实施的内在动力和精神要素。法治尊严和良好的法治秩序,很大程度上取决于人们的守法意识、护法精神以及对于法律程序价值的理解和尊重。违法羞耻感是社会道德评价的反映,它体现了法治与道德的互动,是校园环境中良好守法风气对道德评价的积极影响和作用。近几年考试作弊行为的泛滥,表现了学生群体中遵纪守法意识和以此为基础的道德观念的严重扭曲和缺失。这个现象与法制教育的缺乏从而导致青年学生内心缺少对于法制规则的应有敬畏不无关系,仅靠道德诚信教育所形成的软性约束是不够的。青年学生作为受教育者或学习主体,他们的社会化过程还没有完结,仍处在发展变化之中,通过尊重和保护其正当权利并使其自觉践行义务的过程,使他们长期浸润在崇尚法治的文化氛围里,培养和形成他们未来人生中自觉的、理性的遵纪守法和护法精神以及对于法治的坚定信念。

　　(本文原载《教育研究》2005年第9期;《新华文摘》2005年第24期正文转载)

管理行为的合理与合法

——高校纠纷中的学生权利保护

在校学生权利的保护既是一个理论问题,又是一个重要的实践问题。从近几年见诸媒体的有关高等学校在校学生的资格被剥夺而引发的纠纷来看,人们在教育管理实践中认识上的差异以及在权利救济过程中出现的法律实践上的差异,构成了争论的焦点。如何从教育的目的出发尊重学生权利并慎用管理权力,不仅关系到对高校学生管理行为合法性与合理性的判断,更重要的是关系到能否在教育过程中有效地保护在校学生的基本权利。

2002 年以来,由西南地区某高校学生管理的具体行政行为而引发的纠纷被媒体炒得沸沸扬扬。这场争论尚未画上句号,2005 年,西南某高校学生管理的抽象行政行为又引起了轩然大波,讨论十分热烈。

纠纷案例之一:女大学生怀孕被开除

2002 年 12 月 3 日《中国青年报》刊登了我国西南某大学二年级学生因怀孕受勒令退学处分有关情况的报道,情况大致如下:两学生相恋一年多。2002 年暑假期间,二人外出旅游时同住了一晚。2002 年 10 月 1 日,女生突感腹疼,便到校医院看病,被诊断为宫外孕,随即自费住进了地方医院并施行了手术。学校为了严肃校规校纪、正确引导学生的行为,依据有关规定,给予两名学生勒令退学处分。两名学生为此将学校诉至法庭。此事引起了社会的关注和议论,各种看法和观点登载于报刊和网页,不仅在大学生中引起广泛的讨论,而且教师、高校管理工作者、律师和法学工作者等也以各种方式发表了他们的意见。

纠纷案例之二:学生因恋爱中的性接触被勒令退学①

据媒体报道,2004 年 5 月 9 日晚,我国西南某高校两名大学生在教室里拥抱、接吻,被教室中安装的监控设备记录下来。2004 年 5 月 20 日,学校根据其"发生非法性行为者,给予开除学籍处分"的规定,勒令两人退学,两人该学期的期末考试也被取消。2004 年 8 月 17 日,两人将母校告上法庭。2004 年 9 月 16 日,两名学生向法院递交了"学校暂停执行勒令退学处分"的申请。2004 年 10 月 21 日,法院下达了"中止执行勒令退学处分"的裁定书。2004 年 12 月 6 日,法院开庭审理此案。2005 年 1 月 4 日,法院送达裁定书,针对两位大学生要求判令学校撤销退学决定的起诉,法院认为,本案不属于《中华人民共和国行政诉讼法》第十一条规定的受理范围,驳回两位大学生的起诉。这一事件同样引起了激烈争论。

有关某大学"新奇"校规的讨论

据《重庆晚报》报道,《某大学学生违纪处理管理规定》于 2005 年 5 月试行并于 6 月制成展板在校内公示,其中关于"发现当三陪、当二奶、当二爷、搞一夜情的将开除学籍"的规定,不仅在学生中引起轩然大波,而且在全国范围内引起了强烈反响和讨论。人们争议的焦点主要在于,学校规定中关于开除学生的原因是否具有合法性与合理性。

这样的事情如果发生在 20 年前,不会引起如此强烈的社会关注。但我们不能不面对的现实是,今天中国社会的文明程度较之 20 年前已经发生了很大变化,我国的法治进程也在大踏步地前进。这些议论和各种各样的看法,说明人们对这个问题的认识是多方面的,也显示了我国社会的法律意识正随着法治的进程而不断增强。

这些纠纷和争论反映了我国在走向"以人为本"的法治社会进程中,高校管理与学生权利保障之间的冲突。它在形式上表现了"合法性"与"合理性"之间的不协调,在内容上则反映了两种不同的合理性之间的价值矛盾。这些纠纷、冲突、矛盾和不协调,体现了高校管理作为一种合法行使的"自由裁量权"所面对的挑战。

---

① 参见《中国青年报》2005 年 1 月 8 日;《北京青年报》2005 年 1 月 9 日。

其一,这个挑战暴露了高校实施管理过程中存在的合法性与合理性问题,即高校对学生实施管理和处分权力的合法与合理,并不意味着高校对学生实际实施了合理与合法的处分。因此,高校管理权力的行使,同样需要监督和制约。

其二,这个挑战来自传统的高校管理理念与当前社会的人文意识和法治精神的冲突,说明高校管理尚需进一步关注人和贯彻人文精神与法治原则。

其三,这个挑战源于高校自主管理权的行使状态与法治要求的张力,它显示了对高校管理过程中"自由裁量权"进行规范和限制的必要性,表明这种"自由裁量权"的自由范围应该是有限度的,其边界需要由法律来界定。

我认为可以从上述三个方面来展开对这一问题的分析。

一、对高校管理权的制约和监督是保护学生权利的需要

高校的管理权力是否需要制约以及能否司法介入,这是一个有关教育领域是否需要法治的重要问题。

1. 为保障学生权利必须约束学校的管理权力

高校作为履行特定职能的特定主体,依法享有在其特定职能范围内自主判断、自定规章、自主管理的权利。《中华人民共和国教育法》《中华人民共和国高等教育法》都明确规定了高校依法自主办学和按照章程自主管理的权利。我国法律对于高校自主管理权的确认和维护,可以理解为法律赋予高等学校为保证其机构目标的实现而对其内部事务进行必要处置的"自由裁量权"。

《教育法》《高等教育法》颁布以来,政府正在逐步下放权力。随着我国法治进程的发展,特别是《行政许可法》的颁布实施,政府必将日益减轻和放松对高校的束缚。也就是说,在诸如"招收学生""对受教育者进行学籍管理"等自主管理问题上,高校的自由裁量权正在向越来越大发展而不是越来越小。

那么,高校的自主管理权是不是可以不受约束地自由行使?

20 世纪 80 年代,很多高校曾规定"打麻将"屡教不改者(若干次),就要

劝其退学或开除学籍;还有的学校对一时冲动出现打架行为的学生也有类似的规定;符合晚婚年龄的学生未经批准结婚、生孩子都要劝其退学;等等。那时,几乎没有人质疑这类学籍处理的合法性。相反,人们认为学校为了保证学生的学习,对学生进行此类限制是完全必要的,具有天然的合理性;甚至认为没有这些限制和处理,反而是学校缺乏管理。虽然那时还没有立法明确地授予高等学校享有"自主管理"的权利,但其实际享有的对学生作出学籍处理的权力几乎是不受限制的。

今天,这样的学籍处理几乎是不可能的。一方面,无论学生还是管理者的法治观念和权利意识都大大地提高了,人道主义精神和以人为本的执政理念也越来越多地体现在我们的管理工作中。另一方面,随着田永案判决被最高人民法院公布为成功的判例,高校自主管理权的行使,已越来越多地面临司法审查。司法权力介入对学生权利的保护,使得高校的学生管理受到法律的监督。

高校的学生管理行为是否应处在法律的监督之下,换一个角度说,就是一个有关学生的合法权益是否应受到法律保护的问题。

法治社会中,任何权力都需要制约。制约权力是为了保护权利。为要保护学生的权利,就必须限制和约束高校的管理权力。以往学生权利缺乏保障,就是因为学校的管理权力不受制约。法治精神要求学校管理尊重和保护个人权利,为此就要求对学校的管理行为进行必要的限制。对权力的制约和"均衡"是为了防止权力的滥用。诚如孟德斯鸠所说:"一切有权力的人都容易滥用权力,这是万古不变的一条经验。""要防止滥用权力,就必须以权力约束权力。"①西方国家中立法、行政、司法互相分立、互相制约、保持平衡的三权分立体制,集中体现了权力需要制约的思想。伴随我国法治的进程,如何合理地运用和有效地制约公共权力的问题,日益受到重视。《中华人民共和国行政诉讼法》《中华人民共和国行政复议法》《中华人民共和国行政处罚法》《中华人民共和国行政许可法》等法律的颁布实施,以及《中华人民共和国行政程序法》被列入全国人大的立法规划,都表明我国制约行政权力的法制建设正在

① [法]孟德斯鸠:《论法的精神(上册)》,张雁深译,商务印书馆1997年版,第154页。

大踏步地前进。

学校行政权的行使不能游离于社会的法治状态之外,法治状态下的学校管理不能像非法治状态下那么自由和随意。也就是说,学校行政权的行使,同样必须遵循行政法治原则。行政法治原则可分解为合法性原则和合理性原则。其基本含义主要是依法行政、依法办事,控制滥用自由裁量权和对违法、侵权行为承担法律责任。这或许正是学校管理适应法治社会而走向现代化的一个标志或一种反映。司法审查正在有力地推动高等学校管理逐步进入法治状态,这是高等学校管理适应法治进步而走向现代化的一个发展趋势。从这个意义上可以说,学校管理的法治化趋向标志着学校管理的现代化进程。

对权力的制约和对权利的保障,是一个问题的两个方面。为维护和保障受教育者的合法权益,建立健全教育申诉、教育行政复议、教育行政诉讼等救济制度,同时也是监督教育管理行为的合法性与合理性,保障公民受教育权利不受侵犯,保障教育管理相对人的合法权益。尊重和保护学生权利,不是不要管理,而是要加强管理。法治强调公平,追求公正与效率的平衡。追求公正难免损失一定的效率,这是权利的成本和法治的代价。

2003年印发的《教育部关于加强依法治校工作的若干意见》和《教育部办公厅关于开展依法治校示范校创建活动的通知》,目的就是为了贯彻党的十六大精神和"三个代表"重要思想,推进教育领域的民主法制建设,用法治精神规范学校管理秩序,建立现代学校制度,使学校管理走向现代化。目前,教育部法制工作部门已经启动了有关起草《学校教育法》的立法前期调研和相关的学术研究,旨在规范学校教育过程和学校管理过程,使学校权力的行使纳入法治的轨道,最大限度地维护相对人的权利。

2.高校的学籍管理"权利"要"依法接受监督"

从高校是一种教育机构、学生是受教育者来看,高校与学生是教育与受教育的关系;从高校是一种组织系统、学生是其组织成员的权利义务和地位区别来看,高校与学生又是管理与被管理的关系,即高校与学生的关系一般由高校的章程和规则加以规范。

从理论上说,高等学校因学生的过错而对学生进行学籍处理的正当性在于:在高等教育仍然是一种稀缺资源的情况下,我们不得不采取资源约束型的政策,不可能真正满足所有需求者的权利要求。由于资源约束所导致的机会竞争,使得高等教育阶段受教育机会的享有,以竞争机会的平等为原则而具有排他性。高等教育机会作为一种公共资源具有公共性质。为了保持公平,机会利用的法益保护就应与排他性受益关系求得平衡。在排他性受益关系中,受教育机会竞争的胜利者享有了高等教育资源,也就使竞争失败者丧失了享有高等教育资源的机会,所以,根据权利与义务相平衡的原则,机会获得者在享有机会的同时,应承担合理支配和正当利用机会的义务;否则,即对未获得机会者形成过错侵权而应承担过错责任。高等教育机会中的排他性占有,是正当利用机会这种义务的实质理由和来源形式。在受教育者对高等教育机会的排他性支配关系中,非正当利用机会不符合机会利用的目的,不具有合理性,因而是一种过错,应当承担过错责任。非正当利用机会的行为是一种过错性侵权行为,属于广义上的侵权行为范畴。这是高等教育阶段不正当利用机会者被剥夺机会或淘汰出局的实质性法理基础,符合公平与正义的原则。

我国《教育法》规定,“对受教育者进行学籍管理,实施奖励或处分”是学校行使的“权利”。但这种“权利”实际上只是为了促成大学价值实现的一项“制度性保障”①,在性质上,它区别于单纯的个人权利。因此,我国法律亦明确规定,高校自主管理权的行使,在“不受侵犯”的同时,要“依法接受监督”。这是因为高等学校该项“权利”的行使,在管理关系中,是一种对学生权利产生影响和限制的权力;同时,对高校自主管理权作为一种“权利”享有的合法性判断,并不能代替对该项“权利”行使事实的合理性判断。在强调形式合法性的同时追求合理性价值,是法治对公权力行使的理性要求。高校依法享有自主管理权,并不意味着该项“自由裁量权”行使的必然合理。所以,监督和制约是不可缺少的。因为“无约束的自由裁量权的整个概念是不适宜于为公共利益而使用权力和拥有权力的公共权力机关的”②。亦如韦德所说,“法治所要求的并不是消除广泛的自由裁量权,而是法律应当能够控制它的行使”,

---

① [德]卡尔·施密特:《宪法学说》,吴庚译,中国台北联经出版事业股份有限公司 2004 年版,第 232 页。

② [英]威廉·韦德:《行政法》,徐炳等译,中国大百科全书出版社 1997 年版,第 69 页。

"法治的实质是防止滥用自由裁量权的一整套规则"。①

一种合法权利对另一种合法权利造成限制和影响,必须以具备正当性为其前提和条件。正当性就是要看导致一种合法权利影响和限制另一种合法权利的因素是否具有不可避免性。判断高校管理行为的正当性,是个复杂的问题。教育目的、道德标准、学习成绩等,都可成为高校实施学籍处理的理由。然而,追求正当性就是要考察这些理由与学籍处理决定之间是否存在着必然的联系。

3. 学校管理权的可司法审查是法治的要求

学校管理的法治化,在世界范围内都是一个有争议的问题。一些教育家甚至政治家们抱怨学校教育受到了法律的束缚和司法的支配。然而,教育的社会权利属性决定了教育事务的社会公共性质。高等学校作为现代社会中重要的公益性社会组织,其民主性和法治化是国家民主性和法治化的一部分,国家的民主性和法治化与社会组织、社会团体的民主性和法治化联系在一起。

学校的管理权能否进行司法审查? 这是学校管理是否法治化的一个重要标志。

司法审查或称行政诉讼,是对行政行为的一种法律监督制度,又是对行政相对人的一种法律救济制度。司法审查的目的,是在监督行政机关依法行政的同时保护相对人的合法权益,在相对人的合法权益受到或可能受到具体行政行为侵犯时,为相对人提供及时有效的救济。② 一般说来,司法审查是指国家通过司法机关对其他国家机关行使权力的活动进行审查监督,纠正违法活动,并对因其给公民、法人权益造成的损害给予相应补救的法律制度。

法治社会的司法审查,在社会系统的其他公共事务管理领域中无疑被视为是有益的和正常的。教育和学校管理的特殊性,并不能使学校管理置于法治社会之外。"全世界的教育都由成文的法律规范来调整","然而,法律化的概念并不是指存在着对教育的成文法律约束。它是指对教育方面的决议进行

---

① [英]威廉·韦德:《行政法》,徐炳等译,中国大百科全书出版社 1997 年版,第 55、26 页。
② 参见姜明安:《行政法与行政诉讼法》,北京大学出版社 1999 年版,第 296 页。

司法审查"。①

凡有权力的地方都应该有救济。一切公权力都应受到法律的监督。一切行政行为在法律未明确禁止审查时，都可受到司法审查。高校"自主管理"这项公权力的获得，既使其有了实现独立意志的法律保障，也使其成为司法审查的适格对象。

长期以来，关于高等学校的性质及法律定位的模糊，是导致有关高等学校的纠纷缺乏明确的法律救济的一个原因。田永案根据《行政诉讼法》第二十五条关于"由法律、法规授权的组织所作的具体行政行为，该组织是被告"的规定，认为高等学校是"法律法规授权组织"，"法律赋予它行使一定的行政管理职权"，因而对其实施公权力的行为，可以视为行政行为而提起行政诉讼。这样，高校作为一种"法律法规授权组织"，也就成为行政诉讼适格的被告主体，被纳入了行政诉讼制度的监督范围，从而开辟了对高校内部管理行为进行司法审查的先例。1999 年 11 月 24 日《最高人民法院关于执行〈中华人民共和国行政诉讼法〉若干问题的解释》第十二条规定，"与具体行政行为有法律上利害关系的公民、法人或者其他组织对该行为不服的，可以依法提起行政诉讼"。它表明，1989 年颁布的《行政诉讼法》规定的受案范围正在逐步扩大。高校与其成员或利用者之间的争议已不被排斥在行政诉讼之外，学校内部管理冲突中的个体权利有了通过司法程序获得救济的途径。

我国高校的内部管理秩序受到司法审查，是由行政诉讼对受教育者的合法权益提供司法救济而引起的。实际上，正是由于高校内部管理秩序存在的问题，才导致了管理相对人权利的损害以及由此而引起的司法审查。

近年来司法实践和教育法学理论的发展，已经使得下列观点日益为人们所接受，即学校作为公务法人行使公权力不能不接受司法的审查；学位评定委员会、学术委员会等高校组织作为"法律法规授权组织"，也不能不在一定程度上接受司法的监督；作为管理相对人其权益受到损害的学生和教师可以请求司法的救济。司法救济正在表现出对于教育领域中法治进程的巨大推动作

---

① 中央教育科学研究所比较教育研究室:《简明国际教育百科全书·教育管理》,教育科学出版社 1992 年版,第 153 页。

用。生活在教育社会中的人们正在享有作为基本人权的司法救济权,法庭正在成为解决教育领域中权利冲突和利益纠纷的重要和终极性的场所。

司法审判是救济权利的权力,既要维护学生的权利,又要维护教师和学校的权利。适应我国法治进程中权利争议和权利救济的客观需要,为公民的权利提供司法保障,是司法裁判权的当然责任。国家通过司法机关,处理各种侵犯公民权利的案件,为公民的权利提供司法保障。在公民权利的保障制度中,司法保障制度占有核心地位,被称为"权利保护的最后一道屏障"。法治精神要求学校管理尊重和保护个人权利,为此就要求对学校管理行为进行必要的限制。对学校管理的司法监控,就是指通过行政诉讼对学校自主管理权力的合法性进行司法审查和救济性控制,实现对学校管理权力正当行使的最后监控和对权力相对人的最后救济。任何管理行为的合法性都不是机械的、孤立的,而是与其合理性与正当性相联系的。在学生与学校的关系中,由于学生始终处于被管理和受规制的弱势地位,所以,对学校行使管理权力的合法性进行司法审查的一个重要目的,就是要使学校在管理过程中慎用权力。

我国《教育法》第四十二条第四项规定,"对学校给予的处分不服向有关部门提出申诉,对学校、教师侵犯其人身权、财产权等合法权益,提出申诉或者依法提起诉讼",是受教育者享有的权利。我国《行政诉讼法》在规定直接通过司法救济还是先通过行政途径救济、再申请司法救济是行政相对人的一个选择权的同时,还规定"法律、法规规定应当先向行政机关申请复议,对复议不服再向人民法院提起诉讼的,依照法律法规的规定"。最高人民法院《关于贯彻执行〈中华人民共和国行政诉讼法〉若干问题的意见(试行)》中规定:"法律、法规中只规定了对某类具体行政行为不服,可以申请复议,没有规定可以向人民法院起诉,而行政诉讼法规定可以向人民法院起诉的,当事人向人民法院起诉时,应当告知当事人向行政机关申请复议。"鉴于行政途径的审查,是监督学校对学生处分合理性的重要渠道,我国《行政复议法》规定,"申请行政机关履行保护人身权利、财产权利、受教育权利的法定职责,行政机关没有依法履行的","公民、法人或者其他组织可以依照本法申请行政复议"。2000年北京大学学位诉讼案以后,相当多的法院依据上述规定,不直接受理学生有关处分问题的起诉,要求其按照《教育法》第四十二条第四项的规定先申请行政途径的救济，"向有关部门提出申诉"或者依法申请行政复议，司法途径的解决是最后的救济。

4.法律适用中的差异反映了法律、法院和法官的局限性

司法审查正在有力地推动着高校内部管理秩序的完善及其法治化发展。可以说，它已成为中国法治进程的一个重要部分。但这并不是说，进行司法审查的法院和法官是万能的和完美无缺的。司法审查的界限是合法性审查，司法权不能代替高校的行政权作出判断。无论在大陆法系还是英美法系，"司法职能和行政职能各有其本身的任务和特点，不能互相代替。法院只能在宪法规定的司法权限范围以内进行活动，必须尊重行政机关的职能及其专门知识和经验，不能妨碍行政效率的发挥"①。一般来说，"法院撤销行政机关违法的决定以后，如果需要重新做出决定时，这个重新做出决定的权力属于行政职务的范围，不在司法审查范围以内。没有法律特别的规定，法院不能做出属于行政机关的决定"②。但在我国一些案件的审理中，法院的有些判决是值得商榷的。如在刘燕文诉北京大学一案中，一审法院关于"撤销北京大学1996年1月颁发给刘燕文的博士研究生结业证书；责令北京大学在两个月内向刘燕文颁发博士研究生毕业证书"的裁定，就是值得探讨的。在涉及学术标准的审查和判断问题上，司法权的职能和任务并不是替代学校直接作出决定。

在走向法治的进程中，高教领域从无讼到有讼，通过法院来解决教育纠纷，法院以其特有的方式和途径，发挥其他组织和部门在解决教育纠纷中所无法发挥的作用，直接分配正义或行使一定的监督权。这是历史的进步，对于推动法治的进程具有积极意义。近年来日益增多的教育纠纷中，一些向法院提起诉讼的案子很受社会关注。其中，法院受理与否以及如何裁判，也就是法官如何适用法律的问题，不仅直接关系到个案的公正，而且在很大程度上影响着人们对司法的看法以及对法治的认识，对于教育领域的法治化进程也有着十分重要的作用。然而，社会的复杂性和世界的多元性，使得任何时代、任何国

---

① 曾繁正等：《哈佛大学行政管理学院行政教程系列·美国行政法》，红旗出版社1998年版，第66页。

② 曾繁正等：《哈佛大学行政管理学院行政教程系列·美国行政法》，红旗出版社1998年版，第66页。

家中的法律,作为一种权威性的制度安排,都不可能是尽善尽美的,法律难免存在缺陷和局限性。如果对法律运作的方式进行分析,人们会发现,法律是通过法官的理解和解释来适用的。法官"是一个生活在现实中的个人,个人的倾向和喜好,可能会导致他在解读法律时掺杂个人情绪。他可能会把他的个人价值观强加给其他人"①。因此我们说,依据法律进行司法裁判的法院和法官,也不可能使自己的依法判决完美无缺。法律、法院、法官都有它自身难以克服的局限性,因而只能是一种存有缺憾的制度文明。法律的功能是相对的和有限的,其局限性和缺憾则是绝对的、正常的和无法完全克服的。这也是近几年见诸媒体的一些纠纷案件中,由于在校学生资格的被剥夺而在权利救济过程中出现法律实践上差异的原因之一。

法律的生命在于适用。法律解决社会生活中的困惑、矛盾和冲突,是通过法律适用这个中间环节来实现的。法学家研究静止状态下法律内在的一些概念、规则、逻辑、结构、体系,对静止的原理和制度进行分析,通过立法过程形成法律。然而,如果缺少把法律从抽象到具体的适用过程,不能使法律规范与具体的人、具体的事例、具体的行为和情节相联系,从而使法律在社会生活中真正发挥作用,再好的法律也是没有意义的。因此,司法过程对法治的发展起着十分重要的作用。通过司法实践,引导人们信任法律并在必要时通过法律途径主张和维护自己的权利,是法院和法官的责任。法律适用依赖于司法过程中的法律推理,从起诉的受理到案件的裁决,通过法官的思维适用法律来定纷止争。从高等学校被诉法院受理的第一案——田永案,到直接适用宪法使受教育权得到救济的第一案——齐玉苓案,都极大地推动了教育领域中法治的发展,说明法律适用并非草率和简单、被动的机械性工作,不是自动售货机。有这样一种比喻:法官是自动售货机,投进去的是诉状和诉讼费,吐出来的是判决和从法典上抄下来的理由。这个比喻显然不是对法官的赞许。

在我国大陆的司法制度中,以往的判例不具有英美法系遵循先例原则下的"先例拘束"作用。正因为如此,尽管田永案的判例经最高人民法院公报公

---

① 信春鹰:《后现代法学:为法治探索未来》,载朱景文主编:《当代西方后现代法学》,法律出版社2001年版,第37页。

布,但其作为个案判决内涵的法律推理仅限于一种参考性的指导意义。在我国司法实践中,相类似的纠纷案件经常会由于法院和法官的不同而出现结果完全不同的判决,即在相似案件中的不同当事人难以得到相同的司法对待,从而导致实践中有关"法律面前人人平等"和"法制统一"等重要法治原则方面的问题。如何实现对于正当权利的救济以及有效地保障各种合法权利,从全国范围来看,仍然是目前有关高校纠纷司法实践中有待解决的一个突出问题。

此外,在涉及学生与高校纠纷的案件中,由于高校在我国社会中渊源复杂的强势地位,保持司法公正也是一个值得重视的问题。司法审判属于法院专有的裁判纠纷的特殊权力,必须保持抵制任何外部干预的独立性,努力摆脱受其他权力控制和干预的无奈,只有始终保持中立的公正状态,才能有效地履行其法定职能。在自由、民主的法治社会中,法院和法官面对多元的利益诉求和权利保障要求,只有坚定地保持中立,才能公正地信守法律的正义之门。如果法院的公正和法官的职业操守受到有理由的怀疑,那么,法院受理与否的合法性就将大打折扣,司法裁判的公正性将难以赢得当事人和公众的信任,司法的权威性和公信力难免不遭到破坏,司法的神圣和尊严势必受到不应有的损害。法治社会中,法院应该是一个人们可以寄托希望和建立信仰的地方。在现实生活中,人民群众往往通过法院对案件的受理和判决感知法律。正是一个个纠纷案子的公正解决,使人们了解法律的价值并建立起对法治的信仰。如果人们在合法权利受到侵害时失去了对司法救济的希望,则他们对于法治的信仰也将会随之消失。

前述纠纷案例中法院驳回学生诉讼请求的判决,我认为是很值得商榷的。学校虽然是事业单位不是行政机关,但学校作为法律法规授权组织,其权力行使的合法性应该纳入司法审查的范围。此问题在田永案之后应该说已成为普遍的学理共识。法律是为了解决纠纷而存在的,而司法是为了解决法律纠纷而存在的。法官肩负着有效消除纷争、实现社会和谐的神圣职责,如果对能够受理的案子而不受理,不仅使已经存在的矛盾难以消除甚至更趋紧张,同时也违背了法院审判工作化解矛盾、维护稳定的基本要求。从媒体的报道来看,前述两位大学生被驳回起诉后,走上了疲惫的申诉和上访之路,案件被演化成影响社会稳定的因素。司法审判活动不应是被动机械地办案,而是一项实现法治精神的具有创造性的活动,法官要善于通过法律对个案的适用,发现和填补法律的漏洞,以判例、司法解释等形式对法律进行再加工,最大限度地体现法律的原则。如有的学者所说,法官应在疑难案件中创造性地运用行政法原则,从而不仅可以实现个案的公正,还可通过判决阐释法律、发展法律。①

有权利就应有救济,没有救济就没有权利。如果一个法治社会允许权利遭受侵犯而得不到救济,那么这种法治就毫无意义。因此,维护公民的合法权利,是司法诉讼存在的最重要目的。一切行使行政权力的行为,只要它影响了相对人的合法权利,就应毫无例外地纳入行政诉讼的受案范围,除非该行为在性质上不宜进行行政诉讼(例如学术评价)。高校学生因私生活问题受到"勒令退学"或"开除学籍"的行政处分,显然不是因学术性评价而导致的处理。没有救济的权利是没有保障的权利。受教育权作为一项公民基本权利,必须得到切实的保障。司法救济应该是也必须是保障公民受教育权利的一个最后途径。作为一项法治要求,法院必须受理诸如"勒令退学""开除学籍"等与受教育权关系重大事项的诉讼,以对学生的基本权利提供必要的救济。

二、对学生私生活行为的道德评价能否作为开除学生的依据

1. 缺乏人性关爱的道德判断不符合社会的道德发展趋势

时代在发展,社会在进步,人们的道德标准和尺度也在发生着变化。改革开放以来,维护人权、尊重人性的观念,相继进入我国的宪法和法律,成为我国基本人权保障制度的重要内容。

在第一个纠纷案例中,两个热恋中的学生由于一时冲动作出的轻率行为,很难说符合传统的我国社会关于青年人个人修养或性行为约束的要求,更不是学校应该纵容甚至鼓励的行为。但不能否认的是,类似的问题在以往的不

---

① 参见何海波:《通过判决发展法律》,载罗豪才主编:《行政法论丛(第3卷)》,法律出版社2000年版,第437—471页。

同时代、不同人群和不同地区,人们的看法和态度显然是不一样的。这或许就是为什么社会对此类情况日益持有一种较之过去相对宽容的态度的原因。因为它在性质上,毕竟属于个人的私生活领域,不同于考试作弊这种关乎人的"诚信"以及对他人的公平的行为,后者在任何时代以及世界的任何地方都被认为是严重的道德缺失或侵害了他人利益甚至是重要的公共利益。① 正因为如此,我们不难理解作为学生家长的立场:孩子一时冲动作出轻率行为,作为家长既生气又心痛,但学校以"品行恶劣,道德败坏"为由让孩子退学,却是家长不能接受的。他们的行为没有在学生宿舍里发生,没有影响其他人,没有妨害社会秩序和学校的教学科研秩序,这种纯粹的个人事件究竟算不算品行恶劣、道德败坏?②

这个问题之所以受到如此空前的关注而成为人们谈论的热门话题,不仅与中国整体法治建设的发展以及社会法律意识的提高密不可分,而且与整个社会对此类问题的道德评价直接相关。一个显而易见的现象是,在现时中国的各种热门话题中,人们比以往任何历史时期都更加强调对人性尊严的尊重和对基本人权的保护。自从这一事件见诸媒体以来,大多数人显然并不支持用一个学生的私生活问题作为例子来教育其他的学生。人们更倾向于学校的规章制度应该维护人的权利和体现人文关怀。2004 年 9 月 14 日《中国青年报》A3 版发表了南京某高校学生给报社的信,题目为《大学生应该在哪儿接吻?》,文章认为"我们正值 20 岁左右的年龄,对爱情的要求是正常的",呼吁"高抬贵手,放过我们吧!"同时发表的一篇题为《大学生不需要过度关怀》的报道,引用青年问题专家的话批评这种对大学生的"过度关怀",认为大学生已经成年了,因此他们拥有宪法规定的所有公民权利,有权选择自己的生活方式,也需要对自己的选择负责。

在人类社会发展和现代化进程中,随着文化和道德的多元化,统一道德体

① 据 2004 年 6 月 28 日《环球时报》第 24 版报道,2002 年 5 月,美国执法部门在 13 个州以及首都华盛顿逮捕了 58 名在托福考试中作弊的外国留学生。这些人有的是花钱请"枪手"代考,有的是钻美国东西部 3 个小时时差、两地考试不同时进行的空子。美国司法部官员声明,在托福考试中作弊是对美国国家安全的威胁。最后,这些考生被处以最高 5 年监禁和 25 万美元罚款的处罚。

② 参见《女大学生怀孕被开除欲告校方侵犯"隐私权"》,《长江日报》2002 年 1 月 21 日。

系中涉及私人生活的价值难以甚至无法用社会群体或者国家的权威来维持。从世界范围来看,法律与道德的分离以及道德的私人化,使私生活道德一定程度地成为私人选择的事务,过去被人们视为罪恶甚至今天相当多的人们仍然难以接受的一些东西,如堕胎、安乐死、同性恋、变性人等,正在新旧道德价值的冲突中,在一些地方成为人们可以选择的权利,从而构成社会认可的新的道德底线。堕胎在很多西方国家被人们认为是不道德的甚至是一种罪恶;而安乐死、同性恋、变性人则对中国的传统文化和社会伦理形成了强烈的冲击,至今仍是绝大多数国人所难以接受的。尽管据媒体报道,中国至少有超过三千万同性恋者,但在主流社会的大多数人眼里,同性恋几乎就是丑陋、病态甚至罪恶。近年来,这种情况似乎在发生着某种变化:1997 年我国施行的新《刑法》中,删除了过去常被用于惩处某些同性恋行为的"流氓罪",被认为是中国同性恋非刑事化的一个标志;2001 年第 3 版《中国精神障碍分类与诊断标准》发布,将同性恋从精神疾病名单中剔除,实现了中国同性恋非病理化;2003 年复旦大学在中国高校中首次为研究生开设"同性恋健康与社会科学"选修课。① 变性人作为一个不容忽视的群体,也在日益走进社会的视野②,中央电视台于 2005 年曾连续播放有关变性人的专题节目。不难看出,中国社会正在法治的架构内逐步接受一种相对宽容、理性、相互理解和尊重的多元化的社会价值观。

人类道德发展的实践表明,任何孤立的道德实体价值很难证明它的终极的正当性。中国传统文化中的三纲五常等道德观念,在今日中国显然已失去其原有社会价值的合理性。理解、宽容、体谅所表达的人性关爱,是现代法治的重要价值追求。缺乏人性关爱的道德评价可能意味着更大的不道德。法治之善的人性基础是法治社会中法律规范合理性的正当依据。法治之善的价值观正在影响着人们的道德判断并成为人们行为的调节剂,某种程度的传统道德失灵也就成为现代化过程中一个不以人的意志为转移的现象。透过这种传统道德的失灵现象,我们可以窥见现代化进程中道德的多元化存在及其相互间的冲突。当传统道德的价值观试图通过制度形式巩固其统治时,势必与新

---

① 参见周欣宇:《一个新闻节目的新闻效应》,《中国青年报》2005 年 8 月 17 日。

② 参见张伟:《变性人婚姻家庭面临的法律问题》,《法制日报》2005 年 10 月 16 日。

的价值理念发生碰撞并受到挑战。正因为如此，某大学试行的《学生违纪处理管理规定》中关于发现学生有"一夜情"的将被开除学籍的规定，在全国引起了争议。一些批评者指出，即使将其作为一项道德标准，也缺乏令人信服的逻辑和依据。

2. 有关学生私生活的道德评价不应影响其基本权利

据媒体报道，河南某学院《学生管理规定（讨论稿）》引起争议，其中规定："学生在校学习期间，应当履行结婚告知义务。不履行结婚告知义务，擅自结婚或隐瞒婚姻状况者，给予留校察看以上处分；非法同居者给予留校察看以上处分；违反社会公德、破坏他人婚姻、家庭者，给予留校察看以上处分；行为恶劣或造成严重后果者，给予开除学籍处分。"该校学生处处长认为，校方的规定只是为了便于管理和服务，并在道义层面上对大学生起到约束作用。如果有大学生因此起诉学校，校方可能会败诉，但校方在法律上虽然败了，却赢在道义上，相信社会各界都会理解和支持学校的规定。他认为道义和法律在某些时候、某些方面会有冲突。①

这里提出了一个问题：学校制度是建立在民主社会的法治基础之上，还是以道德追求的唯美主义为标准？

法律制度的道德化追求，在中国这个传统道德根深蒂固并长期"以礼入法"的社会中，具有很大的迷惑性。我国有着悠久的德治传统和发达的道德观念，由于缺乏法治传统而法律意识淡薄。长期以来，中国社会礼法结合，通过官方推崇的一整套道德价值体系来统一人们的思想和行为，法律制度不能逾越道德框架，基本上处于一种德治状态。人们的日常思维还没有将法律看成是评判是非、裁定争议的核心方式和主要标准，对人们的行为特别是私生活行为的道德评判往往占有重要地位。法律意识尊重人性自由和个体权利，而道德评判则更偏重伦理约束和非个体价值。当我们判断一件事情的是非时，人们会从各种不同的角度发现不同的诸多价值，而法治正是基于这些不同视角在诸多价值间寻求的一种制度性平衡。一般地说，制度对人的行为的作用

---

① 参见《学生结婚必须履行告知义务：郑州轻工业学院制定校规惹争议》，《法制日报》2005年8月12日。

主要是外在的、硬性的调节和约束;道德约束则强调人的自主意识和心理认同,其对于人的行为的关照,在于对行为人个体的、精神的、内在的、自觉的作用,在于影响人的内在的心理状态。道德约束的实现,主要是通过启发人的自觉意识来调动人的主动性,通过建立起牢固的内心准则来达到人对自己行为的自律和自控。所以,德治主要是以教化的形式——劝导和说服,进行深入、细致的教育和感化,通过提高人们的心灵境界和道德水准来实现道德约束,解决通过法律制度所无法解决也不可能解决的问题。

一些原本不符合道德标准的行为,诸如捡了别人的钱包后讨要报酬的行为,现在却被一些人认为从利益交换的角度有一定的"合理性"。这种对于道德标准的判断,实际上并不反映"道德底线的下沉"。随着法治的发展,社会的底线道德规范,正在成为法律的要求。正如《中国青年报》的一篇文章所说,"广义的道德包括法律,法律是底线的道德。而我们俗称的道德,是法律之上的规范准则体系。因此,一切突破道德底线的行为,也必然是违法行为。由于法律所辖,限于维护正义或公正的层面,道德的终极价值则指向了高尚,企望'止于至善',人类的价值诉求是由法律的底线向道德的高端动态地蔓延。现实社会的核心价值所在却不在于道德至善所努力达到的'高尚',而在于公正或正义。'高尚'要求的是'己欲立而立人,己欲达而达人',是忘我的'成人之美''无私利他'。正义的实现,即是道德底线的达成,起码法律的在场。""在正当的两端,是高尚和丑恶。不高尚,未必是恶,但未必不是正直、正当、正义;而不丑恶,不伤害他人,即是正当"[1]。雨果在《悲惨世界》中的总结很有代表性:"做一个圣人,那是特殊情形;做一个正直的人,那却是为人的正轨。"[2]"我们强调道德底线,不强调道德标准,就是为了在一个确定并守住道德底线的社会中,允许人们在法律不禁止的地方,有广泛的道德选择空间,有不同层次的道德生态,有动态的'向善的自由',并根据其所享有的自由,承担相应的道德责任。某种意义上,奢谈确定的道德标准是危险的,它关系到谁来设定、如何证明设定的内容本身是合乎道德等问题。"[3]

---

① 李隼:《强调道德底线,慎谈道德标准》,《中国青年报》2006 年 4 月 7 日。
② [法]雨果:《悲惨世界》,李丹、方于译,人民文学出版社 1992 年版,第 16 页。
③ 李隼:《强调道德底线,慎谈道德标准》,《中国青年报》2006 年 4 月 7 日。

社会的底线道德规范,渗透到社会的各个领域以及社会关系的各个环节,表现形式复杂多样。法律对于广泛应用的最底线道德要求的规定,就是通过制裁相应的违法行为而使"社会的道德底线"不会失守。坚守社会的道德底线,不能靠道德救赎,而要靠法律的强制力量。

法治社会中的学校制度,对于学生权利的限制应有法律根据并符合法理逻辑,不应游走于法律思维之外而纠缠于一种非理性的道德情怀之中。这是法治的制度性要求和道德要求的区别。

从人们认识和尊重法律的规律来看,情感体验和内心认同是非常重要的。大学的管理工作,不仅应使学生的正当权益得到有效的保护,还应有利于学生法律意识和内在法治信仰的养成。大学的管理文化应该是一种充分尊重权利的文化。由大学管理工作的"规范及惯例"所形成的氛围,应体现这种尊重权利的文化。青年学生作为受教育者,他们的社会化过程还没有完结,仍处在发展变化之中,通过尊重和保护他们正当权利的过程,使其长期浸润在这种文化氛围里,培养和形成他们未来人生中自觉的、理性的守法精神。

3. 道德范畴的问题应通过加强道德教育来解决

法治并不意味着减弱甚至放弃道德教育,道德范畴的问题应通过加强道德教育来解决。

法与德对于人的行为的调节和约束,其任务和实现形式都是不同的,二者不应混淆和相互替代。报载,2003 年出台的北京市和上海市新的中小学生守则都没有了"见义勇为"的行为准则性要求,而代之以更加适合其年龄和行为能力特点的规定;一些地方基于"以人为本,尊重生命",从对未成年人生命的保护出发,明文"禁止学生参与扑火"①。实际上,"见义勇为"表现的是一种道德价值,很难成为一种具体行为的准则。道德教育中对赖宁②精神的推崇和从制度上要求未成年人去救火,这是完全不同的两回事。道德教育所提倡

---

① 高福生:《禁止孩子救火,彰显人文关怀》,《法制日报》2005 年 10 月 17 日。

② 赖宁,14 岁。从上小学开始,年年被评为三好学生和优秀少先队员。1988 年 3 月 13 日,为了扑灭山火,挽救山村,保护电视卫星地面接收站的安全,赖宁主动加入了扑火队伍,他不顾个人安危,在烈火中奋战四五个小时,献出了宝贵的生命。为了表彰其崇高精神,1988 年 5 月,共青团中央、国家教委做出决定,授予赖宁"英雄少年"的光荣称号,号召全国各族少年向他学习。

和推崇的东西,并不意味着将其变成法律和制度性规范就是合理的,未成年人显然不应有"见义勇为"的义务;反之亦然。法律和制度性规范不作硬性规定的东西,同样也不意味着道德教化不应提倡,赖宁的高尚品格和其行为所具有的精神价值,无疑是值得崇敬和提倡的。推崇赖宁精神在于启发和引导学生的道德发展,使见义勇为成为公民的一种道德高尚的自觉行动。但若将其规定为未成年学生的行为准则,则不仅是对其生命的漠视,而且显然有违未成年人保护法的基本精神。道德推崇体现对人的自觉行为的导向,其所引导的是人的内心世界的选择过程;强制性的制度规范则应充分尊重人的自主性和选择权利,以维护和保障人的生命与尊严为己任。法治追求社会的和谐与平衡。我们的教育同样应在培养利他品格、勇敢精神与教育孩子学会自护自救、保护其生命健康之间寻求一种和谐与平衡,而这正是道德教化与制度保障的不同任务。

任务和实现形式的不同,并不表现法治与德治的对立。正如一位著名伦理学家所说,"相对于法律规范而言,德治以其说服力和劝导力,提高社会成员的思想认识和道德觉悟","在一个健全的社会中,法治和德治,确如车之两轮、鸟之两翼,一个靠国家强力机器的强制和威严,一个靠人们的内心信念和社会舆论,殊途同归,其目的都是要达到调节社会关系、维护社会稳定的作用,对于一个正常社会的健康运行,各自起着独特的、不可替代的作用。他们相辅相成、相得益彰,才能确保社会调节手段的完备和有效"。① 因此,我们应当在管理工作中划定一个界线,把属于道德的问题主要着眼于教育、引导、提高认识和必要的舆论导向,以形成道德约束。这不是放弃管理,而是强调对有关道德问题的管理应着力在信念培育、道德养成和形成舆论环境上下功夫。在社会的道德价值日益趋向多元化的今天,培养学生应有的公民道德、提高学生的道德品质尤为重要,也是学校教育不可推卸的重要责任之一。把学生的道德问题交给道德调整,不意味着管理的缺位。相反,从目前大学生的道德状况来看,努力构建具有较高道德境界的校园环境,是一项远比出台几个制度性规定更为艰巨的管理工程。有关塑造学生的应有精神和心灵境界的工作,不是通

---

① 罗国杰:《以德治国与公民道德建设》,河南人民出版社 2003 年版,第 11 页。

过简单、粗暴的处理和制裁方式能够见效的。

在我们的学校教育中，道德教育的缺失或效果不佳是长期存在的一个不争的事实。青年人在道德方面存在的问题，不能简单地进行纪律处理了事。纪律处理解决不了道德的问题，无异于推卸道德教育本应承担的责任。

改革开放以来，从计划经济发展到市场经济，我国的经济和社会发展处在急剧变化之中，以往的一些道德规范和标准不可避免地受到新形势的挑战和强烈冲击。社会主义荣辱观的提出，明确了当代中国最基本的价值取向和道德准则，对于倡导社会主义基本道德规范，形成主流道德价值，促进良好社会风气的形成，很有针对性和现实意义。它明确界定了当代中国社会的道德标准，对新形势下公民的道德规范提出了具体要求。在学校中深入开展"社会主义荣辱观"教育，对于解决青年学生中存在的道德范畴的问题具有重大的现实意义和深远的历史意义。

三、高校管理应体现人文精神并贯彻法治原则

据报道，在前述第一个纠纷案例中，校方认为学校作出此项处分有充分依据：根据原国家教委《高等学校学生行为准则（试行）》第八条规定，大学生应该注重个人品德修养；男女交往，举止得体。1990 年国家教委颁布的《普通高等学校学生管理规定》第六十三条第四款、第五款规定，有品行极为恶劣，道德败坏者；违反学校纪律，情节严重者，学校可酌情给予勒令退学或开除学籍处分。① 另外，依据该校《学生违纪处罚条例》第二十条第一款规定，"品行恶劣、道德败坏，情节轻微者给予严重警告或记过处分"；第二款规定，"情节严重和发生不正当性行为者，给予留校察看直至开除学籍处分"。这是学校方面坚持的合法性依据。同时，校方也认为其处分是合理的：从对学生的教育和管理而言，也应该进行处分；不处分则表明学校认可这种行为，给予处分表明

---

① 《普通高等学校学生管理规定》，1990 年 1 月 20 日国家教委发布。转引自邹渊主编：《教育执法全书》（上册），中国民主法制出版社 1998 年版，第 1116 页。

学校作为教育者对在校学生的这种行为认定为不被许可,这是个育人和管理的导向问题。

高等学校作为教育机构,实现教育目标和实现公民的受教育权利都是其重要的机构目的。因此,如何从教育的目的出发尊重学生权利并慎用管理权力,是学校管理过程中不能不权衡和把握的重要问题。例如,在第二个纠纷案例中,成年学生的正常恋爱行为作为一种私人生活权利,在不妨碍他人权利或公共利益的前提下,是否不应受到过多的干预?学校对于并非卖淫嫖娼、强奸等违法行为的学生接吻、拥抱这种青年人正常的恋爱行为,按照"非法性行为"的定性适用规定并作出使其丧失学生资格的学籍处理,是否就符合教育的目的?是否能够使人接受和信服?

1. 高校学生管理必须体现人本主义的时代特征

在高校管理工作中,因实现有序管理的需要也会产生对于法制的需求。高等学校作为现代社会中一个大型的复杂组织系统,如果缺乏良好的管理,必将陷于一团糟,其组织目标当然也就难以实现。管理工作者在使高校这个组织系统建立并维持相应的秩序和连续性的过程中,在面对各种复杂性与困扰的时候,自然地会希冀有更高权威的支持以利于开展管理工作。因此,在大力进行法制建设的今天,从管理工作的角度亦呼唤法制。但不同的角度往往代表不同的认识。倘若仅仅着眼于管理的角度,往往会使管理工作者对教育法治的认识产生一定的片面性甚至某种程度的误解。

高校管理工作的价值导向,过去主要是着眼于有效地规范和维护学校环境中的秩序,而对于如何在管理工作中体现人文关怀和"维护人的权益"重视不够。随着我国法治进程中人们权利意识的不断提高,高校管理的传统理念正在面临挑战。在管理工作中体现"以人为本",充分尊重和保障人权,是现代法治精神的精髓。法治社会中的高校管理必须合乎人文精神和法治原则。

我们所要建立的法治,是最终以正义为依归的法治。"法律旨在创设一种正义的社会秩序",正义是法律的核心价值追求。即所谓"恶法非法"。法的实现,从某种意义上讲,就是法所体现的正义的实现。从实现社会正义的立场出发,法的价值主体是人而不是物。正是从这个意义上说,法的核心是权利。十届全国人大二次会议把"国家尊重和保障人权"写入《中华人民共和国宪法》，这是我国法治进程中有关人权保障的重大突破和发展，确立了我国尊重和保障人权的宪法原则。中国特色社会主义人权观的被认同，不仅充分表现了人们对于法治与人权关系的认识和理解，而且彰显"以人为本"的时代精神，显示中国的法治进程已经进入大规模地对人的权利进行确认的时代，标志着我国社会主义法治事业的日趋成熟。如果说从 20 世纪 80 年代初开始建立起来的中国教育法律制度，在体现人的主体性方面还十分欠缺的话，那么，今天我们谈论教育的法治问题，已经不可能不问津法治的终极关怀。有关高校管理的各种讼案反映出，人性尊严正在从一种"潜在需要"迅速地成为"显性需求"，人们越来越追求教育领域中人的权利的平等，越来越看重人的选择的自由，越来越重视教育活动中对人的尊严的确认与维护。它反映了在今天的中国，法治的主要价值观念，即以人为中心和归宿的人本主义的法的价值观越来越深入人心，并具体体现为对人的现实关怀。

西方学者在论及有关受教育权的内容时，往往会包括"保护学生免受不人道纪律措施"的内容。联合国《儿童权利公约》第二十八条第二款明确要求缔约国"采取一切适当措施，确保学校执行纪律的方式符合儿童的人格尊严及本公约的规定"。这条规定，可以看作是一个有关学校纪律措施中人权保护的国际法原则。它应毫无例外地普遍适用于公立和私立学校。从这项原则出发，诸如体罚这样的不人道或有辱人格的纪律措施在各个国家都被视为违法行为。在欧洲有关学校纠纷的"考斯代罗·罗伯茨诉联合王国"一案中，欧洲委员会裁定一个私立学校对一名学生采取的纪律措施，违反了《欧洲人权公约》第八条规定的对"私人生活权利"的尊重。①

我国宪法不仅原则规定"国家尊重和保障人权"，而且在有关公民基本权利的各项规定中包含了尊重公民私人生活权利的内容。例如关于"禁止非法搜查或者非法侵入公民的住宅"的规定，就是对私人生活权利的尊重和保护。合乎人文精神和法治原则的高校学生管理及其相应的纪律措施，应充分体现对人权的尊重和保护。

---

① 参见［挪］A·艾德、［芬］C·克罗斯、［比］A·罗萨斯：《经济、社会和文化的权利》，黄列译，中国社会科学出版社 2003 年版，第 295、296 页。

学生不因其学生身份就丧失了其应有的人格、尊严和人身权利。每一个学生都有权要求他的人格和私人空间受到应有的尊重。当只是进行过接吻的学生被按照"非法性行为"的定性适用规定时,他所受到的人格贬损对其做人尊严的挑战势必是难以接受的。尊重学生的人格尊严,应是学校管理制度所应体现的基本人文精神。

2. 贯彻法治原则是慎用权力的一个现实尺度

高校自主管理权力的合法性,表现为高校有权制定和执行校内管理的规章和政策,有权实施管理措施和行使裁量权。高校自主管理行为的合理性,则表现为这种行为过程的理性——正当性和法治精神。这是高校自主管理行为内在的合法性来源和基础。在这个问题上,我们不否认学校管理和处分学生权力的合法性,但对于其合理性,似乎存在值得推敲和商榷之处。

可以说,用尊重和保障人权的宪法精神更新高校的管理观念,以尊重和保障人权的宪法原则重新审视高校的管理工作、创新管理机制,是当前时代的要求。尊重权利的一个重要要求是慎用权力。这是判断对学生处理合理性的一个重要尺度。学生所犯错误是否够得上"勒令退学"或"开除学籍"这种剥夺受教育权性质的处分,必须以法治的精神来判断。也就是说,对这两个学生行为"错误"性质的价值判断,并不能代替对其所犯"错误"程度的事实判断。毫无疑问,学校依法享有对学生的管理和处分权利,它的确属于学校合法的自由裁量行为。但是,正因为如此,它也就成为一项管理者必须根据公认的合理性原则来行使并接受监督和评判的权力。所谓合理性,说白了就是要合乎情理和法理。合理性中的"理"既是指全社会公认的"情理",又是指全社会共同遵守的"法理"。在学校管理工作中的情与理,就是要兼顾学校的教育目的和保护学生的合法权利;其中的"法理",就是要探寻二者合理兼顾的制度"临界点"以实现二者的平衡。这是学校管理工作中的一项艰巨任务。学校不能不顾育人和管理的导向问题,但为此而实施的管理措施以及对学生有可能造成的不利影响,应被控制在一个尽可能合理的限度之内。

学校的管理制度和日常管理措施,应符合一般法律原则的基本精神。参照我国刑法"罚当其罪"的行刑公正性原则,违纪者所受到的惩戒,应与其所犯错误相适应并合乎比例。学校惩戒较之刑罚更应符合人性原则,体现惩戒的公正性。惩戒公正性包括个人公正性和社会公正性两个方面。使违纪者受到相应的惩戒,作为一种报应关系,其公正性是指向个人的;而立足于预防和矫正则体现社会的公正性。处理好教育性惩戒中个人公正性和社会公正性的平衡和统一,是其教育性原则的要求,体现教育秩序中正义原则的价值追求。按照刑法哲学的观点,刑法是一种不得已的"恶",不得已的"恶"只能不得已而用之。① 按照同样的逻辑,对犯错误的受教育者实施惩戒,也是不得已而为之的。因此,对于惩戒的扩张和滥用,是不符合公正性原则的,必须保持足够的警惕。

社会和谐是法治的基本精神和价值选择。为维护和谐秩序,法治要求约束人的行为。但这种约束必须符合法治的基本精神。法治精神所表现的是法治条件下的理性,其价值关怀是宽容。这是法治精神的伦理基础。因此,"宽容"是法治文明的本质特征之一。法治理性是价值权衡,两害相权取其轻。刑法的"疑罪从无"原则就体现法治的宽容精神。法治精神要求管理工作者不能以理想的一元化的纯洁道德情感代替宽容的理性精神。校园和谐需要法治的宽容精神。法治文明对管理工作者的要求是"认真地对待权利"。管理工作应充分体现尊重人权的理性精神。美国当代著名法理学家罗纳德·德沃金指出:"如果政府不给予法律获得尊重的权利,它就不能够重建人们对于法律的尊重。如果政府忽视法律同野蛮的命令的区别,它也不能够重建人们对于法律的尊重。如果政府不认真地对待权利,那么他也不能够认真地对待法律。"②

3. 以人文精神和法治原则维护学生的合法权利

学生的私生活问题,在不妨碍学校公共秩序的情况下,能否构成被"勒令退学"或"开除学籍"的原因,应该以人文精神和法治理性来判断。刑法的谦抑性原则在西方国家的发展趋势和实现途径表现为非犯罪化与非刑法化。"非犯罪化,是指取消某种罪名,即排除某种行为应受到刑法惩处的性质。非犯罪化,是指减轻法律规定的对某些犯罪的刑事处罚,这些行为仍被认为是犯

---

① 参见陈兴良:《刑法价值序说》,《法学》1996 年第 10 期。

② [美]罗纳德·德沃金:《认真对待权利》,中国大百科全书出版社 1998 年版,第 270 页。

罪,但对待这些犯罪的方法与原有的刑事惩罚是不同的。"①实际上,就思维和行为逻辑而言,在我国的学校管理过程中也有相类似的发展趋势。例如,20世纪80年代,北京市的研究生学籍管理规定中,规定攻读硕士学位研究生在校期间,凡业务考核出现两次不及格者,取消学籍;攻读博士学位研究生出现一门必修课程考试不及格者,取消学籍,不得补考。那个时期,一些研究生特别是博士生因为外语考试不及格而被取消学籍,不仅学生痛苦,而且也给外语教师和管理工作者造成巨大压力。现在学生不再因为考试不及格的次数而被取消学籍了,这是一个进步,在逻辑上也更加合理。学校对学生的处理,特别是涉及取消学生学籍的问题,总的趋势是向更加理性、更加人道的方向发展。

学生行为是否构成违纪,不应是一种情绪化的道德评判,而应是对违反法律正义行为的一种理性惩戒。美国印第安纳大学的《学生权利、义务与行为规章》中,将构成惩戒事由的"学生不当行为"分为"学术上不当行为"与"个人不当行为",后者又区分为"校内不当行为"(如破坏学校公物、携带危险爆炸物进入校园等)和"校外不当行为"。"学术上不当行为"以及"校内的不当个人行为"可由大学自治推导出学校的惩戒权,但对"校外不当个人行为"的惩戒,则仅以"该校外行为乃导因于学校活动,或该不当行为有害学校安全,或有害教学过程"为限,而不能无限延伸。② 我国宪法把"公民的人身自由"和"人格尊严不受侵犯"规定为公民的基本权利。同时还规定:"公民在行使自由和权利的时候,不得损害国家的、社会的、集体的利益和其他公民的合法的自由和权利。"笔者曾听说,我国台湾地区的中小学对上课说话的学生要求其咬奶嘴作为惩戒,因为说话影响课堂的公共秩序以及他人的听课权利。从教育的目的出发对违纪学生进行适度惩戒,"适度"的界限是不损害学生的基本权利。青年学生恋爱过程中的亲吻、异性同居等行为,本质上应属于其人身自由的范畴。学校教育应对学生的不当行为进行正确引导。如果不是妨碍学校公共秩序和他人利益,不应仅仅因为对学生行为本身的道德评价,就使其受到诸如开除学籍这种剥夺其基本权利的处理。学生的受教育权作为一项公民

---

① 陈兴良:《刑法哲学》,中国政法大学出版社1992年版,第7页。
② 参见王敬波:《学校权力有边界》,《法制日报》2005年7月1日。

基本权利,受宪法和法律的保护,仅以学生个人生活行为的一种道德评价就开除学生,是把道德凌驾于法律之上的非法行为,既不符合人文精神,也不符合法治原则。正因为如此,前述高校的有关规定作为一种制度现象受到批评,是理所当然的。

四、应由法律来设定剥夺学生资格的处分条件

1. 高等学校学生的合法权益受法律保护

我国《高等教育法》在规定"高等学校的学生应当遵守法律、法规,遵守学生行为规范和学校的各项规章制度"的同时,还规定,"高等学校学生的合法权益,受法律保护"。在学校的管理工作中,学生的哪些权益属于合法权益,哪些权益应受法律保护,是当前有关学校管理纠纷的各种热点问题中引起关注的焦点。对于本文所列举的这两个纠纷,人们同样关注和议论:为保护学生的合法权利,学校作出对犯错误学生剥夺资格的处分,是否应该受到法律的制约和限制?

几年前,就有行政法学者著文质疑高等学校享有"对公民受教育权有重大影响的退学权",提出"应探讨退学权应该由谁来设定规范,即哪一级的有权机关对退学权享有最初的规定权? 高校能不能自己设定退学权?",认为"高校不能自行设定退学权,即在法律、行政法规、地方性法规、规章没有先行规定的情况下,高校不能自行规定退学的条件、范围、种类"。①

我国的宪法和法律并不承认学校是个不受法律约束的领域,宪法规定:"中华人民共和国实行依法治国,建设社会主义法治国家","任何组织或者个人都不得有超越宪法和法律的特权"。因此,学校中不应存在"法治主义的例外"。也就是说,高等学校学生的合法权益受法律保护。质疑高等学校享有"对公民受教育权有重大影响的退学权",实际上是在强调和呼吁关于学生的包括受教育的基本权利在内的合法权利应该受到法律保护的问题。这个问题

① 程雁雷:《高校退学权若干问题的法理探讨》,《法学》2000 年第 4 期。

关系到对学校与学生之间的管理关系是一种什么关系的认识,关系到学校依法行使的学籍管理权力能否接受司法的审查? 要回答这些问题,不能不首先回答对行政法上传统的特别权力关系如何看待的问题。不搞清楚这些问题,"高等学校学生的合法权益受法律保护"就是一个在实践中总是令人困惑和面对挑战的难题。

我国《教育法》规定,遵守所在学校的管理制度,是学生应当履行的义务。教育部2005年颁布的部门规章《普通高等学校学生管理规定》中规定,对犯有错误的学生,学校应当给予批评教育或者纪律处分。纪律处分的种类分为:(1)警告;(2)严重警告;(3)记过;(4)留校察看;(5)开除学籍。显而易见,高校与学生之间的关系,既不是普通的民事关系,也不是普通的行政关系,而是具有特别权力因素的公法关系。

特别权力关系理论起源于大陆法系传统的公法学说。在传统的德国公法学理论中,公法上的权力关系,分为一般权力关系(或称一般支配关系)和特别权力关系(又称特别支配关系)。前者是指国家基于主权的作用,在其管辖权范围内行使公权力所形成的权力关系(例如行政主体在行使职权时与公民和法人的关系);后者则是指国家在一定范围内或其他行政主体在其内部,基于特别的法律原因实施管理所形成的特别权力关系(例如军队、政府内部、学校、监狱等)。特别权力关系是行政主体或特定机构与其成员之间因特别的义务而形成的权力服从关系。特别权力关系的形成,可以是强制形成的,也可以是当事人自由选择的结果。但无论是哪一种形成方式,权力主体对相对方均有概括性的命令支配权力,而相对方则负有服从的义务。按照传统理论,他们之间这种管理和服从的关系,不由法律调整,不得寻求法律救济。"以奥托·迈尔的学说为依据的理论认为,凡使用公共设施者,踏入公共机构即得服从一'特别权力关系'(机构权力),由此也须遵守行政内部的机构命令,对此不可通过法律途径予以撤销。"①第二次世界大战后,传统的特别权力关系理论日益受到来自宪政理论和现代法治观念的挑战,"因该理论而引起在机构

---

① [德]平特纳:《德国普通行政法》,朱林译,中国政法大学出版社1999年版,第120页。

关系中大量的基本权利地位的丧失,肯定悖于宪法精神"①。根据《德意志联邦基本法》第十九条的规定,"基本权利的基本内容在任何情况下都不得受侵害";"任何人的权利如遭到公共机关的侵犯,可向法院提出诉讼。如管辖范围没有明确规定,可向普通法院提出诉讼"。② 也就是说,如果学校规则涉及学生的基本权利,那么依据该规则所作出的决定就构成具体行政行为,学生有权对其提起行政诉讼。

2.特别权力关系不适用学生受法律保护的基本权利

在我国学校与学生的管理关系中,为了管理的需要,实际上存在着一种"特殊法律关系"。例如,我国《教育法》规定,"按照章程自主管理";"对受教育者进行学籍管理,实施奖励或者处分"是学校行使的权力。这个规定赋予了学校依法定目的对学生进行管理并实施奖励或处分的一种特别行政权。也就是说,对受教育者进行管理并实施奖励或处分,是学校依法行使的一种特别的行政权力。学校以外的行政机关或其他组织不享有这种权利。

但是,法律规定学校行使的这种特别行政权,区别于德国行政法传统学说中的特别权力,不能被理解为在学校和学生之间存在着非法治状态下概括性的特别权力关系,它只不过是以法治为前提的一种有条件的"特殊法律关系",该项权力的行使受到法治原则的制约。学校在依法行使这项特别权力的过程中,难免会侵害学生的合法权利。因此,清晰界定这项权力,厘清行使该项权力的边界,是这项特别行政权合法行使的要求。

德国现代行政法理论中关于由特定目的而成立和存在的特定社会关系中,基于实现该种特定目的而进行必要的日常管理所形成的"特别权力关系",可区分为基础关系与管理关系的思路,我认为具有借鉴意义。进行这种区分的原因在于,现在称为"特殊法律关系"的特别权力关系,在"其表现为紧密型持续法律关系(教育关系、其他长期的设施使用关系、公务员关系等)的特殊设计的法律关系中,不仅存在基本的、涉及公民地位的决定,而且还存在大量的、日常性质的决定,其本身并不具有等同的重要性,不涉及国家公民之

① [德]平特纳:《德国普通行政法》,朱林译,中国政法大学出版社1999年版,第120页。
② 姜士林等:《世界宪法全书》,青岛出版社1997年版,第793页。

间'原本的'法律关系,而只仅仅关乎机关的正常工作"①。从法律上对其进行基础关系与管理关系或称基本关系与工作关系的划分,其"最重要的法律后果是:与基本权利相关的决定属于行政行为,而工作关系中的命令则不属于行政行为"②。也就是说,特别权力主体涉及基础关系的决定,如涉及军人、公务员、学生身份的取得、丧失等,可视为可诉行政行为;属于管理关系的决定,如对军人、公务员、学生在其特定身份环境中的行为规范和纪律约束,则属于特定组织内部为实现组织目标所必需的管理规则,不必遵循法律保留原则,特别权力相对人因违纪违规而遭受不改变其基本身份和不影响其公民基本权利的处分,也不属于可诉行政行为。

特别权力关系在区分基础关系与管理关系后,涉及基础关系或学生基本权利的管理决定,是可诉行政行为,受到司法的监督。在这种特定管理关系中,"权利是受规制的,但不是受禁止的",当权利受到限制时,管理者必须"公开地交代他们所追求目标的合法性与重要性以及采取手段的适当性。权利规则禁止某些作为与不作为的理由"。③ 基础关系作为一种可诉行政行为可视为外部行政关系;管理关系作为一种不可诉行政行为,则可视为内部行政关系。现代法治社会中,这种特殊法律关系不仅表现在公务员关系、兵役关系以及学校管理、狱政管理等公法领域或"公营造物"的利用关系中,而且表现在私法关系即普通的民事法律关系领域中。一个为私人公司、企业、银行或教会、私立学校工作的人,他的自由权利在工作范围内受到一定的内部规则和纪律的限制,也是不可避免的和司空见惯的。例如,在由教会创办的宗教机构中,如果其工作人员因公开反对和亵渎该宗教的言论或出版物而受到排斥,人们不会觉得奇怪。同样道理,私立学校中的教职员工和学生,也不能不受到学校所颁布各种规则的管理和约束。否则,学校的正常教育秩序将无法维持而陷于一种"无政府"的瘫痪状态。

---

① [德]平特纳:《德国普通行政法》,中国政法大学出版社1999年版,第120页。
② [德]平特纳:《德国普通行政法》,中国政法大学出版社1999年版,第120页。
③ [美]史蒂芬·霍尔姆斯、凯斯·R.桑斯坦:《权利的成本:为什么自由依赖于税》,毕竞悦译,北京大学出版社2004年版,第76页。

3. 学校管理导致受教育者资格的丧失应适用法律保留原则

在行政法理论中,为了维护和保障公民基本权利,对宪法规定的公民基本权利的限制,必须由立法机关通过法律来规定,行政机关不得越权代为规定。行政机关对此实施的任何行政行为,必须有法律授权。学者认为,法治的最重要内容是"依法行政",并据此导出"法律保留"原则。"凡与基本权利行使有关的事情,即涉及'重要性',从而引起法律保留。"①根据这个原则,对公民基本权利的限制,必须由立法机关通过法律来规定。行政机关对此实施的任何行政行为(包括具体行政行为和抽象行政行为),必须有法律授权。这个原则的含义是,特别权力不能侵犯宪法所保护的公民基本权利。它体现的是一种价值冲突的平衡。

第二次世界大战以来,由于受教育权日益受到重视,在很多国家,受教育权已成为宪法规定的公民基本权利,对公民受教育权的限制和剥夺也相应地出现了立法权的归属争议问题。"20 世纪 70 年代,德国联邦宪法法院确立了'重要性理论',要求在学校行政中适用法律保留原则,这是宪法中法治国原则和民主国原则的要求。即属于学校重要事项立法者,有亲自以法律规定之义务而不得听任行政机关为之。法院有关学校行政领域法律保留适用的判决表明:由于退学之处置影响学生求知权和工作权,故学校对学生的强制退学须有法律依据,应适用法律保留,即由立法者以法律规定。"②

高等学校作为公法人中的特别法人,其内部管理关系是否属于行政关系,是否属于行政法的调整对象,我国行政法学界曾有学者持否定态度。他们认为,行政法调整的关系应该是两个不同的主体,而且是行政主体和其他社会组织和个人之间的关系,只有这种关系才能称之为行政关系。而行政机关的内部关系是一个主体内部的管理关系,他们之间的关系是命令、服从的关系,而非法律所能调整。其次,并不是与行政有关或凡是行政所涉及的关系都是行政关系,它必须确实是行政中所形成的关系。所谓行政,即行政机关对公共事

---

① [德]平特纳:《德国普通行政法》,朱林译,中国政法大学出版社 1999 年版,第 46—47 页。

② 董保城:《德国教育行政"法律保留"之探讨》,载《当代公法理论》,中国台湾月旦出版公司 1993 年版,第 529 页。

务的管理,只有在这种活动中所发生的关系才是行政关系。① 对于高等学校的内部管理关系特别是涉及学生身份变化的关系,是否属于外部行政关系进而必须遵循行政法的基本原则、接受法律监督,亦曾存在着争论。

客观地说,这些争论为我们能够正确地认识这个问题,提供了必要的路径。学生不能正常完成学业,导致教育外部利益的减弱或外部效果的降低;在校学生资格身份的变化,意味着学生受教育权利的实现受到决定性的不利影响。这种变化导致了学校与学生的关系从基于实施教育的内部管理关系转化成外部关系。因此,学校管理的外部性和教育的外部性相关联,学校的内部管理在一定条件下具有外部性。在学校这种以实现教育目的为其基本宗旨的特殊组织中,一切管理工作都应服务于教育和培养人这一学校的组织目标。因此,学校管理权力的行使,以实施教育为其范围和界限。即学校与学生之间的内部管理关系应以教育目的为其出发点和界限,它是一种以实现教育目的为其限度的规范关系。超出这个界限,即进入基础关系而应遵循法律保留原则。如学生的在学关系中,学生被勒令退学或开除学籍而失去作为学生在学校这种特定组织中的特定身份,实际上也就意味着原有的特定教育关系和内部管理关系解除而成为一种外部关系。也就是说,当管理权力危及相对人的基本权利时,内部行政关系便转化成外部行政关系而必须接受法律的监督。由于学生资格的丧失,学校与学生的原有关系发生了变化,不仅学生的基本权利受到侵害,而且学校与学生之间已不再是基于实施教育的管理关系。因此,导致这种关系变化的条件不应由学校来设定,在私立学校中应由合同来规定,即以相对人的同意为基础;在公立学校中则应由法律来规定。也就是说,不涉及学生身份关系变化的决定,由学校来制定管理规则;而涉及学生身份关系变化的决定,则应由法律来设定标准。

长期以来,在我国学校管理的实践中,学校和学生之间确实存在着类似于"在特别权力关系内具体的关系不存在基本权利、法律保留和法律保护"②的

---

① 参见张尚鷟:《走出低谷的中国行政法学:中国行政法学综述与评价》,中国政法大学出版社 1991 年版,第 21 页。

② [德]哈特穆特·毛雷尔:《行政法学总论》,高家伟译,法律出版社 2000 年版,第 169 页。

实际现象;学校对学生的管理,长期以来也被归入内部行政而不受法律调整。特别权力关系对司法介入的排斥,客观地、不同程度地存在着。这个现状不符合法治的要求,不利于学生合法权利的有效保护。

为保护学生的合法权益,法治要求对学校权力的约束和控制。对学校管理的立法控制,是指在学校管理权力的设定阶段,对学校行政中的自由裁量权——自主管理权力的合理性进行规则性控制,明确权力安排并设定权力界限,对涉及基本社会关系和公民基本权利的事项,明确法律保留。为此,立法需明确规定学校公法人的法律地位与性质,尤其是学校作为教育机构特别公法人所承担的法律义务、享有的权利及其限制。高校在依法行使自主管理权的过程中,对于如招生不录取、退学、开除学籍这种使受教育者丧失受教育机会的重要事项,其基本原则应由立法机关通过法律来规定。也就是说,高等学校在依法行使"学生入学决定权""学生学籍处分权"等有关学生受教育权的获得或丧失的权力时,应适用"法律保留"原则。这个问题的实质,是有关限制、剥夺公民受教育权的立法权,不应属于学校,以保证更大范围的社会公正。

剥夺在校学生的受教育资格必须适用法律保留原则,即由法律来设定学校管理导致受教育者资格丧失的条件、范围和种类。例如,对学生性行为的约束,如果导致影响其基本权利行使的制度性约束,应符合法律保留原则。这是由于性行为的自主原则是宪法规定的公民人身自由权利的组成部分之一。在法律没有作出明确的规定以前,我赞成学校应以法治理性慎用"退学""开除"这类涉及学生身份改变的处分。20 世纪 80 年代时,有些高校曾规定"打麻将"屡教不改者(若干次),就要勒令退学或开除学籍;还有的学校对动手打架者也有类似的规定。现在看来这些处理并不适当。我认为,"慎用"涉及学校与学生关系变化的权力,首先应遵循"三个法定",即主体法定、职权法定和程序法定;同时,在关涉学生的基本权利问题时,权利限制应遵循最低性原则,一般不应实质性地损害或剥夺基本权利本身。因此,实施"退学""开除"等有关学生身份变化的处分,应报送政府教育行政部门审批。政府教育行政部门对于在校学生丧失资格这种重大事项,应依法履行监督保护的职责。

教育部 2005 年颁布的部门规章《普通高等学校学生管理规定》,在规定"对有违法、违规、违纪行为的学生,学校应当给予批评教育或者纪律处分"的同时,还规定,"学校给予学生的纪律处分,应当与学生违法、违规、违纪行为的性质和过错的严重程度相适应"。这个新的规定,在体现人文精神和贯彻法治原则方面,较之原有规定有很大的进步。从整体上说,这个规章对于学生权利的保护具有积极意义。但在约束和限制学校权力方面,应该说,还有可改进之处。这个新规章第五十四条关于学校可以给予学生开除学籍处分的"情形"中,两次提到"违反学校规定"的问题。也就是说,学校可以依据自己的规定开除学生。因此,就不能不从人文精神和法治理念的角度对学校的管理规定作出必要的约束和明确的限制,以更好地维护学生的合法权益。

（本文原载《中国教育法制评论》第 4 辑）

程序正当及其对规范高校
学生处分权的作用

2005 年教育部颁布实施的《普通高等学校学生管理规定》(以下简称《规定》)规定,"学校对学生的处分,应当做到程序正当、证据充分、依据明确、定性准确、处分适当",首次明确了学校作出对学生权益产生不利影响的管理行为时,必须承担程序正当的义务。这一原则性的规定,对维护和改善高校学生管理秩序起到了重要作用。但从已有诉讼案可明显看出,"程序瑕疵"是高校诉讼案反映出来的一个较为普遍的问题。很多学校的学生管理实施细则,对程序正当的要求仅仅停留在抽象地重复程序正当的原则性规定,而缺乏对正当程序的具体落实。因此,切实落实程序正当的要求,避免因程序不当而损害学生权益并产生纠纷,对维护高校正常的学生管理秩序、保障学生享有的合法权益十分重要。

一、正当程序的内涵:法律释义及适用范围

(一) 正当程序的含义

正当程序(due process),是英美法中至关重要的一个法律概念,它包含了一种具有普世价值的观念——法治观念,即要求审判公开、法官独立以及具有强制执行力的裁决①。来源于英国普通法传统中的"自然正义"原则,意味着

---

① 参见[美]约翰·V.奥尔特:《正当法律程序简史》,杨明成、陈霜玲译,商务印书馆 2006年版,中文版前言。

平等地对待双方当事人,不偏袒任何人,对所有的人平等和公正地适用法律,必须给予被告以充分的辩护、申诉的权利等①。美国宪法第五和第十四修正案将之确立为一条基本的宪法原则。第五修正案规定:"……非经正当程序,不得剥夺任何人的生命、自由和财产。"第十四修正案将之适用于美国各州,公立高等学校及其教育管理机构行使州的行政权力时,可视为州权力的延伸,适用正当程序条款。

正当程序的内涵不仅包括"程序性正当程序"(procedural due process),而且包括"实体性正当程序"(substantive due process)。程序性正当程序对政府权力的行使有着最基本的程序性要求,政府行使权力时应满足最低限度的公平(fairness),"专注于政府政策执行的方法和程序,保证政府施加管制或惩罚的过程的公正性"②。程序性正当程序要求其权益受到判决影响的任何当事人,都享有合理的被告知控诉的性质和理由、陈述意见并获得听审机会以及提出主张和抗辩等的权利③。实体性正当程序则要求政府剥夺公民的生命、自由或财产时,必须提供充分的理由以证明其行为的必要性和正当性,主要适用于对立法和政策的正当性(Justification)审查④。"要求法院确信法律不仅仅是使法律付诸实施的程序,而是法律的目的——公正、合理、正义。"⑤因此,它不仅仅是对程序的审查,而且是对程序是否能达成法律目的的审查。

综上,可以从两个层面理解正当程序的含义:第一,正当程序权利受到美国联邦宪法的保障,也是公民的一项基本宪法权利;第二,它是对人的重视,因此要求政府行为或立法对人的基本权利和重大利益造成重大侵害时应该具备正当程序的保障。两层含义在正当程序审查和应用的方法论上有着各自的意义:在第一层含义中,正当程序作为一项权利,其权利内涵不是一成不变的,并

---

① 参见夏锦文、王艳辉:《追寻程序的正义:谷口安平程序正义理论探析》,《江苏社会科学》2000年第2期。

② [美]彼得·G.伦斯特洛姆:《美国法律辞典》,中国政法大学出版社1998年版,第15页。

③ Black H.C.,*Law Dictionary*,West Publishing Co,1979,p.1083.

④ 参见王锡锌、傅静:《对正当法律程序需求、学说与革命的一种分析》,《中南财经政法大学学报(法学版)》2001年第3期。

⑤ [美]科尔威因·帕尔德森:《美国宪法释义》,徐卫东、吴新华译,华夏出版社1989年版,第237页。

随着时代进步对程序的要求不断提高。在第二层含义中,如果受侵害的权利不属于生命、自由、财产或人的其他基本权利时,或者所受侵害虽属人的基本权利,但是受侵害的程度可能微不足道时,不适用正当程序条款。因此它在方法论上的含义即是:受侵害的权利越重要(惩罚越严厉),对正当程序的要求越严格。

(二) 正当程序条款的适用范围

按照正当程序条款的要求,"非经正当程序,不得剥夺任何人的生命、自由和财产"。这里的一个核心问题就是:什么样的权利属于"生命、自由和财产"这些基本权利的范围? 关于"什么是自由、财产",在1970年的Goldberg v. Kelly一案中,最高法院首次提出了政府通过制定法而赋予公民的社会福利是一种"财产",应受正当法律程序的保护①。在1971年的Wisconsin v. Constantineau一案中,最高法院对"剥夺自由"的内涵做了很大扩展。法院认为,无论在何种情况下,如果政府采取某种可能玷污(stigmatize)特定个人名誉的行为,则政府行为构成对个人自由的剥夺,必须适用正当程序②。以上两个重要判例通过对"自由和财产"的拓展性解释,大大扩展了正当程序条款的适用范围。正当程序最初并不适用于高校的行为,但美国联邦最高法院的判例扩大了"自由"和"财产"的范围,将学生获取知识的权利视为学生的"自由",将学生在公立高校接受教育视为学生的"财产利益"。

自1969年的廷克案(Tinker v. Des Moines School District)和1975年的戈斯案(Goss v. Lopez)以后,第十四修正案赋予公民的正当程序权利开始被应用到教育中,并在司法实践的解释中越来越丰富。在戈斯案中,联邦最高法院把正当程序的要求扩大到了暂停学业的处分。联邦最高法院认为公立学校的学生享有一种具有财产利益性质的接受公共教育的合法权利,应受正当程序条款的保护,不能因不轨行为而不经正当程序条款所要求的最起码手段剥夺此

---

① Goldberg v. Kelly, http://en.wikipedia.org/wiki/Goldberg_v._Kelly.

② 400U.S.433 – Wisconsin v. Constantineau, http://openjurist.org/400/us/433/wisconsin – v – constantineau.

权①。在 Horowitz v.Board of Curators,University of Missouri 案中,法院认为学生的受教育权应受到正当程序保护。在上诉中,学生认为,她被开除的处分剥夺了她的自由利益,因为开除确实减少了她继续接受医学教育的机会或是在医学相关领域就业的机会。法院支持了学生认为她应该获得正当程序保护的主张,但理由是该生在公立教育中的财产性权益受到宪法保护,从而要求在暂停学业处分施加于学生之前适用最低限度的正当程序保护。

在 Ingraham v.Wright 案中,上诉人 James Ingraham 认为其因为对老师的回答反映太慢被鞭打 20 下,造成淤血且多日无法到校,处罚过重,且违反了第十四修正案正当程序条款的规定而起诉,法院最后判决学校胜诉。法院认为:此案中,学校当局根据州法的规定,通过限制学生及给予相当的身体上的痛苦或蓄意惩戒行为不当的学生时,已涉及第十四修正案规定的自由利益。但在本案中,这一宪法保障的自由利益虽受到了侵害,但是侵害的程度可能微不足道,引不起宪法的关切②。

在美国的教育纠纷中,受教育权通常被解释为学生名誉上及获取知识上的自由权利以及具有财产利益性质的接受公共教育这一公共福利的权利。在宪法第十四修正案正当程序条款的适用问题上,法院的一贯意见是:若学生拥有财产意义和自由意义上的利益,若这种利益是基于合法的授权,而非"抽象的单方面的期望",学生应得到第十四修正案的保护③。但并非学生的所有权利都可解释为上述权利并适用于正当程序条款。在适用这一规定时,首先,必须确定个人主张的利益是否属于第十四修正案所保障的生命、自由或财产利益。若答案是肯定的,接着就要决定什么样的程序过程才构成正当法律程序。在 Ingraham v.Wright 案中,通过了利益属性的审查,但未通过什么程序才构成正当程序的审查。总之,正当程序所保障的利益,其范围从来并非毫无界限,对于个人的任何严重受侵利益,均可援引第十四修正案的正当程序保障。

① 参见王名扬:《美国行政法》,中国法制出版社 1995 年版,第 405 页。
② 参见秦梦群:《美国教育法与判例》,北京大学出版社 2006 年版,第 313—317 页。
③ 参见赵西巨:《学生宪法权利与学校自由裁量权:从美国联邦最高法院历史性教育案例中看学生利益与学校、国家利益的主张和平衡》,《山东省青年管理干部学院学报》2001 年第 2 期。

二、正当程序的审查:构成要素与审查标准

(一) 正当程序的构成要素与程序内容

"同其他一些法律规则不同,正当程序不是一个具有确定内容的技术性概念,它是由历史、理性及过去的决定复合而成"①。美国学者戈尔丁认为正当程序的要素包括九项内容:与自身有关的人不应该是法官;结果中不包含纠纷解决者个人的利益;纠纷解决者不应有支持或反对某一方的偏见;对各方当事人的意见均应给予公平的关注;纠纷解决者应听取双方的论据和证据;纠纷解决者只在一方在场的情况下听取另一方的意见;各方当事人都能得到公平机会来对另一方提出的论据和证据作出反应;解决的诸条件应以理性推演为依据;推理应论及所有的论据和证据。② 国内有学者提出"现代程序的四项基本原则",即"正当过程、中立性、条件优势、合理化"③。

将正当程序原则运用于学生权益纠纷解决中,其最基本的构成要素应当包括三个方面。一是平等性。要平等地对待各方当事人,各方信息对称,要告知学生有关事实和理由,给予其陈述和申辩的机会。二是中立性。决定的作出者必须是中立的,调查者不能是作出决定者等。三是公开性。程序必须是公开、透明的,程序应是已公开的、被认可的,执行过程应该是透明的。以上三点是正当程序最基本的构成要素,具体到实践中,程序性正当程序还应有一些具体的内容:告知、听证是最基本的内容。正当程序还包括说明理由、文书阅览、标准的设定和公布、咨询、保密及代理等程序内容④。需要指出的是,这些构成要素与内容并不是要一成不变地照搬于所有的案例中。不同的司法判例

① 转引自杨寅:《中国行政程序法治化:法律学与法文化的分析》,中国政法大学出版社2001年版,第116—117页。
② 参见[美]戈尔丁:《法律哲学》,齐海滨译,生活·读书·新知三联书店1987年版,第240页。
③ 季卫东:《法治秩序的建构》,中国政法大学出版社1999年版,第23页。
④ 参见王名扬:《美国行政法》,中国法制出版社1995年版,第383页。

审查中应用的审查标准往往不同。

（二）正当程序的审查标准

如何审查程序的"正当性"？经过长期的司法实践,美国最高法院在一系列的判例之后形成了一个包括三因素的著名标准:其一,官方行为影响的私人利益的大小;其二,剥夺利益时所运用的程序是否能避免作出错误决定;其三,政府利益,即政府履行职责时遵循相应的程序,财政和行政的负担。① 这既包含对程序本身的审查,也包含对程序所涉及的私人利益和公共利益以及程序是否是达成目标的最佳手段的审查。其中,第一个因素强调对程序的正当性判断应与受损"私人利益的大小"相联系;第二个因素进一步明确了正当程序应"能避免作出错误决定";第三个因素是肯定政府在"遵循相应的程序"时,考虑"财政和行政负担"是合理的"政府利益"。可见,正当程序不仅要求法律手段和程序应合理而非任意,而且要求手段和目标具有实质性的合理联系。在具体案件中,正当程序的审查标准是不同的,从相对宽松到极端严格,司法审查标准形成了一条连续的谱线。②

首先是一种较为宽松的标准。根据这一标准,违宪审查机关在判断立法或政府行为是否违宪时,不严格审查立法或政府行为的目的是否为追求重大或迫切利益,只要是合法利益即可。在方式的审查上,违宪审查机关只要求立法或政府行为与其所试图达到的目的之间具有合理性即可,而不会严格要求具体措施是否超过达成目的的必要范围,或者是否尚有其他侵害性较小的手段可供选择。此外,还有较为严格的审查标准,而涉及诸如种族歧视的案件就应该适用最严格的审查标准③。根据最严格的审查标准,法院要求证实立法或政府行为的目的是为了实现实质或重要的政府利益,而不仅是迫切利益,其措施与目的又必须有实质的关联性,且措施是达成目的的必要范围和侵害性较小的手段,该项立法或政府行为才不会被判为违宪。在高校行使学生处分

---

① Mathews v. Eldridge, (1976), 424 U.S.319.

② 参见张千帆:《司法审查的标准与方法:以美国行政法为视角》,《法学家》2006年第6期。

③ Brown v. Board of Education, 347U.S.483 (1954), http://caselaw.lp.findlaw.com/scripts/getcase.pl? navby=CASE&court=US&vol=347&page=483.

权及解决由此造成的学生权益纠纷时,也应根据具体情况,适用不同严格程度的正当程序审查标准,在不同的标准下对学生利益、学校利益、手段和目标的关系以及程序的要素和内容进行审查。当联邦或州的立法限制个人基本权利的行使时,法院就摒弃宽松检验而采取更严格的审查标准。在很多基本权利案件中,法院要求州证实,有关州立法的追求州的紧迫利益是必需的。借鉴这一做法,如果高校作出的处分影响了学生作为受教育者的基本权利和重大利益,就应该适用最严格的正当程序审查标准。

可见,遵循正当程序原则并不意味着执行一套不变的标准,但不同严格程度的审查标准都包含了对实体性正当程序和程序性正当程序的共同审查。审查标准的区别不仅在于要求的程序构成要素和内容的繁简差异,而且对实体性正当程序和程序性正当程序各自的要求在不同标准下也都有差异,对二者关联程度的审查也因标准不同而有宽松与严格之别。

三、程序正当:必要性及作用

(一) 运用正当程序原则规范高校学生处分权的必要性

我国缺乏注重程序的传统,但这不意味着程序正当对我们追求实体正当不重要。在我国高校学生权益纠纷解决过程中,程序正当同样应是必须贯彻的原则。

首先,高校学生处分权行使过程中的自由裁量特点需要正当程序的约束。在美国,正当程序条款适用于教育的理由之一是基于对教育这一公共福利的"财产利益"。随着公民对政府提供的公共福利的依赖,如果正当程序不能为这些通过政府而产生的权利和自由提供保障,就无法有效地限制政府在行使权力过程中的随意性。我国高校对学生的处分是授权组织的一种行政行为,受处分学生在学校中的权益因此而受到影响。根据《规定》第五十二条的规定:"学校给予学生的纪律处分,应当与学生违法、违规、违纪行为的性质和过错的严重程度相适应。"这一规定要求学校在对学生进行处分时,不能任意行使自由裁量权,应该确保犯错误学生所受到的处分是合理的、适当的,从而最终保障学生的权益。可见,中美两国遵循正当程序原则的共同之处都是对权力行使过程中的裁量权进行约束,从而为那些通过政府或政府授权组织(如高等学校)而产生的权利和利益提供保障。因此,高校在行使学生处分权时,除了注重追求实体正当、遵守行政合法性和合理性这些传统原则外,还应注重程序正当,在平等、中立、公开的基础上履行告知、听证等一些必要的程序性义务,从而对自由裁量权进行限制,保证学生所受处分的合理性、适当性。

其次,学生基本权利和重大利益的保障要求程序正当。学生是一个兼有公民与受教育者等多重身份的群体。作为一个公民,学生享有宪法规定的各项公民基本权利,如政治权利、人身权利以及包括受教育权在内的各种经济、社会和文化权利。作为一个高等学校中的受教育者,学生享有法律规定的受教育者享有的权利。我国《教育法》规定受教育者享有下列权利:"对学校给予的处分不服向有关部门提出申诉,对学校、教师侵犯其人身权、财产权等合法权益,提出申诉或者依法提起诉讼。"《高等教育法》规定:"高等学校学生的合法权益,受法律保护。"但在实践中,因为高校这一组织的特殊性,以及有关内部行政行为可诉性的争议,法院受理学生诉讼时往往十分谨慎。一般情况下,法院会谨慎地受理一些因"开除学籍"的处分造成的学生权益纠纷,而对于那些不会导致学生身份变更的处分纠纷,法院在受理时会更加谨慎。法院的做法虽然体现了对大学办学自主权的尊重,但不能忽视的是,其中可能导致学生基本权利和重大利益受到损害而得不到救济。高校对学生作出的"开除学籍"以外的"警告""严重警告""记过"和"留校察看"处分,虽然不会直接变更学生作为受教育者的身份,是高校对其成员的内部管理行为,但此类处分决定会记入学生档案,甚至可能导致高校对学生拒绝颁发学位证和毕业证这类影响学生基本权利和重大利益的后果。因此,为了更好地保障被处分学生的合法权益,特别是学生的基本权利和重大利益,必须要求实施这些处分行为的程序正当。

最后,司法学术节制[①]的传统使得程序正当在高校学生权益保护中发挥

---

① 参见申素平:《谈美国司法上的学术节制》,《中国教育法制评论》2004 年第 3 期。

重要作用。司法学术节制是美国司法实践中处理大学内部纠纷和学术诉讼时遵循的一条重要司法原则。由于大学自治的观念深入人心,即使是师生的校外行为出现违法情况时,"当地政府对大学成员的管理权威也会受到质疑"①。我国高校与学生的关系虽无特别权力关系之名,但受其影响很深,长期以来高校纠纷一般不通过诉讼解决。即使从1998年"田永案"法院开始受理高校学生权益纠纷,之后法院也往往十分谨慎。在这种背景下,程序正当作为高校学生管理中学生权益的保障措施尤为重要。

(二)程序正当对规范高校行使学生处分权的作用

1. 适用不同的正当程序审查标准保障学生权益

根据《规定》,高校对学生的纪律处分有"警告""严重警告""记过""留校察看"和"开除学籍"五种。不同的处分对学生权益的影响性质和程度存在差异,因此,对不同的学生处分及相应的学生权益纠纷,应适用不同严格程度的正当程序审查标准。"警告""严重警告""记过"和"留校察看"四种处分行为虽然都对学生权益造成了不同程度的影响,但是并没有从根本上变更学生作为受教育者的身份,因此,可以认为这些处分对学生权益的影响是明显小于"开除学籍"的,可以采用较为宽松的正当程序审查标准。在运用这一标准时,判断学校的处分规定或处分行为是否违反程序正当要求时,只要行为目的是为了合法利益即可,而不需要审查利益的重要程度和紧迫程度。在处分适用的审查上,只要求学校的处分行为与其要达到的目的之间具有合理性即可,而不要求审查是否有其他更优的手段可供选择或者具体措施是否超过了达成目的的必要范围。在构成要素和内容的审查上,只要满足平等性、中立性和公开性这些最基本的要素要求和具备告知、听证这些最基本的程序内容即可,不必解释程序是否合理以及是否具备更为烦琐的说明理由、文书阅览等程序内容。但是,如果这些处分导致了高校拒发学位证和毕业证等影响学生基本权利和重大利益的后果,也应采用较为严格的正当程序审查标准。

---

① Kaplin William and Lee Barbara, *The Law of Higher Education*, Sanfancisco: Josseybass Publishers, 1995, p.666.

此外,由于"开除学籍"的处分变更了学生作为受教育者的身份,直接剥夺了学生作为受教育者的基本权利,应该对"开除学籍"的处分及相关权益纠纷适用严格的正当程序审查。运用这一标准时,学校必须说明其处分行为或相关处分规定是为了追求学校或政府的重大或迫切利益。在处分适用的审查上,学校必须说明其选择的处分行为和手段是达到其合理目的的最优选择,且未超过达成目的的必要范围。在构成要素和内容的审查上,要求更为严格和具体,除了满足平等性、中立性和公开性这些基本的构成要素外,还要执行详细而合理的程序要求,而不仅仅是完成告知、听证这些环节即可。

2. 避免程序泛化的误区

正当程序原则有不同的审查标准,且正当程序条款保障的只是生命、财产、自由这些基本权利和一些重大利益,而非所有的权利和利益,因此应避免程序泛化的误区。在美国的教育管理实践中,有很多管理者认为,启用宪法上的程序要求抵不过其"代价"(指损害了学校自主权)。美国的贝勒斯教授认为,以查明真相和解决争执为目的的程序,在运作的时候,会产生程序成本和程序利益。程序成本包括经济损害错误成本(EC)、道德错误成本(MC)、直接成本(DC)三种程序成本[1]。因此,我们在贯彻程序正当要求解决教育纠纷时,应当首先用严格的正当程序审查标准保障受教育者享有的基本权利,对基本权利和重大利益以外的权利和利益,可采用较为宽松的正当程序审查标准,同时注意执行程序可能产生的成本,以免陷入不必要的程序执行成本误区。

3. 以程序正当规范学生管理

尽管只有开除学籍的处分才应列入严格的正当程序保障范围,但不是说对于其他的学生处分和管理工作来说正当程序不重要。在美国高校的学生管理中,涉及程序要求的规定非常多。以加州大学为例:在总共 52 项的学生政策(Student Policies)中,明确以程序为主要规定的校规有:学术作弊处理程序、学生控诉听证程序、学生违纪处分程序、学生学分申诉程序、学生工作政策和程序、学生不公正申诉程序以及大学社团的政策和程序等[2]。斯坦福大学

---

① [美]迈克尔·D·贝勒斯:《法律的原则:一个规范的分析》,张文显等译,中国大百科全书出版社 1996 年版,第 23—34 页。

② 加州大学学生政策参见 www.csus.edu。

也同时制定了《学生司法章程》(Student Judicial Charter)和《学生违纪处理规则流程》(Verbal Flow-Chart of Process)。

程序正当作为一种要求或一个原则,不是确定特指一些具体可操作的执行标准。它对学生管理工作的要求是:把重程序、重程序的正当性的思维作为每个学生管理工作者的内在思维。为达至程序正当,就必须具体制定出一套符合程序正当要求的学生违纪处分程序性制度。目前在实践中,一些学校的学生违纪处分办法仅仅照搬教育部的原则性规定,抽象地要求程序正当,缺乏甚至基本没有关于"程序正当"的具体的操作办法。因缺乏具体的程序规定,目前高校对学生的处分大多遵循一套约定俗成的规则:一般先让学生本人写检讨,再由班主任、辅导员及院系相关领导或会议讨论后做出处理意见,并将事实和处理意见以书面形式报给学校的相关职能部门(一般为学生工作处或教务处);相关职能部门或学生工作委员会经过审议后再报校长办公会做出决定,并由职能部门委托院系将处分结果告知学生本人,同时告知学生相关的申诉权利。应该说,学校在处分学生时相当慎重,也是按照一定的程序操作的。但这种程序并不是规范的正当程序范畴,而只是学校单方设定的一种行政上的习惯程序,其中没有体现学生的参与权,不符合程序正当所要求的平等、中立和公开的要素。

总之,正当程序的适用应是弹性和灵活的,在我国高校行使学生处分权时,不能没有正当的程序性规定,但也不能要求高校所有的学生处分行为都遵循严格的正当程序标准,否则将导致程序泛滥影响学校正常管理和应有的工作效率,使学校因烦琐程序要求而怯于对学生的不当行为做出应有处分,从而使管理懈怠而影响学校的正常秩序和人才培养质量。

(本文原载《中国高教研究》2011年第11期,本文作者为秦惠民、李娜)

构筑化解高校纠纷的完善机制

一、行政诉讼有力地推动着高教领域的法治进程

从 1998 年田永诉北京科技大学案开始,高校不断地被推上被告席。在学校的弱势群体中,迅速出现了对司法救济功能的前所未有的巨大信任和热情,请求法院裁决的学校管理纠纷呈迅速上升趋势。高校诉讼的迅速增多,正在从一个侧面演绎着我国的社会进步和法治进程。一方面,它显示着权利意识和法治理念正在深入高校领域;另一方面,它也在一定程度上促进了人们对于教育法制建设的关注和思考。

对社会大多数人来说,往往通过司法来了解法律的存在和作用。司法通过个案的审判,对法律规定的抽象的权利义务进行具体的诠释。这就是司法所具有的示范作用。"田永案"以来,教育纠纷诉讼屡屡被新闻媒体所炒作,它对于促进依法治校的积极意义是巨大的。其最明显的效用是使教育纠纷从它原有的天地中走出来,关注人群一下子从一所学校迅速地扩展到整个社会。狭小天地中的法律意识水平迅速地与整个社会正在达到的水准产生碰撞、冲突和融合,从而融入整个社会的法治进程。它不仅能够唤起社会对于教育法制建设的关心、支持和帮助,为依法治教铺垫更加宽广和开放的智慧基础和支持平台,而且其反作用亦会更加强有力地促进教育领域中群体法律意识的提高,并且正在表现出对于完善学校管理法律秩序的巨大推动作用。

教育和学校管理的特殊性,并不能使学校管理置于法治社会之外。教育的社会权利属性决定了教育事务的社会公共性质。学校作为现代社会中重要

的公益性社会组织,其民主性和法治化是国家民主性和法治化的一部分,国家的民主性和法治化与社会组织、社会团体的民主性和法治化联系在一起。司法审查作为学校行使公权力的一种外部监督,正在发挥着不可替代的重要作用。如果没有司法审查,通过法律来调整和规范学校教育就毫无意义,法治不过是一句空话。对于学校内部行政权力的司法审查,不仅在其实际应用时可以保障权力相对人的合法权益,而且由于司法审查的存在,势必对学校管理人员产生一种心理压力,可以促使他们更加谨慎地行使权力,规范管理行为,自觉地按法治精神办事。法治的要求使得学校管理不能像非法治状态下那么自由和随意,这或许正是学校管理适应法治社会而走向现代化的一个标志或一种反映。从这个意义上可以说,学校管理的法治化趋向标志着学校管理的现代化进程。

从 2000 年开始出现学生把国家教育部告上法庭以来,虽然教育领域中的民告官诉讼案在国家和省市两级持续增长,但从总体上来看,教育纠纷主要发生在学校之中。即使是民告官的案子,多数也是由于学校中的纠纷引起的,政府则往往是以"行政不作为"被告上法庭。在教育纠纷中增长最快的是在学校管理活动中学生、教师与学校的纠纷,学校作为被告的案子增长较快。有人预言,随着我国依法治国进程的加快,如果教育领域中的法治进程不能和公众法律意识增强的速度相适应,在未来几年中势必出现教育纠纷的诉讼爆炸现象。

二、法治社会中法院不是解决纠纷的唯一途径

高教领域从无讼到有讼,法院以其特有的方式和途径,发挥其他组织和部门在解决教育纠纷中所无法发挥的作用,直接分配正义或行使一定的监督权。这是历史的进步,对于推动法治的进程具有积极意义。然而,社会的复杂性和世界的多元性,使得法律作为一种权威性的制度安排,不可能是无所不能的。"依法治国"基本方略确立以来,在我国法治发展的过程中,"法律万能"的论调和正确的法治理念混杂在一起,影响着人们对于法治的正确认识。针对这种情况,很多法学家理性地指出,任何时代、任何国家中的法律,都不可能是尽

善尽美的,难免存在缺陷和局限性,依据法律进行司法裁判的法院和法官,也不可能使自己的依法判决完美无缺。法律、法院、法官都有其自身难以克服的局限性,因而只能是一种存有缺憾的制度文明。并不是一切社会问题都能转化为法律问题,法律不具有对一切社会问题的绝对的普遍适用性。一些法学家指出:负责任的法律工作者,在告诉人们当其权利受到侵害时应当考虑诉诸法律的同时,还应当告诉人们:法律不是万能的,法律并不能"包治百病"。对人们的思想、情感、认识、信仰以及学术争议等问题,采用法律手段强行干预是不适宜的。那种近乎偏执的、不切实际地夸大法律功能的观点,不仅导致一种认识上的误区,而且会在实践中产生破坏性和负面效应。

正是由于通过诉讼解决纠纷存在的种种弊端和不尽如人意之处,人们在不断地探索多种可供选择的纠纷解决方式,以利于社会的健全和良性发展。"非诉讼程序"已经成为世界各国司法程序中的一种发展潮流。长期以来,人民调解工作在我国社会生活和社区管理各个领域发挥着积极的作用。中国曾经倡导的街道调解,作为一种化解纠纷的有效机制,西方国家认为这是值得借鉴的"东方经验"。但是,在我国高等学校中特别是在解决教育纠纷方面,类似的调解机制却显得十分薄弱。由于我国教育的法治状况尚处在一种渐进的初始状态,教育法的法律适用也时常处于一种并非十分清楚的尴尬境地,在此情况下,解决教育纠纷应在当事人自愿的前提下,鼓励先行调解。以调解这种和平的方式解决争端,较之设置对立面的诉讼方式,更有利于当事人之间以及学校和管理相对人之间未来关系的培养和发展。因此,有人呼吁,应从我国高校的实际情况出发,在高校中建立调解组织①,以适应改革开放和高等学校权益结构调整变化的客观需要。

解决纠纷途径的多元化,不仅与人们对诉讼的评价有关,而且与纠纷的性质以及解决纠纷的成本代价有关。以最小的成本和代价最有效地解决问题,无疑应是设计纠纷解决途径的一个必然的、合理的原则。特别是对于那些并不存在真正法律问题的纠纷,可以通过制度设计,使其在被提交法院之前即得以解决。例如,欧盟国家法院与体育争端解决机制有个默契,纠纷未经争端

———————————

① 参见王毅真:《在高校中建立调解组织是客观形势的需要》,《人民调解》1998 年第 8 期。

解决机构调解或仲裁,法院不予受理。如当事人对仲裁不服,法院再受理。法院不仅以其程序最优、权威至上而成为法治社会中最重要的纠纷解决机构,而且还负有通过司法审查,监督其他纠纷解决机制的重要使命。也就是说,人们在到法院起诉以求助于法律途径以前,应当穷尽其他各种救济途径。如果不是这样,试想每年国家教育部受理的上万件信访和成千上万宗上访,如果都提起诉讼的话,不仅相关人身心疲惫,法院也必定不堪重负。没有充分和完善的庭前纠纷化解机制,法律就难以真正成为社会正义的最后一道防线。

近年来司法实践和教育法学理论的发展,已经使得下列观点日益为人们所接受,即学校作为公务法人行使公权力不能不接受司法的审查;学位评定委员会、学术委员会等学校组织作为"法律法规授权组织",也不能不在一定程度上接受司法的监督;作为管理相对人其权益受到损害的学生和教师可以请求司法的救济。司法救济正在表现出对于推进教育领域中法治进程的巨大推动作用。生活在教育社会中的人们正在逐步享有《世界人权宣言》所宣示的作为基本人权的司法救济权,即"任何人当宪法或法律所赋予他的基本权利遭受侵害时,有权由合格的国家法庭对这种侵害行为作有效的补偿"。毫无疑问,法庭应该是而且也正在成为解决教育领域中权利冲突和利益纠纷的重要和终极性的场所。然而,法治社会以司法权为核心的权利救济制度,并不意味着所有正当权益的维护都要经过法院。法治秩序不仅不排斥各种非诉讼权利救济途径和形式的存在,而且强调以司法救济为主导的权利救济制度体系的公正性和效率性。教育的内在逻辑和发展规律的特殊性,决定了学校管理过程所具有的教育性、学术性和民主性,并不是所有的学校纠纷都适合司法救济的途径。已有的司法实践表明,很多问题实际上难以通过司法救济途径达到应有的效果而使其得到真正的解决。因各种纠纷都直接寻求司法救济而导致的诉讼泛滥,不仅不是法治社会的标志,而且在一定程度上表现了法治的不成熟,反映了社会关系和法制秩序的混乱以及现行法律的缺陷。大学管理工作者的使命,在于用法治意识和法律思维的理性,通过建立并不断完善必要的程序和制度,构筑起化解学校纠纷的有效系统,规范学校秩序,实现法治状态下学校发展的稳定与和谐。实现法治秩序不仅要求完善的法律,而且要求通过一系列与之相匹配的制度性安排和创造一种适宜的环境,使已经载入法律的那些基本价值和原则逐步得以实现。

三、"依法治校"意味着法治状态下的良性秩序

追求秩序是基础性的法价值之一。正如美国法学家博登海默所说:"一个法律制度若要恰当地完成其职能,就不仅要力求实现正义,而且还要致力于创造秩序……因此,秩序的维持在某种程度上是以存在着一个合理的、健全的法律制度为条件的,而正义需要秩序的帮助来发挥它的一些基本作用。为人们所要求的这两个价值的综合体,可以用这句话加以概括,即法律旨在创设一种正义的社会秩序。"①如果说"法律秩序是按照法律规则良性运行的社会状态"②那么,学校法律秩序就是按照法律规则良性运行的学校有序状态。

建立以法律规范、法律规则为依据而形成的学校秩序,是"依法治校"的一个重要目标。当前主要是指通过立法控制、程序监控和司法监控,建立和完善对权力的制约和监督机制以及各种权利的保障和救济机制。对权力的制约和对权利的保障,是一个问题的两个方面。对学校管理的立法控制,是指在学校管理权力的设定阶段,对学校行政中的自由裁量权——自主管理权力的合理性进行规则性控制,明确权力安排并设定权力界限,对涉及基本社会关系和公民基本权利的事项,明确法律保留。对学校管理的程序监控,是指在学校管理权力的运作阶段以正当程序控制管理过程,通过建立并不断完善科学、合理、严格、固定的程序机制,对学校自主管理权力的合理性进行过程性控制,实现学校自主管理权的合法行使,保障权力相对人的正当权利。对学校管理的司法监控,是指司法审查对学校自主管理权力的合理性进行救济性控制,实现对学校管理权力正当行使的最后监控和对权力相对人的最后救济。

---

① [美]博登海默:《法理学——法哲学及其方法》,邓正来、姬敬武译,华夏出版社 1987 年版,第 302 页。

② 吕世伦、文正邦:《法哲学论》,中国人民大学出版社 1999 年版,第 573 页。

依法治教不仅是一个完善法律制度的问题,也是一个在管理过程中贯彻法治原则的实践问题。教育法律秩序作为实施法治的一个重要方面,不仅包括法律制度方面的内容,还应包括实施法律的有效措施,包括对教育关系中所有主体活动的不同层次、不同形式和不同方面的影响机制和救济机制。即如何使各种以规范形态存在的法定权利转化为权利主体在具体法律关系中所实际享有的现实状态的权利。

教育法律秩序的形成过程,也是相关秩序机制的建立和完善的过程。完善学生权利保障机制的问题,是学校法律秩序中的一个重要问题。当前亟待解决的是建立和完善相关的程序机制和救济机制。

四、构建完善的程序机制和救济机制,保障学生权利

正当程序是法治理念中的重要内容。管理过程中的正当程序是相对人权利保障的基本要求。没有正当程序,受教育者在学校中的"机会平等"就难以实现,其合法的"请求权"、正当的"选择权"、合理的"知情权"就难以得到保障和维护。在学校管理过程中,"隐私权"是最容易被忽视的问题,一些传统观念和旧的行为方式需要用现代法治理念重新审视。例如学生的考试成绩能否公开?别人能否代查考试成绩?等等。这里面既涉及对人的尊严的维护,又关系到对个人隐私权的界定、保护以及相关的公平问题。其中的公平,包含着他人"知情权"与个人"隐私权"的冲突。"知情权"要求相关问题与资料最大限度的透明,而"隐私权"则要求限制某些有关个人的情况与资料的公开。正当程序不仅是个重要的法治原则,而且是个复杂的实践问题。很多情况下,它以公平与效率的平衡为基础。当合法权利之间相互冲突时,正当程序要求找到权利的平衡。否则,管理工作必然是片面的和失败的。

完善学生权利救济机制的问题,当前应尽快建立和健全学校内部以相互尊重和沟通为基础的学生申诉制度,以解决和处理学校特殊法律关系中属于管理关系的学生处分纠纷,而对于涉及基础关系的纠纷,受处分学生在穷尽校

内申诉途径之后,可依法通过行政复议、行政诉讼等校外渠道获得法律救济。我国《行政诉讼法》在规定直接通过司法救济还是先通过行政途径救济、再申请司法救济是行政相对人的一个选择权的同时,还规定:"法律、法规规定应当先向行政机关申请复议,对复议不服再向人民法院提起诉讼的,依照法律法规的规定。"最高人民法院《关于贯彻执行〈中华人民共和国行政诉讼法〉若干问题的意见(试行)》中规定:"法律、法规中只规定了对某类具体行政行为不服,可以申请复议,没有规定可以向人民法院起诉,而行政诉讼法规定可以向人民法院起诉的,当事人向人民法院起诉时,应当告知当事人向行政机关申请复议。"我国《行政复议法》规定:"申请行政机关履行保护人身权利、财产权利、受教育权利的法定职责,行政机关没有依法履行的","公民、法人或者其他组织可以依照本法申请行政复议"。2000年北大学位诉讼案以后,相当多的法院依据上述规定,不直接受理学生有关处分问题的起诉,要求其按照《教育法》第四十二条第四项的规定先申请行政途径的救济,向有关部门提出申诉或者依法申请行政复议。在这种情况下,申诉制度的完善对于学生权利的保障和维护作用就显得格外重要。

学生申诉从整体上看,仍是一种非形式化的救济渠道。一方面,申诉在时间和形式上不受限制,似乎学生可在任何时候和任何情况下不受任何限制地向任何有关部门提出申诉;但另一方面,申诉的非形式化,也相应地缺乏甚至没有必要的程序上的保障机制。由于程序缺失、缺乏,甚至没有申诉的程序规则、受理申诉的责任规则、不服申诉的救济等应有的程序保障,导致学生申诉作为一项法定的非诉讼救济形式,在现实生活中陷入随意和经常无效的状态。救济作为权利主体在其权利受到侵害的前提下产生的一种权利,其实现是以完善的救济机制为基础的。学生申诉有关制度建设的滞后,已经成为影响学生实现该项权利的主要问题。具体表现在:(1)我国行政诉讼法、刑事诉讼法、民事诉讼法等法律规定的诉讼上的申诉权利,都有明确的受理申诉的机关,而教育法的规定,只是将申诉这一由宪法赋予的公民基本权利具体化为一种非诉讼的学生申诉权利。有关的制度建设严重滞后,学校中至今缺乏甚至没有受理学生申诉的专门机构,"申诉无门"的现象十分严重。(2)教育法规定的申诉范围只限于"对学校给予的处分不服",从而难以充分保障学生多方面的合法权益,使大量的有关学生权利的纠纷不能合法地通过申诉渠道得到解决。(3)缺乏甚至没有规范的可供选择的申诉形式,权利受到侵害的学生不知道如何主张和实现自己的申诉权利。

（本文原载《中国高教研究》2004 年第 4 期）

网络舆情作用下的大学治理结构完善

一、问题的提出：教育舆情事件中的大学治理

2011 年 5 月 23 日，一篇《清华大学第四教学楼更名"真维斯楼"》的帖子在水木清华 BBS 社区发布后，引起了大批网友的关注，他们通过论坛、博客、微博纷纷发表意见，继而中央电视台、人民日报等各大传统媒体也纷纷跟进，激烈的争论令校方始料未及。根据一项校园调查发现，57%的网友反对这一冠名①。在强大的反对声浪中，"真维斯楼"的铭牌亮相还不足三天就被校方摘下。网络舆情在这一标志性事件的演化过程中发挥了显著作用，它使得学生借助新媒体的力量，强化了公众话语与民意表达，伸张了他们的"知情权"与"参与权"诉求，从而有力地嵌入了大学治理，舆论压力的持续聚焦和渗透，构建起一种对于大学治理的非体制性制约。与之相类似，近年来发生的武汉大学赏樱收费、某大学教授离职等一系列教育舆情事件，从治理的角度来看，都预示了网络舆情作用下大学治理结构完善的新趋势。

二、我国大学治理结构的主体性缺失

"治理"一词最早源于拉丁文和古希腊语，这一观念将公共事务管理视为

---

① 参见刘若晴：《清华四教"命名门"》，http://3g.sina.com.cn/dpool/blog/ArtRead.php? nid=5c74d1d001017a8g&a-pos=1&vt=3.

上下互动的过程,强调权力向度的多元性,与自上而下"命令—执行"式的"统治"观念相对应,后者则更突出管理权的单向度。随着新公共管理的兴起,向"治理"转变逐渐成为现代公共事务管理的核心理念。在西方国家,人们重新思考高等教育的管理问题,并尝试着在大学、政府、社会之间以及学校内部建立多方合作关系,以求既保证国家利益、体现投资者意志,又赋予大学自治和实现学术自由,从而使得治理理论更深度地渗入到了大学的管理之中①。中共中央、国务院 2010 年颁布的《国家中长期教育改革和发展规划纲要(2010—2020 年)》提出了完善我国大学治理结构的改革任务,表明大学治理已获得政治合法性并正式进入了政策议程。

对现代大学而言,治理结构提供了协调各利益相关者诉求的有效机制,进而奠定了大学存在的合法性基础。在政治学上,合法性意味着统治规则或基础得到了被统治者的认可和同意②。而从社会学研究来看,统治却是因为得到了承认才具有合法性。随着近年来关于文化多元主义的盛行,人们把这种承认引申到群体关系的讨论中,即由平行的承认来构成一个共同体内异质文化群体中"承认的政治",也就是特定的文化或者文化群体通过获得承认来构建自己的合法性。当从大学获得外部承认的角度来讨论其合法性时,可以把表达承认的主体界定为国家、政府部门及其代表人物,以及包括社会团体、个人在内的利益相关者。国家、政府部门的承认通常以同意、授权的形式与大学办学联系在一起;社会中利益相关者的承认则以合作、提供资源的形式与大学办学相关联。随着大学越来越多地卷入社会生活,与各社会群体发生了深度互动,治理结构成了一种汇集、响应和协调利益相关者诉求的机制。当前,大学在办学中要不断地从社会中吸纳各种资源,而社会对大学的资源供给是以对大学价值的承认为前提的,大学治理就发挥了构建和表达这种承认的作用,从而使得其意义得以凸显,变成了为大学行为提供合法性基础的机制。

大学治理是从公司治理延伸而来,指大学各治理主体的权责划分及其在运

---

① 参见黄厚明:《大学合法性危机:大学治理的原因探究》,《南京理工大学学报(社会科学版)》2009 年第 4 期。

② 参见[德]哈贝马斯:《公共领域的结构转型》,曹卫东等译,学林出版社 1999 年版,第184 页。

作过程中相互关系的制度安排,其目的是使治理主体在所能控制的资源范围内尽可能使大学办学效益最大化。现代社会对大学的承认逻辑基于社会效能水平和对人价值的提升两个方面,前者意味着大学要在实现其自身使命和功能时符合最少投入最大产出的理性计算原则;后者则意味着大学要在从事知识探索、人才培养和服务社会的过程中促进包括研究者、受教育者等主体的充分发展。

目前,我国大学普遍施行的是党委领导下的校长负责制,采取校、学院、系三级管理或校、学院两级管理的模式。校一级作为资源配置中心,主要负责制定政策、确定发展战略和获取资源等事务,并负有对下级监管职责。学院一级是教学科研实体,负责教学计划的拟定、实施,科研活动的组织、人才的评估和聘任等;此外,还承担一定的社会服务性质的经营职能,如开展培训、咨询等。系是专业教学科研单位,主要负责落实教学科研计划、组织实施教学等。这种体系就构成了大学办学中从决策到执行的自上而下的科层化体系,基层的信息和利益诉求沿着自下而上的路径传递。行政管理部门居于整个体系的核心位置,学生在其中既无获知相关决策信息的正式渠道,亦无参与决策的入口,处于办学决策被动承受者的地位。

大学管理的科层体系之外还有大学的董事会和教代会两种正式的机制参与大学的办学事务。建立董事会代表了我国大学在办学改革方面的新尝试,从 1985 年我国第一个大学董事会出现到现在其所发挥的作用来看,它主要是一种在建立社会联系和推动产学研合作并寻求外部资助的一种方式。董事会主要由企业高管、知名校友和政府官员等人士组成,它实际是大学与校友、政府、企业进行关系联络的一种组合体,法律上缺乏明确的定位,难以承担起大学治理职能。教代会的实践只是表明有一种集中表达教职工利益诉求的途径并实现了教师群体的整合,在行政主线之外形成上传下达的另一种渠道。由于缺乏参与学校治理和监督的有效机制,法律所规定的教代会的"民主管理和监督"职能基本无效,其对大学治理的实际意义也就非常有限。总之,目前我国大学行政管理模式之外的其他参与机制均无法有效发挥治理作用,作为重要利益相关者的学生群体在其中更无应有的一席之地。

学生作为受教育权主体和最重要的教育服务消费者,是大学最重要的利益相关者之一,本应该对学校的教育、教学及管理工作拥有知情权、决策参与权甚至在某些问题上一定程度的决定权。但我国现行法律法规更多还是强调学生对学校管理的服从,缺乏对学生参与学校事务的规定,仅在《普通高校学生管理规定》中提及"学生对有关切身利益的问题,应通过正常渠道积极向学校和当地政府反映",鼓励学生对学校工作提出批评和建议,支持学生参与学校民主管理。但目前学生作为大学治理参与者的地位尚未得到应有重视,更缺少甚至没有法定或制度化途径能使他们影响大学决策。这已成为我国大学治理结构中的一个主体性缺失,它使得学生的利益诉求缺少一个制度化的表达通道,潜藏着大学治理的合法性危机。

伴随我国高等教育的发展和日益开放以及国际化进程的深入,受教育者的求学选择有了更多的目标,他们可以根据个人的喜好和发展意愿在全球范围内选择接受教育的大学。受教育者的自我选择催生了全球范围内大学办学水平的激烈竞争,这种竞争与大学对利益相关者的需求响应存在重要关联,大学治理作为协调各利益相关者的有效机制发挥着核心作用。当治理结构中未能吸纳学生这一群体时,大学办学对学生群体需求的响应就会发生弱化,有可能导致办学竞争中的生源危机,进而演化成为大学的教育质量危机、创新能力危机和声誉危机。当大学治理结构的完善不能适应办学竞争时,大学治理结构中的主体缺失就有了向深度演化成一种全面的制度性危机的可能。

三、网络舆情对学生参与大学治理话语权的提升

(一) 大学网络舆情的内涵

18 世纪产生于新英格兰市政厅和乡村教堂的公共场所,使不同阶层的人可以对公共权威及其政策和其他关心的问题进行理性、批判性的探讨,这种聚会场所就形成了社会学意义上的公共空间,即社会内部一些具有某种公共性且以特定空间相对固定下来的社会关联形式和人际交往方式,它对西方社会现代治理结构的形成和公民参与素质的提高起到了重要作用。我国古代统治者为有效维护统治,虽推崇和标榜"言者无罪"的政治批评理念,但实际上多

是君主与臣民之间的沟通姿态,并未形成现代意义上平等主体间的"公共空间"。而当今互联网在我国迅速普及,其所具有的开放性、平等性和互动性使其成为反映公众心声的重要载体,成为一种内生性公共空间,这意味着网民在日常生活实践中能依靠自身的理性选择创造网络虚拟社会秩序赖以存在的各种社会关联。不断涌现的网络媒体形式与传统媒体一道共同构成了当今中国的公共空间,已成为影响社会生活的重要平台。

据 2012 年发布的《第 30 次中国互联网络发展状况统计报告》,截至 2012 年 7 月我国已有网站 230 万个,网民总数已达 5.38 亿,互联网作为开放的信息交流工具,已经成为表达社情民意的最大平台。在网民中,25 岁以下的网民比例超过半数,大专及以上学历超过四成,学生一直以来都是一个数量庞大且高度活跃的群体。学生通过 BBS、E-mail、即时通讯、博客、微博等网络媒体对包括校园事务在内的各类话题发表意见和评论,各种话题随着升温向更大范围进行传播扩散,进而形成有巨大影响力的网络舆情,使得网络成为大学治理中公共空间的重要组成部分。

网络舆情是人们在各种社会事件的刺激下产生并通过互联网广泛传播的对于某事件所有认知、态度、情感和行为倾向的集合。学生们以网络为平台展开对某事件的交流讨论,当人数聚集到一定程度后参与者发生意见分化,持有共同意见的人形成内聚力很强的共同体,对共同体所持意见表现出很强的坚守意愿,这就意味着可以对大学治理施加影响的网络舆情正式形成了。

(二) 网络舆情对学生参与治理的影响

相对于传统媒体,网络媒体具有高度实时性特点。一个话题出现在网络上,瞬间就可以为全国甚至世界所知,这就使得热点事件的影响经过网络传播很快变得普及化和扩大化。另外,网络媒体还具有匿名性和互动性特点,这不仅使得学生在交流时减少了羁绊,而且能吸引和聚集更多的参与者,加速了群体极化现象的产生,即群体成员在表达观点时倾向于与其他成员的信念保持一致,以获取群体对自己的认可及团体归属感;而当自己在态度倾向不明时,又通过模仿与顺从其他成员的观点以获取心理上的安全感,即人们的观点倾向逐渐接近,其冒险或保守程度明显高于群体成员的正常状态。

由于我国目前正处于社会转型期,各种社会矛盾的积聚引发了一系列问题。当有关问题出现时,网络媒体话语首先将这些问题变成公共论题,再通过说服性沟通策略把各种负面情绪与校园网络舆情中非理性的一面相结合,最后建构共识性危机使得潜在动员者变成实际参与者,这就实现了网络舆情向群体事件的转化,并呈现突发性、偏离性、扩大化和情绪化特征。

当前大学校园内由网络舆情引发的群体性事件主要分为维权型群体性事件和爱国型群体性事件两类①,此类事件一般是在导火索话题的刺激下引发出来。通常导火索话题与群体性事件具有直接或间接关系,而有的则是与群体性事件没有关系的独立事件,属于借题发挥或被利用而引致的事件,即舆情议题的泛化。网络舆情主题的泛化是指在舆情演化过程中由于网民聚焦点发散导致人们对初始议题的关注度不断下降,并衍生出多个与事发学校本身无明显关联的议题。在此过程中,"成见系统"起到了不可忽视的作用,由于网民时间精力的有限性与网络信息海量性的矛盾,迫使其在熟悉信息内容前做出判断,成见系统则起到了信息采集过滤器和识别器的作用。在其作用下,事件局部信息就可迅速被网民感知并在聚焦中放大,在解读方式上则采取了先定义后理解的方式,即使事件信息再繁杂也能迅速识别出与自己固有看法相吻合的事项,并在此基础上发表自己的观点②。校园网络舆情的泛化和放大效应相结合则有可能进一步加剧群体事件的烈度,即某些特定网民群体将某一部分信息单独输出并引导其他网民不断将之强化,有时甚至是虚假信息也有可能会被单边放大③,从而对学校治理造成不可逆的巨大冲击。

当前,学生在校园生活中关注的焦点话题主要集中在权益保障、学校发展、学习交流及情感等方面,此外还有一些与校园生活不直接相关的国家政治和社会生活中的热点问题,包括国际战略实施、重大政策制定及社会热点事件等。从相关话题形成网络舆情,而后经扩散、泛化和强化触发群体事件的角度来看,网络正在成为一种全新的政治动员机制,人们完全可以绕过政府以往的

---

① 参见张丽娟等:《高校群体性事件网络舆情管理研究》,《情报杂志》2011 年第 6 期。
② 参见陈强、王雅蕾:《高校突发事件网络舆情泛化现象研究》,《情报杂志》2011 年第 5 期。
③ 参见李昌祖、周杰:《高校网络舆情及其研判的若干思考》,《江苏高教》2010 年第 5 期。

控制来进行聚合①,从而使得处于舆论中心的大学必须采取切实措施应对舆情压力。

　　网络舆情由泛化而引致群体事件的过程,使得一些热点话题的影响远远超出了校园范围,但网络媒体的传播特点使得大学的管理者既无法以过去通常的方法去控制网络舆情,也不能采取鸵鸟策略对相关话题予以忽略。否则,当校园焦点话题向群体事件转化并进一步向社会扩散时,大学治理受到上级行政部门问责和公众的非议将难以避免,相应的政治冲击也将为大学管理层带来难以承受的风险,因此大学决策层重视校园网络舆情,倾听来自网络的呼声并合理地予以响应就成了唯一的化解之道。从治理的角度看,在大学的治理架构中充分给予学生应有的地位,积极主动地收集学生在网上对学校改革、建设的意见建议,并在学校的发展规划和日常管理中加以回应,就成了从制度上克服舆情危机的基本途径,可以说网络舆情提供了学生群体成为大学治理主体的契机。

四、网络舆情作用下大学治理结构的演化趋势

　　根据公共物品理论的观点,作为非义务教育,国家并不能为每个国民无偿提供高等教育,入学考试制度和招生计划都决定了只有部分学生才能进入大学,因此高等教育在消费上具有明显的排他性,是一种准公共物品。作为一种准公共物品,政府并不应当成为高等教育的唯一提供者,而应当是一种政府、个人、企业、非营利组织等各利益相关者都参与其中的提供模式。大学治理结构作为一种利益协调和响应机制,就起到了汇聚社会各方力量推动高等教育发展的作用。在经济和社会快速发展的时代背景下,大学的治理结构也面临着持续不断的变革压力,一种好的治理结构首先要能够容纳广泛的利益相关者群体,其次是能够积极地顺应时代的变革需求,这样才能使得资源得以汇集,各社会群体的利益得以体现,个人的价值得到充分的发掘和培育,并使得

---

① 参见吕坤良:《网络言论传播引论》,中国社会科学院出版社 2002 年版,第 67—70 页。

国家在全球化的科技教育竞争中获得优势地位。

约翰·布鲁贝克认为高等教育越卷入社会的事务就越有必要用政治观点来看待,就像战争意义太重大而不能完全交给将军决定一样,高等教育也不能完全留给教授们决定。① 高等教育的准公共物品特性意味着,大学自身并不是完整意义上的办学利益主体,应由社会利益来决定其公共价值,每一类利益相关者都不应单独对大学行使控制权,大学治理结构作为比管理结构更为基础的制度结构,其根本目的是建立大学决策过程与公共利益及社会权利主体的合理联系,实现社会价值的最大化。充分挖掘、培育和提升学生作为人的价值是大学自身价值的根本所在,也是构成大学合法性的基础要件,这是大学内在价值运行的必然要求,因此,学生成为大学治理的主体有着价值上的合理性。

现代大学承担着人才培养、科学研究和服务社会的使命,学生是人才培养的核心目标对象。随着研究生教育、职业教育的兴起和繁荣,学生群体在科学研究和服务社会的过程中发挥着越来越重要的作用。可以说,现代大学基本使命的实现,都离不开大学在培养学生的过程中与学生群体的互动。爱默生提出的依赖—权力理论认为,两类主体的依赖关系意味着,一方以另一方为中介所达成的目标越多,一方对另一方的依赖就越强,反之就越弱。按照这一观点,大学治理目标的达成对学生就是一种高强度依赖关系。教育应以人为本,学生是有着独立意识、自我价值和目标追求、充满个性的活生生的人,若其游离于治理结构之外,就无法顺畅有效地表达和实现自身的教育需求,大学使命的达成也势必会受到阻碍,因此学生参与大学治理还有着逻辑上的必然性。

在互联网时代,由于信息发布的自由性和传输的便捷性,大学治理中的决策越来越公开,网络舆情作为大学利益相关者的重要信息交流形式,直接促进了校务公开,从而也势必带来了大学管理的透明化。另一方面,网络作为一种开放平台,它不但汇集了学生对学校管理的意见,还吸引了包括学生亲属、校友、社会人士、企业界等各类利益相关者的参与。这种广泛性使得大学的任何

---

① 参见[美]约翰·布鲁贝克:《高等教育哲学》,王承绪等译,浙江教育出版社1987年版,第32页。

决策者都不能对网络舆情视而不见。网络舆情有着自身独特的发展演化规律,意见领袖借助自身的见解和个人魅力吸引了大批追随者,迅速形成了具有很强内聚力的共同体,对大学治理层形成了强大的监督与制衡作用,这就使得网络舆情演变成学生参与和介入大学治理的一个重要途径,有利于大学治理结构的合理化进程。

学生真正成为大学治理的有效参与者,必须要有正式制度安排加以保障,而要确保制度能够良好地运转,就要求各主体能够在大学治理上形成广泛的价值认同。这种价值认同是以大学的文化理念为基础的。任何一种共同理念的形成都是一个长期的过程,这就决定了大学治理演化和转变注定是在大学精神特质基础上的渐进过程。学生成为大学治理的主体,从价值的层面就意味着对一些传统认知理念的颠覆。由于我国大学的主体主要是公立大学,在利益主体多元化的背景下,多个社会主体介入到大学治理中来,大学治理也必须以所有权与管理权的一定分离为前提。在此基础上,大学治理结构的演化才能逐渐地发展成为帮助大学适应现代社会复杂环境、引导并推进大学治理的发展,在遵循大学内在逻辑并与现代社会相契合的基础上,重建大学变化中的力量平衡①。大学治理结构的完善本质就是重塑大学与政府、社会群体,包括与教师和学生之间的关系。

大学师生作为学校的主体,在大学治理中与管理层本质上是一种委托代理关系,师生是委托方,大学管理层则是受托方,后者的管理权从属于师生的权利。因此在办学中管理层应当向师生公开决策和执行信息,以期通过社情民意的良性互动来寻求善治。实现善治需要在治理主体重构的基础上,加强制度建设并形成有效的纠错机制,而这又是以对大学治理结构的深刻反思和完善为基础的。

OECD 将大学的权力分为房屋与设备资产权、借贷权、财务预算权、学科和课程设置权、雇佣和解聘学术成员权、确定工资标准权、招生权、学费水平决定权共八种。其中学科和课程设置权、雇佣和解聘学术成员权、招生权和学费

---

① 参见龚怡祖:《大学治理结构:建立大学变化中的力量平衡》,《高等教育研究》2010 年第 12 期。

水平决定权与学生的受教育过程和效果有着最直接关联,逻辑上行使这些权力的管理决策也需要汲取学生意见,因此,这四个方面最方便成为学生介入大学治理的切入点。这八种权力涉及大学管理的方方面面,作为规模庞大、结构复杂、目标多元的一类组织,大学治理涉及了很多高深的专业知识,这就意味着并非所有从价值和逻辑上应当介入大学治理的利益相关者都能成为合格、胜任的治理主体。学生是一个认知水平、管理能力、社会经验都还处在成长积累阶段的群体,对大学治理的参与不可避免地要受其自身局限的影响,因此他们的参与势必是一个渐进和逐步深入的有限过程。尽管如此,学生参与大学治理作为大学治理结构完善与合理化的一个重要因素不能因此而被忽略,大学生学习能力强、思想开放、精力充沛,他们参与大学治理有着自身独特的优势,学生作为大学治理结构中的一个合乎逻辑的主体,也必定可以成为大学治理中的一个具有正能量的积极的建设性的成员。

五、结语

虽然学生成为大学治理主体有自身的局限,但这不能成为大学治理结构中拒绝接纳这一重要利益相关群体的理由。为实现大学治理结构的完善,为学生参与学校治理提供恰当的培训和引导是顺应这一合理化趋势的必要手段。这种培训和引导的正向价值不只是体现在对大学治理结构的完善作用上,还体现在对学生作为高素质现代社会公民的造就和养成中。一个庞大的受过高等教育的社会群体,能够通过理性思考与合法参与来伸张自身权益,并学会尊重他人利益,在利益平衡中促进公共利益的实现,对于转型期的中国社会而言,无疑将是一笔巨大的社会财富。

(本文原载《中国高教研究》2013 年第 5 期,本文作者为秦惠民、郑中华)

学生参与大学治理的理论
逻辑与实践路径

一、完善我国大学治理的新时代命题

在完善大学治理、推进教育治理体系和治理能力现代化的进程中,教师在大学治理中的参与权是一个热门话题,但学生在大学治理中的参与权却未得到足够重视。现代大学生具有较强的主体意识,追求思想独立和自我价值,在思想观念、生活方式、学习规划以及未来发展等方面具有较多的个性化追求。在信息化时代,现代大学生易于接受新事物,具有较高的自我判断能力,对社会认知也更加丰富和理性。这些特点使得现代大学生具有较强的参与意识,愿意以积极的姿态参与大学事务。现代大学教育应当尊重学生的自主意识和参与意愿,赋予学生更多的参与权和选择权,这被视为我国教育改革的重要目标之一。① 1990 年,国家教委制定的《普通高等学校学生管理规定》第五十条最早对学生参与大学民主管理作出鼓励性和支持性的原则性规定,即"鼓励学生对学校工作提出批评和建议,支持学生参加学校民主管理"。2011 年教育部修订的《高等学校章程制定暂行办法》第十二条第一款规定:"章程应当明确规定教职工代表大会、学生代表大会的地位作用、职责权限、组成与负责人产生规则,以及议事程序等,维护师生员工通过教职工代表大会、学生代表大会参与学校相关事项的民主决策、实施监督的权利。"2017 年,教育部修订

---

① 参见熊丙奇:《尊重学生的选择权是教育改革的重要目标》,《人民教育》2014 年第 9 期。

的《普通高等学校学生管理规定》第 6 条第 5 项规定,学生"在校内组织、参加学生团体,以适当方式参与学校管理,对学校与学生权益相关的事务享有知情权、参与权、表达权和监督权"。这些有关学生权利的规定极为重要,但在参与范围、参与事项、参与程度等方面对学生参与学校管理缺乏更为精细化的规定。

在大学治理实践中,学生参与的程度较低,学生更多地被视为教育和管理的客体对象,学生直接参与大学决策的途径阙如,多限于提出意见和建议、反映问题等非程序性、非决策性的参与,缺乏正式的、稳定的参与程序和制度性保障;允许学生参与的事项多被限定在与学生衣食住行、娱乐、就业指导等一般事项上;学生在参与过程中始终处于被动地位,往往是校方决定是否允许学生参与以及学生可参与的程度。造成该种状况的原因是大学治理中的官僚科层化,行政部门在基层信息和利益诉求自下而上的传递过程中居于核心位置,学生缺乏正式的渠道获得决策信息,也缺乏参与决策的入口,在大学决策中居于被动承受者地位。① 显然,与此相关的理念和治理结构无法适应现代大学教育的需要。因此,应改革大学治理结构,以学生受教育权和作为学习主体的权利为基础,"建构出一种新的、多元化的、可以让学习者自主选择的多样性学校教育制度,来满足不同人对教育的不同需求,实现一种能够真正满足差异性发展的教育机会平等"②。

然而,现行教育法律并未明确保障学生在大学治理中的参与权,而是仅将学生参与大学治理的权利限定在利用大学教育资源、获得大学资助、在学业成绩和品行上获得公正评价以及遭受不利处分后的救济等事项上。③ 2013 年,

---

① 参见秦惠民、郑中华:《网络舆情作用下的大学治理结构完善》,《中国高教研究》2013 年第 5 期。

② 劳凯声:《把学习的权利还给学生——受教育权利的历史演进及当前发展的若干新动向》,《北京师范大学学报(社会科学版)》2015 年第 3 期。

③ 例如,《教育法》(2015)第四十三条规定,受教育者享有下列权利:(一)参加教育教学计划安排的各种活动,使用教育教学设施、设备、图书资料;(二)按照国家有关规定获得奖学金、贷学金、助学金;(三)在学业成绩和品行上获得公正评价,完成规定的学业后获得相应的学业证书、学位证书;(四)对学校给予的处分不服向有关部门提出申诉,对学校、教师侵犯其人身权、财产权等合法权益,提出申诉或者依法提起诉讼;(五)法律、法规规定的其他权利。《高等教育法》第五十三条第二款规定:"高等学校学生的合法权益,受法律保护。"第五十七条规定:"高等学校的学生,可以在校内组织学生团体。学生团体在法律、法规规定的范围内活动,服从学校的领导和管理。"

党的十八届三中全会在提出"完善和发展中国特色社会主义制度,推进国家治理体系和治理能力现代化"是全面深化改革总目标的同时,将"完善学校内部治理结构"作为深化教育领域综合改革的重要内容。2019年,中共中央、国务院印发的《中国教育现代化2035》提出,推进教育治理体系和治理能力现代化;提高教育法治化水平,构建完备的教育法律法规体系,健全学校办学法律支持体系;提高学校自主管理能力,完善学校治理结构,继续加强高等学校章程建设。

有关完善大学治理结构的讨论,学者们众说纷纭,有制度完善说,亦有制度重构说。党的十九届四中全会通过的《中共中央关于坚持和完善中国特色社会主义制度推进国家治理体系和治理能力现代化若干重大问题的决定》明确指出:"中国特色社会主义制度是党和人民在长期实践探索中形成的科学制度体系,我国国家治理一切工作和活动都依照中国特色社会主义制度展开,我国国家治理体系和治理能力是中国特色社会主义制度及其执行能力的集中体现。"2020年,党的十九届五中全会通过的《中共中央关于制定国民经济和社会发展第十四个五年规划和二〇三五年远景目标的建议》将"国家治理效能得到新提升"作为"十四五"时期经济社会发展主要目标之一,同时提出建成教育强国,增强学生文明素养、社会责任意识、实践本领,培养德智体美劳全面发展的社会主义建设者和接班人等要求,进一步明确了我国教育改革与教育治理体系和治理能力现代化的核心任务,为大学治理的结构完善和效能提高指明了方向。

习近平总书记指出,社会主义协商民主,是中国社会主义民主政治的特有形式和独特优势,是中国共产党的群众路线在政治领域的重要体现。中共中央2015年印发的《关于加强社会主义协商民主建设的意见》强调:"协商民主是在中国共产党领导下,人民内部各方面围绕改革发展稳定重大问题和涉及群众切身利益的实际问题,在决策之前和决策实施之中开展广泛协商,努力形成共识的重要民主形式。"中国特色社会主义进入新时代,学校办学自主权进一步落实,"广大师生对民主、法治、公平、正义的诉求日益增长,参与学校治理和保障自身权益的愿望更加强烈"。① 进一步拓展学生参与大学治理的途

---

① 《教育部关于进一步加强高等学校法治工作的意见》,http://www.moe.gov.cn/srcsite/A02/s5913/s5933/202007/t20200727_475236.html。

径和渠道,完善大学治理结构,保障学生在大学治理中的知情权、表达权、参与权和监督权,是学生作为大学利益相关者主体地位的重要体现,是在完善大学治理进程中落实民主法治要求、贯彻协商民主原则、推进教育治理体系和治理能力现代化的应有内容。

二、学生参与大学治理的理论逻辑

(一) 大学治理结构的调整与学生参与大学治理

1. 大学治理理念的调整和治理结构的优化

现代公共行政模式经历了从管理到治理的转变。这个转变过程影响了大学治理理念的调整和治理结构的优化。

传统公共行政建立在官僚制和政治行政两分法之上,主要表现为等级权威、法制、政治与行政两分、专业化运作、非人格化的运作方式等特征。该模式在 20 世纪 40—70 年代的福利国家时期达到顶峰。但是,随着环境保护、食品安全、劳工保障等问题的出现,公众需求远超过能够满足需要的公共资源,国家财政不堪重负。而且,政府作为唯一的提供者,缺乏竞争,服务质量不断下降。政府提供公共服务注重过程而非结果,导致资源浪费;政府独享权力,缺乏对民众需求的回应,公众无法参与政府决策,难以对政府问责。这些问题的出现,为新公共管理的兴起开辟了道路。[1]

20 世纪七八十年代,为应对政府规模不断扩大、财政负担加重以及政府效能较低等问题,英、美等国发起了一场来自政府和公共部门内部的改革运动,通过引入市场化的竞争激励机制和私营部门的管理手段,如绩效管理、目标管理、组织发展、人力资源开发等理念,以达到缩小政府规模、减轻财政负担、优化政府公共服务提供方式和提升国家治理效能的目标,被称为新公共管理改革。英国学者简·莱恩认为,新公共管理倡导的公共部门改革主要目标,

---

[1] 参见竺乾威:《新公共治理:新的治理模式》,《中国行政管理》2016 年第 7 期。

是提高产品和服务的供给效率。实现该目标的手段包括公共企业公司化改革、内部市场的引入、购买者—提供者分离机制的运用、签约外包制、大规模合同的使用、标杆管理、政府部门重构、使用者付费方式等。① 新公共管理具备如下特征:强调职业化管理,建立明确的绩效标准和绩效评估,运用项目预算与战略管理,提供回应性服务,公共服务机构的分散化和小型化,引入竞争机制,采用私人部门管理方式等。②

新公共管理理论以"理性经济人"作为逻辑建构的起点,通过引入市场机制以提高行政效率目标,采用结果导向的评价机制。但其对行政工具理性价值的过度追求在一定程度上忽视公共行政所追求的民主、公正、人权以及社会责任等公共价值,损害了公共行政的合法性基础。而以结果为导向的评价机制,引入量化式的绩效管理,导致政府管理的高度形式化,忽视公共责任,违背公共行政的价值定位。为解决新公共管理理论及实践中存在的缺陷,治理理论应运而生,该理论旨在调和政府规制与市场竞争的缺陷,以善政实现善治。③

在此背景下,欧陆国家公法学视野下的自治学说逐渐转向新兴的治理理论。治理理论强调社会合意性,体现民主价值,多元主体、协商合作、良性互动是其基本要素,从而使治理与强调权力和服从关系的"统治+管理"区分开来。治理理论引入高等教育领域后,大学的治理结构发生了重大转变,主要表现在三个方面:其一,管理自治机制的强化,大学领导部门的决定权限大为增强;其二,利益相关者引导机制的建立,通过外部利益相关者参与大学内部治理,使大学自治的适应性得到强化;其三,竞争机制的引入,大学自治内部权限分配被改变。④ 对此改革,德国学者乌韦·施曼柯、哈利·波德尔等提出"治理均衡器"理论,该理论认为通过强化外部控制、弱化国家规制,可以缓解国家对大学的过度控制;国家可以通过设定目标等方式参与大学治理;外部行为体的

---

① 参见[英]简·莱恩:《新公共管理》,赵成根等译,中国青年出版社2004年版,第67—68页。
② 参见陈振明:《评西方的"新公共管理"范式》,《中国社会科学》2000年第6期。
③ 参见《探寻中国治理之谜:俞可平教授访谈录》,《公共管理与政策评论》2021年第1期。
④ 参见姚荣:《新公共管理语境下大学自治权限分配的公法争议及其解决》,《重庆高教研究》2020年第2期。

参与,可以更好发挥大学的社会服务功能;大学的自主性和竞争机制的增强,将提升大学的创新性。① 在此背景下,大学不断调整组织结构和决策机制,扩大决策主体的参与范围,允许学生参与到大学治理结构之中,以回应学生诉求。

改革开放以来,我国大学也经历了从管理到治理的转变过程。早期我国大学管理是建立在科层官僚制基础上的,采用行政机构管理模式,大学管理者居于领导和支配地位,而学生处在服从和被支配地位。大学确立教学的目标、规划和规则,学生多是遵从学校的教学和生活安排,服从学校的毕业分配。在传统的大学管理结构下,学生始终处于消极、被动的地位,缺乏参与学校管理的渠道和机会。这种传统的管理模式,缺乏对学生个性化的关注,不仅与高等教育发展的趋势不相符合,也不符合国家治理理念的转变。协商民主是中国独特的民主模式,也是国家治理正当性的重要基础。其逻辑结构是以社会主义公共价值的前置作为基础,以公意政党(中国共产党)的领导作为内生动力,以公民利益的参与作为外在动力,以公共协商的机制作为制度载体,有着更高优势的民主共识决策结果。② 协商民主能够克服竞选式民主的弊端,矫正权力过度集中的风险,使决策过程更具包容力,实现决策民主与决策效能的融合。

在以协商民主理念为基础的大学治理结构中,学生作为大学最重要的利益相关者群体,可以通过制度性的渠道参与大学的决策过程,通过沟通对话和互动协商机制,将自身的诉求与大学其他利益相关者以及管理者的目标平衡与融合,形成大学发展的愿景和规划,实现大学治理结构的优化。

2.我国大学与学生关系的转变

我国法律虽未将大学与学生之间的关系界定为特别权力关系,但是就实践情况而言,学生被视为大学的管理对象,应当服从大学的管理。在计划经济时代,大学按照国家计划招生分配,学生考入大学后不需缴纳学费,毕业后须服从国家的就业分配指令。因此,大学对学生进行强制性管理,强调学校权

---

① 参见郭婧:《新公共管理视域下德国大学治理机制改革的内涵与特征》,《德国研究》2019年第3期。

② 参见刘九勇:《中国协商民主的"民主性辨析"——一种协商民主理论建构的尝试》,《政治学研究》2020年第5期。

力,忽视学生权利,学生不享有参与大学治理的权利,亦未被纳入大学治理的结构之中。长期以来,大学的特殊性质以及法律定位的模糊性,使得大学不被视为行政诉讼的适格被告,大学与学生之间的权利纠纷无法诉诸司法途径解决。①

随着经济体制改革以及教育体制改革的推进,国家不再承担学生的就业分配任务,学生面向市场进行"双向"求职。大学与学生之间的关系逐渐从计划经济体制的不平等关系,转向市场经济体制下的相对平等关系。伴随着国家法治进程的推进和司法实践的发展,学生与大学的关系发生了深刻变化,学生与大学的纠纷已被纳入司法审查的范围,逐渐形成对学生基本权利的法治保障。与此同时,大学的办学自主权限不断扩大,大学的教育理念和管理理念日益发生着适应性转变。法治理念和权利意识的增强,也在推动着学生参与大学治理相应的主客观条件的发展和成熟。学生作为学校法律关系的主体,不仅应该有权参与影响自己权利的决定形成过程,而且应该有权作为大学共同体的成员,参与大学的治理过程。②

现代教育不仅要传授学生知识,而且要使学生具备参与社会生活和国家政治生活的能力。1998 年,联合国教科文组织发布的《21 世纪的高等教育:展望与行动世界宣言》提出高等教育的使命包括:为接受高等教育和终身学习提供各种机会,使学生有各种选择及入学和退学时间的灵活性,以及个人发展和社会流动的机会,以便能从放眼世界的角度培养公民意识和促进学生积极参与社会生活,促进自身的能力建设;学生应被视为高等教育关注的焦点和主要力量之一,应在现有制度范围内通过适当的组织结构,让学生参与教育革新(包括课程和教学法的改革)和决策。③ 大学生作为具有独立意识、自我价值和目标追求、充满个性的群体,若无法被纳入大学治理结构中,便无法充分表达和实现自身的利益诉求,大学的使命也将无法实现。④ 因此,基于立德树

---

① 参见秦惠民:《论教育纠纷案件的法律适用及其法治推进作用》,《法律适用》2005 年第2 期。

② 参见韩兵:《高校学生参与权的理论依据》,《教育评论》2009 年第 2 期。

③ 参见赵中建:《全球教育发展的研究热点——90 年代来自联合国教科文组织的报告》,教育科学出版社 2003 年版,第 415—417 页。

④ 参见秦惠民、郑中华:《网络舆情作用下的大学治理结构完善》,《中国高教研究》2013 年第 5 期。

人的目的,应不断改善大学的治理结构,赋予学生更多的参与权利,完善相应的组织和制度设计。

(二)学生学习权的实现与学生参与大学治理

公民进入大学学习,是通过入学遴选的平等竞争实现的。因此,公民接受高等教育是一项排他性的选择权利。这项排他性权利的实现,赋予了权利主体进入大学接受教育的相应权利以及正当利用该项权利的义务。公立大学作为公营造物,学生对其选择权利的实现,使其享有了正当使用该营造物的合法权利。同时,它要求大学应当以学习者为本位,尊重学生在学习过程中的自主选择权利,尊重并适应差异性的学生诉求。学生作为学习主体积极地参与学习过程,并要求国家与大学构建出更加多样化的形式,以适应个人发展的独特性。① 因此,学生作为学习主体的相关权利构成学生参与大学治理的法理基础。

学生作为学习的主体,是高等教育的重要参与者。接受高等教育的学生已经成年,具备独立的思考和判断能力,经过一定程度的学习和学术训练,已具备基本的知识体系和学术研究能力。与之相对应,大学教育的过程不应将学生视为被动的知识接受者,而应将其视为积极的教育参与者,是当然的大学共同体成员。为此,大学应当采取积极措施,建立恰当的组织形式,以促进学生学习权利的更好实现。作为学习主体,学生有其自身的利益诉求,大学应当赋予学生参与相应大学事务的权利,给予学生不同程度的参与权和决策权。大学治理结构也要进行相应的调整,以容纳学生参与大学行政事务、学术事务的决策,保障学生作为学习主体的地位。

综上所述,公立大学应当向学生承担的三项义务:其一,大学应当提供促进学生学习权实现的物质保障,以使学生获得学校的奖助学金等给付,具备进行学习的持续性条件;其二,学生作为学习主体,大学应当尊重学生在学习过程中具备的学习自由、科研以及艺术创造自由,不过多介入学生自主选择的空

---

① 参见劳凯声:《把学习的权利还给学生——受教育权利的历史演进及当前发展的若干新动向》,《北京师范大学学报(社会科学版)》2015年第3期。

间;其三,为实现上述两个目标,大学应当创造学生参与大学治理的组织和程序保障,以使学生能够实现相应权利。

(三) 大学功能的转变与学生参与大学治理

1. 大学功能转变与"组群大学"模式

科技与社会的发展,使得大学文凭日益成为青年一代生存与发展的重要影响因素,大学学位逐渐成为个人在社会中获得晋升的重要工具,大学的学生数量不断增加。大学已不再是纯粹的研究机构,不再是"无预设目的",个体在"寂寞孤独和自由"状态下进行研究活动的组织,而是承担起更多的教育和职业培训功能。大学的运作机制、人员构成以及客观功能上的转变,要求大学应当逐渐改变自身的组织结构,由此"合作的强制"成为大学学术活动的工作原则,即所有学术活动都必须通过大学中各种成员的合作方能展开,纯粹的、孤立的、个人的学术活动已非常态。自 19 世纪开始,在自然科学、医学和技术领域中,需要特别的仪器、工具和其他设施,并聚合大量的教师和学生进行研究。这就使得传统大学理念所提倡的个体性研究难以进行,大学中不同人员需要进行分工与协作。

20 世纪 60 年代,在学生群体以及助教群体的共同推动下,德国大学组织进行改革,要求大学中所有人员共同有效参与大学的自治行政,并提出"三三制"主张,即大学事务应由大学教师、学术人员和学生各三分之一的代表组成的委员会决定。[①] 对此,德国联邦宪法法院认为,立法者在决定大学组织模式时,不能只考虑学术自由,还应考虑大学在学术研究之外的其他功能。现代大学兼具学术研究、教育、职业训练等多重功能,并且优先要考虑的是如何通过教育培养人才,以符合社会需要。为此,大学的组织模式应当考虑大学教师、教学科研的协同人员、学生以及服务人员的利益,从而使大学中不同组别人员的利益能够协调一致。因此,德国联邦宪法法院肯定"组群大学"模式的合宪性。所谓"组群大学"模式,是将现代大学中的成员类型化为大学教师、学术

---

① 参见张翔:《学术自由的组织保障——德国的实践与理论》,《环球法律评论》2012 年第 4 期。

人员、学生以及其他非学术人员,在大学事务的决策上,不同组别的人员都应该可以参与,从而协调和保障所有成员的利益,解决不同组别成员的冲突。

美国学者里查德·波莱认为,参与式决策有助于决策结果获得当事各方的认可。这就意味着在决策过程中,参与决策的各方存在某种程度的冲突,这种冲突也经常存在于参与决策的群体之中。决策冲突是在如下决策情境下产生的:其一,决策过程由多方参与;其二,一个当事方的行为能够对其他当事方行为选择产生影响;其三,当事各方都有着左右决策结果选择的偏好;其四,当事方都意识到这种决策情境。① 基于功能结构适当的考量,在大学组织结构中,学生应以独立主体身份参与大学治理事务,以表达自身利益诉求,协调学生群体与其他群体的利益关系。通过这种多元化的组织结构,能够促进不同组群协商、对话,构建"商谈机制"。②

2. 大学治理现代化与学生参与权

"大学治理体系现代化是大学治理体系通过不断调整和优化而趋向理想状态的过程","大学治理体系现代化的目的是实现大学善治"。③ 但是,长期以来,我国大学管理的行政化色彩比较强烈,政府对大学事务有着较强的干预,不仅在宏观上控制大学的财政收入、人事任免,而且在微观上干预大学管理事务,设置考核标准等。政府与大学之间的密切关联性,促使大学为贯彻政府意图不断强化内部控制,大学内部治理结构呈现出较强的科层制色彩。大学过度的行政化色彩,不适应大学功能转变、教育理念转变以及大学人员构成多元化的现实需要。与此同时,学生参与权的缺失也阻碍了我国大学民主法治进程和现代化进程。④

为实现大学治理体系和治理能力的现代化,需要完善大学治理结构,构建起能够汇集、响应、统筹和协调利益相关者诉求的治理机制。一方面,这个机制要能够保障教师的参与权,实现"教授治学",保障学术自由;另一方面,这

---

① Pollay R.W.,Taylor R.N.,Thompson M.A.,"Model for Horizontal Power Sharing and Participation in University Decision-Making",*Journal of Higher Education*,1976,47(2):141.

② 参见李龙:《论协商民主——从哈贝马斯的"商谈论"说起》,《中国法学》2007年第1期。

③ 张应强、唐宇聪:《大学治理的特殊性与我国大学治理体系现代化》,《清华大学教育研究》2020年第3期。

④ 参见钱春芸:《高等学校学生参与权比较研究》,《江苏高教》2014年第6期。

个机制要能够吸纳各利益相关群体参与到大学治理之中,实现民主管理。学生作为大学中的最重要群体之一参与大学治理,对促进我国大学治理体系和治理能力的现代化,有着极为重要的意义。

美国公共行政学者西蒙提出"有限理性"的决策概念,他认为任何组织决策都是决策者及其代表的利益群体之间进行讨价还价、相互妥协的过程。在有限理性决策模式视野中,信息不对称导致掌握更多信息的决策者会基于利益考量而趋利避害,使用对维护自身利益有利的信息,而故意忽略可能损害自身利益的信息;组织决策的结果是利益冲突和妥协的反映,会随着决策进程的推进呈现出多变特征;决策者会将自己的意图、信念和价值偏好加入到执行过程中,用带有私心和私利的价值取向诠释决策方案,从而偏离决策目标和初衷,使好的政策在执行过程中出现坏的结果。①

因此,学生在大学治理活动中的参与和在场,不仅对于影响决策进程和克服决策偏差十分重要,而且为提升决策结果的满意度、为决策结果的有效实施奠定基础;同时能够监督决策和执行过程,避免决策中出现的"目标替代"行为,限制大学决策权行使的恣意性。透过学生参与大学治理机制,能够在学生与大学主体之间构建出平等的对话、沟通机制,从而建立起多元化主体的利益协商平台以及价值融合平台,不仅有利于构建起价值商谈型的学校道德教育,②而且有利于增强大学决策的正当性以及可接受性,体现民主决策、科学决策的理念。

三、学生参与大学治理的实践路径

学生参与大学治理并非不受任何限制。一方面,学校治理需要平衡多方利益诉求,在均衡中确定学校各项决策,有些事项与学生权益相关性并不密切,学生很难以负责任的态度参与其中。另一方面,学生的认知能力也处在不

---

① 参见[美]赫伯特·A.西蒙:《管理行为》,詹正茂译,机械工业出版社 2019 年版,第 90—91 页。

② 参见龙宝新:《价值商谈与学校道德生活的建构》,《华东师范大学学报(教育科学版)》2005 年第 3 期。

断发展过程中,缺乏相应的经验和决策能力,学生难以全方位地参与大学治理。只有将学生参与事项限定在与学生权益保障密切相关且学生具备参与能力的事项方面,学生参与大学治理才具有合理性。学生参与大学治理的有限性,是其合理性合乎逻辑的前提和基础。

(一) 学生参与大学治理的限度和标准

现代大学不是单一职能组织,它同时承担着学术研究、教育、职业训练等多重职能,大学群体可区分为大学教师、学生、教学辅助人员以及其他群体,各群体承担的功能不同、利益诉求也不相同。对于大学教师来说,学术自由是其主要诉求;对教学辅助人员来说,劳动权以及社会保障权是其主要诉求;对学生而言,学习自由、提高自身能力、获得职业技能训练是其主要诉求。因此,应当按照大学承担的学术功能、教育功能、职业训练功能等对大学事务进行划分,并根据事务性质以及不同群体的利益诉求,确立大学的组织结构,赋予不同群体不同程度的参与权。若不加区分地允许学生广泛参与大学事务,不仅无法保障学生群体的利益,而且将会损害大学的整体功能。

美国学者罗索夫斯基结合大学的功能、责任分配等因素,提出学生参与大学治理在深度和广度上存在客观限度。他认为,大学是学生从教师身上寻求知识的场所,学习是学生在校的首要任务;在大学内部,在知识上占优势的人,才有资格拥有较大的发言权;学生在校时间较短,难以对学校事务进行认真而冷静地思考并承担责任;大学内部过度的民主伴随着权力均等化,导致权力界限不明确和责任的不对等。[1] 在我国也多有观点主张学生参与大学治理的合理性表现为其有限性,他们认为,学生进入大学的主要目的是接受高等教育、提高学术研究能力和自身综合素养,过度参与大学事务将占用大量的时间,与其接受高等教育的宗旨不符;大学事务具有复杂性与专业性,学生没有充分的经验和学识,这决定了学生参与权行使范围的有限性;即便适宜学生参与的事项,也因具体事项性质而决定学生参与程度的差异性。[2] 而且,大学要实现多

---

[1] 参见[美]罗索夫斯基:《美国校园文化——学生·教授·管理》,谢宗仙译,山东人民出版社1996年版,第234—236页。

[2] 参见韩兵:《完善我国高校学生参与权的思考》,《高等工程教育研究》2006年第6期。

种功能,兼顾不同群体的利益诉求,学生参与大学事务不应以损害大学的职能和其他利益相关者的诉求为代价。

学生有限参与大学治理的具体标准,体现为学生参与大学治理的范围和程度。有学者认为,学生参与大学治理的事项应当旨在有利于保障和促进学生的学习和研究。也有学者认为,学生参与大学治理的广度和深度,应以其学习目的为中心,逐渐向外扩散。当与其学习有直接密切之关联时,学生应能直接参与决策及各种具体措施;当与其学习关联性较弱或者不具有直接相关性时,可以降低学生参与强度。① 除此之外,还应考虑学生在校时间对其责任感的影响,以及学生是否具备参与特定事务的能力。

基于以上讨论,笔者认为可提出两项判断学生参与大学事务的标准:一是积极标准,即与学生的学习自由、增长才干密切相关且学生具备相应知识的事项,应当最大程度地保障学生的参与;二是消极标准,即与学生的学习自由、增长才干关联性较弱,与其他群体的学术自由、工作权利和劳动权利冲突性较强,且学生能力尚不充足的事项,应当限制学生参与。

(二) 学生参与大学治理的范围及程度

1. 校规制定事项

大学章程、校规是大学治理的法定形式,也是依法治校的实践方式。从消极意义层面上看,校内规范要求学生遵守校规、维护团体纪律;从积极意义层面上看,校内规范营造有利的教学情境,能够培养学生自我约束、自我负责的能力。② 学生参与制定大学规范,有利于增强学生的独立性,培养学生对公共事务的热情,增强责任意识和公民意识,强化学生对学校的共同体认同;有利于保障学生权利,从源头上减少校内规范侵犯学生权益的可能性;有利于优化大学治理结构,维护学术自由,促进学术发展。

美国大学教授协会(AAUP)在《关于学生权利与自由的联合声明》中明确提出,学生作为学术共同体的成员,应该有权利以个人或者集体方式,对学校

---

① 参见洪家殷:《从学生之地位论大学法之修正》,《东吴大学法学院大学法研讨会论文集》,(中国台湾)东吴大学法学院1998年版,第142页。

② 参见戴国立:《大学教育惩戒权中的学生参与权探析》,《复旦教育论坛》2020年第1期。

政策和涉及学生群体整体利益的事项自由地发表意见,对影响学术和学生事务的大学政策的形成和运用过程,学生群体应有明确的参与方式。所谓学术与学生事务,包括所有有关学生教育经历的行政和政策事宜。①

大学在制定校内规范的过程中,应当充分尊重学生的表达权和参与权利。例如,在校内规范草案拟订阶段,学校应当广泛征求学生的意见,并且对学生提出的意见和建议进行对话和民主协商;对与学生权益密切相关的事项,例如有关学生的奖惩制度和纪律措施,应当允许学生代表参与校内规范的决策过程。

2. 学生惩戒事项

大学对学生的惩戒决定属于公权力行为,构成对学生权益的贬损,故应当遵循法治原则。为保障学生权利,避免大学惩戒权的滥用,应当要求大学在作出对学生不利的惩戒决定时遵守严格的行政程序,赋予学生参与相应行政程序的权利。从实践情况看,大学是否充分保障学生在惩戒程序中的参与权也是法院审查的重点。②

正义不仅要实现,而且要以人们看得见的方式实现,而程序正义是一种看得见的正义。③ 法治原则要求程序的设计不仅要明确、可预测,而且要公平。④ 大学在行使对学生的惩戒权力时,应当严格遵循法定程序,规范自身权力行使过程,保障学生在受到惩戒过程中的各项权利。

学生在惩戒程序中的参与可分为处分决定作出前、处分决定作出中以及处分决定作出后三个阶段。首先,在惩戒决定作出前,学生应当有权向学校进行陈述和申辩,学校应当听取学生的意见。对可能开除学籍等较为严重的处分,学生有权要求学校举行听证。通过听证程序,学生能够积极影响行政决定的形成,矫正学校信息获取方面存在的偏差;学校可通过听证程序充分地了解

---

① AAUP, etc., "Joint Statement on Rights and Freedoms of Students", http://www.aaup. org/statements/Redbook/studentrights.pdf.

② 如最高人民法院发布的第 38 号指导案例"田永诉北京科技大学拒绝颁发毕业证、学位证案"中提出的第三项裁判要点为:"高等学校对因违反校规、校纪的受教育者作出影响其基本权利的决定时,应当允许其申辩并在决定作出后及时送达,否则视为违反法定程序。"

③ 参见陈瑞华:《看得见的正义》,法律出版社 2019 年版,第 1 页。

④ 参见[德]哈特穆特·毛雷尔:《行政法学总论》,高家伟译,法律出版社 2000 年版,第459—460 页。

有决定意义的事实,能够进行更为深思熟虑的考量。其次,在处分决定作出过程中,学生有权监督学校的调查、取证过程,避免学校行政人员滥用权力。最后,在处分决定作出后,学生有权向学校设置的申诉委员会提起申诉,要求申诉委员会能够对处分决定进行中立的、公正的复审,学生向申诉委员会提出申辩理由。从权利基础看,学生在惩戒程序中的参与权又可区分为听证要求权、阅卷权、要求保密权、要求大学提供咨询和告知权以及委托代理权等内容。

就我国法治实践而言,学生在惩戒程序中的参与权被限定在较低限度内。作为教育领域基本法的《教育法》(2015)第四十三条规定,"受教育者享有下列权利:……(四)对学校给予的处分不服向有关部门提出申诉,对学校、教师侵犯其人身权、财产权等合法权益,提出申诉或者依法提起诉讼……"。而修订后的《高等教育法》(2018)并未规定学生在遭受不利处分时的程序参与权。教育部修订的《普通高等学校学生管理规定》(2017)规定受处分学生的参与权,包括"学校给予的处理或者处分有异议,向学校、教育行政部门提出申诉,对学校、教职员工侵犯其人身权、财产权等合法权益的行为,提出申诉或者依法提起诉讼"。学校对学生作出处分,应当出具处分决定书。处分决定书应当包括作出处分的事实和证据,处分的种类、依据、期限,申诉的途径和期限等内容。现有法律规范并未规定学生遭受惩戒后的听证权利,只有部分大学在其大学章程、校内规范中明确了学生的听证程序。[①]

为保障学生在惩戒程序中的参与权,不仅要赋予学生相应的权利,而且还要完善相应的组织保障机制。比如,国外有些大学会设置由学生代表参与的专门委员会,负责作出惩戒决定,学生参与惩戒委员会,能够使惩戒决定的作出主体认真考虑多元性的价值观念和利益诉求,充分考虑学生群体的特殊性。我国《普通高等学校学生管理规定》(2017)规定,学生申诉处理委员会由学校负责人、职能部门负责人、教师代表、学生代表、负责法律事务的相关机构负责人等组成,但并未明确申诉处理委员会的组成人数以及学生代表所占比例。

---

① 如中国民航大学、中华女子学院、陕西师范大学等在学校章程中规定学生在受到学校处分时享有要求听证的权利。中国政法大学、清华大学、北京大学等在学校违纪处分规定中明确了学生的听证权。还有部分大学制定了专门的听证规则,如《华东政法大学听证暂行规则》《浙江大学听证制度实施办法》等。

实际上,若学生代表在申诉处理委员会中所占比例较低,将使得学生代表难以实质性地影响申诉决定,从而难以真正代表学生群体的利益。因此,应当进一步完善学生申诉处理委员会的设置,如明确学生代表在其中所占的比例。

3. 课程评价事项

高等教育的改革和大学规模的不断扩大,特别是市场化程度的不断加深,大学从传统的"知识的共同体"逐渐转化为"知识的经营体",大学学生从以往的知识、技能的接受者,转变为知识、技能的需求方和消费者。而高等教育的大众化,也要求大学课程设置应当满足学生多样需求。[①] 因此,学生参与大学课程评价和教学评估,有利于大学了解消费者诉求和对教学的满意度,根据学生需求完善课程设置,并督促任课教师改善教学方式方法,提高课程设置的被接受性。

然而学生评价教师制度存在着异化的风险。实践中,学生会在学期结束后对授课老师的教学表现进行打分,教学评价系统会设置详细选项和相应分值,由学生作出选择。但这种评价方式并不能达到直接改善教学的效果。一是学期结束后学生进行评价,已无助于改善授课教师在该课堂中的授课活动,因为该门课程已经结束;二是学校设置的选项虽较为全面、细致,但学生并不能有效区分,或者缺乏认真对待的意愿和动力;三是难以排除学生对教师非教学质量因素的主观好恶影响,往往越是坚持标准、严格要求的教师,越是难以得到部分学生的好感,使得教师趋利避害地选择降低教学难度、迎合学生的非正当诉求甚至"放水",从而导致学生评价作为大学考核教师的一个重要指标,其客观性和可靠性受到质疑。

完全按照学生诉求进行课程设置,往往"众口难调",实际上也难以满足不同学生的多样化需求,或者虽满足部分学生需求但却未必科学合理,课程设置会呈现逻辑失衡和碎片化,难以形成持续性、系统性的培养计划。诚如有的学者所言,学生在判断课程内容的适宜性、先进性以及教师的学术水平方面并未处在最佳的位置,学生缺乏相应的评估能力。[②] 学生基于自身兴趣偏好进

---

① 参见鲍威:《学生眼中的高等院校教学质量——高校学生教学评估的分析》,《现代大学教育》2007 年第 4 期。

② 参见陈晓端:《美国大学学生评价教学的理论与实践》,《比较教育研究》2001 年第 2 期。

行的课程评价,客观上忽视课程设计内在的规律性。大学也不应过度偏离其"知识共同体"的属性,忽视自身应当承担的公共价值和学术传承的使命。因此,笔者认为应当丰富学生评价教师的内容,降低学生评价在教师考核中占据的比重。一则可以优化学生评价教师的方式,学生可在学期初、学期中以及学期末提出对课程设置的意愿要求和改善建议;二则学生可以通过学校设置的专栏,提出更为详细的意见、建议,避免学生评价的随意性;三则大学可针对不同学科领域,设置不同的评价选项;四则对影响学生教学评价的机制应进行深入分析和不断改进。

大学的课程设置、培养方案制订等事项上,应鼓励学生参与其中,表达利益诉求,以形成更加合理的课程设置计划和培养方案,使学生诉求成为其重要考量因素;同时,大学应根据教学规律、人才培养和学术发展规律以及社会发展需求,设置具有更好的系统性、适应性和科学性的课程计划和培养方案,坚持以教师为主导。

4. 学术性事项

科学研究是现代大学的重要职能之一,教师是科学研究的主要承担者,是享有学术自由的重要主体,但这并不排斥学生有权参加学术活动、享有学术自由。事实上,培养学生的学术素养和科研创新能力,是大学的重要任务。即使只有少数学生参与的学术性研究活动,也应当充分保障该部分学生的学术自由。为此,在与学术有关的组织中,应当设置学生代表,使学生具有表达权、参与权和适当的表决权。

学生参与大学的学术评价性事务是个引发争议的问题。反对者认为,阐释教育目的任务的主体是教师或者教育者,阐述教育目标是教育者的特权;支持者则认为,学生与大学教师都是大学的主体,有受教育的权利和学生研究的自由。① 实践中,有部分大学赋予了学生分享学术性事务的评价和决定权。如《北京大学章程》(2017)第27条规定,学校设立学术委员会作为学校的最高学术机构,校学术委员会实行定额席位制,由选举产生的教授委员、学生委

① 参见郭春发、孙霄兵:《大学章程制定中要认真对待学生参与权》,《中国高教研究》2012年第11期。

员与校长委派的委员组成,教授委员任期4年,学生委员任期1年。由此,不具备相应教师专业资格和学术权能的学生得以进入学术委员会,参与对高度学术性的事务进行评价。有观点认为,这"表面上看是给予学生以民主权利,是一种'共治',但这从组织上使得非学术人员参与到学术事务的决定中,可能导致对学术事务的非学术判断,最终损害学术自由"①。美国学者也认为,学生参与学术性事务不能妨碍大学教师的学术自由。②

笔者认为,应当根据不同学校的性质、学生受教育层次和群体类别等因素来确定学生参与学术评价事项的差异和限度。例如,专科院校不以承担学术研究任务为主,学生的主要任务是学习具备实用的知识和技能,学生参与学术性事项的需求度并不高。本科学生要掌握本专业领域较为系统的知识体系,具备一定的研究能力,因而可有限度地参与学术评价活动,例如在教师聘用上,可给予学生一定的参与权,允许学生提出意见,因为教师未来的授课将会影响到学生的学习;而对于学生影响性较强的课程设置等事项,可给予学生相对多一些参与权。硕士研究生和博士研究生因已具备一定的科学研究和学术评价能力,相对能够在更深程度上参与学术评价,诸如评价教师的教学能力、参与制定学术评价标准等事项,但对于审查学术不端、裁决学术纠纷、评价教师学术水平等事项,则不宜给予学生参与权。

5. 后勤服务事项

学校后勤服务事项与学生接受教育、培养学术能力虽无直接关联,但却是学生实现学习目的的重要保障。学校后勤管理水平的高低直接影响到学生的生活和学习质量。而且,在后勤服务事项上,学生与大学之间实际上属于特殊的"消费者"与"服务者"关系。我国大学多强制性要求学生居住在大学提供的宿舍中,这不同于美国大学允许学生自主选择住宿地点。因此,大学生对大学的后勤服务水平有着直接的感知,也有能力和意愿参与大学后勤管理事项。当前,大学后勤服务事项多外包给社会主体,进行市场化运营。但这并不能改变学校的监管职责。大学应当构建学生参与后勤管理的组织和程序,扩大学

---

① 张翔:《大学章程、大学组织与基本权利保障》,《浙江社会科学》2014年第12期。

② Smith G.P.,"Student Rights of Passage:A Full or Limited Partnership in University Governance?", *Journal of Law & Education*,1980,(9):65—79.

生参与后勤服务的评价、决策的权利。当前,我国多数大学均重视学生参与大学后勤服务活动,是学生参与范围最广泛、参与程度较深的领域。

四、结语

近年来,学生参与大学治理逐渐获得较多关注。但是实践情况并不理想。一方面,大学仍将学生视为大学治理的客体,而非将学生视为大学治理的一个重要主体,未充分体现和发挥学生作为大学利益相关者参与大学治理的主体角色地位与作用;另一方面,大学对学生参与大学治理的范围和程度缺乏相对明确的界定与限度把握。学生参与大学治理应构成其接受高等教育的重要组成部分,未来应进一步健全相应的法律规范和制度体系,明确学生参与大学治理的权利和大学义务,建构适当的组织机制,使学生能够合理合法并有限度地参与大学治理,以协调多元性的价值冲突,满足多元化的利益诉求,建构平衡和谐、更具包容性和开放性的大学共同体。

(本文原载《高等教育研究》2021 年第 3 期,本文作者为秦惠民、李登)

我国大学内部治理中的权力制衡与协调

——对我国大学权力现象的解析

近十年来,中国大学的规模和校园建设以亘古未有的速度突飞猛进,名牌大学的自豪感不仅印在学生的胸前背后和老师的名片上,而且挂在校长的头衔甚至脸上。然而,名校的牌子和巍然屹立的高楼大厦,都没能阻挡空前激烈的对大学事务的非议。在这些非议中,无论是感情色彩浓厚的抨击还是理性的批评,都集中地指向大学的治理。我们的大学治理出了什么问题?

研究和分析中国的大学治理现象,不能不研究和分析大学治理中的权力及其相互关系与和谐状态。

一、我国现行法律明示或默示的四种权力

(一)政治领导权力——法律规定党对高校实施政治领导的组织权力

《教育法》规定,"教育活动必须符合国家和社会公共利益"。《高等教育法》规定,"高等教育必须贯彻国家的教育方针,为社会主义现代化建设服务,与生产劳动相结合,使受教育者成为德、智、体等方面全面发展的社会主义事业的建设者和接班人"。为了从组织上保证法律所规定的国家公共性在公立高等学校的实现,《高等教育法》规定,"国家举办的高等学校实行中国共产党高等学校基层委员会领导下的校长负责制。中国共产党高等学校基层委员会

按照中国共产党章程和有关规定,统一领导学校工作,支持校长独立负责地行使职权,其领导职责主要是:执行中国共产党的路线、方针、政策,坚持社会主义办学方向,领导学校的思想政治工作和德育工作,讨论决定学校内部组织机构的设置和内部组织机构负责人的人选,讨论决定学校的改革、发展和基本管理制度等重大事项,保证以培养人才为中心的各项任务的完成。"

（二）行政权力——法律规定校长行使的行政管理职权

《高等教育法》规定,高等学校的校长全面负责本学校的教学、科学研究和其他行政管理工作,行使下列职权:(1)拟订发展规划,制定具体规章制度和年度工作计划并组织实施;(2)组织教学活动、科学研究和思想品德教育;(3)拟订内部组织机构的设置方案,推荐副校长人选,任免内部组织机构的负责人;(4)聘任与解聘教师以及内部其他工作人员,对学生进行学籍管理并实施奖励或者处分;(5)拟订和执行年度经费预算方案,保护和管理校产,维护学校的合法权益;(6)章程规定的其他职权。高等学校的校长主持校长办公会议或者校务会议,处理前款规定的有关事项。该规定默示了校长的行政管理职权不应是个人权力或个人专断式的行使。

（三）学术权力——法律规定学术性任务型组织所行使的权力

我国法律通过规定高等学校教学、科研活动中各种审议学术事项的任务型组织的形式,诸如学术委员会、学位论文答辩委员会等,明示或默示了这种组织中根据审议学术事项的任务需要而建构起来的权力——学术权力或称知识性权力、专业权力。例如,我国《高等教育法》规定:"高等学校设立学术委员会,审议学科、专业的设置,教学、科学研究计划方案,评定教学、科学研究成果等有关学术事项。"《学位条例》规定:"学位授予单位,应当设立学位评定委员会,并组织有关学科的学位论文答辩委员会。学位论文答辩委员会必须有外单位的有关专家参加,其组成人员由学位授予单位遴选决定。""学位论文答辩委员会负责审查硕士和博士学位论文、组织答辩,就是否授予硕士学位或博士学位作出决议。"

学术权力是在学术管理活动中区别于行政权力的一种权力形式,"这种权力的准则主要源于专业,而不是某个直接有关的正式组织。这种权力被认为是以'技术权限'为基础的,以专家为基础的,而不是以'官僚权限'为基础的。'官僚权限'是从正式的等级地位中派生出来的。"①学术委员会、学位论文答辩委员会等,是由高等学校依法设立的一种审议学术事项的任务性组织,"任务型组织大都是由常规组织设立的,所以,它也得到常规组织的授权。但是,它从常规组织那里获得授权的依据却不同于常规组织中的部门或机构,它获得授权的依据是它所要承担的任务"。"在很大程度上,它是以组织成员的专业知识和技能为依据的。如果说常规组织中依据组织层级、岗位、职位的授权与基于特定的专业知识和技能的权力之间是矛盾和冲突的话,那么,在任务型组织这里,依据任务的授权与基于专业知识和技能的权力之间,则有着充分的一致性,成了相互支持、相互促进的权力"。"任务型组织通过对实质合理性的强调,并将其贯彻到组织的具体运作过程中去建构权力,往往表现为通过合作和信任去获得权力"。"所以,任务型组织会表现出更多的对基于专业知识和技能的权力的依赖。""常规组织中权力的那种不得不服从的强制性,在任务型组织这里转化成了一种能够得到普遍的自愿服从的理性力量。"②

学术权力是现代大学中为完成学术管理的任务而建构的权力,从属于完成特定学术管理任务的需要,既是学术任务型组织完成特定管理任务的需要,也是学者履行学术评价职责的需要。

(四)民主管理权力——法律规定以一定组织为形式的民主管理和监督的权力

1985年《中共中央关于教育体制改革的决定》提出,"要建立和健全以教师为主体的教职工代表大会制度,加强民主管理和民主监督。"《高等教育法》进一步规定:"高等学校通过以教师为主体的教职工代表大会等组织形式,依法保障教职工参与民主管理和监督,维护教职工合法权益。"这一规定,使得

---

① [加]约翰·范德格拉夫等:《学术权力:七国高等教育管理体制比较》,王承绪等译,浙江教育出版社2001年版,第189页。

② 张康之、李东:《比较常规组织与任务型组织中的权力》,《中共浙江省委党校学报》2007年第4期。

以教师为主体的教职工通过教职工代表大会等一定的组织形式参与学校的民主管理和监督有了法律依据。

民主是现代社会组织实现善治的前提和基础。高校的民主管理和民主监督,是我国基层民主政治建设的重要组成部分。大学的善治是理性与人文精神的实践过程,因此,在大学治理中就不能不把对人的尊重和维护放在重要位置。在大学治理中以人为本,就是要把对人的尊重和充分体现教职工的主人翁地位确立为大学治理的一种机制,使大学这个学术共同体的主人真正成为民主管理的主体。大学善治的实现过程,是分散化的不同目标群体理性沟通、整合、交融的过程。教职工代表大会作为大学成员的一种利益表达和协调机制,沟通、整合和协调大学成员个体以及不同群体的利益要求,是保证经济学所说的"帕累托改进"①的重要形式,以更好地促进大学组织的和谐发展。教职工代表大会作为高校民主管理和监督的一种基本制度形式,对于提高管理效率、促进学校的和谐稳定发展、实现学校的管理工作目标具有不可替代的作用。但大学生参与高等学校的管理,缺少现行实定法的依据。

二、我国大学治理实践中权力的失衡与冲突

我国《高等教育法》设计的大学内部治理权力架构,包括决策层面的政治领导权力、操作层面的行政执行权力、监督层面的民主制约权力和学术管理中的专业权力。大学的和谐,要求这些权力在大学的治理过程中有效、恰当和协调。

(一)"领导"与"负责"的矛盾与冲突——两个"一把手"的困惑

大学的内部领导体制是大学管理的核心机制。从新中国成立到 1998 年

---

① 如果对某种资源配置状态进行调整,使一些人的境况得到改善,而其他人的状况至少不变坏,符合这一性质的调整被称为帕累托改进。

我国《高等教育法》确立"党委领导下的校长负责制",我国高等学校的内部领导体制适应国内外政治形势的变化和需要,经历了"校长负责制"①、"党委领导下的校务委员会负责制"②、"党委领导下的以校长为首的校务委员会负责制"③、"党委'一元化'领导"④、"党委领导下的校长分工负责制"⑤"逐步实行校长负责制"⑥、"党委领导下的校长负责制"⑦的反复变化。在这些变化中,谁是大学领导的"第一把手"始终是问题的一部分。

　　中共中央、国务院 1993 年印发的《中国教育改革和发展纲要》(以下简称《纲要》)提出:"坚持党对学校的领导,加强学校党的建设,是全面贯彻教育方针,加快教育改革和发展,全面提高教育质量的根本保证。学校党组织要认真贯彻党的十四大精神,用建设有中国特色的社会主义理论教育全体党员和师生员工,深入研究学校改革和发展中的重大问题,坚持改革的正确方向。要加强党的基层组织建设,发挥党员的先锋模范作用,密切党员和群众的联系,带动群众推进改革。实行党委领导下的校长负责制的高等学校,党委对重大问题进行讨论并作出决定,同时保证行政领导人充分行使自己的职权。实行校长负责制的中小学和其他学校,党的组织发挥政治核心作用。"

　　"党委领导下的校长负责制"以实现国家公共性为目的,本质上是强调一种和整个国家的领导体制相一致的政治领导和集体领导体制。但在实践中,由于党委书记主持召开党委会议、负责党委工作,使得这一体制在很大程度上表现为党委书记在逻辑上的负责人地位。由于《高等教育法》明确

---

①　1950 年政务院制定《高等学校暂行规程》,规定实行"校(院)长负责制"。

②　1958 年中共中央、国务院发布《关于教育工作的指示》,明确"在一切高等学校中,应该实行党委领导下的校务委员会负责制"。

③　1961 年《教育部直属高等学校暂行工作条例(草案)》(高教 60 条)规定"党委领导下的以校长为首的校务委员会负责制"。

④　1966 年至 1976 年,先是"踢开党委闹革命",后是实行"党委'一元化'领导"(1971—1976)。

⑤　1978 年经修改后的《高教 60 条》规定"高等学校的领导体制是党委领导下的校长分工负责制"。

⑥　1985 年《中共中央关于教育体制改革的决定》提出:"学校逐步实行校长负责制,有条件的学校要设立由校长主持的、人数不多的、有威信的校务委员会,作为审议机构。"

⑦　1990 年《中共中央关于加强高等学校党的建设的通知》中明确规定"高等学校实行党委领导下的校长负责制";1998 年"党委领导下的校长负责制"成为法律规定。

规定高等学校的校长"全面负责"学校工作,使得党委的"统一领导"和校长的"全面负责"经常会在实际工作中处于一种平行状态。党委书记作为高校法定领导体制中的负责人,显然是第一把手;但校长作为"高等学校的法定代表人"即高等学校事业单位的法人代表,是"全面负责"学校工作的第一责任人,也是第一把手。这样,党委书记和校长的关系不仅在工作实践中有可能发生摩擦和冲突,而且在法律地位上也存在着逻辑上的悖论。《纲要》提出的"保证行政领导人充分行使自己的职权"和《高等教育法》规定的"支持校长独立负责地行使职权",在两个一把手之间,难以形成明确的制度性机制。

毋庸讳言,党委书记和校长关系的不和谐是导致高等学校中党政矛盾、多头指挥、互相推诿等问题的重要原因。这种情况,不仅严重影响"党委领导下的校长负责制"效率的发挥,而且某种程度地外显着我国大学治理的官僚化特征。

(二) 大学的行政化——学术权力与行政权力的混淆和失衡

学术权力是通过行政权力对于特定学术管理组织与学者个体履行职责的一种授权,是一种与现代大学学术任务型组织和教师职责相联系的权力。行政权力的授权,是学者的学术权利或学术自由演变为权力的中间环节。没有行政权力的授权,学者的学术权利或学术自由便不能演变成学术管理活动中的权力——这种对他人的支配力量。因此,学术权力可以被称为学术管理活动中的一种"准行政权力"。学术权力与行政权力的主要区别在于其来源和行使(包括行使主体和行使方式),但作为一种具有支配力量的权利异化形式——权力,它与行政权力一样,是一种公权力的行使,具有公共权力的性质。由于学术权力的这种公权力性质,所以,在实践中学术权力易于与行政权力相混淆。

大学的行政化不是一个片面的教育或者学校的孤立现象,有其复杂和深刻的政治、经济原因与社会基础。导致大学行政化的理论基础是学术权力的泛化,即把学术权力与学校权力相混淆,简单地认为学术权力就是学校权力、学术权力就是学术管理,甚至认为校长就是学术权力的代表。当欧洲中世纪大学中的学术观点与宗教学说相冲突时,大学要求学术自治,以自治的学校权力对抗神权统治以及世俗社会的政府权力,相对于神权和政府的行政权力,把大学的学校权力称为学术权力从这个意义上并无不妥,但由此也就产生了广义上的学术权力——基于大学这种学术组织或高等教育机构所形成的权力。在现代社会特别是今日中国,大学自治或大学的自主权并不意味着学术自由,作为处理大学与外部关系的学校权力,将其抽象地概括为广义上的学术权力不仅没有实质性的理论和实践意义,而且难以辨析大学治理的权力逻辑。

在大学管理活动中,不区分行政权力与学术权力,用行政权力替代学术权力,才会出现学术管理活动中的行政化现象,今日中国广受诟病的大学学术权力的式微以及行政化的种种弊端就是最好的注解。盲目照搬个别西方学者的观点和缺少学理性的逻辑分析,是导致把行政权力与学术权力相混淆的一个原因。"学术"和"行政"作为学术用语中的抽象概念,显然区别于"学校""政府"这种现实中的实体性概念。因此,把学术权力等同于学校权力,是概念上的滥用和逻辑上的混乱。

(三) 有效权力机制的缺乏——教职工参与民主管理和监督流于形式

高校教职工代表大会制度是我国《高等教育法》规定的"教职工参与民主管理和监督"的基本形式之一。目前普遍存在的问题是,由于缺少有效的权力机制,教职工代表大会形同虚设的问题严重。这个现象在很大程度上影响了教职工代表大会制度在大学发展和大学治理实践中应有作用的有效发挥。对权力的有效监督,需要以权力制约权力。教职工代表大会没有足够强大有效的权力机制,便无法形成制约管理权力的约束机制,从而难以实现对管理权力的有效监督。国外大学的教授会在大学治理中发挥着重要作用,就是因为教授会在大学治理过程中具有有效的制度性权力机制。

教职工代表大会不能发挥应有的制约和监督作用,其直接后果是导致民主参与的失灵。在长期民主参与失灵的情况下,教职工民主参与意识淡泊、党政领导不够重视等问题的出现就是必然的结果。因此,完善教职工代表大会制度,通过不断创新,建立和形成有效的权力机制和工作方法,是在大学治理过程中推进"教职工参与民主管理和监督"的当务之急。

三、大学治理的和谐与权力关系的规范

善治的一个重要标志是和谐。大学治理的和谐反映着在大学治理过程中权力关系的和谐。权力关系的不和谐往往由权力关系的失范引起。这种状况,正在影响着大学治理的过程和效果。

大学治理中的权力结构,不可能脱离开特定时代中特定国家与社会的特定环境,中国的特定国情背景决定了今天中国大学治理中的权力存在及其结构状态,从大学治理的和谐出发,规范大学治理中各项法定权力的行使、运行及其相互关系,是我国大学治理走向成熟和完善的必然选择。

(一) 改变两个"一把手"状态

长期以来,我国高等教育所具有的政治统治职能以及公立高等学校作为国家机关附属物的性质,使其表现出一种鲜明而单一的国家公共性特征。目前我国公立高校的内部领导体制正是这种国家公共性要求的反映。随着与市场经济体制相适应的教育体制改革的发展,虽然社会公共性对于大学的要求正在逐渐增强,但公立高校公共性内涵的多元化发展并不能形成对于国家公共性主导地位的影响。在这种制度情境下,通过优化和完善制度机制和组织格局,强化现行体制的功能和提高现行体制的效率,以解决实践中的突出矛盾和问题,显得十分紧迫和必要。

党委领导集中表现为"统一领导学校工作"的决策权力,而"校长独立负责地行使职权"则是具体的执行权力。这种政治领导与行政管理的割裂关系或"两张皮"现象是导致两个"一把手"的症结所在。董树君撰文指出,由于书记强调"党委领导",而校长则强调"校长负责制",且双方都是正职,确实很难摆正二者的位置,很难处理好双方的关系。因此他提出:第一,应将党政两个一把手的"正正关系"变为"正副关系",使书记、校长一肩挑,再配备一个常务副书记兼常务副校长,级别可以与校长同级,解决了"谁是一把手"的问题;第二,将党政两个班子的"左右结构"变为"内外结构",使党政班子实现内外的有机统一;第三,将目前的校、院(系)的"一校两制"变为"一校一制",即校、院(系)都统一实行党组织领导下的行政首长负责制,畅通校、院(系)两级或者三级的体制渠道;第四,将党政"两个班子"变为"一套人马",同时强化对"一肩挑"的一把手的有效监督机制,变"人掣肘人"为"制度约束人"。凡涉及人、财、物等重大事项,都要提交党委会集体讨论决定,并进行票决。甚至特别重大的事项,要交教代会票决。这样,既可以使学校班子实现统一领导、团结和谐、高效运行,又可以使一把手得到科学规范的有效监督,从而为学校的科学发展提供强有力的组织保证。①

(二)学术管理的制度性建设——区分和规范权力

如前所述,我国法律通过规定高校学术管理的组织形式及其职责,规定了一种区别于行政权力的权力存在方式和行使方式,使审议"学术事项"的权力成为高校学术管理中的一种法定权力模式。在这种权力模式中,学术性组织是一种任务导向的基于审议学术事务的需要而设立的组织,组织的存在和组织中的权力从属于审议学术事务的需要。

这种任务型组织的"去等级化"使其运行过程中的权力有着不同于常规性行政组织的性质。作为组织成员的学者个体,其所得到的授权,是一种基于特定专业知识和技能的权力,从属于完成任务的需要。这种授权的形式合法性是以实质合理性为其前提和条件的。

在行政关系中,权利往往因权力而产生。当一个具体行政关系中的下级认为其上级有资格或有权利指挥他的职务行为时,这种被认可的资格或权利是以其享有的权力为基础的。而在学术关系中则恰恰相反,知识性权利是构成学术权力的合理性与合法性的基础。学术权力本质上是使用专业知识作出学术判断的权利。每一个参与者个体在行使学术自由权利的意义上都是自由和平等的。只有当其与任务型组织的任务职责相联系时,它才具有权力的强

---

① 参见董树君:《"党委领导下的校长负责制"组织格局新探》,《学习时报》2008 年 9 月 8 日。

制性。在学术关系中权利和权力的关系,最自然地体现了权利和权力的自然逻辑关系,权力以权利为前提而存在。否则,权力的行使就会因其缺乏正当性而表现为一种暴力。也就是说,任何一个掌握权力的长官,当其不具有对一个具体的学术问题进行评价的学术资格的时候,他对于这个学术问题的评价,就不具备正当的前提或实质合法性。如果这种评价凭借权力的行使,那么,权力的滥用便难以避免。

学术本身的复杂性、专业性以及不确定性,构成了学术权力性质的特殊性。学术权力区别于行政权力的一个本质特征,即学术权力的合理与合法与其行使者的学术行为能力具有不可分割的联系。这种联系状态构成学术权力行使者的正当性基础。学术权力的合法性,无疑具有与行政权力相类似的形式;但在本质上,学术权力能够形成对他人支配力量的合理性,却是以学术自由的行为能力为基础的。就个体而言,具有专业技术职务的学者担任大学的校长、院长、处长,这些学者在其行政工作岗位上所行使的行政权力,并不因其学者头衔就当然地变成了学术权力。

学术管理区别于其他管理,是以管理的对象和内容来划分的,即人们对于以学术事务为对象和以学术事务为内容的管理称为"学术管理"。学术管理既包括以行政权力为背景的管理活动,又包括以学术权力为背景的管理活动。也就是说,在学术管理活动中,既有行政权力又有学术权力。学术管理的过程,经常是通过这两种不同的权力形式来进行的。二者具有不同的职能和作用。倘若分不清学术管理的具体过程中到底是哪一种权力在起作用,误以为学术管理就是学术权力,势必导致学术管理过程中行政权力与学术权力的模糊,以至于出现相互混淆、错位和相互替代的现象。现实生活中,学术组织管理实践中的很多问题,经常与两种权力的被混淆有关。因此,科学合理地区分和规范这两种权力,保证二者效能的发挥,是学术管理秩序健康运行和良性发展的需要。

(三) 建构和完善民主管理的权力机制——与政治领导权力和行政权力相协调

实现高校的有效治理或"善治"——和谐,其重要特征是权力的分享与合作治理(shared governance),需要成熟的多元主体和利益相关者的有效参与,治理的过程应充分体现民主、合作与协商精神。

政治权力在中国大学权力结构中居于领导地位,法律规定党委领导的四项内容具体体现为党委常委会甚至党委书记的领导权力;人治传统与行政权力的首长负责制,使得党委对重大事项集体领导的约束作用和民主管理的监督作用,在大学权力结构的制度设计中格外重要。如果说党委领导的体制已经建立了民主集中制、集体领导对个人行使权力的约束机制的话,那么,建构更加完善的民主参与、民主管理、民主监督的权力机制,以实现制度保障下的多元主体有效对话、合作和相互监督,是解决高校治理问题的另一项重要内容。

参与学校管理有利于培育以教师为主体的教职工的主体理性。通过一定的组织形式来参与,就是要在参与学校的民主管理和监督过程中培育相互理解、沟通的交往理性,使孤立的个体性主体变为交互主体,建构一种恰当的主体间性①或沟通理性,使不同目标的个体理性在一定的组织形式中沟通交融而达成相对统一,有利于以群体理性协调和平衡个体理性的偏执及对自我利益的不恰当过度追求。目前问题的关键,是建构和完善民主管理的权力机制,使教职工参与管理的权利变成能够有效发挥作用的权力形式,如规定何种涉及学校发展和教职工重要利益的事项,必须经过教代会投票表决,从而实现以权力制约权力。

今天我国大学治理中的学校权力,是一个包含四种基本权力的权力结构体系,是一个要求四种权力在和谐关系中协同治理的权力关系架构。在这个架构中,任何一种权力独打天下都不符合高校治理的要求,只能是各种权力的分享管理和协同作用。在四种权力的博弈中,目前的问题是:政治领导权力和行政权力居于强势地位,学术权力和民主管理权力则处于相对的弱势处境。明晰的学术权力和有效的民主参与的缺失,是当前我国现代大学制度发展进程中的制度性瓶颈。因此,在我们的制度建设和政策设计中,明晰学术权力和强化民主管理权力,就是一个紧迫而艰巨的任务。

---

① 本文使用的是社会学的主体间性概念。

不解决上述这些问题,目前正在推进的《大学章程》制定,可能会成为无本之木而流于形式,从而缺乏对于《大学章程》现实需求的真正动力。

（本文原载《中国高教研究》2009 年第 8 期;《新华文摘》2009 年第 23 期正文转载）

学位纠纷与司法裁判

——对刘燕文诉北京大学学位评定委员会案的评析

案情及判决结果

北京大学电子学系(原无线电系)1992 级攻读博士学位研究生刘燕文,按计划应于 1995 年暑假前毕业,实际上推迟半年,其博士学位论文于 1996 年 1 月 10 日答辩。刘燕文博士学位论文答辩委员会的表决结果为:经 7 位委员全票同意作出决议,建议授予博士学位。1 月 11 日,北京大学学位评定委员会电子学系分委员会对答辩委员会提请审议的授予学位建议进行了初审,因问题较多,会议要求修改论文后再投票。1 月 19 日,电子学系分委员会再次开会进行审议,审议后的投票结果为:12 票赞成,1 票反对,建议授予博士学位。1996 年 1 月 24 日,北京大学学位评定委员会根据《中华人民共和国学位条例》(以下简称《学位条例》)的规定,以无记名投票方式,对授予刘燕文博士学位的建议进行表决,表决结果为:到会 16 位委员,6 票赞成,7 票反对,3 票弃权,支持授予刘燕文博士学位的赞成票未达到法定票数,授予学位的决定未获通过。

刘燕文在分别向学校和国务院学位办公室申诉未果的情况下,曾向法院寻求救济,当时法院未予受理。1999 年 8 月 22 日,刘再次诉至法院,北京市海淀区人民法院受理了此案,并于当年 11 月 19 日和 12 月 17 日两次开庭审理。12 月 17 日,海淀法院对此案进行一审判决:一、撤销北京大学 1996 年 1 月颁发给刘燕文的博士研究生结业证书,责令北京大学在两个月内向刘燕文颁发博士研究生毕业证书;二、责令北京大学学位评定委员会于三个月内对是否批准授予刘燕文博士学位重新作出决定。

北京大学对一审判决不服,提出上诉,目前二审法院判决尚未作出。①

评析意见综述

本案是我国首例因学位纠纷而对簿公堂的案例。法院受理此案和作出的一审判决,引起了法学界、教育界的重视和社会的广泛关注。12月21日,北京大学法学院研究生会针对此案举办了"学术沙龙"。1月6日,中国人民大学教育科学研究所、法学院、新闻学院、中国学位与研究生教育学会、北京市研究生教育学会、《学位与研究生教育》杂志社等单位联合在中国人民大学召开了"中国首例学位诉讼案相关问题学术研讨会"。各种观点之间展开了激烈的争论。

一、争论问题之一:本案法院是否应该受理

第一种意见认为,可诉性是现代法治国家中法律的特征之一。在现代法治社会,司法的特征在于一切决定都可以成为其审理的对象。中国的行政诉讼案件的受理范围过于狭窄,许多纷争法院都不受理。本案提出了一个通过司法对国家权力以外的公权力加以规范和制约的问题。过去行政诉讼的主要注意力都放在对国家行政权的控制方面,而忽略了其他公权力,如行业组织、基层自治组织、社会团体、国有企事业组织等所行使的某些公共权力。因此,看本案的价值首先并不在于法院怎么判,而在于对这样的案件法院是否受理。法院受理本案,为此类问题开辟了司法救济的途径,使"司法的阳光照进了科学的殿堂"。

第二种意见认为,我国行政诉讼法明确规定的受案范围,并不包括有关授予学位问题的争议。相关的法律、法规,也就是全国人大常委会通过和颁布的《学位条例》以及国务院颁行的《学位条例暂行实施办法》,也没有规定有关的争议可以提起诉讼。《行政诉讼法》第二十五条第四项的规定,只是关于行政

---

① 本文发稿时,二审已有结果:北京市第一中级人民法院对此案进行审理后,裁定撤销一审判决,发回一审法院重审。

诉讼的被告主体资格的规定,并不涉及行政诉讼的受案范围。因此,法院受理本案是没有法律依据的。

第三种意见认为,法院是在做它力所不能及的事情。通过司法救济来维护学生权益,出发点是好的,但对学术评价和学术裁定问题,司法最好不要介入。学术评价或学术裁定具有特殊性,不能简单地将其视同于行政行为。其特殊性在于:

其一,履行职责的行为主体不同。学术水平的审定组织和实施判定的专家、学者,是区别于行政机关和行政人员的特殊行为主体。

其二,履行职责的行为方式不同。无论是中国还是外国,在学术水平的审定中,一般是采取无记名投票的民主方式进行的。这种特殊的行为方式,基于两个方面的特殊性:一方面,进行学术水平判定时的界限和标准,不可能规定得十分明确和具体,往往只是原则性的,具有相对性;另一方面,对学术水平的判定,是由专家、学者根据自己对所规定的评判原则的理解和把握,在不受外来干预的条件下,独立自主地作出的。因此,对学术水平的判定,不要求意见完全一致,而是要求对评判人自主评判的充分尊重以及评判人意见不受干扰的自由表达。同时,这种行为方式的性质,要求行为人不应受到来自任何方面及任何方式的质询,亦无须作出解释。它不同于由行政机关和行政人员所依法采取的行政行为。

其三,相对人的意思表示不进入裁定程序。学术水平是要由专家、学者去判定的,被评价人本人的态度则是不重要的。因此,对于学术水平的判定,原则上是一种单方行为,"听取本人意见"一般不是一个必要的程序。

其四,"多数原则"体现学术判定的合理性。公正与合理总是相对的。学术水平判定中的公正性、合理性,是通过"多数原则"来实现的。

由于学术水平判定的上述特殊性,使其合理性具有了明显的与其合法性相一致的特征。因此,对于由专家、学者集体投票所形成的判定结果,只要程序合法,不存在违法行为,例如外部的压力、挟嫌报复、行贿受贿、舞弊行为等,只要投票完全是由专家们依法自主作出的,就应该被看成是公正的、合理的。也就是说,不可能也不应该像对待行政行为那样,去审查一个具有合法性的学术水平裁定的合理性。学术评价和学术裁定涉及学术权利和学校依法享有的自主管理权,通过法院判决的方式,改变由专家学者组成的学位评定委员会以民主投票方式所形成的学术判断或学术水平裁定,不仅妨碍了学校的自主权,而且是对学术权利的不尊重。哪怕是由法院聘请的专家,也不能代替学校学位评定委员会的判断。因此,法院在受理此类性质的案件时,应特别慎重。

此外,法院审理本案的方式也引起了人们的议论。在数百人的大审判厅,由于审理的需要,不得不出示一些按规定不应该公开的材料,例如论文评阅人和同行专家对其论文的评议意见、学位分委员会讨论时专家的发言记录、原告的导师在此过程中对其的评价等等。这种做法,不仅侵犯了原告在受教育过程中的隐私权,而且侵犯了在这一过程中专家所应享有的权利。

第四种意见认为,刘燕文知晓学位评定委员会的表决结果后,曾先后向学校领导及有关部门、国家教育委员会(现为教育部)学位办公室申诉,在未能得到令其满意的答复的情况下,曾找到法院寻求救济,法院当时未予受理。根据"一事不再理"的原则,三年前既然未受理,三年后更不应当受理。

二、争论问题之二:本案是否已过诉讼时效

第一种意见认为,北大学位评定委员会有关刘燕文学位问题的表决,是1996年1月24日作出的,刘燕文的本次起诉是1999年8月,从行政诉讼法及其司法解释规定的诉讼时效来看,本案不仅早已超过了一般时效、经过行政复议的时效,而且也大大超过了救济性时效。同时,本案显然不能适用特殊时效,即相对人因不可抗力或其他特殊情况耽误法定期限的,可请求法院延长期限。本案不属于这种情况。

第二种意见认为,原告在得知校学位评定委员会的表决结果后,一直在为自己的学位而奔走呼号,除了知道自己没得到学位是校学位评定委员会投票表决的结果外,一直不知道详细的"具体原因"。因此,适用民事诉讼法之诉讼时效中断的规定,本案在诉讼时效之内。

针对第二种意见的第三种意见认为,作为无记名投票的结果,不需要亦无法作出关于"具体原因的解释"。投票未获通过本身,既是结果又是原因。

三、争论问题之三:校学位评定委员会不通过授予刘燕文博士学位的决定是否合法

第一种意见认为,决定不授予学位,不仅要求授予学位的决定依法定票数不能获得通过,还应要求反对授予学位的票数也达到法定票数,即校学位评定委员会不仅要对是否通过授予学位的决定进行投票,而且要对是否不通过授予学位的决定进行投票。在本案中,校学位评定委员会共有成员21名,反对授予刘燕文博士学位的只有7票,远未达到全体成员的半数,甚至未达到实际出席人员(16位)的半数,因此,不能作出拒绝授予刘燕文博士学位的决定。

第二种意见认为,拒绝授予刘燕文博士学位的决定,完全是依法作出的。

1. 法律、法规没有"反对票过半数"才算不通过的规定。《学位条例》及其暂行实施办法都没有这样的规定。《学位条例》只是规定,学位授予单位的学位评定委员会"负责对学位论文答辩委员会报请授予博士学位的决议,作出是否批准的决定。决定以不记名投票方式,经全体成员过半数通过"。《学位条例暂行实施办法》对学位评定委员会的职责进一步作出具体规定,"审查通过接受申请博士学位的人员名单";"作出授予博士学位的决定"。十分清楚,学位评定委员会的表决,只是就论文答辩委员会报请的授予刘燕文博士学位的决议进行的。从性质上讲,这是一种授权性行为。对授权性行为,只要不能够得出支持的结论,后果就必然是否定性的。即按照法律的规定,经全体成员过半数为通过,否则为不通过。

2. 学位评定委员会的表决,只是就答辩委员会报请的授予学位的决议进行的。《学位条例》和有关的法规、规章,都没有规定如果授予学位的决定未获得通过,还要就不授予学位进行表决。就算进行了这样的表决,对不授予学位的赞成票不过半数又怎么办?如果出现赞成授予学位和赞成不授予学位的票数都不过半数,是否还要再投票?无论是从法律依据上,还是从日常逻辑

上,都很难允许一个对于不授予博士学位的表决程序。

3.在学位授予的长期工作实践中已普遍形成的裁定习惯,对理解和解释《学位条例》所规定的程序,应具有补充效力。从全国所有的学位授予单位以及国家学位工作主管部门对有关法定程序的一贯理解来看,北京大学学位评定委员会在拒绝授予刘燕文博士学位的程序上,是符合法律规定的。这样一种理解和做法,不仅北大如此,《学位条例》实施20年来,全国都是这样。无论是学位论文答辩委员会、学位评定分委员会还是学位授予单位的学位评定委员会,都是仅就批准授予学位进行投票,而没有在通过或不通过的问题上,对一个人投两次票的先例。

法律既没有规定只有反对票过半数才算不通过,也没有规定在授予学位的决定未获通过以后,还要就不授予学位进行表决。根据"反对票不过半数"认定程序违法,因此判决北大学位评定委员会拒绝授予刘燕文博士学位的结果无效,既没有法律上的依据,又缺乏逻辑上的道理。

第三种意见认为,法官的职业角色要求他应在司法实践中树立和维护法律的权威,而不是相反。只有树立并尊重了法律的权威,维护了法律的尊严,法官在诉讼中才可能有权威,律师在诉讼中的权利才可以有保障。由于原告和被告在对法定程序的理解上产生歧义,法院的判决事实上采纳了原告代理人的解释,即无论是批准授予学位还是拒绝授予学位,都必须经"过半数"通过。本案中法院的判决实际上包含了法律解释。这个解释是法官越权性的自作主张或对法律的执意曲解,即对一个本不存在歧义的法律规定偏偏要作歧义性的解释。法律解释是法律活动的基干,它是法律适用的前提。我国法律解释的体制要求是,法官个人无权解释,最高法院才有权作出有关审判适用法律的司法解释。法官在本案的判决中,采纳了原告代理人的"文义解释",即对报请审批的授予学位决议"是否批准"的法定程序解释为:批准(是)须经半数以上赞成票通过;不批准(否)则须经半数以上反对票通过。实际上,法律对于学位评定委员会这一授权性表决的表述,无论从文义上讲,还是从立法原意上讲,都是明确的。它的含义是:通过(是)须经半数以上赞成票,没有半数以上的赞成票就是无法通过,不能授予相关权利。

第四种意见认为,对于原告和被告在对法定程序理解上的歧义,司法裁判必须严格遵循立法精神。本案中,原告方所一再阐述和强调并实际上被法院判决所采信的所谓"正当程序"理念,源自崇信自然正义和遵循先例的英美法系。在已有明确的法律规定的情况下,是否能够要求我国的法官或被告离开法律的规定,去判断并遵循自己心目中抽象的所谓"正当程序"? 这是涉及我国司法发展和司法公正的一个十分重大的问题。如果公然允许这样做,由于法官水平的参差不齐,在目前尚无完善的约束机制的情况下,是否会导致司法权力的滥用? 国务院学位委员会(84)学位字013号文件《关于做好博士研究生学位授予工作的通知》中规定:学位评定委员会对"凡答辩委员会不建议授予博士学位的,一般不进行审核"。"对某些经答辩委员会通过的论文,学位评定委员会审核后认为不合格的,也可以作出两年内修改论文、重新答辩一次的决定。但对这类情况,应从严掌握"。"学位评定委员会在作出授予博士学位或两年内修改论文、重新答辩一次的决定时,必须召开会议,以不记名投票方式,经全体成员过半数通过,而不能采取通讯投票的方式"。不难看出,无论是关于答辩委员会通过授予学位决议必须要经学位评定委员会审批的规定,还是关于凡是答辩委员会不建议授予学位的便不再进行审核的规定,都体现了为保证学位授予的质量而对授予学位"从严掌握"的立法精神。二十年来,各学位授予单位对于法定程序的理解和实际做法,也是根据授予学位"从严掌握"的立法精神进行的。本案中法院判决所包含的司法解释,是否"正当"无从判断,但却显然是不符合这一立法精神的。

四、争论问题之四:校学位评定委员会的审查权力是实质性的还是程序性的

第一种意见认为,校学位评定委员会的成员是由校内各主要学科领域的著名专家所组成的,由此就出现了一个不可回避的问题,当具体评价一名博士生的学术水平时,不可避免地会出现外行学者对他基本不懂的学术问题进行评价和判断的情况。这在多大程度上具有合理性,是个很值得讨论的问题。同时,答辩委员会是一个学术性的专家组织,其决议不应为其他组织所推翻,

除非其组织成员不合格,答辩和形成决议过程中有弄虚作假或违反程序的情形。因此,校学位评定委员会对于是否授予学位的审批,不应该是实质性的,而只能是程序性审查。本案中,校学位评定委员会拒绝授予刘燕文博士学位,是对其学术水平进行实质性审查的结果,所以是不合理的,因此也是不合法的。

第二种意见认为,校学位评定委员会是否具有实质性的审查权力,既是一个合理性问题,又是一个合法性问题。由多学科专家所组成的学位评定委员会,是否有资格审批答辩委员会决议的实质性内容? 也就是非同行专家是否有资格参与对学术水平的判定? 作为一个合法性问题,司法审查必须坚持"以法律为准绳"的原则,也就是"以事实为根据",依法裁判。司法审查应该是依法纠正那些不依法办事的违法行为,而不应该是进行各种随意性的应然性解释。《学位条例》规定,"学位授予单位,应当设立学位评定委员会,并组织有关学科的学位论文答辩委员会";学位论文答辩委员会的主要职责,是"负责审查硕士和博士学位论文、组织答辩,就是否授予硕士学位或博士学位作出决议";"学位评定委员会负责审查通过学士学位获得者的名单;负责对学位论文答辩委员会报请授予硕士学位或博士学位的决议,作出是否批准的决定"。国务院颁布的《学位条例暂行实施办法》,进一步明确了学位评定委员会履行的以下职责:审查通过接受申请硕士学位和博士学位的人员名单、审批论文答辩委员会成员名单、作出授予学位的决定、作出撤销违反规定而授予学位的决定、研究和处理授予学位的争议和其他事项。国务院学位委员会(84)学位字 013 号文件《关于做好博士研究生学位授予工作的通知》,进一步将以上职责细化为:"学位评定委员会和分委员会对答辩委员会作出决议授予博士学位或需修改论文者,应逐个对其政治思想表现、课程考试和论文答辩等情况进行全面的审核。凡答辩委员会不建议授予博士学位的,一般不进行审核,但对个别有争议的,经学位评定委员会组织力量重新审核,并经学位评定委员会审定,确实达到博士学位标准的,可作出授予博士学位的决定。""对某些经答辩委员会通过的论文,学位评定委员会审核后认为不合格的,也可以作出两年内修改论文、重新答辩一次的决定。但对这类情况,应从严掌握。"可见,学位论文答辩委员会相对于学位评定委员会,具有行政上的从属关系。

首先,学位论文答辩委员会是由学位评定委员会负责组织和审批的。虽然法律规定了前者明确的职能——就学位申请者学位论文的学术水平而言,由论文答辩委员会"负责审查",但这种职能是从属于后者的。第二,法律、法规对于学位论文答辩委员会和学位评定委员会的职责规定,不仅有交叉,而且最终决定权在后者。法律、法规不仅赋予学位评定委员会从形式和程序上对论文答辩委员会报请授予学位的决议进行审查的权力,而且明确规定了学位评定委员会对于论文答辩委员会决议的实质性审查权力。而作为一个合理性问题,则是需要认真论证的。因为这个问题不像原告方所论证的那样逻辑明确,也并不像原告方说的那么简单。非同行专家的参与,也许正是出于某种必要。如:国外有的大学中的博士论文答辩,就规定必须要有一名非同行专家参加。理由是让他从一个外行的角度来挑毛病。据《北京青年报》2000 年 1 月 8 日、1 月 20 日报道,中国留日学生李仲生的经济学博士论文答辩,经评委会 5 位教授全票通过后,还要经千叶大学社会文化科学研究课委员会全体教授投票通过后,才能拿到博士学位。这表明法律关于由多学科专家组成的学位评定委员会,不仅有资格审查答辩委员会决议的程序,而且有资格审查其实质性内容的规定,其中所蕴含的逻辑,并非中国所独创。还有一种意见认为,内行与外行的区分是相对的,由于科学发展的日益深入和细化,同一个学科的教授,也只在他所主攻的方向上可以称得上是真正的专家。特别是对于像博士论文这样的创造性研究成果,不可能再有人宣称他是权威。但这并不说明这些专家就不能指导和审查别人。在科学的问题上,有很多共同的相通的东西,专家们的判断往往就是根据对科学的把握和评价能力。就像立法机关的成员并不都是法学专家一样。从这个意义上说,不存在外行领导内行的问题。一个更重要的问题是,关于这个问题的讨论,本身就是一个学术性问题,而不应是法院裁判的内容。

第三种意见认为,这里有一个权力与能力的区分问题。校学位评定委员会能否进行实质性审查? 能否改变答辩委员会的决定? 不是看其能力,而是看其有没有这个权力。也许校学位评定委员会的这个权力是合法而不合理的,从而出现了权力与能力的分裂问题。但我们国家现在最需要的就是这种"形式法治"。从理论上讲,权力与能力应该是统一的,但在实践中,这种统一不可能是绝对的。在这种情况下,司法的选择,只能是尊重法律。

五、争论问题之五:校学位评定委员会在作出拒绝授予学位的决定时,是否应当听取当事人的申辩

第一种意见认为,根据行政法的理论,行政主体作出行政行为,特别是作出不利于相对人的行为,应向行政相对人说明理由,为相对人提供陈述和申辩的机会,对于最后作出的行政决定,应为行政相对人提供救济的途径。就本案而言,校学位评定委员会未通过授予学位的决定,自然应听取相对人的意见,如其意见有道理,应另找专家复审其论文,甚至重新组织答辩。而北大学位评定委员会在拒绝授予原告博士学位时,没有给原告陈述和申辩的机会;在作出拒绝授予学位的决定之后,又没有充分地告知拒绝授予其学位的理由,因此违反了法律的正当程序原则。

第二种意见认为,第一种意见从理论上说不能说不正确,但在我国还只是法理,成文法律对此尚未加以明确规定(尽管完全应该规定)。因此,北大现在没有这样做还难以说它违法,只是不太合理而已。

第三种意见认为,对学术问题的判定不是行政处罚,听取本人意见一般不是必要程序。同时,校学位评定委员会批准授予学位决议的形成,是民主投票的结果,难以提前预测。法院的判决书采纳了第一种意见,判定"本案被告校学位评定委员会在作出不批准授予刘燕文博士学位前,未听取刘燕文的申辩意见;……该决定应予撤销"。且不论法律是否有此规定,按照该判决的逻辑,在校学位评定委员会形成决议之前,就先预计到"不批准授予"的结果并通知当事人,不仅有违以无记名投票的结果形成决议的程序,而且在操作上亦是不可能的。如果是在形成决议之后,那么相对人的陈述和申辩还有多大意义?又以什么形式和组织程序来推翻校学位评定委员会已经形成的决议?

六、争论问题之六:法院判决撤销北大颁发给原告的结业证书并责令北大在两个月内向刘燕文颁发博士研究生毕业证书,是否超越了权限

第一种意见认为,毕业证书是受教育者受教育程度的凭证,完成学业就应颁发。北大不给原告颁发毕业证书是不对的。

第二种意见认为,就适用法律法规而言,原国家教委的规章规定毕业证书和学位证书是可分的,而北大规定颁发毕业证书要以学位评定委员会最后通过其学位论文为前提,也就是说,两证在业务水平的衡量标准上是不可分的。这似乎与原国家教委规章的立法原义不相吻合。

第三种意见认为,原国家教委规章规定的颁发毕业证书的业务标准,与学位证书的颁发标准的表述,是完全一致的。因此,二者在业务标准上没有区别。两证的可分性,只是表现在业务之外的问题上,例如受过记过以上处分的学生不能授予相应学位。

第四种意见认为,行政诉讼不同于行政复议的最突出特点,是行政诉讼审查的一般只应是行政行为的合法性,原则上不审查其合理性。对行政行为合理性的审查,也只在法定的例外条件下进行(例如对行政处罚的公正性的审查)。这是由司法审判权和行政权二者之间相互制约并且不能相互替代的关系所决定的。本案所涉及的对学生是否达到毕业水平的审查,涉及对学术水平的判定,关系到高等学校自主管理的权利,司法审查应坚持主要审查其合法性的原则。颁发学业证书,是教育领域中的特殊行政行为,只要程序合法,不存在违法行为,其正确与否,只能由学术组织和学者们以判定这种问题的特殊方式制定,而不应该属于司法判定的内容。也就是说,行政诉讼作为司法机关的救济监督,主要审查学校颁发证书的行为是否合法,是否符合程序,是否有违法行为,而不应去判定应该颁发哪种证书,更不应直接判决颁发毕业证书。"对受教育者颁发相应的学业证书",即应该颁发毕业证书还是颁发结业证书,是我国教育法规定学校行使的"不受侵犯"的权利。它是学校作为合法教育机构按照章程自主管理和依法行使的特殊裁量权。因此,司法审判在这里

应有一个"节制司法审查权"的问题。法院审查的应是颁发证书的行为是否经过了法定程序以及实际所采取的程序是否合法。司法对于合理性的追求,应以合法性为基础。因此,法院直接责令北大给原告颁发毕业证书并撤销北大给原告颁发结业证书的决定,是超越权限的。

七、争论问题之七:学位评定委员会委员能否投弃权票

第一种意见认为:学位评定委员会委员行使的是一种职务权,性质上属于公权力,因此应是不得放弃的。也就是说,学位评定委员会委员在履行职务时,不能投弃权票,否则就会使相对人的权利受到损害。投弃权票就是"放弃法律赋予的神圣权力",是亵渎自己的职责。本案中,三位专家投了弃权票,这是不负责任的。

第二种意见认为,在不愿意投"赞成"票但又不便明确表示"反对"态度时,弃权也是一种负责任的态度。如果说投反对票是一种积极的"反对"态度的话,那么,投弃权票就是一种消极的"反对"态度。所以,不能把投弃权票简单地理解为是一种"放弃"。一般情况下,当以赞成票的票数通过决定时,从客观结果来看,弃权票是阻止"赞成"决议获得通过的有效表态。因此,投弃权票是表现权利行使人不赞成"通过"的主观意志的另一种表达方式。在现行法律没有明确规定不能投弃权票的情况下,不能剥夺学位评定委员会委员以投弃权票的方式来阻止"通过"的权利。

八、本案对于学位立法的意义

(一) 从本案所反映出的问题来看,现行的《学位条例》必须修订

《学位条例》是1980年全国人大常委会通过的。当时的立法思想,可以

说是偏重于管理。立法的总体价值导向,着眼于有效地实现社会公共利益,即建立和推行学位制度,有利于规范、保证学位授予质量和对学位工作实施管理,有利于实现促进我国"科学专门人才的成长"和促进"教育、科学事业的发展"的目的。而对于控制和监督行政权力,兼顾公共利益和个体利益的问题,显然没有给予应有的重视。可以说,这与当时我国的整体法制建设水平和立法倾向是大体相一致的。现在看来,《学位条例》不仅存在着必要的程序性规定较为疏略的缺陷,而且缺少甚至没有对于行政权力的控制、监督程序以及对于学位申请者基本权益的保障程序。通过这个案件,人们关于法律可诉性的意识,一定会大大地提高。因此,应该根据法律可诉性的要求,明确一些必须明确的问题,充实相关的内容。

1. 应在"总则"中写明立法精神

学位法的基本原则和立法精神是什么?"保证学位授予质量""维护学位声誉""对授予学位从严掌握",是《学位条例》规范所体现出的基本原则和立法精神。这些着眼于管理的原则和精神,是否符合现代教育法制的总体性质?这种类似于"政策声明"式的统领性的内容,应在充分讨论、征求意见并求得基本共识的基础上,进一步在总则中专列条款予以明确。它不仅是法的基本原则,而且是立法目的的整体表达;既是理解法律条文的"钥匙",又是诉讼的需要。

2. 应进一步明确有关争议的处理办法

学位申请人对论文答辩委员会的决议或对学位授予单位学位委员会的决定不服,或者其他人对此有异议,通过何种途径申诉和表达,应有明确的规定;对学位申请人的申诉和他人的异议,通过何种程序受理和答复,也应有明确的规定。为了充分保障和维护学位申请人的正当权益,似应有多种救济途径的规定,使学位申请人既有行政途径的救济程序性权利,又有外部救济性的提起诉讼权利。

(二) 应进一步明确划分论文答辩委员会与学位授予单位学位评定委员会之间的关系和职责

《学位条例》及相关的法规、规章对于学位论文答辩委员会和学位评定委员会的职责规定,不仅有交叉、重合,而且最终决定权在后者。法律、法规不仅赋予学位评定委员会从形式和程序上对论文答辩委员会报请授予学位的决议进行审查的权力,而且明确规定了学位评定委员会对于答辩委员会决议的实质性审查权力。由此就带来了以下问题:

1.如果答辩委员会的组成形式和形成决议的程序合法,不存在违法行为,重新审核有无根据?

重新审核,意味着对已有决议的否定、宣布无效或重新审查。对学术水平的判定,具有区别于一般行政行为(这里所说的一般行政行为,是指区别于学术水平判定的行政行为)的特殊性,其合理性具有明显的与其合法性相一致的特征。因此,不可能也不应该像对待一般行政行为那样,去审查和否定一个具有合法性的学术水平判定的合理性。

2.以新的专家组合所形成的判定去否定答辩委员会的决议,是否具有合理性?

按照"对个别有争议的,经学位评定委员会组织力量重新审核"的规定去操作,势必带来这个问题。由于对学术水平的判定行为所具有的特殊性,很难在两个不同的专家组合分别作出的不同判定结果之间进行选择。也就是说,选择的根据是什么? 其合理性又是什么? 很难令人信服地得到说明。因此,只要答辩委员会的组成合法、程序合法,无违法行为,似不应有"组织力量重新审核"的必要。

3.应明确规定,由多学科专家所组成的学位评定委员会,不审查论文答辩委员会决议中有关学术性问题(政治性问题除外)的实质性内容,以避免有可能出现的关于裁定结果"公正性、合理性"的争论。

4.应进一步明确学位评定委员会与其分委员会的关系和职能划分。《学位条例暂行实施办法》规定:"学位评定委员会可以按学位的学科门类,设置若干分委员会,各由七至十五人组成,任期二至三年。分委员会主席必须由学位评定委员会委员担任。分委员会协助学位评定委员会工作。"国务院学位委员会(84)学位字013号文件《关于做好博士研究生学位授予工作的通知》进一步规定,"学位评定分委员会在作出授予博士学位或两年内修改论文,重新答辩一次的建议时,应以不记名投票方式,经出席会议的三分之二或以上的成员通过"。可见,国务院颁行的法规和国务院学位委员会颁布的规章性文件,已经规定了学位评定分委员会的基本性质和职能。但通过这个案子,反映出一个问题,就是分委员会在答辩委员会和学位评定委员会之间,到底扮演一个什么样的角色?它的定位是什么?不知当初确定设立分委员会时,是否基于对学位评定委员会由多学科专家所组成这样一个因素的考量?从逻辑上看,似乎如此。从规定上看,分委员会也具有实质性的审查权力。也就是说,为了便于学位评定委员会对专业性问题的审查,设立分委员会协助学位评定委员会进行工作。那么,随之而来的一个问题就是,分委员会是不是学位评定委员会的专业性审查机构?在对实质性专业问题的审查上,它是否已经代表了学位评定委员会?这里的职能划分是必须明确的。

(三) 应进一步明确受教育者或学位申请人的法定权益

1. 在《学位条例》中,受教育者或学位申请人,作为管理相对方只是违法或责任主体,不是权利主体。《学位条例》第十六条"非学位授予单位和学术团体对于授予学位的决议和决定持有不同意见时,可以向学位授予单位或国务院学位委员会提出异议。学位授予单位和国务院学位委员会应当对提出的异议进行研究和处理"。第十七条"学位授予单位对于已经授予的学位,如发现有舞弊作伪等严重违反本条例规定的情况,经学位评定委员会复议,可以撤销"。第十八条"国务院对于已经批准授予学位的单位,在确认其不能保证所授学位的学术水平时,可以停止或撤销其授予学位的资格"。这些规定,都是从管理的角度以相对方的违法或责任而提出的,但作为管理相对方却没有任何权利性的规定。作为专项的学位立法,有些权利是应该规定的。例如:应规定对于学位获得者依法获得的学位,有受到保护和不能被任意剥夺的权利,"除依本法规定的条件和程序对所授学位予以撤销或宣布无效外,学位获得者的学位不可剥夺"。

2. 有限的规则以确定管理原则为落脚点,偏重于管理的有效实施,在一些涉及受教育者或学位申请人正当权益的关键环节,缺乏必要的程序性规定。《学位条例》及其暂行实施办法中,缺少关于受教育者或学位申请人程序性权利的规定。例如,对于"个别有争议的",缺少关于"学位评定委员会组织力量重新审核"的具体程序规定。在学位评定委员会对"个别有争议的"进行表决前,是否需要某种听证程序或缓议程序? 另外,对于学位委员会未批准授予学位的相对人,似应有相应的权利性规定,诸如告知程序(告知决定的同时,似还应告知权利)、申诉程序、他人表达异议程序、受理程序等。由于学位问题的争议涉及学术权利、专家权利等具有特殊规律性的复杂问题,在相对人寻求司法机关的救济之前,似应规定必经的行政复议前置制度,规定相对人应先向上级主管部门或专门的仲裁机构(由法律规定建立的教育仲裁机构或由法律授权的学术仲裁机构)申请复议,相对人对复议决定不服时,在何种条件下可以提起诉讼。再如,根据对学术水平的判定原则上是一种单方行为,无须相对人的同意,相对人的意思表示不进入裁定程序的特殊性,"听取本人意见"如果不作为学位委员会对"个别有争议的"进行表决前的一个必要程序,就应有相应的表述或规定,以免引起不必要的争议。

3. 应从保障和维护相对方正当权益的角度,进一步明确和完善必要的程序性规定。例如,使双方产生歧义的关于学位评定委员会"是否批准"的决定程序,缺少关于不批准的表述,从而难以适应诉讼的需要。学位评定委员会的表决,实际上是包括批准和不批准两种结果的完整程序,不能只有批准的表述,而没有不批准的表述。再如,对于答辩委员会建议授予学位,而经学位评定委员会表决未获通过者,国务院学位委员会的有关规章只是规定"对某些经答辩委员会通过的论文,学位评定委员会审核后认为不合格的,也可以作出两年内修改论文、重新答辩一次的决定"。学位评定委员会在作出"两年内修改论文、重新答辩一次的决定时,必须召开会议,以不记名投票方式,经全体成员过半数通过,而不能采取通讯投票的方式"。这里只是规定了"给机会"的程序,没有规定"不给机会"的决定程序;而且"给机会"的程序也不够完善,是经学位评定委员会的委员提议呢,还是经过什么样的程序? 只是规定"对这类情况,应从严掌握",给学位评定委员会以"从严掌握"的裁量权,但对通过什么程序来实现"从严掌握"的原则,却没有规定。从而使公正与效率缺少平衡机制,没有对于裁量权合理行使的程序性制约。

总之,今日中国之法律,倘若只注重实施管理的需要而忽视人的存在和权益,显然是不符合现代法治的基本精神的。现代教育法制的总体性质,要求兼顾公共利益和个体利益;要求通过严密、具体的法定程序和科学、准确的法律表述,实现对实体性规范的正当程序保障;要求使管理相对方在实体法规定的权利受到侵害时,能够通过多种途径并最后通过诉讼程序寻求司法救济和保护。

(本文原载《判解研究》2000 年第 1 辑)

教育法治与教育法学相关问题

对市场经济条件下国家
教育权作用的再认识

伴随我国社会主义市场经济体制的逐步建立和发展,我国的教育事业正在从高度集中统一的计划体制向部分市场体制演变。在教育事业高度集中统一的计划体制条件下,国家教育权因其不成为问题反而不易引起人们的注意。随着计划经济体制逐渐转变为市场经济体制,教育事业的部分市场化已成为一个必然的趋势。伴随这一发展趋势而出现的现象之一,是随着我国教育实践的不断发展和深入,不可避免地触及教育权和国家教育权的问题。教育权越来越引起人们的关注而日益凸显出来,已经成为人们不得不讨论的一个话题,需要理论和理论工作者的正确阐释和解答。

有关的问题大致可归纳为三个层次:

第一个层次的问题,本质上是反映了人们对什么是教育权及其基本性质的认识,诸如"教育权到底是一种权力,还是一种权利";

第二个层次的问题,实质上是反映了人们对教育权的本质属性的认识,诸如"教育权是不是学校的权力""教育权是不是教师的权利";

第三个层次的问题,是对国家教育权的作用机理和强调范围的认识,诸如"教师在按照教学大纲的基本要求所进行的课堂教学中,自然科学、技术科学与人文社会科学特别是政治类学科的教学内容,教师在表现创造性和自由发挥的程度上,是否有所差异和区别"。

上述三个层次的问题,构成了在教育权问题上的各种不同见解和争论。本文力图针对这三个层次的问题,按三个层次的顺序展开讨论。

一、教育权包括法定的教育权利和依法行使的国家权力

现代社会的教育权,指由当今世界各国法律所普遍规定、确认和维护的教育权利和依法行使的国家权力。它不是理论上的、抽象的,而是由各国法律所具体规定和维护的教育权利或权力。概括和归纳世界各国法律所普遍规定、确认和维护的教育权利和权力,现代社会的法定教育权包括国家教育权、家庭教育权和社会教育权。

国家教育权是国家依法行使的权力,它包括国家的施教权和对教育的统治权、管理权;社会教育权是社会成员或社会组织依据法律规定所直接行使的社会教育权利,主要指各种社会力量依法享有的教育举办权和对教育活动的参与权、监督权;家庭教育权则主要是指由法律所确认和维护的父母对其子女的教育权利。

(一) 家庭教育权是法定的教育权利

家庭教育权因其所具有的原生性的义务与权利,受到一切文明社会法律的确认和保护。从原始社会开始,家庭教育权就以一种自发的适应生存和生活需要的道德意义上的义务和权利的状态而普遍存在。现代社会的家庭,依然是影响甚至在某种程度上决定人的发展的一个普遍存在的重要影响源。正是基于对这种任何社会、任何时代都不得不作为立法基础的具有原生性的义务与权利的确认和保护,形成了法定的家庭教育权。现代社会中,家庭教育权是父母依法享有的教育子女之权利。家庭的教育权利和义务,主要表现为家长(一般指双亲)的教育权利和义务。双亲对子女的教育权利和义务是基于子女的出生而自然产生的。德国法律哲学家康德,在18世纪末(1797年)出版的《道德形而上学》一书中,就阐述了他关于父母与子女关系的法哲学观点,他认为"根据繁殖的事实……就产生了保护和抚养子女的责任……为此,儿童作为人,就同时具有原生的天赋权利——有别于仅仅从继承而来的权利——去获得父母的细心抚养,直到他们有能力照

顾自己为止"。①

由于子女与父母之间存在着使父母享有权利和必须承担责任的不可割断的自然联系,同时基于家庭在教育儿童的过程中所难以替代的特殊作用,所以,家庭教育权是现代社会中受到各国宪法保护的一种基本权利。许多国家的宪法都把父母对子女的教育,规定为公民的基本权利,一般规定在婚姻家庭关系的权利和义务之中。例如,1947 年意大利宪法第 29 条规定,"共和国承认以婚姻为基础的自然联盟——家庭——之各项权利";第 30 条规定,"父母的义务与权利为抚养、教导、教育子女(包括非婚生子女在内)"。② 我国的宪法和婚姻法都明确规定,教育子女是父母的权利和义务。

与此相联系,家庭对子女接受学校教育亦享有相应的法定权利。国家和家庭共同承担教育儿童的责任,已成为现代社会的一条普遍的法律原则。许多国家的法律在规定儿童、少年必须接受义务教育的同时,亦规定了家长在其子女接受学校教育过程中的权利和义务。例如,在美国最高法院 1925 年的皮尔斯判例中,最高法院宣布家长在公立与私立学校之间的"选择自由",是有关学校教育方面家庭权利的教育法原则。该项判决宣布,教育是一项给予那些"养育儿童并引导其命运之人"的个人权利。国家与家长共同承担着教育的责任,二者都必须为儿童的利益而尽其职责。"在这项裁决中,最高法院表述了那些也曾激励着《联合国人权宣言》(1948)和 1950 年《欧洲人权宣言》的作者的思想。前一项宣言提出:'人人有教育的权利……家长有为其子女选择教育形式的先决权'。后一项宣言提出:'不能剥夺任何人的教育权利。国家在行使任何它认为与教学有关的职能时,应尊重家长确保此类教育和教学与他们自己的宗教与哲学相符的权利'。教育权和家长的选择自由是通行于所有西方国家的宪法原则"③。美国《1974 年家庭权利和秘密法》,还对学校教育中涉及的"家庭教育权和隐私权"④作出了详细规定,概括起来有:查阅子

①　张宏生:《西方法律思想史资料选编》,北京大学出版社 1983 年版,第 414 页。

②　中国人民大学法律系国家与法教研室资料室编:《中外宪法选编》,人民出版社 1982 年版,第 144 页。

③　周南照等:《简明国际教育百科全书·教育管理》,教育科学出版社 1992 年版,第 166 页。

④　国务院教育工作研讨小组办公室:《外国教育基本法选编》,中共中央党校出版社 1989 年版,第 92 页。

女的受教育档案的权利;要求子女所在学校举行听证会的权利;公开子女的受教育档案的权利;审查教学资料的权利;就学校的教育和教学问题提出看法和建议的权利;等等。

(二) 国家教育权是国家依法行使的国家权力之一

现代社会的国家教育权,由抽象的主权和具体的职权构成。抽象的国家教育权是统一的、无所不包的国家主权的一部分。一方面,它表现为国家的统治权,即通过教育的方式,实施和维护国家的统治。它是国家对其统治的社会成员特别是年青一代进行教育的权力,如我国《宪法》规定,"国家培养青年、少年、儿童在品德、智力、体质等方面全面发展"。《教育法》规定,"国家在受教育者中进行爱国主义、集体主义、社会主义的教育,进行理想、道德、纪律、法制、国防和民族团结的教育"。另一方面,它又表现为一个国家对在其领土上所进行的一切教育活动的管辖权,对内具有至上性,对外具有独立性。任何外国组织或个人,不经我国政府的批准,就不具有在我国领土上实施教育的权利;否则,就侵犯了我国的国家主权。

为了实现包容于国家主权中的教育管辖权,必须将其具体化为国家机构(广义的政府)的职权,使后者成为前者的载体和具体实现手段。现代资本主义国家的国家教育权,由分立并相互制约的国家立法权、国家行政权和国家司法权来构成和保证。在我国,一切权力属于人民。教育权作为一种国家权力,其权力源头是以工人阶级为领导的全体人民的共同意志。这种人民主权中的权力意志,首先是通过宪法制定权的方式与国家权力相关联的,并通过宪法规范的形式,将权力内容具体化和规范化。我国是以全国人民代表大会为核心的国家机构体系,根据权力机关和执行机关的职权划分,行使国家教育权。其中,国家对于教育的行政权;是国家教育权力存在的最主要形式。国家的教育立法权包括国家权力机关的立法权及其统辖下的各级地方立法权和行政立法权。由国家主权的代表机关以国家名义制定教育法律的权力,是国家教育权体系中的最高权力,也是国家教育主权的直接体现。应该说,正是国家教育权的依法存在和行使,使教育成为现代国家依法履行的重要公共职能之一。

（三）社会教育权是国家和家庭之外的法定教育权利

由于家庭教育权和国家教育权已经从广义上的社会教育权中分解出来，分别以权利与义务和权力与职责的统一体而为各国法律所规定，成为现代社会中普遍存在的法定的教育权形态，所以，这里所说的社会教育权是一种狭义概念，特指在广义上的社会教育权中，分解出国家教育权和家庭教育权之后，由其他社会主体所直接行使的社会教育权利，并形成与国家教育权和家庭教育权相对应的，由法律所确认和保障的第三种教育权形态。

现代各国法定的社会教育权，一般指除国家和家庭之外的各个社会主体依法享有的从事教育活动的权利。如：联邦德国宪法规定，公民在忠诚于宪法的前提下，有自由从事教育的权利，"开设私立学校之权予以保障"。法国的《国家与私立学校关系法》宣布，国家尊重教育自由，承认私立学校的合法存在，并鼓励私立学校逐步纳入公立教育体系。此外，一些国家还规定了各种宗教团体平等地从事教育活动的权利。在有些国家，家庭教育权被纳入法定的社会教育权之中，家庭成为法律所列举的社会教育权利主体之一。

我国的《教育法》专列"教育与社会"一章，第五十二条规定："国家鼓励社会团体、社会文化机构及其他社会组织和个人开展有益于受教育者身心健康的社会文化教育活动。"同时，社会各主体依法享有关心、支持、参与、监督各项教育事业的权利和义务。在我国，社会教育权主要包括各社会主体依法享有的举办教育事业、进行教育活动的权利，以及关心、支持和参与对国家的教育事务进行管理与监督的法定权利。

首先，我国的法律赋予并保障各社会主体的教育举办权。我国《宪法》规定，"国家鼓励集体经济组织、国家企业事业组织和其他社会力量依照法律规定举办各种教育事业"。这一规定确立了国家鼓励各种社会力量兴办教育的宪法原则，赋予了除国家外的各社会主体以举办各种教育事业的权利。因此，我国由宪法所确认和保障的社会教育权，体现为多个社会主体办学的合法性。20世纪80年代中期以来，在《中共中央关于教育体制改革的决定》精神指导下，我国自50年代中期以后形成的国家教育权一统天下的办学体制，开始出现变化。伴随《义务教育法》《中国教育改革和发展纲要》《教育法》的先后颁布,我国社会力量办学的具体权利和义务,不仅在政策上,而且从法律上获得了进一步的明确。因此,进入90年代后,我国由社会团体及其他社会组织和公民个人等社会力量依法办学,呈现出加快发展的势头。1997年,国务院颁布了《社会力量办学条例》,使我国社会教育权的依法行使,进一步获得了具体的法律规范。

其次,我国法律规定并保障各社会主体参与对国家教育事务的管理和监督的权利。我国《宪法》第二条规定:"人民依照法律规定,通过各种途径和形式,管理国家事务,管理经济和文化事业,管理社会事务。"我国《教育法》第46条规定:"企业事业组织、社会团体及其他社会组织和个人,可以通过适当形式,支持学校的建设,参与学校管理"。

同时,我国法律规定了全社会都应关心和支持教育事业发展的义务。社会是影响人的发展的重要影响源,特别是对青少年的教育,不仅是家庭和国家的责任,而且是全社会的共同责任。许多国家在有关教育的法律法规中,规定了社会各方面关心和支持教育活动的义务和权利。我国的《教育法》首先在"总则"中规定"全社会应当关心和支持教育事业的发展",继而专列"教育与社会"一章,对各社会主体应当依法履行的责任和义务作出了规定。

二、教育权的本质属性是社会权利

无论是依法行使的国家教育权,还是法定的社会教育权、家庭教育权,本质上都不是一种自由意志的表现和自然的权利,而是反映着经济关系的意志关系,是通过意志关系的形式对由经济关系所决定的教育关系的公开认可。因此,它们本质上都不过是由法律所确定、区分和维护的社会权利。现代各国教育法所普遍规定的一些教育基本原则,如:"教育必须符合国家和社会公共利益"的原则、"全社会关心支持教育事业"的原则、"教育不得以赢利为目的"的原则、"教育机会均等"的原则、"教育与宗教相分离"的原则等,正是反映了教育权的社会权利属性。

（一）家庭教育权的社会权利性质

康德关于孩子不仅属于父母,而且同时属于他们自己和社会的法哲学观点,构成了现代法律关系中家庭教育的权利与义务的法哲学基础。他在《道德形而上学》一书中写道:"由于父母生育出的是一个人,不能把一个享有个人自由的人,设想成仅仅是经过一种物质程序产生出来的一个生命。因此,在实际关系中,把传宗接代的行为看成是未经他本人同意而把一个人带进了这个人间世纪的过程,而且由别人的自由意志负有责任地把他安排在人间,这是很正确的,甚至是一种十分必需的观念。因此,这种行为就加给父母一项义务——尽他们力量所及——满足他们的孩子应有的需要。父母不能把他们的孩子看成是他们自己的产物,因为不能这样看待一个享有自由权利的生命。同样,他们也无权像对待自己的财物那样可以毁弃孩子,甚至也不能让孩子听天由命;因为他们把一个生命带到了人间,而这个生命将成为世界的一个公民,即使根据权利的自然概念,他们已经不能对这个生命置之度外,漠不关心。"①

1. 家庭教育权既是受法律保护的基本权利,又是由法律规定必须履行的基本义务

基于家庭在教育儿童的过程中所难以替代的特殊作用,许多国家的宪法在把父母对子女的教育规定为公民的基本权利的同时,强调它是父母或家庭必须履行的基本义务。把教育子女设定为家庭的基本义务,反映了家庭教育权的社会权利性质。较有代表性的如德国魏玛宪法第 120 条曾规定:"养育子女,完成其肉体、精神及社会的能力,为父母的最高义务,且为其自然的权利。"②1947 年意大利宪法第 30 条规定:"法律保证非婚生子女享有与合法家庭成员之权利同样的全部法权与社会保护。"③我国的宪法和婚姻法在规定教育子女是父母的基本权利的同时,都明确规定它也是父母必须履行的基本义务。1999 年 11 月 1 日开始实施的《中华人民共和国预防未成年人犯罪法》还

---

① 张宏生编:《西方法律思想史资料选编》,北京大学出版社 1983 年版,第 414 页。
② 胡锦光、朝大元著:《当代人权保障制度》,中国政法大学出版社 1993 年版,第 161 页。
③ 中国人民大学法律系国家与法教研室资料室编:《中外宪法选编》,人民出版社 1982 年版,第 144 页。

规定,离异的父母,任何一方都不得因离弃而不履行教育孩子的义务。

2. 对子女进行符合社会要求的公民教育是家庭的法定义务

由于家庭对于儿童、少年健康成长为一名合格社会成员的作用和影响至关重要,家庭教育权作为家庭的一种基本权利的行使,必须符合社会整体对社会的年轻一代进行教育的公共性原则的基本要求。这就是家庭教育权的社会权利属性。正是这一社会权利属性,决定了家庭教育权不可能不受到代表社会整体行使教育权利的国家教育权的影响和制约。

许多国家,特别是社会主义国家的宪法或其他法律,规定了父母或其他监护人对儿童少年进行符合社会和国家要求的公民教育,是每一个家庭应尽的义务。《中华人民共和国未成年人保护法》规定:"国家、社会、学校和家庭对未成年人进行思想教育、道德教育、文化教育、纪律和法制教育,进行爱国主义、集体主义和国际主义、共产主义的教育,提倡爱祖国、爱人民、爱劳动、爱科学、爱社会主义的公德,反对资本主义的、封建主义的和其他的腐朽思想的侵蚀";"父母或者其他监护人应当以健康的思想、品行和适当的方法教育未成年人,引导未成年人进行有益身心健康的活动"。

3. 使子女接受法定的学校教育是家庭必须履行的法定义务

许多国家的法律在规定儿童、少年必须接受义务教育的同时,亦规定了家长在其子女接受学校教育过程中必须承担的义务。《日本国宪法》第 26 条规定:"所有国民根据法律规定,均负有使其所保护的子女接受普通教育的义务"①;英国《1944 年教育法》规定:"使属于受义务教育年龄的所有儿童通过正规的上学或其他方式接受适合其年龄、能力和素质的有效的全日制教育是家长的责任"②。《中华人民共和国教育法》第 49 条规定:"未成年人的父母或者其他监护人应当为其未成年子女或者其他被监护人受教育提供必要条件。未成年人的父母或者其他监护人应当配合学校及其他教育机构,对其未成年子女或者其他被监护人进行教育"。

---

① 国家教育委员会政策法规司编:《日本教育及文化法规要览》,吉林教育出版社 1995 年版,第 4 页。

② 国务院教育工作研讨小组办公室:《外国教育基本法选编》,中共中央党校出版社 1989 年版,第 363 页。

（二）国家教育权的社会权利属性和社会职能性质

1. 国家教育权的本质属性是社会权利

国家教育权的权力源泉，是广义的社会教育权。即从广义上被人格化的社会整体，作为权利主体所享有和拥有的符合社会生活公共利益要求的教育权利的总和。

广义社会教育权中作为权利主体的"社会"，逻辑上应该是作为社会整体的全体社会成员。但在阶级社会中，所谓社会整体利益的代表，不过是社会统治阶级的国家意志。因此，国家教育权作为一种继受性的权力，是特定国家中广义社会教育权的功能载体，它导致广义上被人格化的社会整体的教育权的权能分解，使得国家机关成为独立于一般社会成员和其他社会组织之外的行使教育权力的主体。

在现代社会中，教育权作为一种国家权力，不是自发地生长出来的，它是继受性的权力，其权力性质是一种受委托的权力，其权力源泉是人民主权和宪法制定权。人民主权的性质是社会权利，即是说，社会成员的共同意志构成了社会的最高权力——人民主权。由这种属于全社会的权利即人民主权分解到国家权力的分解形式，是宪法制定权。因此，国家教育权只不过是广义社会教育权在逻辑发展过程中的一种权能分解，是广义社会教育权的分解物，是由宪法制定权所派生出来的。从教育权的最直接的法源来看，宪法是国家教育权的直接依据。因此，国家教育权的合理性首先是国家教育权的行使必须要有宪法根据。对于依法行使国家教育权的国家机关而言，凡是要具体地实现本属于全社会的教育权力功能，皆以达到实现社会整体的教育权利为目的。因此，国家机关在行使国家教育权力时具有从属性，其存在是以实现社会整体的教育权利并符合为其服务的要求为目的。同时，国家机关依据法律规定对国家教育权的具体行使，必须受到全体社会成员的监督。

资本主义国家的广义社会教育权及其分解物——国家教育权，同历史上其他社会形态中的广义社会教育权、国家教育权一样，本质上都是统治阶级的权利和权力。而社会主义国家的广义社会教育权及其分解物——社会主义国家教育权，从理论上讲，则是以工人阶级为领导的以工农联盟为基础的全体人民的教育权利和权力。因此,从广义上讲,社会主义国家的社会教育权,其权利主体应该是能够逐渐成为作为社会整体的全社会成员。同时,作为其分解物的国家教育权,也就区别于以往由少数人统治的阶级社会中作为统治阶级的意志体现的国家权力,而成为一种具有社会主义特殊规定性的国家教育权力,即真正是以实现社会全体成员的教育权利为目的,并以满足服务于这一权利的要求为目标。这是社会主义国家教育权区别于以往社会形态中一般意义上的国家教育权的本质特征。

2. 国家教育权的社会职能性质

教育作为现代国家的一项重要职能,既是统治职能,又是社会职能。因此,国家教育权既是国家的一种统治权力,又是国家举办和发展教育这种社会事业和对教育这种社会活动进行管理的权力。

作为一种社会职能,现代国家日益普遍地把发展本国教育事业、管理和协调各种教育活动作为自己的重要职责,并通过行使法律所赋予的举办、管理和监督本国领土范围内的一切教育机构和教育活动的国家权力,使国家的教育职能发生效力。

伴随国家教育职能的发展,现代国家的宪法几乎都有涉及教育的规定。这种由宪法法律规范调整国家、社会和家庭的教育行为而形成的权力与职责、权利与义务的关系,使教育权成为宪法法律关系的重要内容。同时,国家、社会和家庭的教育权利(权力)与义务(职责),又是教育法律关系的基本内容之一。在现代国家中,教育法不仅成为独立的法律,是现代国家管理教育的基本手段,而且是现代国家行使国家教育权以履行教育职能的基本依据和重要内容。

(三) 法律列举的社会教育权是社会个体从事教育活动的具体权利

现代各国法律规定社会教育权的方式,一般为列举各个社会主体从事教育活动的具体权利。如意大利宪法规定:"机关与私人均有权创办无需国家负担之学校与教育机构"。① 日本的《教育基本法》《私立学校法》和韩国的

---

① 中国人民大学法律系国家与法教研室资料室编:《中外宪法选编》,人民出版社1982年版,第144页。

《私立学校法》，则规定社会教育权的权利主体是教育法律关系中的特殊法人，私立学校只有通过作为这种特殊法人的学校法人才能设立。各国的学校教育法或其他教育法律，一般都详细列举学校及其他教育机构在教育活动中依法行使的权利和同时应当承担的责任，规定教师和其他教育工作者在教育活动中依法享有的权利和必须履行的义务。

我国《教育法》的第三章"学校及其他教育机构"、第四章"教师和其他教育工作者"，分别列举了学校及其他教育机构行使的权利和应当履行的义务，规定"教师享有法律规定的权利，履行法律规定的义务，忠诚于人民的教育事业"。我国的《教师法》则具体规定了教师享有的权利和应当履行的义务。《教师法》规定我国教师享有"进行教育教学活动""在学术活动中充分发表意见""指导学生的学习和发展""参与学校的民主管理"等项权利；同时规定，教师应当履行"遵守宪法、法律和职业道德""贯彻国家的教育方针""遵守规章制度""执行学校的教学计划""对学生进行宪法所规定的基本原则的教育和爱国主义、民族团结的教育，法制教育以及思想品德、文化、科学技术教育，组织、带领学生开展有益的社会活动""批评和抵制有害于学生健康成长的现象""不断提高思想政治觉悟和教育教学业务水平"等项义务。

综观各国的教育法律，实际上并不存在教育权意义上的"地方教育权""学校教育权""教师教育权"等，它们不过是教育关系的各种主体在教育活动中依法享有的从事具体教育活动的权力或权利，而不是独立存在的教育权形态。如地方教育权，在教育集权制国家中，它是国家教育权职权体系的组成部分；而在教育分权制国家中，各联邦成员的教育权则是完全意义上的国家教育权。所谓"学校教育权"和"教师教育权"，其本质要么是国家教育权，要么是社会教育权，其性质的归属取决于教师所在的学校是公立还是非公立。因此，针对学术界中有的把各种教育关系主体从事教育活动的各项具体权利或权力（如学校的办学权、教师的授课权、地方对学校的管理权等）与现代社会的教育权混为一谈的情况，必须搞清楚：什么是教育权？教育权的权利主体意味着什么？必须弄明白：为什么说现代社会的教育权，就是指国家教育权和法定的家庭教育权、社会教育权。

三、市场经济条件下国家教育权作用机制的增强

（一）市场经济条件下必须强调国家教育权的统一性

伴随我国社会主义市场经济的建立和发展,市场竞争机制正在逐步进入教育领域,在教育的资源配置、教育的结构调整等方面发挥重要作用。教育投入由传统的计划经济体制下单一的政府投资,向政府、集体、个人多元投资转变。这个转变,使得各种社会力量办学空前发展,由此出现了两个方面的问题:一方面,在发挥市场机制正面效应的同时,如果不加强国家的宏观调控和管理,市场机制的自发性、盲目性和滞后性的缺陷,同样会给教育事业的健康发展带来负面效应。因此,在市场机制失灵的地方,国家权力中的教育管辖权必须加强。另一方面,教育投资和办学主体的多元化趋势,并不等于教育内容特别是涉及政治、价值观念、思想意识等精神文明方面教育内容的自由化。作为国家主权的教育统治权,在一个国家的范围内,必须是统一的。也就是说,国家教育权作为一种统治权力,是不可分割和动摇的。

国家教育权的统一性,是由教育权的社会权利属性决定的。在一个统一的国家内,社会根本利益是一致的。在世界各国的教育权发展实践中,国家教育权的统一性,经常面临来自诸如民族、地方、政党、宗教等不同方面的挑战,正是在不断解决这些不断出现的矛盾和冲突中,世界各国的国家教育权不断得以发展。维护国家教育权的统一性,必须反对下列倾向。

1. 教育权的民族化倾向。它主要是指在民族自治地区的教育活动中,出现的与国家统一的政治教育、民族问题教育的内容相背离的"地方民族主义"倾向。在民族自治地区由民族自治地方的自治机关自主地管理和实施的教育,是国家代表全社会实施教育的一个组成部分。因此,我国《教育法》第十条规定,"国家根据各少数民族的特点和需要,帮助各少数民族地区发展教育事业"。在民族地区教育事业发展和教育活动中的自治权,是以维护国家教育权的统一性为原则的。因此,任何违背宪法和国家法律的教育内容,都是不允许的。

2.教育权的地方化倾向。一方面是指在单一制国家中,随着地方政府在发展教育事业和管理教育活动中权限的扩大,在教育内容上具有地方主义和不执行国家统一的教育政策的倾向;另一方面,还指在联邦制国家中,由于教育的分权制而导致的各联邦成员间,在教育内容等方面差异的增长以及与联邦基本法(宪法)的冲突。这种倾向危害国家的统治权,增长地方的分离主义倾向,因此是必须反对的。

3.教育权的政党化倾向。主要是指在多党制国家中,学校教育中宣传政党主张的各行其是的做法。政党教育有时出现在普通学校中,较多地则出现在由政党投资或兴办的学校中。这种倾向既破坏国家教育权的统一性,又危害国家的政治统治。因此,很多国家的法律规定了"教育的政治中立性"或"教育与政党相分离"的原则。我国宪法规定了中国共产党的领导地位。中国共产党代表了全体中国人民和全社会的根本利益和长远利益。因此,在我国"忠诚于党的教育事业"与国家教育权的统一性原则,是完全一致的。

4.教育权的宗教化倾向。主要是指宗教教育出现在普通教育中的倾向。很多国家特别是那些有着长期宗教传统的国家,其法律规定了"教育与宗教相分离"的原则,规定禁止在普通学校开设宗教课程,有的甚至规定禁止宗教团体开办学校,从而避免教育的宗教化倾向,维护国家的政治统治。

对于上述问题的解决,或者说在同上述倾向的不断斗争中,各国有关教育权的立法在不断完善。

(二) 对全体社会成员进行政治教育是社会主义国家教育权的重要职能

国家教育权是国家的一种统治权力,对全体社会成员特别是年轻一代进行符合社会公共性原则要求的政治教育,是国家教育权的一项重要职能。

表面上看起来,只有我国和苏联、原东欧等社会主义国家的教育,才具有以法律确定和维护的鲜明的政治性,使政治教育或政治文化成为国家教育职能的重要组成部分,因而国家的教育职能与国家的政治职能密切相关,教育活动十分具体地为国家现实的政治决策、政治过程和政治行为服务,即鲜明地体现出"教育为无产阶级政治服务"的原则。而一些资本主义国家的法律则确认和维护所谓"教育的政治中立性"原则,似乎教育是与政治毫无关系的"纯粹的社会职能"。事实上,日本出现一系列国家干涉教师"学术自由"的政府行为和法院判决;瑞士和德国的法律规定,教师必须拥护其宪法的指导思想,并在已有的教育判例中,法院批准可以因政治原因解雇教员;等等。这都说明世界上没有一个国家任凭教育不去维护它的政治统治。在现代社会中,国家教育权与公民个人所依法享有的文化教育权利(如学术自由、教育自由等等)之间,本质上是一种法律关系。所以,现代国家普遍重视法律的调整作用,从法律上保证具有国家政治职能作用与功能的国家教育权与公民个人文化教育自由权利之间的协调一致。

我国改革开放以后,人们的思想解放程度不断提高,各种思想空前活跃。面对这样一种新的形势和新的情况,有针对性地对全体社会成员特别是对年轻一代进行符合社会公共性原则的政治教育,是我国的社会主义国家性质所决定的,同时也是社会主义国家不能放弃的教育权力和国家职能。

素质教育的问题首先是德育。中国自古以来就有良好的德育传统。这种德育传统的形成,与强有力的国家教育权是密切相关的。综观古今中外,显现和强调国家教育权力的突出领域,基本上都是有关政治思想教育方面的内容。对全体人民进行必要的政治思想教育,是国家的重要权力与职责。

伴随我国的改革开放和社会主义市场经济体制的逐步建立,教育领域空前活跃。在教育事业发展的大好形势中,也相应地出现了一些问题和沉渣泛起现象。在见诸报端的有违社会主义教育原则的事例中,有的民办学校,每天举行效忠仪式,教育学生效忠于投资人或校长;有的私立学校,在教育活动中宣传封建糟粕和迷信思想;在大学课堂上,有的教师宣讲违宪言论,还误以为是"学术自由"。针对这些问题,需要加强对国家教育权的认识,增强人们对于教育不是某个民族、地方、团体、学校或个人的自由行为的观念,自觉地使之符合国家和社会的公共利益;同时,必须进一步通过立法和依法行政等手段,强化国家教育权的作用机制。

(本文原载《沈阳师范学院学报(社会科学版)》2000年第2期;全文收录于2001年度《中国国情报告》)

平等的受教育机会

——解读一个重要的教育法原则

  《中华人民共和国教育法》规定:"公民不分民族、种族、性别、职业、财产状况、宗教信仰等,依法享有平等的受教育机会。"《教育法》还规定:"受教育者在入学、升学、就业等方面依法享有平等权利。学校和有关行政部门应当按照国家有关规定,保障女子在入学、升学、就业、授予学位、派出留学等方面享有同男子平等的权利。"

  那么,什么是"平等的受教育机会"? 它和"平等权利"有什么区别和联系? 受教育机会的"平等"是形式上的还是实质性的? 现行法律对此没有明确界定和具体化。

一、何谓"平等的受教育机会"

  "平等的受教育机会"是一个有些含糊的表述,"平等"和"受教育机会"两个概念都包含多重意思场域。但十分明确的是,"平等的受教育机会"在我国《教育法》中是作为公民享有受教育权利的一项重要原则来规定的。这一原则作为一个确定的引导性的法律理念,既有利于人们在实践中将之与法律法规的目的、原则和精神结合起来,灵活和公正地处理个案,保障相对人在受教育机会面前实质性地享有一定阶段上相应水平的平等权利,又有利于人们以"平等"作为正义或公平性的法定伦理框架,评价和不断改善影响公民受教育机会的公共政策。因此,我们可以说,维护和保障在受教育机会面前的公民平等,既是法律要求权力行使者必须承担的责任,又是法律赋予公民的一项可以主张和行使的基本权利。平等的受教育机会体现着公民受教育权利的平等。

然而实现受教育的机会平等,并不像它表面上看起来的那样简单。一方面,教育资源特别是优质教育资源是有限的,不能满足所有人的平等要求;另一方面,为求公平,就要找出在有限的教育资源条件下,能够保证公平、公正的方法和手段,以及相应的监控机制。公平的重要内容是享受教育资源的机会平等。

促进教育机会的平等,是一个全球性的重大课题。很多国家的法律,都规定了有关的内容。例如:日本国的《教育基本法》把"教育机会平等"单列一条,规定"对所有国民必须一律给予接受与其能力相适应的教育的机会,不因种族、信仰、性别、社会身份、经济地位或门第的不同而在教育上有所区别";《葡萄牙共和国宪法》在第一编"基本权利与义务"中规定,"任何人都有受教育的权利,保障享有平等机会接受与完成教育之权利"。1948 年 12 月 10 日,联合国大会通过的《世界人权宣言》宣布:"法律之前人人平等,并有权享受法律的平等保护,不受任何歧视。""人人都有受教育的权利,教育应当免费,至少在初级和基本阶段应如此。初级教育应属义务性质。技术和职业教育应普遍设立。高等教育应根据成绩而对一切人平等开放。"近十几年来,一些国家和有关国际组织对于人类实现教育机会的平等更是给予了极大的关注①。"教育的机会平等反映了人类渴望一个更公正的世界,在那个公正的世界里,所有的人都将得到充分的人权保障。"②然而,"在这个教育世界里,不公平的现象仍然以各种不同的方式存在着。这里,我们并不是指国家之间的悬殊,而是指国家内部的不平等状态"③。使每一个人都享有平等的受教育机会,对世

---

① 1989 年以来,联合国通过了《儿童生存、保护和发展世界宣言》《儿童权利公约》《执行90 年代儿童生存、保护和发展世界宣言行动计划》以及《世界全民教育宣言》等一系列文件,反复强调"让人人都享有受教育机会"。

② [瑞士]查尔斯·赫梅尔:《今日的教育为了明日的世界》,王静、赵穗生译,中国对外翻译出版公司 1983 年版,第 68 页。

③ 参见联合国教科文组织国际教育发展委员会:《学会生存:教育世界的今天和明天》,教育科学出版社 1996 年版,第 99—100 页。

界各国来说,都是一个远未解决并不断面临新挑战的问题。

那么,"平等机会"的含义是什么?"平等的受教育机会"意味着受教育者享有什么样的"平等权利"呢?

(一)"平等的受教育机会"——从形式平等到实质平等

公平、公正、正义,这些词虽不同,但所表达的意思基本相同。公平、公正、正义,都是观念化的表现。所谓观念化的表现,即公平是人们对社会事物进行价值评判时表现出来的观念,是一种价值评价形式、一种思想意识。而平等则具有客观性,能够对其进行实证性研究。人们的公平观经常会与客观状况的平等与否相联系,并对各种状态下的平等与否进行评价。

现代社会以前,古今中外那些追求社会正义的人们,都在以各种不同的方式追求着平等。中国历史上的历次农民起义,几乎都是以反映其平等思想的"均贫富"为其旗帜和口号的。平等,是处在地位低下和生活贫困的人们所不懈追求的理想。这是因为,"在一定意义上说,没有平等就没有正义,平等是正义的最主要的内容体现之一,以至于人类历史上有相当一些思想家把正义就理解为形式上的平等,因为不管人们出自何种目的,在何种场合使用正义的概念,正义总是意味着某种平等,正义总是要求平等对待"。①

19世纪法国著名思想家皮埃尔·勒鲁在《论平等》一书中说:在现实世界中,或许平等不是一个事实,但是,平等是一项原则、一种信仰、一个观念,这是关于社会和人类问题的并在今天人类思想史上已经形成的唯一真实、正确、合理的原则。"这项原则,虽然根本不曾付诸实践,但至今仍然作为正义的准则而被接受下来。""平等这个词的革命象征就意味着:平等是一项神圣的法律,一项先于其他一切法律的法律,一项派生其他法律的法律。"②

法律平等在现代社会是被普遍接受的正义原则。但"法律平等就是法律地位的平等,法律平等是一种典型的形式平等。这不仅由于法律是社会生活

---

① 吕世伦、文正邦:《法哲学论》,中国人民大学出版社1999年版,第474—475页。

② 参见[法]皮埃尔·勒鲁:《论平等》,商务印书馆1988年版,第68、239页。

关系的形式方面,许多种平等都需要具备法律这一形式,而且法律本身的特性是不针对任何具体的人和事,它总是抽象地、一般地规定相同情况应予以相同对待。"①也就是说,法律平等作为一种形式平等,是指在法律面前的一视同仁、平等对待。它包括所有主体的人格平等和权利义务的内容平等。

写在教育法上的"受教育机会平等",是法律上的"平等"概念,即法律平等。

按照现代法学的原则,规则是客观的而且对任何人都是平等的。所以,法律平等只能满足形式平等而难以实现绝对的、事实上的平等。因为"平等对待并不能排除差别,即并不产生平等结果(无论在机会的利用还是在其他方面),这一事实如今已得到公认"②。

针对现代法学及其制度形态——西方现代法治的弊端而产生和兴起的西方后现代法学,虽仍然是一种受到指责的发展中的理论,但不可否认的是,它提供了一种新的思想视角和新的法律思维,以新的法律智慧去阐释和表达现实社会发展中的冲突和问题。其中,作为西方后现代法学三个主要流派之一的"批判种族主义法学",在理论层面,他们要求重新思考个人、社会和平等的概念;在规则层面,他们要求停止对少数种族的谴责,并且为"积极歧视"政策辩护,认为少数种族在历史上受到的不公正待遇必须得到补偿③。

后现代法学思想对西方特别是美国教育机会平等的实践发展产生了重要影响,使得教育机会平等的法律实践出现了从追求形式平等向实质平等的转变。人们对于教育机会平等的认识,已经不再仅仅停留在规则层面和满足于形式平等的水平上,对实质平等和实体公正的追求,成为教育机会平等的重要目标。

恩格斯指出:"每一时代的理论思维,从而我们时代的理论思维,都是一种历史的产物,它在不同的时代具有完全不同的形式,同时具有完全不同的内

---

① 吕世伦、文正邦:《法哲学论》,中国人民大学出版社 1999 年版,第 476 页。

② [美]乔·萨托利:《民主新论》,冯克利、阎克文译,东方出版社 1998 年版,第 398 页。

③ 参见信春鹰:《后现代法学:为法治探索未来》,载朱景文主编:《当代西方后现代法学》,法律出版社 2001 年版,第 33、37 页。

容。"①人类追求平等的实践表明,"平等既是抽象的理念,又是具体的现实"。"平等的实现是一个从理想平等到法律平等再到实际平等的依次演化过程。"②

(二) 对"受教育机会平等"的各种阐释

在西方,关于"受教育机会平等"有着多种不同的解释。我国的很多相关研究著作或文章都会提到瑞典著名教育学家胡森的观点③。在其主编的《国际教育百科全书》中,胡森对以往的研究作了概括性总结。他认为,教育平等观念因哲学观不同而依次经历了"保守主义阶段""自由主义阶段"和"新概念阶段"的演变过程,分别形成了"起点平等论""过程平等论"和"结果平等论"三种理论形态。④

再如,索里·特尔福德认为,所谓教育机会平等,并非指全国人民都接受同等的教育,都从小学、中学升入大学,而是指国家以最公平的方式,使人人凭其禀赋及能力而受到一种适合其才能与需要的教育。因为人类的天赋才智天生就有高低,所以教育上的平等,仍是指教育机会平等,而不是指教育内容的平等或是成就平等。⑤

另一种有代表性的观点是詹姆斯·科尔曼提出的"教育机会均等"的观点,他认为教育机会均等有四个标准:(1)进入教育系统的机会均等;(2)参与教育的机会均等;(3)教育结果均等;(4)教育对生活前景机会的影响均等。⑥

中国学者在介绍和评价西方学者观点的基础上,提出了自己的观点。有的文章认为,在法律意义上应该对受教育权平等的内容作这样的概括:受教育

---

① 《马克思恩格斯选集》第 4 卷,人民出版社 1995 年版,第 284 页。
② 龚向和:《试论受教育权的平等理念》,《大学教育科学》2003 年第 2 期。
③ 参见吴德刚:《中国全民教育问题研究:兼论教育机会平等问题》,教育科学出版社 1998 年版;曲相霏:《析受教育权平等》,《山东大学学报(哲学社会科学版)》2003 年第 5 期;龚向和:《试论受教育权的平等理念》,《大学教育科学》2003 年第 2 期。
④ 参见张人杰:《胡森论均等不相容性》,《外国教育资料》1989 年第 3 期。
⑤ 参见吴德刚:《中国全民教育问题研究:兼论教育机会平等问题》,教育科学出版社 1998 年版,第 82 页。
⑥ 参见刘复兴:《当代我国教育法制建设的价值原则》,载劳凯声:《变革社会中的教育权与受教育权:教育法学基本问题研究》,教育科学出版社 2003 年版,第 123 页。

权平等包括受教育机会的平等和受教育待遇的平等,而前者又包括入学机会的平等和升学机会的平等,后者则包括物质待遇的平等和精神待遇的平等。同时,受教育权平等不仅包括形式意义上的平等,而且包括实质意义上的平等。仅仅对受教育权平等作上述程度的认识还是失之笼统。要准确判断一个特定的个体究竟应该享有怎样的平等受教育权,要准确评价一个国家在保障受教育权平等方面究竟存在着多大的差距,就必须首先为受教育权平等确立可操作的具体法律标准。文章认为,在不同的教育层次上受教育权平等有着两类不同的具体标准。一类是受初等教育和中等教育的"平等对待"的平等,即机会、资源或义务的无差别的平等分配和作为一个平等的个人与他人受到同样的尊重和关心而受到平等对待的权利;另一类是受高等教育的"标准的平等"和"标准面前的平等"。①

(三) 为什么法律维护的是"平等的受教育机会"而不是"教育平等"

有的文章把"受教育机会平等"和"教育平等"混用。其实,它们的内涵和外延既有重合交叉又有区别。"教育平等"是大概念,是抽象概念且包含实质意义;而"受教育机会平等"是小概念,是具体概念且具有形式意义。

1. 平等的受教育机会是教育利益分配公平原则的现实形式

功利作为教育的价值范畴,是指教育也是能满足人们某种需要的价值物。人们之所以自觉或不自觉地愿意接受教育,是因为教育能够给人们带来利益。随着改革开放特别是市场经济的发展,教育的功利价值日益凸显,人们接受教育的差距会明显地反映在相应的社会地位和收入差距上。教育的功利价值成为人们不断地追求受教育机会的强大推动力。但教育作为一种价值物,是具体的和有限的。教育资源的有限性,使得人们为寻求和获得受教育机会而出现争夺和冲突。教育的功利性以及受教育机会的有限性,使得人们为获得教育利益而在受教育过程中出现竞争和要求公平。

"平等的受教育机会"就是法律为人们获得教育利益的竞争提供的秩序

---

① 参见曲相霏:《析受教育权平等》,《山东大学学报(哲学社会科学版)》2003 年第 5 期。

保证。教育的功利性使得公平原则当然地成为教育法的优先原则和基本价值取向。这是人们需要教育法、要求教育利益法律保护的重要价值基础。受教育机会的平等,是教育利益分配公平原则的具体体现,它反映了教育利益分配的现实需要和教育法的价值追求。

2. 平等的受教育机会意味着教育利益竞争中的排他性权利

社会教育资源的有限性和教育需求之间的矛盾,是迄今为止的任何社会和任何国家中都无一例外地存在的现象。即使在有限的教育资源中,其质量分布也是不均匀、不平衡的。

在社会的高等教育资源有限的情况下,公民享受高等教育的机会具有排他性。一个人获得了接受高等教育的机会,同时也就意味着他人少了一个相同的机会。机会平等包含通过公平竞争获得机会和失掉机会。公平竞争是指在相同标准下的竞争。因此,公民无论在申请进入高等教育的起点上,还是在享受高等教育资源的过程中,在平等条件下被淘汰出局,从法理上都是讲得通的。这种排他性,使得"机会平等"成为保障公民在高等教育阶段受教育权的基本内容。

很多国家的宪法维护公民通过竞争获得高等教育机会的平等权利。《俄罗斯联邦宪法》在规定每个人都享有受教育的权利的同时,规定每个人都有权通过竞争在国家或地方的教育机构以及企业中免费获得高等教育。《立陶宛共和国宪法》规定,每个人都享有依据其个人能力获得高等教育的平等机会。《海地共和国宪法》则规定,高等教育除根据成绩外,在平等的基础上向所有人开放。我国《高等教育法》关于"公民依法享有接受高等教育的权利"的规定,以及关于通过考试获得高等学校入学资格的规定,可以理解为公民在高等教育阶段依法享有通过平等竞争获得受教育机会的权利。正因为如此,在公立高校与考生的入学关系中,有学者把考生能否入学的权利概括为"受教育机会获得权"①。受教育机会获得权作为一种排他性的权利,是受法律保护的权利。法律保护平等的受教育机会,也就意味着保护平等竞争以及通过

---

① 蒋少荣:《公民受教育权及其实现中的法律关系》,载劳凯声:《中国教育法制评论(第1辑)》,教育科学出版社2002年版,第387页。

平等竞争所获得的利益。

公民受教育的机会平等,是世界各国现代教育法所普遍维护的一条重要原则之一。公民受教育的机会平等,既是教育权的社会权利属性的要求,又是受教育权的权利平等的要求。受教育是每个公民同等的权利,但当社会教育资源不能满足这个要求时,机会平等就成为受教育权利平等的唯一选择和特征,教育的平等就表现为受教育机会面前的平等。保障受教育机会的平等,即保障人们受教育的自由与机会,也就是保障人们受教育的平等权利,进而实现社会的教育平等。

3. 平等的受教育机会为教育平等的实现提供了法律保障的具体形式

各个国家和地区所能提供的教育,受到其发展阶段的限制,因各个国家和地区经济和社会发展水平的不同而表现出差异和不平衡状态。因此,作为国家义务而由国家来提供保障的受教育权的平等,就成为一个有限的历史性范畴。由于缺少作为具体请求权的前提,公民难以依此对国家履行义务的行为提起诉讼。但毫无疑问的是,平等的受教育机会不仅需要和决定于政府的积极作为,而且是能够进行实证性分析从而实现法律保障的具体形式。

二、形式平等是受教育机会平等的初级要求

(一) 形式平等表现为平等起点的机会平等和平等利用的机会平等

《中华人民共和国宪法》规定:"中华人民共和国公民在法律面前一律平等。"我国《教育法》规定的"平等的受教育机会",是宪法关于"公民在法律面前一律平等"的规定在教育问题上的具体化。

机会平等作为一种法律平等,它表现为平等起点的机会平等和平等利用的机会平等。

平等起点的机会平等,是应给每个人提供同样的机会,最大可能地给予每一个人公平的起点,以平等地发挥个人的潜力。从形式上来说,义务教育就是

使每一个人获得平等起点的受教育机会。义务教育阶段的小学入学,就是典型的平等起点的机会平等。

平等利用的机会平等,是为具有相同或不同能力的人提供没有歧视的平等利用的机会。现代西方学者哈耶克认为:公平就是机会均等。机会均等强调的不是参与竞争时的自然条件,而是机会条件的均等,因而在本质上是一种公平分配,是机会的公平分配。法的公平性,就是要保障人们机会均等的权利和义务。[①]

(二) 经济、社会发展的城乡差别和地区差异导致了教育资源约束性的形式不平等

有学者指出:"当前我国教育发展中比较突出的不公平,主要体现为地区之间、城乡之间和阶层之间的差别上。城乡之间、地区之间的发展不平衡导致的教育机会不均等,是中国最重要的教育国情之一。"[②]"如同社会经济发展一样,地区差异成为具有'中国特色'的教育现象,它同样成为我国高等教育机会均等问题的不可忽视的因素。地区之间的差异主要体现在经济发展水平上。"[③]经济对教育发展的影响主要体现在两个方面:一是地区的经济实力对教育的投入;二是当地居民的经济收入及家庭教育支出。[④] 实际上,教育的地区差异绝不仅仅是一个具有"中国特色"的现象。正因为如此,有的国家的宪法规定:"法律应规定大学在全国范围内均衡分布。"[⑤]

我国高等教育的毛入学率,2003 年达到 17%(新华社 2004 年 8 月 27 日)。其中,北京市的毛入学率 2003 年是 49%,上海则在 2002 年就已达到 51%,而云南省 2002 年高等教育入学率仅为 8.64%,内蒙古的规划则是 2005 年达到 10%。[⑥] 高等教育毛入学率反映相对于高等教育适龄人口所提供的接

---

① 参见吕世伦、文正邦:《法哲学论》,中国人民大学出版社 1999 年版,第 511 页。

② 杨东平:《对建国以来我国教育公平问题的回顾和反思》,《北京理工大学学报(社会科学版)》2000 年第 4 期。

③ 侯定凯:《高等教育社会学》,广西师范大学出版社 2004 年版,第 50 页。

④ 参见吴康宁:《教育社会学》,人民教育出版社 1998 年版,第 115 页。

⑤ 参见《土耳其共和国宪法》第 130 条。

⑥ 参见祝俊初:《辩证看待我国高等教育大众化》,《中国青年报》2004 年 9 月 2 日。

受高等教育的机会。地区间高等教育毛入学率的巨大差异,反映了地区间高等教育机会的严重不平等。因此,全国范围的教育资源的合理分配,是促进经济、社会、文化教育发展不平衡地区间教育机会平等的重大课题。

（三） 教育公共投入的不当倾斜和分配机制的非法治状态导致了制度性的形式不平等

"实施权利意味着分配资源。"[1]平等的受教育机会作为一项受到法律保护的公民权利,它的实现必然和与之相联系的公共资源的分配有关。因此,稀缺资源分配的公平与否,直接影响着受教育机会的平等。

1. 教育公共投入的不当倾斜问题正在引起人们的关注

使公民享有平等的受教育机会,既包括公民个体能否平等地获得相同机会的问题,又包括受公共投入的影响而产生的受教育群体间机会平等的问题。由公共投入的公平与否所导致的机会平等问题更为复杂,它既是一个法学问题,又是一个教育财政或公共政策的公平性问题。诚如美国学者所言:"尽管让人心痛,但是很现实,权利的成本意味着提取和再分配公共资源的政府部门实质上影响着我们权利的价值、范围以及可行性。""显而易见,权利依赖于政府,这必然带来一个逻辑上的后果:权利需要钱,没有公共资助和公共支持,权利就不能获得保护和实施。"[2]

一定时期内的政府预算是有限的。有限的财政资金如何分配,即教育资源公共投入的倾斜是否合理和公正,是影响受教育机会平等的重要因素。因此,它决定了我们不能不关心的另一个现实问题:稀缺的财政资源如何合理地分配以促进和保障公民的受教育机会平等。

《中国青年报》报道了我国一个农村小学的下列真实情况:没上过体育课、音乐课、美术课,没见过真正的国旗,没戴过红领巾,没做过早操。一间教室,14个孩子,一个老师——构成了湖北省大悟县三里城镇中寨村小学。整

---

[1] ［美］史蒂芬·霍尔姆斯、凯斯·R.桑斯坦:《权利的成本:为什么自由依赖于税》,毕竞悦译,北京大学出版社2004年版,第113页。

[2] ［美］史蒂芬·霍尔姆斯、凯斯·R.桑斯坦:《权利的成本:为什么自由依赖于税》,毕竞悦译,北京大学出版社2004年版,第15、3页。

个小学没有一、二、三、五年级,只有四年级 9 个学生,外加幼儿班的 5 个娃娃。老师往讲台上一站就是一整天,给四年级孩子上课,幼儿班的 5 个娃娃就写字;给幼儿班的娃娃上课,四年级孩子就自习。① 这些孩子能够享受到与城市里的孩子一样的平等的受教育机会吗?

2004 年 4 月至 6 月,全国人大常委会义务教育法执法检查组分别对江苏、甘肃、贵州、湖北、四川进行了执法检查。这次检查的重点是农村地区、贫困地区和少数民族地区。检查组所到之处,反映最强烈的就是经费不足问题,经费投入不足仍是影响义务教育,特别是广大农村地区义务教育发展的突出问题。②

可喜的是,加大对我国广大农村的教育投入问题,正在日益受到我国政府的重视。据报载,未来几年我国教育投入的增量主要用于大力加强农村教育,特别是农村义务教育。到 2007 年,我国农村义务教育阶段家庭经济困难学生,有望全都享受到"两免一补"(免学费、免书本费、补助寄宿生生活费)。这是《2003 — 2007 年教育振兴行动计划》提出的目标。国家将从 2004 年到 2007 年实施"农村寄宿制学校建设工程",中央投入 100 亿元专门在西部地广人稀地区建寄宿制中小学。③

2.公共投入分配机制的非法治状态是导致受教育机会形式不平等的重要制度性原因

艾伦·奥登和劳伦斯·匹斯克所著《学校财政——政策透视》一书,分析了大量的有关美国各州学校财政制度的诉讼。如新泽西州法院在 Robinson 诉 Cahill 一案中,否定了新泽西州学校财政制度,并且把案件移交给立法机构,要求设计一种新的制度。法院认为,学校财政制度必须允许学校"为使学生成为一个公民和劳动力市场上的竞争者而向学生提供教育机会"。法院的判决所导致的结果是,立法机构设计了一种新的学校财政制度并出台了资助该计划的新税制,同时提供了地方财产税减免。④

---

① 参见《村级小学空巢现象凸现》,《中国青年报》2004 年 3 月 25 日。
② 参见《经费不足影响农村教育发展》,《中国青年报》2004 年 7 月 1 日。
③ 参见《教育投入将向农村倾斜》,《中国青年报》2004 年 3 月 25 日。
④ 参见艾伦·奥登、劳伦斯·匹斯克:《学校理财:政策透视》,杨君昌、裴育等译,上海财经大学出版社 2003 年版,第 29、32、33 页。该书的英文原名为 *School Finance*:*A Policy Perspective*,从书的内容看,笔者认为,翻译成《学校财政:政策透视》,似乎更准确些。

举这个例子并不是要教唆词讼,而是想说明因教育公共投入不当倾斜而引发的公平性问题,是影响教育机会平等的一个重要因素。我国中心城市的一些重点中小学,其所获得的公共投入往往是普通学校或一般农村学校的几倍甚至几十倍,其办学条件有的可以说在世界范围也属当之无愧的"超豪华学校"。就读于这些学校的学生和那些贫困农村学校的学生相比,怎能说有平等的受教育机会呢?

基础教育是一个国家提高国民文化科技素质的基础性、公益性事业。因此,很多国家的宪法都规定"基础教育为义务免费教育"①;规定"初等教育是义务性的,公立学校的教育是免费的"②。正因为如此,有关基础教育公共财政资金使用的正当性,就理所当然地要求以平等意义上的"正义"为基础。然而,为什么那些重点学校往往能够获得比普通学校或一般农村学校高出几倍甚至几十倍的公共财政资金?

据媒体报道,2004 年全国人大常委会讨论审计署的审计报告时,中央财政的转移支付问题是其中的一个焦点。转移支付是公共财政的一个重要内容,也是政府保持地区均衡、实现社会公平的一个最重要的财政手段。有关教育的转移支付不仅是个钱的问题,而且是个政治问题,事关民主与法治的健全,影响社会公平和教育机会的平等。然而,我国至今没有规范财政转移支付的法律法规,在中央、省等各级财政的专项转移支付管理中,存在着"不公开、不公正、缺乏效率"等问题。由于专项转移支付的具体操作缺乏计划和规范,导致大家想尽各种办法去"跑"专项转移支付资金,为这些部门的权力寻租和交易提供了方便。最近报载,四川省教育厅一个副厅级官员涉嫌受贿 200 余万,其中一个受贿途径,就是利用职务之便,在争取和拨付教育专项资金的过程中,收受市、州、县教育行政部门和部分学校以"感谢支持"等名义所送的现金。③ 这在法治社会中,是难以理喻的。

---

① 《西班牙宪法》第 27 条第 4 款;《克罗地亚共和国宪法》第 65 条第 1 款。
② 《瑞士联邦宪法》第 17 条第 1 款第 2 项。
③ 参见《四川省教育厅一官员涉嫌受贿 200 万》,《中国青年报》2004 年 9 月 3 日。

（四）实现公民受教育机会的平等，仅就形式平等而言，重在法的实施

写在教育法上的"受教育机会平等"，并不等于现实中教育机会的平等。机会平等的问题具有强烈的实践性。伴随我国的法治进程，公民法律平等的意识不断增强。越来越多的有关公民受教育机会平等起点和平等对待的诉讼，对于促进法律原则的贯彻，维护公民在教育问题上的法律平等从而伸张社会正义，起着重要的作用。

1. 必须保证受教育者利用和享有公办教育资源机会的形式平等

近几年，全国各地在义务教育阶段出现了"名校办民校"的现象。所谓的"名校办民校""实验初中"等，以民营机制运行，从而突破义务教育阶段的收费限制，规避目前对于乱收费的整顿治理，而以令人质疑的、似是而非的"民办"名义排除在"义务教育一费制听证会"之外，"合理合法"地收取"赞助费""捐资费""择校费"等。在北京、天津等城市中，大部分重点校的初中部都改成"公办民助校"，不再承担其本来必须承担的在本学区内招生的义务教育责任。其所在招生学区内的孩子若想上学，就必须缴纳所谓的"教育补偿费"，还有什么"借读费""存档费"等。

"名校办民校"，以偷换概念的方法回避或改变所谓"民校"的公立学校性质，导致受教育者若要享受公立学校的优质教育资源，要么父母得有钱，要么得有特殊的社会关系，而大多数低收入阶层和普通百姓的子女则与优质教育资源无缘。义务教育阶段出现的这种把公立学校变相改造成收费学校的"公校改制"现象，是一种严重违反我国《教育法》的情况。为贯彻义务教育阶段受教育机会平等的法律原则，这种现象必须纠正。那些为了满足富有阶层和部分人群特殊需要的特殊教育，不是公立学校的任务，应该交由社会资源举办。

2. 正当程序是维护和保障公民个体实现受教育机会形式平等的必要条件

"程序瑕疵"是在有关受教育机会形式平等讼案中反映出来的一个较普遍的问题。很多讼案中学校败诉，原因都和程序有关。

遵循正当程序是行政法的基本原则。"'正当程序'是一个弹性概念，但

它一般性地要求一个人应当在自己被剥夺(生命、自由或财产)成为终局性结果之前被通知剥夺的可能性并获得有实际意义的反应机会。"①其基本含义,是指权力行使者在作出影响相对人权益的行为时,必须遵循正当法律程序,包括事先告知相对人、向相对人说明行为的根据、理由,听取相对人的陈述、申辩,事后为相对人提供相应的救济途径等。正当程序是法治理念中的重要内容。正当程序作为行政法的基本原则,是一种基本的法治观念或法理,是法治社会基本的法律意识。美国的程序法学派认为,"把程序制度化,就是法律"②。管理过程中的正当程序是相对人权利保障的基本要求。没有正当程序,受教育者在学校中的"机会平等"就难以实现,其合法的"请求权"、正当的"选择权"、合理的"知情权"就难以得到保障和维护。没有正当程序,不仅难以在管理过程中实现公开和公平,而且"事后救济权"也得不到保障,从而也就谈不上法治精神和法律秩序。

3.社会不同群体间受教育机会形式平等的实现,还有待于社会特别是各级政府观念的进一步转变

国家的教育行政权负有维护和保障公民依法享有平等的受教育机会的积极义务。社会群体的受教育机会平等问题,往往涉及政府政策的正当性与合法性。有关进城农民工子女教育和社会上相应出现的打工子弟学校问题,是近年来一个备受关注的话题。《中国青年报》的一篇评论员文章写道:打工子弟学校是存在于国家义务教育体系之外的一种社会现象,是一种义务教育的边缘化。虽然关于此问题至今尚未出现权利人起诉哪一级政府的诉讼,启动审查此类问题的司法程序,但社会舆论对这个问题的重视,正在推动着我国"平等的受教育机会"实践的发展。

2004年3月27日的《中国青年报》头版刊登了一幅照片,五个孩子发自内心地笑着。图片说明是:由四川成都金牛区政府投资500万元建设的成都市首家公办"外来人口子女学校"在五块石举行了奠基仪式。该校建成后,将解决1500名外来人口子女入读问题。几天之后,4月2日的《中国青年报》发

---

① [美]哈里·爱德华兹:《美国法官裁判文书自选集:爱德华兹集》,傅郁林等译评,法律出版社2003年版,第42页。

② 信春鹰:《美国的程序法学派》,《法学研究》1987年第6期。

表了一篇题为《政府还需要建专门"外来人口子女学校"吗?》的文章,质疑这种由政府设立的专门的"隔离性的"外来人口子女学校的正当性,指出:义务教育阶段的教育资源是公益性资源,不论是农民工子女还是城市居民子女,都有享受这一资源的同等权利。政府提供并保障他们接受义务教育的平等权利,是理所应当的责任。由政府出资建立专门定点学校,专门接纳农民工子女入学就读,没有真正做到农民工子女与城市孩子一视同仁。

政府出资建立专门的"外来人口子女学校",是一种基于家庭背景而对学生进行的"分类"和"隔离"性的区别对待。由此产生的问题是:这种区别对待属于平等条件下的差异,还是不平等的歧视? 判断一种差序格局是差异还是歧视,取决于归类的合理性与合法性。这种以身份背景对学生群体进行归类和强制性的区别对待,显然和教育活动本身的要求无关,其中并不包含同等的竞争机会和同样的选择权利。因此,这种区别对待不仅不具有正当性与合法性,而且难免有排斥"异类"之嫌,引来"歧视"的批评是理所当然的。从农民工子女接受义务教育的不平等政策到政府举办专门的农民工子女学校来看,在法律面前"人人平等"依然是个严重的问题。我国城市人对农民工及其子女的歧视,并不是危言耸听。专门的农民工子女学校势必加剧这种歧视,并对农民工子女的心理健康产生不利影响。

除了文化心理上的歧视以外,在有些城市人看来,农民工的子女在城市上学,似乎挤占了城里人的教育资源。其实,从理论上讲,城市的义务教育资源来自公众税收,属于全体公民而不是只属于城里人。2004年中央"一号文件"明确指出,进城民工是享受国民待遇的产业工人。国务院办公厅于2003年9月转发教育部等6部委《关于进一步做好进城务工就业农民子女义务教育工作的意见》,明确要求民工子女教育收费与当地学生一视同仁,并要求流入地政府将民工子女义务教育纳入城市社会事业发展计划,提供经费保障民工子女接受义务教育。按照中央的这个精神,"借读费""择校费""捐资助学"及其他各种摊派费用,显然不具有任何合理性。

4. 形式平等自身难以解决在实现贫弱群体受教育机会形式平等问题上的障碍

一个很能说明问题的现象是:政府虽多次下发文件,要求地方公办学校敞开大门,本着就地就近的原则,负责安置农民工子女入学,所交费用与城市居民子女相同,切实做到对进城务工人员的子女与城市孩子一视同仁,但民工子弟学校依然受到农民工及其子女的欢迎。原因是多方面的:其一,农民工子弟上得起收费的民工子弟学校,却上不起免费的公办学校。中央电视台《经济半小时》2004年3月9日报道,一个农民工子女的母亲对记者说:"上国营学校要好点儿,可是钱太多,它今天这也要钱,明天那也要钱,一会儿这要几十元,那要几十元,咱都交不起。"完全收费的民工子弟学校,比所谓的实行义务教育的公立学校收费还要低。这实在是一个令人费解的怪现象。其二,即使公办学校的费用降低到和民工子弟学校同样的水平,很多农民工子女仍然不愿意到公办学校上学,因为他们与同龄的孩子之间,客观地存在着难以逾越的心理鸿沟。也就是说,由于受教育机会的不平等,可能会导致农民工子女成为一个不健康的社会群体。随着时间的推移,他们身上的各种问题会越来越突出。简单地施以一点儿同情,是解决不了这些问题的。它有赖于整个社会从身份制向公民社会的转变,拆除城乡壁垒;有赖于受教育机会作为一项法定平等权利的实体实施,而不仅仅是形式上的享有。

这就是为什么我们说,形式平等仅仅是受教育机会平等的一个起点。只有农民工子女不管走到哪里,都能和城市孩子一样平等地入学,入学后他们都能平等地享受各种各样的受教育机会,和城市孩子一样平等地学习和进步,真正地和城市孩子共享同一片蓝天,同等地沐浴在义务教育的阳光之下,拥有同样美好的梦想,我们才能够说,他们实质地获得了受教育机会的平等。

(五)保障形式平等是我国现阶段实现受教育机会平等的现实目标

1. 基本的形式平等,仍然是我国实现受教育机会平等过程中的艰巨任务

由于受到我国现阶段社会经济、政治和文化发展水平的限制,保障形式平等的问题,无论在义务教育阶段还是非义务教育阶段,仍然是我国现阶段实现受教育机会平等的主要目标。只有在首先保障形式平等的前提下,才有可能进一步实现公平所要求的一定程度的"实质平等",同时兼顾成本和效率的平衡。

从媒体报道来看,已有越来越多的地方政府采取实际措施,解决进城农民工子女平等接受义务教育的问题。《中国青年报》2004年6月22日报道了长春市教育局有关落实农民工子女平等接受义务教育的具体措施。如果全国所有的地方政府都采取类似的实际措施并能够实际落实,也就使进城农民工的子女在接受义务教育问题上享有了形式上的平等。当然,权利的实现和保障需要成本,政府的保障措施是以该地区公共财政的支付能力为基础的。全国各地区的情况大不相同,受教育机会平等的权利主张也不应该脱离各地区的实际情况。

在高等教育阶段,机会平等问题也日益受到社会的广泛关注。仅就形式而言,我们应该给予每个想接受高等教育的公民平等竞争的尊严和机会,无论其贫寒还是富有,健康还是残疾,年老还是年轻。这几年,从放开对报名者年龄和结婚与否的限制,到越来越多的残疾考生走进大学校门,高考机会正在日益走向对每一个公民的法律平等。

2. 形式平等是我国现阶段教育法制和教育公共政策保障和调控的主要目标

(1)抑制考试过程中的不公平竞争,保证考生个体间的形式平等

我国在本科生和研究生招生中长期实行的全国统一考试制度,以分数面前人人平等的形式上的公平,保障了公民在接受高等教育的入口处形式上的机会平等。以学生的认知技能为基础的考试分数,体现了一种在同一标准下可进行选择的相对公平,从而使消费者的平等权利得以实现。通过考试成绩进行区分和选拔,对抗以身份、财产等不相关因素为区分原则的歧视性的区别对待,是一种完全以学生学习相关因素为择优标准的区别对待。因此,在竞争高等教育受教育机会的各种方法中,考试是一种迄今为止能够得到多数人认可的实现形式平等的有效方法和法定形式。从《世界人权宣言》到很多国家的宪法和法律,都规定了以考试成绩为尺度的高等教育机会平等。

教育考试作为一种形式平等,其公正性的被认可,在我国不仅经历了认识上的统一过程,而且经历了反复的实践检验并付出了一定的代价。在经过了考试好还是其他形式的入学制度更好的理论争论和实践比较之后,1978年我国恢复高考制度,获得了比其他任何入学选拔制度更为广泛的社会支持。考

试这种和其他方法相比较而言显得"公平"的形式平等,在费尽艰辛终于争取到了社会的普遍认可之后,最终被写入中国的教育法律而有了法律的保障。

选择考试的方法作为公民竞争高等教育受教育机会的技术性手段,目的就是为了保证公民都能享有平等的竞争机会,实现公民受教育机会的平等。然而,它不可能是完美无缺的。为了保障某些"冷门专业"能够录取到优秀的学生,为了使一些学有专长的特殊人才不致被埋没,能够从应试教育的弊端中摆脱出来而充分发展其所长,中国的高考从20世纪80年代初实行"考试为主,保送为辅"的政策,研究生招生则辅之以推荐免试制度,试图通过采用一些较为灵活的方法,弥补相对僵硬的考试方法的缺陷和不足。正是由于免试制度的灵活性,使保送或推荐的权力成为考试这种僵硬的公平或形式平等的一种调节机制。但与此同时,也使权钱交易、以权谋私或其他形式的滥用权力成为可能。针对这种情况,1998年我国《高等教育法》颁布后,保送和推荐免试制度在我国已没有法律地位。除《高等教育法》规定"允许特定学科和专业的本科毕业生直接取得博士研究生入学资格,具体办法由国务院教育行政部门规定"外,法律并未留有空间,没有给予考试之外的其他方法在获得本科生和硕士生入学资格的问题上以存在的余地。所以,无论是本科生入学的保送制度,还是硕士研究生入学的推荐免试制度,目前都没有法律依据。

然而,法律平等的实现,并不是一个自然而然的过程。即使考试这种形式平等,也由于外部环境的作用和影响,正在面对日益增多的问题。如何来保障考试公平这一形式平等,是当前我们正在面临的严峻挑战。

据2004年6月28日《环球时报》第24版报道,2002年5月,美国执法部门在13个州以及首都华盛顿逮捕了58名在托福考试中作弊的外国留学生。这些人有的是花钱请"枪手"代考,有的是钻美国东西部3个小时时差、两地考试不同时进行的空子。美国司法部官员声明,在托福考试中作弊是对美国国家安全的威胁。最后,这些考生被处以最高5年监禁和25万美元罚款的处罚。

保障受教育机会的形式平等,是我国现阶段教育公平的重要内容。我国《教育法》第七十九条第一款规定,"在国家教育考试中作弊的,由教育行政部门宣布考试无效"。根据这项规定,公民的合法利益——受教育机会,是不能通过考试作弊这种不正当手段来获得的。我国《教育法》第七十七条还规定："在招收学生工作中徇私舞弊的,由教育行政部门责令退回招收的人员;对直接负责的主管人员和其他直接责任人员,依法给予行政处分;构成犯罪的,依法追究刑事责任。"2004 年 5 月,教育部发布《国家教育考试违规处理办法》,对在全国范围内统一举行的教育考试中,影响考试公平、公正行为的认定和处理进行具体规范。我国《教育法》和教育部规章的这些规定,都是为了维护考生和相关人员的合法权益,保障国家教育考试作为一种形式平等的实现,维护国家教育考试在形式平等意义上的公平、公正。

(2)在政策和制度层面上保障形式平等的问题不容忽视

在高等教育特别是优质高等教育仍然是一种稀缺资源的情况下,我们不得不采取资源约束型的政策,不可能真正满足所有需求者的权利要求。因此,公民在高等教育阶段受教育机会的平等,从根本上来说,只能是形式上的平等。从已有的实践来看,即使是实现形式上的受教育机会平等,我们也还是要走很长的路。然而,在现实政策的比较中,考虑何种供给约束最可能被接受,或者说,考虑何种供给约束能够相对减少对于教育服务消费者的权利限制,保障机会平等,应是我们的理性选择。然而,政策和制度层面上的很多问题,依然在效率与公正的抉择中困扰着我们。

例如,目前施行的教育部明确规定的高考加分政策中,共有 4 类应届高中毕业生可以享受加分提档政策。其中包括获国家二级运动员以上称号,并经省级招生委员会在报考当年组织测试、认定的考生。我们接触到的以及媒体披露的情况表明,所谓"二级运动员"证书,发放标准宽泛、发放量不受限制,"只要关系硬、银子多",很多考生就能神奇地成为所谓的"国家二级运动员"了。

根据法国著名社会学家布迪厄的社会资本理论,当一个人拥有某种持久性的关系网络时,这个由相互熟悉的人组成的关系网络就意味着他实际或潜在所拥有的资本。社会资本赋予关系网络中的每一个人以一种集体拥有的资本;这样,一个人拥有的社会资本就取决于他可以有效调动的关系网络的规模,也取决于与这些网络相关联的各种人拥有的(经济、文化、符号)资本的数量。[1]

---

[1] 参见杨善华:《当代西方社会学理论》,北京大学出版社 1999 年版,第 283—286 页。

例如,在研究生招生过程中,对"自筹经费"考生优先录取,对贫困家庭考生来说,显然也是一种不公平。尽管"自筹经费"的原意是由培养单位自筹,不是考生自费,但在实践中,由考生帮助培养单位筹集经费的状况,十分普遍。因此,家庭经济条件好的考生,就有可能比家庭经济条件差的考生获得更多的机会。每年的研究生招生录取过程中,确实有不少考试成绩达到录取分数线,只因拿不起所谓"自筹经费"的钱,而不得不放弃入学机会的考生。

三、实质平等应是教育机会平等不懈追求的目标

(一) 实质平等是事实上的"公平的平等"

机会平等作为一种法律平等,本质上是一种形式平等而不是结果平等。"许多研究过真正机会平等所需条件的作者们指出:如果单独使学校教育的方法平等而不考虑其他方面,事实上,这就会造成不平等的结果。"①正如美国法学家博登海默所说,法律"对于基本权利的承认,可能只是提供了行使这些权利的一种形式机会,而非实际机会"②。受教育机会平等的实现是一个非常复杂的问题。不研究实质平等,形式平等的价值往往会大打折扣。为使公民能够依法享有平等的受教育权利,实现法律规定的受教育机会平等原则,消除事实上存在的不平等现象,必须针对机会平等问题本身的复杂性,研究和完善机会平等的机制。我们在研究这个问题的时候,就不仅要研究受教育机会平等的形式,而且要研究它的内容;不仅要研究形式平等,而且要研究实质平等的问题。对结果平等或实质平等的追求,来源于对机会平等或形式平等合理性的评价。

很多人认为,机会均等就是公平。英国古典经济学家亚当·斯密提出,

---

① 联合国教科文组织国际教育发展委员会编著:《学会生存:教育世界的今天和明天》,教育科学出版社 1996 年版,第 101 页。

② [美]E.博登海默:《法理学:法律哲学与法律方法》,邓正来译,中国政法大学出版社 1999 年版,第 286—287 页。

"保护自然的不均等,消除人为的不均等"。现代西方学者哈耶克也认为,公平就是每个人在市场竞争中和其他场合都有平等的参与机会,被挑选的机会。在他们看来,公平就是机会均等。法的公平性,就是要保障人们机会均等的权利和义务。① 因此,他们从形式平等的意义上理解机会平等,并对发挥积极作用的公共政策持批评态度。赞成这种观点的人,往往是那些在机会面前有较强的竞争能力或较好的竞争条件的人。美国公共行政学家罗森布鲁姆在其《公共行政学:管理、政治和法律的途径》一书中写道:"最高法院推测当大家的赋税、福利、公共服务、管制以及取得条件均一样时,穷人和黑人的负担就要比更富裕的白人的负担更重。法院认为这样的规章并不违反平等保护的原则,除非证明规章有歧视的目的。"一个法律或官方的法规,仅仅因为它有种族上的不当影响,是不违宪的。"如果发现规章违反了平等保护的原则,必须证明它有歧视的目的。这样的目的并不一定'表露或展现在法规的表面',它通常可以从相关的事实中包括从法律给一种族增加了更大的负担的事实中,推断出来。简言之,法规对于某一种族或社会群体的成员造成的不适当的恶劣影响不足以证明违反平等保护条款。"从社会学分类(如男性/女性或白人/黑人)所衍生的"社会学命题","这些命题不被平等保护条款所认同,因为它们在本质上倾向于建议公共政策应对不同的社会群体以不同的对待。换句话,它们主张应该给不同的社会群体提供不同的机会或者施加不同的限制。平等保护原则认为公共部门不应该作出这样的分类,因为分类本身太宽泛,以至于不能对每一个人予以平等的保护。"②

对机会均等的价值评价,导致了人们关于"公平的平等"和"不公平的平等"的不同认识。为了实现"公平的平等",有人提出要"平等地对待平等,不平等地对待不平等,对不平等条件下的不利者给予适当补偿。"

实质上的机会平等是"公平的平等"。也就是说,它应包含"公平"(Fair)、"分享"(Share)和"关怀"(Care)的"公正原则"。其中,"公平"强调的是在机会面前公平的竞争和公平的参与;"分享"则是指全体成员平等地享有

---

① 参见吕世伦、文正邦:《法哲学论》,中国人民大学出版社1999年版,第511页。

② [美]戴维·H.罗森布鲁姆、罗伯特·S.克拉夫丘克:《公共行政学:管理、政治和法律的途径》,张成福等校译,中国人民大学出版社2002年版,第539—541页。

作为公共资源的机会的权利;"关怀"主要是指照顾机会面前的弱势群体,因为"正义的法律制度就应该给予那些有困难的人以特殊的关注"①。例如,日本国《教育基本法》规定:"国家和地方公共团体,必须对虽有能力却因经济原因就学困难者采取奖学办法。"也就是说,只有实现了机会平等所包含的这些"公正原则",我们才能说实质性地实现了机会平等。

法律不可能创造出超时空、超现实的平等。正如马克思所言,权利永远不能超出社会的经济结构以及由经济结构所制约的社会的文化发展。法律不过是表明和记载经济关系的要求而已,它对现实的经济、政治关系只能确认,而不能创造。法律只能以社会为基础,而社会却从不以法律为基础。由于各个国家中社会经济发展不平衡所造成的社会不平等,也必然地导致了不同地区、不同民族和种族间教育机会的不平等。

法律的平等并不意味着事实上的平等。为了消除事实上的不平等,实现每一个人在受教育机会上的实质平等,人们进行着不懈的努力和抗争。

(二) 受教育机会的实质平等是一个历史的范畴和永无止境的价值目标

为了实现受教育机会的实质平等,在实践中就不可避免地要求一定程度的差别对待而表现为形式上的不平等。有的法哲学著作用"不平等与正义"②的观点来解释这种现象,认为平等并不是数学上的绝对无差别的平等,而是相对的平等,平等本身并不能绝对地排斥差别的存在。由于平等问题本身的复杂性,在某些情况下,一定前提下的不平等同样是符合正义的。正如美国学者阿瑟·奥肯所说,"机会均等的概念没有一条可以确定的边界线,同时,有些机会不均等的领域却清晰可辨,而且其中一些领域经得起社会补救行动的检验"③。合理的差别对待,虽然在形式上有别于平等对待而看似不平等,但实质上是为了达到更高层次的平等。但合理的差别对待或差别对待的合理性,却是一个难以确定的概念。人们对它的认识是随实践的发展而不断发展的。

---

① 吕世伦、文正邦:《法哲学论》,中国人民大学出版社 1999 年版,第 479 页。
② 参见吕世伦、文正邦:《法哲学论》,中国人民大学出版社 1999 年版,第 479 页。
③ [美]阿瑟·奥肯:《平等与效率》,王奔洲等译,华夏出版社 1999 年版,第 74 页。

因此,实质平等作为一个追求平等的价值目标,是一个不断发展的历史范畴。

1. 美国有关受教育机会实质平等的实践分析

美国宪法所确立的"平等保护原则"的实践,对于促进美国社会中教育机会平等的发展,起了重要的作用。以美国少数族裔学生受教育机会的平等权利状况为例,经历了从争取形式平等到争取实质平等的持续的斗争以及与之相伴随的法律观念与实践的发展历程。

"平等保护原则"的内涵,是随着美国法律平等实践的发展而不断发展的。因为许多对于现实政治有重大影响的判决,经常是以法官"解释"宪法或"解释"立法者"初始意图"的方式出现的。特别是"随着司法能动主义的兴起,法院越来越成为公共政策的执行机构或者公共政策的制定机构"①。

1866 年通过的美国宪法第十四修正案规定:"任何一州,都不得制定或实施拒绝给予其管辖下的任何人以平等法律保护的法律。"宪法确立的平等保护原则并没有很快消除长期形成的对黑人法律上的歧视和事实上的歧视。美国历史上长期奉行的"平等而隔离"原则,使种族歧视长期存在,黑人子弟不能进入白人子弟学校就读。根据"隔离但平等"的原则,1927 年,最高法院甚至判决地方政府不准一名中国女学生就读较近的白人学校,而令其就读较远的黑人学校的措施有效。② 直至 1954 年,在"布朗诉堪萨斯州托皮卡地方教育委员会"一案中,最高法院裁定:"要求或允许学校实行种族隔离的法律违反平等保护原则。"

布朗夫妇要求当地学校当局允许他们的女儿在专为白人子弟开办的学校上学,但被校方拒绝。布朗夫妇在全国有色人种协进会的帮助下,根据美国宪法第十四修正案关于平等保护的原则,控告堪萨斯州托皮卡地方教育委员会在学校中实行公开隔离的种族歧视的做法,向地区法院提起诉讼。结果,地区法院以"隔离但平等"原则为依据,判决布朗夫妇败诉。1954 年,布朗夫妇仍以同样的理由上诉到联邦最高法院,在进行详尽的分析之后,联邦最高法院宣布:"我们的结论是:在公立教育领域中,'隔离但平等'的原则是行不通的,互

① 信春鹰:《后现代法学:为法治探索未来》,载朱景文:《当代西方后现代法学》,法律出版社 2001 年版,第 29 页。

② 参见张千帆:《西方宪政体系》,中国政法大学出版社 2000 年版,第 690 页。

相隔离的教育设施,其形式本身就是不平等的。因此,我们认为,原告们以及这些诉讼所涉及的其他与原告们处于相同境遇的那些人,由于他们所控告的种族隔离的原因,被剥夺了联邦宪法第十四修正案所赋予的法律平等保护权利。""在公共教育制度中,1896 年以来实行的只讲'政治平等',不讲'社会平等'的原则是不存在的。"①

此后,美国国会于 1964 年通过的人权法案,明文禁止任何公立学校以种族、肤色、宗教、信仰和国籍为由,歧视任何在校的学生,并授予美国司法部以执行取消学校种族隔离的权力。这项法案成为在公立学校中取消种族隔离和不平等竞争的重要依据。美国少数族裔学生在受教育机会问题上获得了法律上的平等。但是,这一法律平等仅仅停留在形式上。在教育机会的利用上,由于种种历史上形成的原因,实际的不平等依然存在。

随着 20 世纪下半叶西方后现代主义法学思想的发端和发展,法律"规则是客观而且对任何人都是平等的"原则和法律信念受到质疑和挑战。美国"著名的布朗诉教育委员会案现在被看作是一个成功地调解了种族冲突的判决,但是当时很多法学家认为此案是法律为现实政治服务的典型"②。

在这种后现代法学思想的影响下,在美国少数族裔学生受教育机会的问题上,为消除实际上存在的不平等,"法院经常使用种族作为对过去法律上的隔离采取补救措施的基础"。"政府机构也可在给予福利方面主动奉行具有种族意识的政策,以裨益于少数民族。"③"发展中的案例法表明,各州可能负有赞助性的宪法责任","它有时被称作'实质性平等保护'","使人们均等获得诸如福利、教育、住房和医疗等重要的政府补贴和服务的权利"。④"最高法院裁定,国家不仅要消极地保证有色人种孩子能够上学,而且国家和得到国家补贴的私立学校都要采取积极的措施,确保学校里既有白人子弟又有有色人

① 焦洪昌、李树忠:《宪法教学案例》,中国政法大学出版社 1999 年版,第 43 页。
② 信春鹰:《后现代法学:为法治探索未来》,载朱景文:《当代西方后现代法学》,法律出版社 2001 年版,第 37 页。
③ [美]杰罗姆·巴伦、托马斯·迪恩斯:《美国宪法概论》,刘瑞祥等译,中国社会科学出版社 1995 年版,第 153 页。
④ [美]杰罗姆·巴伦、托马斯·迪恩斯:《美国宪法概论》,刘瑞祥等译,中国社会科学出版社 1995 年版,第 153 页。

种子弟。"①也就是说,由于历史上的种族不平等,造成了迄今为止有色人种的教育水准远低于白人,"为了弥补历史上的歧视后果",有必要在一段时期中和一定范围内,对有色人种实施政策倾斜。采取具有积极作为性质的"赞助性行动"或所谓"平权措施"是合情合理的。正如 1965 年美国总统约翰逊所说:"如果我们要求受奴役二百年的黑人家庭的子弟,与处处受优待的白人子弟,在一条起跑线上起跑,怎么会有平等的结果? 积极作为是弥补少数族裔在社会所面对的先天不利的环境,使他们得以和白人公平竞争。"②为此,一些大学甚至对非洲裔、西班牙裔、印第安裔等少数族裔实行特许配额的优惠。这在美国引起了全国性的争议。

在 1978 年"加利福尼亚大学校董会诉巴基案"中,最高法院审议了加利福尼亚大学戴维斯医学院一项特殊的招收少数族裔学生计划的合法性。根据这个计划,从 100 个招生名额中拨出 16 个名额,由一个单独的委员会负责从四个指定的少数族裔群体中录取。一名白人艾伦·巴基未被接纳入学,尽管他的考试分数高于部分按特别招生计划被接纳入学的考生。最高法院以 5 比 4 裁定,戴维斯计划违反了 1964 年《民权法》第 6 条。更为意味深长的是,5 名大法官接受了这样一个原则:一所公立大学可以采取具有种族意识的招生计划;种族考虑因素本身不违反平等保护。但是,"慈善性分类常常掩盖种族偏见。优待的做法往往促进政府内的种族意识和种族成见,而这是同基于个人功绩和成就的成功理想背道而驰的。"布伦南大法官认为,慈善性的种族分类"必须服务于重要的政府目标,而且必须同这些目标的实现具有实质性的联系"。"白人作为一个阶级",历史上没有受到过普遍的歧视。"由于'少数族裔学生过少是实质性和长期的现象,而且过去歧视造成的不利条件正在妨碍少数族裔进入医学院的机会',因此戴维斯医学院招生计划同政府消除社会歧视现象造成的歧视性影响的利益具有实质性的联系。"③最高法院于

---

① [瑞士]托马斯·弗莱纳:《人权是什么?》,谢鹏程译,中国社会科学出版社 2000 年版,第 46 页。

② 李昌道:《美国平权措施的宪法争议》,《复旦学报(社会科学版)》2004 年第 1 期。

③ [美]杰罗姆·巴伦、托马斯·迪恩斯:《美国宪法概论》,刘瑞祥等译,中国社会科学出版社 1995 年版,第 153—155 页。

1978 年 6 月宣判如下:(1)公立学校不得以种族为基础而设立配额(Quota),用以保障特定少数族裔的入学名额。因此,艾伦·巴基胜诉。(2)种族仍可为有利因素。公立学校仍然可以有弹性地对种族背景作优先考虑,以确保少数族裔学生与白人学生在竞争中机会平等。① 因此,为此目的而进行的"积极作为"②并不违宪。

美国乔治·华盛顿大学国家法律中心杰罗姆·巴伦教授和托马斯·迪恩斯所著《美国宪法概论》一书写道:"虽然人们一直认为,平等保护条款只是为了要求平等实施法律,但现在的既定情况是,该条款成为平等法律的一种保障,即可以对法律本身是否违反平等保护原则提出质疑。但这种平等保护权的性质是什么呢? 该条款不能成为一种防止法律分类的禁令,因为对处境不同的人和事进行不同的处理,对于制定法律是至为必要的。""如果分类与许可的政府目的关系合理,就达到了平等保护的要求。但是当一项法律故意利用一种'可疑的分类'或当一种分类严重干扰一项'基本权利'的行使时,就实行严格审查标准。这就要求政府证明,这种分类是政府切身利益所必需的;必须证明找不到别的不那么苛刻的替代办法。""从根本上说,平等保护法律主要是制定出法律分类的司法审查的标准。有一个时期好像会出现一种更不确定的'合情合理性'标准,根据这种标准,司法审查的程度将是不同的,取决于具体阶层(或分类特点的性质,例如种族、性别、年龄)、分类造成的负担的沉重程度和支持分类的政府利益的性质。""实际上只有一种审查标准,司法审查的程度应当随歧视的性质和对基本利益干扰的严重性而变化。"③

"巴基案"在理解"教育机会平等"和"不得实行种族歧视"问题上所确立的原则,对以后美国对此类问题的司法审查具有重要影响。正如在"巴基案"中投了影响投票结果的关键性一票的鲍威尔大法官所主张的:"平等保护是每一个人的人权,应当依据个人的价值和功绩,而不应依据属于哪个阶级来判断。"

---

① 参见李昌道:《美国平权措施的宪法争议》,《复旦学报(社会科学版)》2004 年第 1 期。

② 国内的很多文章把 Affirmative Action 翻译成"平权法案",有的学者使用"平权措施",还有的学者使用"鼓励行动"或"积极歧视政策"等。笔者认为,这里若译成"积极作为",更加符合英文的原意和法学用语。

③ [美]杰罗姆·巴伦、托马斯·迪恩斯:《美国宪法概论》,刘瑞祥等译,中国社会科学出版社 1995 年版,第 138—139 页。

2003 年 6 月 23 日,美国联邦最高法院作出了两项被认为是该年度最重要的判决。一项判决是"格鲁特对伯林杰",另一项判决是"格拉斯对伯林杰"。两案的被告伯林杰,是前任密歇根大学的校长。格鲁特是一位白人青年,于 1996 年申请密歇根大学法学院的入学许可未获批准。格拉斯也是一位白人学生,于 1995 年申请密歇根大学部的入学许可未获批准。

两案都是针对密歇根大学作为一所公立大学的入学政策。其中,格鲁特案针对密歇根大学法学院的入学政策;格拉斯案则针对密歇根大学部的入学政策。为了实现学生群体的种族多元化,有利于非洲裔、西班牙裔、印第安裔等少数族裔考生在学生总数中所占的比例,密歇根大学采取了有利于少数族裔考生的"积极作为"(Affirmative Action)的入学政策,即在录取新生和分配奖学金时,实行有利于少数族裔考生的种族优惠政策。密歇根大学法学院在申请人的大学平均成绩、法学院测验分数(LSAT)、特殊才能、社区服务等成绩相同或相近的条件下,优先考虑非洲裔、西班牙裔和印第安裔考生。密歇根大学部则进一步规定,申请人的综合分数满分为 150 点,每一位申请人若能得到150 点中的 100 点以上,便会被录取。其中,除密歇根州居民获 10 点、校友的子女获 4 点等优惠获点项目外,还特别规定,凡非洲裔、西班牙裔、印第安裔的申请人可自动获 20 点。也就是说,特定的少数族裔可得到录取线分数 1/5 的优待加分。它意味着:一位白人申请者和一位特定少数族裔申请者,如果其他项目分数相差在 20 点之内(19 点及其以下),后者将被录取,而前者将被拒绝。

格鲁特和格拉斯两人分别向联邦地方法院控告密歇根大学的入学政策对白人"反歧视",违反联邦宪法第十四修正案所规定的"平等保护原则"。两案从联邦地方法院打到联邦高等法院,最后又一起上诉到联邦最高法院。

格鲁特案,联邦最高法院 9 名法官以 5 票对 4 票裁定,密歇根大学法学院在招生过程中,对非洲裔、西班牙裔、印第安裔考生所执行的考虑种族因素的政策,不违反宪法。因为法学院对每一位申请人实行个别审查,种族虽是有利因素,但不是决定性的。申请人能否被录取,是被整体考虑的结果,法学院没有设立"巴基案"所禁止的"配额"。而对格拉斯案,联邦最高法院认为,密歇根大学部在招生过程中,对非洲裔、西班牙裔、印第安裔考生各加 20 点的做法，是"机械性"地给少数族裔优待，而忽略了每个人的优劣和特质差异，是一种"功能性的配额制"，违反了"巴基案"所确立的禁止配额制的原则。因此，联邦最高法院以 6 票对 3 票裁定，密歇根大学部在招生过程中，盲目地给非洲裔、西班牙裔、印第安裔考生加分的做法，是违宪的，应予取消。

此案由于涉及受教育机会的种族平等这一在美国十分敏感的问题，因而引起了美国社会的高度关注以及各界人士的激烈辩论。哈佛大学、麻省理工学院等很多大学、国会议员、退伍军人组织和一些大公司纷纷向法庭提交文件，支持密歇根大学有利于少数族裔考生的"积极作为"的入学政策。

当美国联邦第 6 巡回上诉法庭以 5 比 4 裁决"密歇根大学法学院为实现学生主体的多样性所执行的考虑种族因素的入学政策具有合法性"，从而推翻了地方法院的判决之后，美国国会司法委员会主席要求对密歇根大学法学院入学申请案的诉讼记录进行调查，以检查其中是否存在司法处理不当的行为。

美国总统布什和白宫的高级官员也卷入其中。

在马丁·路德·金纪念日假期的前夕，白宫发言人表示，布什总统将提议在其 2004 预算中为给拉丁美洲人服务的机构和历史上传统的黑人高校增加更多的经费。2003 年 1 月 15 日。布什总统在白宫发表讲话，公开批评密歇根大学的入学政策。他表示："政府将向法庭提交一个简要的议案来讨论密歇根大学的入学政策是违宪的。因为他们仅仅依据学生的种族就奖励他们额外的分数。"他认为使少数族裔学生能更容易地进入全美最主要的公立大学的政策"容易导致纠纷，是不公平的，也不可能符合宪法"①。布什总统认为，密歇根大学实行使某些特定的种族群体受益的种族优惠的入学政策的核心就是定额分配制。布什总统在解释为什么其政府会敦促最高法院否决密歇根大学有种族意识的录取政策时说，可以有更好的方法在公共高等教育中达到种族的多样性。为此，他签署条例允许全部即将高中毕业的学生到州立大学进行学习，而无论他们的高中成绩有多差。政府的法律摘要第二天就获得了通

---

① 资料来源：美国政府白宫新闻网页，2003 年 1 月 15 日。中国人民大学教育科学研究所 2003 级硕士生杨小凤等集体译出。

过,其中颂扬这些所谓的百分之百的计划,把这样的做法描述为经得起考验的并且受欢迎的方法,以保证少数族裔学生在高等教育中的代表性,而又不把种族列入考虑因素之内。舆论则指出,布什的"积极作为"计划不太可能结束论战。

就在最高法院截止收集诉讼文档的前一周,布什政府内就政府应在高等教育中的平权诉讼中起什么样的作用发生了分歧。国务卿科林·鲍威尔公开表示,他与布什总统的立场和意见不同。美联社刊登了鲍威尔的照片,作为布什内阁的两名黑人成员之一,鲍威尔表示支持密歇根大学招生和法学院计划中为保证少数族裔学生入学率而采取的做法,公开表示他与布什在积极作为的立场上相距甚远。白宫级别最高的非裔美国人——国家安全顾问赖斯则宣布,她认为种族能在大学录取过程中作为一个考虑因素,从而与布什总统的立场发生冲突。赖斯发表声明说她支持总统决定挑战密歇根大学所实行的具有种族意识的入学政策。但是她又说,存在"为达到学生群体的多样性,使用种族作为一个考虑因素是合理的"情况。

在马丁·路德·金纪念日假期周末,正在竞选总统的新英格兰参议员John F.Kerry 和 Joseph I.Lieberman,通过批评布什总统对密歇根大学入学政策的反对而获得了政治好评。22 个州向最高法院提交了支持密歇根大学种族优惠的入学政策的文件。在布什政府向最高法院提交了反对性文件一个月后,代表学术界、大公司、劳工会和国家前高级军官在内的超过 300 个组织宣布要向最高法院提交法律文件以支持密歇根大学种族优惠的入学政策,认为其虽不是完美的却是目前最好的选择。①

在这场有关受教育机会是形式平等还是实质平等的冲突中,形式平等和实质平等都受到了维护,实质平等的原则获得了广泛的社会支持和认同,最高法院的判决使密歇根大学入学政策中所体现的实质性平等保护再一次得到了法律的确认。

---

① 资料来源:http://www.whitehouse,gov/news/releases/2003/01/20030115-7.html;Maryland Medical school's case:http://aad.english.ucsb.edu/docs/ettlin.html,http://aad.english.ucsb.edu/docs/salel.html。

2. 我国在高等教育入学考试中追求实质平等的努力

我国在高等教育入学考试中,本着有利于少数民族地区发展的原则并考虑到偏远或经济、社会欠发达地区教育发展水平的实际情况,为了使生活在这些地区的考生能够实际地享有接受高等教育的机会,国家在统一考试中,采取一种从形式上看来并不平等的优惠性的低分录取政策。

毫无疑问,这一政策表现了一种"实质理性",它的初衷包含着对实质平等的追求。但由于实际录取学生采取的是分省定额、划线录取的办法,各地录取定额并非按考生数量平均分配,在录取分数线上的照顾所导致的实际录取比例的差异,从全国范围来看,由于公民对高等教育机会的利用在高等教育资源有限的情况下具有排他性,从而不可否认地存在着对其他地区考生接受高等教育机会的侵害。"群体以及构成群体的个人,能够作为政府在分配特殊利益时的对象","但是处于不利群体的优势个体可以获得处于有利地位群体中的劣势个体得不到的权益。这种现象是完全可能发生的。如果的确如此的话,推理就站不住脚,这将不符合正义即公平性原则"。① 据报载:在西藏林芝一中支教的一位年轻老师对记者说:"与内地相比,当地学生几乎没有什么高考压力,只要参加高考基本上就会有学上。林芝一中去年的高考升学率为90%。"②

正是由于这种客观差异的存在,随着我国社会的日渐开放,高考移民现象日益严重。报载,山东省单县一中是菏泽地区高中教育质量最好的学校之一,今年高考的各项指标都是全市第一。单县一中的高三教室,都贴有"坚决制止高考移民"的标语,还有外地招办的电话号码和一些被查处学生的照片,以此警示考生。即使这样,学生还是在想尽办法移民。③ 为什么要移民? 读一下报纸的报道,就知道为什么高考移民现象如此严重。"来自林芝地区招生办的最新消息说,2004年的高考分数已公布,500分以上的文科考生25人,其中只有3人是进藏干部职工子女和当地考生。500分以上的理科生57人,其

---

① [美]尼古拉斯·亨利著:《公共行政与公共事务》(第八版),张昕等译,中国人民大学出版社2002年版,第706页。

② 《西藏:内地平民的高考洼地》,《中国青年报》2004年6月28日。

③ 参见《山东:高考高地移民成风》,《中国青年报》2004年6月28日。

中只有三四个考生是进藏干部职工子女和当地考生。其余考生基本上都是外地转入林芝地区的考生。"①近年来高考移民呈现两种趋势：一是向内蒙古、青海、甘肃、西藏等分数线较低的边远地区流动，一是向北京、上海等升学率高、分数线低的大城市流动。往大城市流动，往往要买房、投资才能迁户口，成本很高，因此大多数学生还是选择向边远地区迁徙。2004 年山东省高考缺考人数为 10248 人，比 2003 年增加 685 人，其中很大一部分是高考移民。②

目前的政策规定是考生在户口所在地报考。根据教育部的这一规定，为了维护本地区考生的利益，一些高考移民流入地，如新疆、宁夏、青海、内蒙古、陕西、贵州、广西、海南等省份（自治区）采用各种办法，封堵高考移民③。高考移民不只是考生到高考分数比较低的地方去参加高考，还有一种是分数比较低的地方的学生到分数比较高的地方接受高中教育，或则高三一年，或则整个高中阶段。无论哪一种，我们都可以说这是一种投机行为。但是，我们又怎么能否认这不是一种对于平等机会的追求呢？ 正如有专家所指出的：长期以来，高等学校的招生考试都是按计划进行的。过去这样做没问题，因为人口基本上是不流动的。可是社会在变迁，人口的流动越来越多、规模越来越大、范围越来越广。因此，他建议，教育部适当拉平各地区在高考录取分数线上的差异，更多的是凭考生的分数录取，而不是强化地区差别。④ 只有消除教育资源的不平衡，才是最终的解决办法。

（三） 实质平等的实现有赖于以经济和社会发展为基础的教育资源合理配置

由于北京的高等教育资源相对丰富，所以，北京的高考录取分数线低于其他一些省市。《中国青年报》的一篇题为《北京："高考投资移民"捧红小城镇房地产》的报道，反映了一些"有钱人"子女高考移民至北京的特殊办法。"在北京的小城镇买一套房子，再把子女的户口落到北京，让子女在北京参加高

---

① 《西藏：内地平民的高考洼地》，《中国青年报》2004 年 6 月 28 日。
② 参见《山东：高考高地移民成风》，《中国青年报》2004 年 6 月 28 日。
③ 参见《各地封堵高考移民》，《中国青年报》2004 年 6 月 28 日。
④ 参见《专家态度》，《中国青年报》2004 年 6 月 2 日。

考,考上在原籍很难考取的名牌大学,这是很多外地人为子女设计的一条高考捷径。"长期以来,北京对户口的控制都很严。1997 年,北京市颁布的一项政策规定,外地人员在京郊指定的试点小城镇投资 25 万元至 50 万元不等,再在当地购买一套住宅,便可获得北京市城镇户口。这项政策为那些望子成龙又有一定经济实力的外地人点燃了希望之火。因此,北京周边小城镇的房地产项目,很多都以"买房办户口"为招牌。由于北京特有的教育资源状况,导致了这种特有的"高考投资移民"现象。

很多人批评中国的高考录取制度,认为在同一个国家、同样试卷的统一考试,但每年各省、直辖市、自治区的高考录取分数线却是不一样的,有时候差距还相当大,考生实际被录取的比例也差异很大,从而导致各地考生在升学机会上严重的形式不平等。这种现象不可避免地导致了一些机会相对较少地区考生强烈的不平等感。2001 年 8 月,山东省青岛市 3 名考生在律师陪同下进京状告教育部,质疑为什么一样的分数却不能获得一样的机会。[①] 这场原告最终决定终止起诉的"诉讼",表面上虽然平息了,但问题并未得到解决,它反映了由我国各地区教育资源不平衡所引起的政策选择,正在面对新的价值评判和有关其公正性的信度危机。

1999 年我国高校大幅度扩大招生,除了其积极的扩大受教育机会总量的正面效应以外,进一步扩大了不同地区间高等教育机会的不平衡状况。其主要原因是我国高校的资源约束特点,即学生住宿是由学校提供的。这就决定了高校的正常招生数在很大程度上取决于学校所能提供的宿舍数。高校招生规模的扩展,在正常情况下,一般是以学校住宿条件的发展为前提和条件的。像 1999 年这样的超常规扩招,由于不是以住宿条件的发展为前提,因此就出现了相当数量的走读生。走读生的提档分数线可以大大地低于非走读生的提档分数线。而走读生又几乎都是学校所在地的当地人,这也是不难理解的。一方面,发达地区高校周围 4—5 年的租房费用,对现今中国的普通百姓特别是贫困家庭来说,是一个难以负担的数额;另一方面,由于实际房源的缺少,即使对于那些经济状况较好的家庭,能在学校周围找到合适的房子,亦非易事。

---

① 参见《状告教育部侵犯平等受教育权,青岛三女生进京递诉状》,《燕赵都市报》2001 年 8 月 23 日。

从学校方面来说,也不愿增加自己的工作负担。由于在短时期内难以形成高校学生住宿社会化的足够条件,高校扩招的直接受益者,主要是高校比较集中的少数社会经济发展水平较为发达的中心城市的学生。而对于其他地方的学生来说,扩招并没有给他们带来多少新的机遇。因此,从全国范围来看,这种局限于高校集中地区的扩招,进一步拉大了中心城市与边远地区、发达地区与欠发达地区之间业已存在的受教育机会的不平等。

指出并正确认识不同地域间教育发展的不平衡以及与此相联系的这种受教育机会的不平等,对于正确认识和把握教育与社会的改革趋势,促进教育和社会的发展,是必要的。但同时还必须指出的是,受教育机会的不平等不是仅靠一纸法律就能够消除和解决的。这种存在于不同地域间的受教育机会的不平等,从根本上说,只能靠经济与社会的发展从而不断促进高等教育资源的合理配置,才能最终解决。

(四) 实质平等不仅是一个理念,而且是一个复杂的资源分享和弱者救助实践过程

1. 美国在资源分享问题上追求实质平等的实践

2000 年 6 月,笔者在访美期间了解到这样一种情况:波士顿的孩子过去就近入学,但黑人和白人的孩子在学校分布上往往相对集中。为避免种族歧视,实现教育机会平等,就改成分派,使黑人和白人的孩子混合入学。很多白人家长有意见,有的因此而迁出该市。从 20 世纪 90 年代起,改成家长自由择校,波士顿分成三个学区,学区是纳税人的纳税区域,也就是公立学校的经费来源。出了你所在的学区,也就是出了你纳税的区域,因为公立学校是通过纳税来交费的。因此,在美国,也有为了能让自己的孩子免费进入某所公立学校而借别人的地址的情况。不过,在中国,是在户口问题上想办法;而在美国,则是到警察局登记一个地址。在波士顿,每个学生可在本学区内约 20 — 30 所学校中进行选择,然后由一个市长委任的学校委员会来抽签,被抽上的学生就进入第一志愿学校学习。这种平等至多也只能算是一种低级的形式平等。从平等的意义上讲,这种通过碰运气获得机会的做法,还不如通过平等的考试竞争获得权利更接近实质平等。美国同行告诉我,从社会平等的意义上讲,这种

做法避免了对学习较差学生的区别对待而导致的社会歧视,使之获得了与学习较好学生相同的社会尊严。如果学生和家长对学校的教育状况不满而要求退出公立学校,可向政府要求退回学生的培养费,交给私立学校,不够的部分自己补。看来机会平等永远是相对的,机会平等绝不仅仅是一个理念,也要不断地选择最佳方案。如何根据实际情况选择和确定具体可行的最佳方案,是不断解决和实现机会相对平等的一个重要研究内容。

2. 美国有关弱者救助的措施

2000 年,全美 70% 的教室都连到了信息高速公路。政府投资推动了教育技术的发展,带来了新的机会不平等问题。有些特别贫困的家庭买不起计算机,致使这些学生完成作业以及家长了解学校的情况(如有没有家庭作业等)受到了限制。为此,美国政府当时正在采取和计划采取几项措施。

(1)处境不利学生较多的学校,可得到额外的拨款,计算机可借回家去供贫困家庭的学生使用和完成作业。

(2)由电讯部门帮助学校和社区上网。从电话税中拿出 22.5 亿美元资助这个项目。也就是每人多付一点儿电话费,资助贫困社区和贫困学校上网。贫困的程度不同,资助和受益的程度也就不同,贫困社区和贫困家庭学生较多的学校就获得较多资助。受益人在不同的社区和学校约占 10%—90% 不等。

(3)在最贫困的社区,建立社区上网中心(商店、图书馆、教堂等)。当时全美已有 360 家上网中心,联邦政府计划再增加 3 倍,达到千余家。

通过这些措施,使受教育者的受教育机会趋于相对平等。

3. 美国在考试这种涉及对学生评价问题上追求实质平等的实践

美国联邦政府从保证和提高教育质量出发,以对教育标准和学生考试的科学研究为基础,鼓励和推行一定区域内的统考制度。考试就必然涉及学生的评价,不同的评价结果就有可能导致学生受教育权利实现程度的差异。学生权利和考试评价的冲突,表现为各种批评越来越多,不断地有学生父母就考试的公平性问题起诉学校和州政府。有的州法院受理,如最近加州法院正在受理一个关于考试公平性问题的起诉;有的州则不受理,如得克萨斯州的法院就驳回了一个家长关于学校考试公平性问题的起诉。家长关于学校考试公平性问题的一个重要观点,是认为低收入家庭和少数族裔学生有时难以接受高标准的教育,致使其受教育机会不平等。在这种情况下,用统一的考试标准来评价学生,实质上是不公平的。因此,为避免在关于统考公平性问题上的纠纷,联邦推行的标准和考试不是针对学生的,而是要求学校应达到这些标准,以促进各个学校提高教学质量。

(五) 有限的教育机会要求平等的竞争和学习者对学校教育的选择权

1. 竞争有利于提高教育服务的质量和创造选择机会

市场经济最本质的规定性就是资源配置的市场化。市场化最重要的标志是竞争,优胜劣汰。教育作为现代社会最重要的公共服务项目之一,其服务优质性的获得,竞争是一个重要的保证机制。在教育领域中建立市场机制,就是引入竞争机制,使提供教育服务的机构成为相互竞争的市场主体,以满足顾客的需要为目标,竞相提供优质服务。2000年诺贝尔经济学奖获得者美国芝加哥大学经济系教授詹姆士·J.海克曼博士在评价此问题时说:"有越来越多的坚实证据证明,当依据考试成绩和家长、学生对教学的满意度作为教学质量的衡量标准时,竞争和选择确实可以改善教学质量。""所有的调查研究都显示,教育和培训方面(包括生活中的任何方面)的竞争对学生和受训者而言都是十分有益的。"①

2. 对教育机会的竞争是学习者作为教育福利消费者的选择权

《世界人权宣言》宣布:"父母对其子女所应受的教育的种类,有优先选择的权利。"一些国家也通过立法,尊重和保障父母为其子女选择教育环境的权利,如《摩尔多瓦共和国宪法》规定:"父母有为其子女选择教育环境的优先权。"我国中小学的择校问题,本质上反映了对优质教育资源选择性需求的供需矛盾。笔者不赞成中小学划片招生的限制选择政策。这项政策的最大问题是限制了作为教育服务对象的选择权利,因而使教育服务失去竞争性。

优质教育作为一种稀缺资源,每一个教育服务对象都应该对其具有选择

---

① [美]詹姆士·J.海克曼:《提升人力资本投资的政策》,曾湘泉等译,复旦大学出版社2003年版,第26—28页。

性获得的消费者权利。从机会平等的角度而言,每一个学生和家长都应该拥有获得优质教育资源的选择权。由于优质教育资源在不同区域间的不平衡,义务教育阶段就近入学、划片招生的僵硬制度,使学生和家长的选择权利无法得以实现,从而导致了一种地域性的权利不平等。正如海克曼博士在评价美国中小学类似政策时所说,"现行的政策导致另外一种不平等。在什么地方出生影响着一个人拥有技能的机会及其能够运用资本的数量。"

知情权是学生父母实现选择权的基础。由于学校并不是什么保密机构,学生父母的知情权可以通过多种渠道和方式得以实现。"父母在就子女教育问题进行选择时是颇具智慧的","根据我们的常识,大多数父母对子女的教育问题都是十分关注的,最终都会把好学校和坏学校区分开来;当存在选择和尝试的机会时,大多数父母都会做出明智的选择,起码可以由此增长一些经验。毋庸置疑,他们可以鉴别好老师和坏老师,好学校和坏学校。"①

目前高校在学生奖学金分配、学生和教师选送出国、研究生招生公费生名额的确定、教师进修安排等管理工作中出现的大量纠纷,实际上都涉及"机会平等"的问题。机会平等,首先要机会公开,以保证学生、教师的知情权。只有实现了知情权,才能进一步实现学生作为教育消费者对教育机会的选择权。

3. 对选择权缺陷的权利补偿

高等教育的学费政策,导致了不同支付能力人群之间的差异,限制了贫困人群接受高等教育的机会。也就是说,人力资本投资的增加,导致了不同收入水平教育服务对象间接受教育服务机会的不平等。即使在美国,"由于政府资助并没有完全覆盖学费成本,为了支付学费,还有人不得不寻求私人贷款,在上学期间打工或者是提前预支未来的生活费用。对于高收入家庭里的子女来讲,虽然他们也必须依靠父母才能得以完成学业,但他们能够获得低收入家庭里子女所无法获得的资源。由于贫困人群在信用市场上的资源十分有限,这就限制了他们接受大学教育的机会"。②

---

① [美]詹姆士·J.海克曼:《提升人力资本投资的政策》,曾湘泉等译,复旦大学出版社2003年版,第7页。

② [美]詹姆士·J.海克曼:《提升人力资本投资的政策》,曾湘泉等译,复旦大学出版社2003年版,第17页。

高等教育收费制度中的受教育机会平等问题,已越来越受到人们的重视。非义务教育阶段不是免费教育,这就导致了人们对其选择权的差异。对选择权的缺陷进行适当补偿,是实现机会平等的必要措施。作为一种权利补偿,"社会需要对当前的低收入家庭教育资助政策加以强化,进一步扩大资助规模"①。适应各种不同的情况,不断创造出进行补偿的新的方式和途径。

很多国家通过立法,减轻或消除由于家庭贫富的差别而导致的学生在非义务教育阶段的选择权差异,采取立法措施保障家庭贫困学生对非义务教育选择权缺陷的补偿,促进和实现受教育机会的平等。例如:《意大利共和国宪法》规定:"天资聪明和成绩优良者,即使无力就学,也有权受到高等教育。共和国通过竞争考试发放奖学金、家庭补贴以及其他资助,以确保上述权利的实施。"《马耳他共和国宪法》也规定:"成绩优秀的学生即使没有经济来源,也有资格接受最高级的教育。国家通过竞争性考试决定提供奖学金、资助学生家庭等措施实现这一原则。"

(六) 教育机会本身是一个不断发展的过程

1. 现代科学技术对教育机会的拓展,正在促进着教育机会的平等

据中国互联网信息中心(CNNIC)2004年7月发布的信息,中国网民人数已达8700万。互联网日益成为人们日常生活中不可缺少的一部分。数字化信息技术的发展,在悄然改变着社会的存在形式和交流方式的同时,也在影响着教育的方式和教育事业的发展。由计算机、互联网的发展所产生出的高度开放的全新教育模式,超越了时间与空间的阻碍,使教育达到了最大限度的延伸,让有限的教育资源产生出最大的社会效益。电子化教室、校园网、教育网、教育中心网站、网上学校、互联教育体系的出现,使得教育不再受到教室、时间和地域的限制,边远地区的孩子因此将有可能得到与沿海地区的孩子同等质量的教育;因高等教育资源的限制而被高校拒之门外的学生,将因此而得到接受高等教育的机会。同时,网络融合了多种传播媒体的特质,使得教育的手段

---

① [美]詹姆士·J.海克曼:《提升人力资本投资的政策》,曾湘泉等译,复旦大学出版社2003年版,第14页。

与形式也达到了一个高度丰富、多姿多彩的新境界。正因如此,网络极大地拓展了教育机会的基础,促进了受教育机会的平等,使更多的人能够有机会享受到高质量的教育,使教育机会产生出最大的效益和价值。

2. 终身教育的发展,使教育机会成为多样的连续不间断的过程

联合国教科文组织国际教育发展委员会的报告指出:"尽管呆板的、形式主义的和丧失个性的考试制度在教育过程的每一个阶段上都造成了损害,但除了极少数的例外和一些临时性的实验以外,这种考试制度仍然到处都在采用。这种考试制度所产生的问题,只有遵循终身教育的路线,把教育过程的结构进行彻底改造时,才能得到真正的解决。"①

当前中国高考竞争之激烈,在世界范围内也是罕见的。这个现象反映了能够使中国公民进入高等教育的机会资源之贫乏。于是,高考作为唯一的出路,必然出现这种千军万马过独木桥的特有现象。为从根本上解决这个问题,使广大人民群众能够真正平等地享有接受良好教育的机会,除了应不断地把蛋糕做大、扩大和拓展我国高等教育资源的总量、不断从整体上优化高等教育资源、提高高等教育的质量和水平、合理配置高等教育资源的分布以外,构建终身教育体系和建设学习型社会,不能不是我们的希望所在。

结　语

平等的受教育机会首先要求使人人都能够获得形式上的平等。它体现了这一法律原则从现实关怀到终极关怀的阶段性目标。为实现这个目的,需要通过解决教育投入等一系列教育政策的公共性问题,真正地落实教育的公共服务性质,使教育真正成为每一个公民平等的可选择权利。为实现这个目的,我们的教育需要在政策上向弱势群体倾斜,使生活在广大农村和落后地区的孩子真正享有和城市人平等的机会以及对发展的选择权利,而不仅仅是接受

---

① 联合国教科文组织国际教育发展委员会编著:《学会生存——教育世界的今天和明天》,教育科学出版社 1996 年版,第 107 页。

一种"适应农村社区生活"的教育。通过平等地接受教育适应那里的生活，是法律保障公民享有的平等机会，也是我国宪法和法律赋予每一个公民的基本权利。发展多样化的终身教育，创造适应每一个公民不同发展要求的平等机会，以满足和适应社会客观存在的多样化的自然需求，最大限度地满足绝大多数公民学习权利的要求，最大限度地保障每一个公民学习机会的平等，是在教育问题上社会正义和社会公正的体现。用这个价值尺度来衡量、调整和平衡教育管理、学校管理与公民学习权利之间的关系，是我国教育发展和教育法制建设过程中，贯彻和体现法治精神的灵魂和基础。教育法制的不断完善是随着社会和教育实践的发展而不断发展的一个过程。它标志着教育法律制度适应时代变化所体现的价值选择的进步和发展。党的十六大明确提出要"形成全民学习、终身学习的学习型社会，促进人的全面发展"。学习型社会的教育正义和法治社会的教育公正，给教育法律制度提供了新的价值内涵和判断标准。因此，我们在进行教育法制建设和不断完善现有教育法律制度的过程中，适应新的价值取向的观念变革就是不可避免的。

解读并未结束。社会在加速前进，实践在不断发展，我们的认识也在不断地深入。实践在不断地提出各种新的问题，我们对公民平等的受教育机会的探索和认知，也是没有止境的。

（本文原载《中国教育法制评论》第 3 辑）

入学机会的公平

——中国高等教育最受关注的平等话题

　　中国高等教育在"文革"以后的发展,是以恢复高考制度为其开端和标志的。1977 年中国高考制度的恢复,曾以平等入学机会的恢复为中国高等教育的发展注入了强大的活力,当年报名要求参加高考的中国青年多达 1000 多万人,经过考试这种不分家庭出身、不分职业背景、不分学习经历、不分来源区域的平等竞争,27 万多人进入高等学校。自高考恢复以来,统一的高校招生考试制度保障了高校新生的基本入学质量。更为重要的是,高考提供了相对客观的评价标准,为不同家庭背景的考生提供了相对公平的竞争机会,为维护教育机会平等和社会公正、促进社会阶层间的流动、实现高等教育资源和人才在全国范围内的合理配置,发挥了巨大的现实作用。

　　考试制度以分数面前的平等,作为维护制度公正性的主要指标。高等教育入学考试的这项制度原则,曾经历史性地给中国人带来冲击性的、强烈的社会公平感,至今仍是被社会广泛认同的体现公平和公正的制度形式。但在以后的发展进程中,高等教育入学考试制度不断地受到有关公平与效率的质疑,从而不断地进行技术性的调整,有关的研究论证建议和改革方案不断出台,相关的话题甚至成为中国"两会"的持续热点。进入 21 世纪以来,社会公平问题日益受到关注,高等教育入学机会的公平更是成为一个涉及社会公正的敏感问题。

一、考试分数面前的平等——中国人才选拔的历史传统与高考

（一）考试——中国的历史传统和公正价值的体现

中国具有悠久的考试传统。说到中国的高考，就不能不提到中国历史上的科举考试。中国古代从隋朝开始，到 1905 年清政府正式下诏，宣布废止科举，历经一千三百多年的科举制度，是历代封建王朝通过考试选拔官吏的一种制度。由于采用分科取士的办法，所以叫科举。它通过考试的方式，以一种分数面前人人平等的方式选拔人才，不分出身高低贵贱，只要考得名次（功名），就可以成为官僚队伍的候补人选。

科举的目的是为政府从民间选拔人才，相对于世袭、举荐等选官制度，科举考试无疑是一种公平、公开及公正的方法。从宋代开始，科举便做到了不论出身、贫富皆可参加。这种用考试的方法选拔官吏的制度，打破了豪门世族对政权的垄断，不但大为拓宽了政府选拔人才的基础，还让处于社会中下阶层的知识分子，有机会透过科考向社会上层流动。这种政策对维持整体社会的稳定发挥了重要的作用。

清末废除科举，兴办学堂，逐渐有了现代教育，考试仍然是一种重要的教育选拔和评价机制。清末民初的那些公派留洋学生，都是通过考试这种选拔机制获得资格的。

在中国古代社会，平等不是社会的主流价值观。在君主和专制的社会里，平等无法成为一种普遍的社会价值观念。在几千年的中国封建社会里，"君为臣纲、父为子纲、夫为妻纲"的儒家学说，作为一种占统治地位的封建礼教，将人们禁锢于一种不可僭越的不平等状态之中。正如孟德斯鸠所说，"平等的观念根本就不进入人们的头脑里去。大家都希望出类拔萃。就是出身最卑微的人们也希望脱离他原来的境地，而成为别人的主人"。科举考试是当时的统治者为选拔优秀人才而创造出来的一种有效手段，同时，它也使人们能够

通过考试这种相对平等的形式,达到改变自己现实处境的目的。人们把考试所贯彻的分数面前平等的原则视为公正,考试作为一种公正价值的体现形式,在中国深入人心。中国古代的历朝历代对于考试作弊的惩处,都是非常严厉的。因为考试作弊既违反公正,又不符合统治者的利益要求。

(二)"考试"因"文革"的中断强化了人们对其公正性的重新认识

高考在"文革"中被废除后,代之以通过推荐的形式选拔"工农兵学员"上大学,评价是通过评选进行的。我初中毕业以后去了工厂,做了修理汽车的工人。上大学对于我来说只是一种遥不可及的梦想,因为没有了考试,我也就没有了自主选择上大学的权利。听天由命地等待几乎是毫无希望的"推荐"。推荐是有配额的,我所在的近十万人的企业,在我工作的六年里,只得到过几个"推荐"名额。

"文革"结束后,高等教育入学考试恢复。我是恢复高考后的第一批受益者。1977 年末参加全国高等教育入学统一考试,1978 年 3 月通过平等竞争进入大学,从此改变了我的人生轨迹。考试所具有的平等和公正意义,在我们这代人的心里是不可替代的。在我的人生历程中,考试是我期盼的能够获得平等对待的一种最公正形式。

从形式意义上说,机会平等是一种权利能力的平等,而不是行为能力上的平等。考试所保障的"机会平等",正是一种在权利能力上的平等对待和在行为能力上的差异性对待。

通过考试对人们进行学习能力区分所导致的结果差异,从学习相关性上说不是歧视,或者说是一种最低限度的差异性歧视。之所以这样说,是因为考试只是对人们与学习相关的行为能力的区分而不涉及权利能力,它只是对学习相关因素的一种评价形式。判断一种事实上存在的区别对待是否具有合理性,就不能不审查设置这种区别对待的目的的正当性、措施的相关性以及必要性和适当性,即首先判断目的本身是否对各权利主体具有平等对待的正当性,进而具体考量进行区别对待的措施与该正当目的之间是否存在关联性,审查其对于实现公正目的是否具有必要性以及从社会通常观念的角度是否具有适当性。正因为如此,从《世界人权宣言》到很多国家的宪法和法律,都规定了以考试成绩为尺度的高等教育机会平等。"文革"期间实行的推荐工农兵学员上大学的政策区分权利主体是否为"工农兵"的身份差异,这是权利能力上的差异而不是和学习充分相关的因素,所以就不能说这项政策具备充分的合理依据,从而导致了身份歧视。歧视是一种考虑不相关因素的区别对待,而通过考试择优,则是一种考虑与学习相关因素的区别对待,从而最小限度地关涉歧视。

实践表明:考试制度的机制和逻辑,是通过在一定范围内统一的试卷和统一的评卷标准,解决了困扰其他形式的入学制度普遍存在的难题,如,它正确地定义了学校生活的主要内容,即学生的主要任务是学习,学习成绩的好坏是评价学生的主要尺度;极大地体现了对提高认知技能的激励,鼓励认真钻研和刻苦学习;消除了评价标准的不统一,排除了各种主观因素的干扰,即实现了没有偏袒或者偏见的客观判断;较之其他形式,真正地简化了对学生的入学选拔制度;降低了教育服务对象的依从成本,使其时间成本和机会成本的指向单一;大大减少了徇私舞弊的机会和可能性;对各种不同背景的学生一视同仁,使他们感受到了平等对待的公平,大大提高了人们对于其结果公正性和有效性的认可程度。

(三) 高考恢复30多年来考试维护了基本的平等

考试制度是用一种相对规范的方式选拔人才。以学生的认知技能为基础的考试分数,体现了在同一标准下可进行选择的相对公平,从而使考生的平等权利得以实现。尽管它是一种一次性的难以照顾个性特点及其历史发展的僵硬方法,但在现今历史阶段一定程度地实现了公平、成本和效率的相对平衡,是人们以公平原则为目标,在三者间所能找到的优化组合。

中国高等教育虽已步入大众化阶段,但由于受到高等教育资源的约束,高等教育仍不能作为公民的一项自由选择权利而实现人人都能自由地进入高等学校。通过考试进行选拔,对抗以身份、财产等不相关因素为区分原则的歧视性的同一机会面前的区别对待,而代之以一种完全以学生学习相关因素为择优标准的录取结果上的区别对待。这种通过平等竞争产生结果差异的考试方法,是迄今为止在中国能够得到最普遍认可的一种相对公平的择优方法和法定形式。

《中华人民共和国教育法》第二十条规定："国家实行国家教育考试制度。"《中华人民共和国高等教育法》第十九条规定："高级中等教育毕业或者具有同等学力的，经考试合格，由实施相应学历教育的高等学校录取，取得专科生或者本科生入学资格。本科毕业或者具有同等学力的，经考试合格，由实施相应学历教育的高等学校或者经批准承担研究生教育任务的科学研究机构录取，取得硕士研究生入学资格。硕士研究生毕业或者具有同等学力的，经考试合格，由实施相应学历教育的高等学校或者经批准承担研究生教育任务的科学研究机构录取，取得博士研究生入学资格。"

选择考试的方法作为公民竞争高等教育受教育机会的技术性手段，对于公民获得非义务教育阶段的受教育机会，提供了一种相对平等的竞争条件和能够公开操作的人人可以享有的选拔手段。通过在本科生和研究生招生中实行全国统一的考试制度，以分数面前人人平等的形式上的公平，保障了公民在接受高等教育的入口处形式上的机会平等。

二、中国高考制度的改革及公平性争议

高考是一种人才选拔机制。实践证明，在各种选拔方法中，考试是一种得到多数人认可的规则明确、便于操作和监督的选择。相对而言，高考是一种比较公平、效率比较高的方法。但同时它也存在很多弊端，突出地表现在限制了学生在高考科目以外的特长发展和各种选择机会。基于对考试这种形式平等局限性的认识，改变单纯依靠一次固定科目高考成绩决定录取与否的选拔标准单一的问题，中国的高考制度始终处在不断的改革与发展变化之中。正是在这个不断的改革与发展过程中，形成了由考试和一些相应的具体政策、调节措施所组成的一整套中国高考制度。

（一）对考试这种僵硬方法的各种调节措施合理性的争论

为了避免和弥补统一考试中以高考成绩作为单一衡量标准的局限性，使

高校能够对各种各样的优秀学生敞开大门,高考录取除了考试分数这一最重要的判断标准之外,逐渐形成一些调节性的弥补措施,对一些特殊人才实行特殊政策,如保送生和特招生制度、特长生优惠制度以及各种政策性加分制度。

保送生、特招生制度。根据教育部的相关规定,"全国劳动模范""全国先进工作者"称号和"全国'五一'劳动奖章"获得者,经本人申请,省级招生委员会办公室审核,招生学校同意,可作为保送生免试入学。运动员具备下列条件之一者,可以免试入学:奥运会、世界杯赛和世界锦标赛的奥运会项目前八名获得者,非奥运会项目前六名获得者;亚运会、亚洲杯赛和亚洲锦标赛的奥运会项目前六名获得者,非奥运会项目前三名获得者;全运会、全国锦标赛和全国冠军赛的奥运会项目前三名获得者、非奥运会项目冠军获得者。近五年内获得世界比赛前八名、亚洲比赛前六名、全运会比赛前三名、运动成绩达到健将级别的现役运动员。此外,在全国比赛中获得前三名,亚洲比赛中获得前六名,或获得国际级运动健将称号的运动员就有资格作为保送生或特招生得到免试入学的保送机会。

特长生制度。特长生主要是指具有体育和艺术特长的考生。由于体育和艺术特长生在形成其特长的过程中必须有巨大的时间和精力付出,减少了对于其他学习科目的时间和精力,因此,相关政策规定,特长生可以享受高考录取的加分政策,每年教育部都会具体规定特长生的标准以及相应的加分幅度。体育特长生的录取办法规定,符合规定条件的体育特长生可以在当地本科院校控制分数线以下20—80分以内择优录取;还曾规定,非体育科目考试总成绩在当地本科控制分数线以下200分以内,取得规定体育项目名次或证书并确有发展潜力和培养前途的考生,可以录取为预备班学员。艺术特长生主要指具有音乐、舞蹈、戏剧、书画等艺术特长的学生。艺术特长生的录取办法规定,高校招收的艺术特长生人数控制在本校年度本科招生计划总数的1%以内。

其他政策性加分制度。政策性加分的名目比较多。随着各省区在高考录取中自主权力的扩大,政策性加分在不同省区也存在一定差异。例如,少数民族考生、台湾省籍考生、归侨、归侨子女、华侨子女、烈士子女、获得省级优秀学生称号者;在高中阶段思想品德方面有突出事迹者;获得省级以上青少年科技创新大赛或全国中学生学科奥林匹克竞赛省级赛区一等奖以上者;等等。这些学生可在考生统考成绩总分的基础上适当增加分数投档。

对上述这些政策措施,长期以来存在着对其合理性、公正性的争议,反对的声音和赞成的声音并存。其中,对保送生、特招生政策的质疑相对少一些,因为世界性比赛中的名次获得者,人人都知晓,而且他们的优秀才能太突出了。

对特长生和各种政策性加分措施的评价则众说纷纭。从这些政策诞生起,媒体上甚至“两会”上都有热烈的讨论。一方面是肯定政策性加分的合理性,认为特长生制度的形成和推行有其合理性和必要性,在提倡素质教育的情况下,学生的发展应该是多元的,也是贯彻“因材施教”原则的一种体现。但对哪些项目该加分,哪些人应该成为被加分的对象,加分的幅度应该多大等问题上存在着争议。另一方面则是基本否定加分政策的合理性、公正性,认为除考试之外的其他办法都会出现影响公平性的问题,特长生和政策性加分的某些环节,因其具有的灵活性,如果缺乏规范的程序和严密的监督,容易滋生腐败。现在的高考加分项目越来越多,各地各类高考加分政策已多达190多项。这种过泛、过滥的高考加分只对少数优势群体有利,所以只是“少数人的红利”。据统计,排在前几位的加分项目主要是:“二级运动员”加分、少数民族加分、特长生加分和省级三好学生、优秀学生干部加分。媒体几乎每年都会揭露出一些有关特长生或政策性加分的作弊现象,例如2009年高考前后,闹得沸沸扬扬的“浙江高考航模加分”和“重庆31名考生民族成分造假”丑闻见诸媒体;“二级运动员”加分中的作弊现象更是多见。正是这些作弊现象不断见诸媒体,使得高考加分政策不断地面临信任危机,相应的批评甚至要求取消这些政策和制度措施的声浪不断。

这些政策和制度措施所产生的社会导向作用是明显的。在肯定这些政策所具有的积极意义的同时,其负面的影响和问题也是难以回避的。不可否认,特长生制度确实给那些在某些方面才能出众而在文化科技知识方面相对较差的学生接受高等教育的机会。但是,加分政策的弊端不断暴露,一些学生的家长为了帮助孩子上大学、上名校,千方百计、无所不用其极地想方设法开假证明,骗取加分,甚至出现能够加分的部门和人士的“加分寻租”现象。

有报道称：一位奋不顾身跳入汹涌的河水中搭救不幸落水者的男士，当他被记者采访时，他说他不怕死，因为能够在救人的过程中不幸死去，他便可以被追认为烈士，他的儿子高考时可以获得加分的照顾。2010 年厦门国际马拉松赛爆出作弊丑闻，男子组前 100 名中有约 30 个成绩被取消，其中，有人作弊的目的就是为了达到男子马拉松国家一级运动员的标准，从而获得高考加分。①

公共政策反映了各种社会群体及其利益诉求的博弈。高考加分政策的合理性，原本是针对高考选拔制度"一刀切"的弊端，为弥补和纠正高考科目选拔标准单一的问题而建立的。但从全国和各省出台的高考加分政策来看，究竟哪些名目、个人和群体应该成为高考加分的对象以及加多少分，社会公众并无统一的认识。要求加分的各种对象似乎都有合理之处，但这种合理性，有的符合社会正义和社会公共利益，有的也只是符合地方和局部的利益。这些加分的理由与上大学是否具有正当关联和适切性？是否具有令社会公众信服的匹配关系？这不仅涉及公正，而且具有巨大的社会导向作用。

山东省教育厅决定，从 2010 年起，山东全部取消省内制定的高考加分等照顾性政策，强化学生综合素质评价信息在招生录取中的作用。这项规定，引发了"两会"代表、委员关于高考加分政策的存废之争。

（二）效益与公平的两难选择——褒贬不一的高校自主招生与中学校长推荐

对现有高考制度存在问题的不满，几乎是一种普遍的社会现象。大多数人既认为考试这种形式必须存在，又认为高考制度中存在大量问题。在现有高考制度之下，应试教育成为支配整个基础教育的至上原则，结果是整个基础教育成为一部围绕着高考运转的机器。有一种不一定准确但很流行的说法，即应试教育只能培养出"高分低能"的学生，与现代社会对人才素质和能力的要求不相适应。正因为如此，改革现有的高考制度已经成为大多数人的共识。

1. 围绕高校自主招生改革的争议

正是出于对上述批评的回应，从 2003 年开始，经教育部批准，北大、清华

---

① 参见 http://www.12edu.cn/gaokao/zx/201003/422219.shtml。

实施5%招生计划自主招生改革试点,至2010年已扩大至80所学校。

试行高校自主招生,是一种通过高考的成绩评价和高校自主选拔的双重评价选拔机制,以对考生进行综合评价为导向的多元化招生模式。通过扩大高校招生自主权,适当放宽对综合素质特别优异者的高考成绩要求,增强选拔人才的科学性、合理性和灵活性,为全面发展或具有特长的考生提供更多的入学选择机会。

自主招生的一大特点,就是各高校可以根据自身特点在高考前对考生进行自主选拔。参加自主招生的考生,要过报名资料审核、参加自主招生考试获得分数"优惠"和参加高考三关,才能进入报考的学校。从理论上说,实行自主招生,高校可以招收更加符合本校培养目标的学生,而且通过自主招生相对灵活的考试方式,可以加大对考生能力考查的分量。这样,对改善目前以死记硬背为特征的围绕高考进行应试教育的基础教育,也是一个有益的导向。

但是,这项改革自进行试点以来便陷入一种两难困境:赞成的人抨击高考制度"一刀切",说改革方向正确;反对的人则抨击改革的"灵活性",认为现阶段弊大于利。人们关于自主招生争论的实质,实际上是关于公平与效率如何平衡的问题。

从1977年恢复高考以来,高考便成为高考前教育的指挥棒,实际上是"分数说了算,素质靠边站"。从选拔人才的效率上说,高考成绩评价这种单一机制,使得一些单科成绩突出的学生,诸如当年非常偏科的历史学家吴哈、被誉为"文化昆仑"却在数理化方面很差的钱钟书,以及先后有20多件发明创造,其中15件获省级奖励、有3项获国家专利的福建"小发明家"胡铃心之类的偏才,就会因总分成绩不够而难以进入高等学校。实际上每年都有一些品学兼优的学生,只因高考发挥失常而名落孙山;一些学有专长的学生,为了全面提升高考成绩而极不情愿地无法专注于自己的兴趣和特长;而一些大学往往因招生分数线的限制,不得已把一些学有专长或对大学某学科特别感兴趣且很有发展前途的学生拒之门外。高校自主招生有利于破解现行高考制度的这种弊端,有利于促进素质教育,不仅对大学生的个性发展具有积极意义,而且有利于引导中学生兴趣特长的培养和综合素质的提高。高校自主招生改革,尽管在一定程度上会加大国家的管理和监督成本,但使高校在选才方面有了一定的自主权,更大程度地实现教育者独特的办学理念和人才培养特点,符合高校自主办学的教改方向。

但在效率提高的同时,人们对自主招生的公平和公正表现出了极大的担忧。例如,进行自主招生的学校难以面对全国所有中学和所有考生;再如,面试这样的"印象分"是非常主观的,自主招生的面试以及学生提供材料的弹性可能对公平和公正产生不利影响。此外,自主招生增加了考试的成本和学生的负担,边远地区和农村家庭贫困的学生难以承受参加自主招生所增加的成本。从我国目前的社会状况来看,社会地位较低家庭特别是农村家庭通常因信息获取能力、特定的社会空间位置、交往环境或地理区域等因素的影响,一般在社会背景和利用社会关系方面也处于相对劣势。据此,人们有理由担心:高校自主招生比例的扩大以及由此带来的考试形式的复杂多样,由于大大加重了考试竞争的成本,势必加剧业已存在的重点大学生源的城市化、上层化趋势。

为避免一所学校自主招生考试的问题,清华大学发起上海交通大学、中国科学技术大学、西安交通大学、南京大学和清华大学五校自主招生联考。北京大学紧随其后,宣布北京大学与香港大学、北京航空航天大学三校实行自主招生联考。在此基础上,2009 年 11 月 8 日,北京大学招办又发布方案,宣布试行自主招生"中学校长实名推荐制"。

2. 北京大学在自主招生中试行"中学校长实名推荐制"引起争议

北京大学在自主招生中试行"中学校长实名推荐制",即获得北京大学"实名推荐制"资质的中学校长可按分配名额向该校推荐优秀学生。具体做法是:中学校长首先以所在中学和本人名义向北大招办提交关于参加"实名推荐制"的书面申请;北大自主招生专家委员会再根据该中学的办学条件、生源质量等因素,对递交申请的中学进行评审。评审通过的中学,将获得参加北大"实名推荐"的资质,并可按分配名额推荐优秀学生。具有资质的中学,如当年没有符合推荐条件的学生,则可以不推荐,所具有的资质将自动延续。

北大根据中学校长所推荐学生的具体情况,安排相关学科的专家组对学生报名资料进行审核。合格者将免于参加北京大学自主招生笔试而直接进入面试,面试合格者在高考录取时将享受第一批次录取分数线降低 30 分可以录取的政策;具备教育部规定的保送资格的学生,可在此分数段向北大申请相关专业的保送资格。

北大在自主招生中试行"中学校长实名推荐制"以后,引起了热烈的讨论。支持者表示,这一改革是教育诚信实践的重要一步,实践中可能会出现一些问题,但不能"因噎废食"。推荐信的形式在国外大学广为采用,高校自主招生选择"中学校长实名推荐"作为一种方式,有利于天才、偏才学生的选拔,也有利于社会的诚信导向。校长实名推荐制,是校长以学校和个人信誉作担保,把在某一方面非常拔尖的人才选送到高校,他的选择如果不公正,就会影响到学校的声誉以及校长个人的信誉,因此"人情"很难发挥作用。反对的人则认为"校长实名推荐制"对多数人不公平,可能会出现徇私舞弊现象,他们认为,现在的诚信状况不好,如果校长推荐不公正,就有可能伤害到那些没获推荐的优秀学生。新浪网进行了一项调查:你如何看待北大试行中学校长实名推荐制? 共有 10.8 万名网友参与讨论,其中,67.5% 的网友表示反对;24.8% 的网友表示支持;另有 7.7% 的网友表示"不好说"。[1]

由于争论很大,反对的声音很高,教育部出面表态,自主招生改革需要在实践当中不断地探索和完善并要确保公正。

无论是高校自主招生还是"中学校长实名推荐制",都是在单一的高考成绩之外探索一种提高效率的合理的灵活性。没有对灵活性的追求,也就没有这些改革。但是,公共生活中的自主性和灵活性,是需要由一系列的机制来保护的。其中的机制之一,就是社会生活的基础秩序。例如,高校招生中的自主灵活的生源选择,就需要有基本的公平机制以及人们对这种公平机制的信赖作为基础。当这些基本的保护机制不起作用时,人们就往往害怕灵活性而被迫选择具有硬性条件约束的刻板的统一性。人们经常抨击的"一刀切"现象,往往就是这么形成的。当缺少公平机制或公平机制不起作用时,为了确保最低限度的公平,反对者在自主的灵活性和僵硬的统一性之间,宁可选择带有弊端的、僵硬的统一性。其结果是我们这个社会很难选择为更有效率的目标而需要的灵活性和自主性。这样,实际上大大缩减了我们的制度和政策

---

① 参见《七成网友反对北大自主招生"实名推荐制"》,《楚天都市报》2009 年 11 月 10 日。

的包容性空间。

3.改革措施获益群体的公正性导向及"应试"怪圈的影响

有人认为,高考最不讲理的地方在于,它只有一种卷子,而不论你是何种学习志趣和职业取向。为了公平,建议根据每个人选择的学习和发展方向,进行分类考试,因材录取、因人施教。但也有人认为,只有一种卷子才能在一个标准下平等竞争,才是公平。那么,究竟如何判断一项政策是否公平?什么样的改革措施才符合社会公正?

改革措施的获益群体,在很大程度上表现一项改革措施的公正性导向。分析这些改革措施实际上不利于哪些群体并使哪些群体获益,是判断该项改革措施是否符合社会公正的一个重要视角。

一是特长生加分政策的获益群体。

特长生加分政策是一把双刃剑,既有利于具有特长的学生,又更加不利于那些没有特长的学生。要想获得高考时对于特长生的加分,需要从小培养孩子的特长。所以,大量的家长从孩子上幼儿园起就带着他们去参加各种各样的特长培训班:钢琴、电子琴、长笛、大小提琴、体操、武术、舞蹈、绘画,等等,希望孩子能在将来的各级考试中加分。一方面,培养特长一般都是占用孩子的课余时间,孩子白天上课,晚上、周末和节假日还得练琴学画,剥夺了孩子们应有的自由自在地玩耍和自由发展的童年,增加孩子的负担。尤其是很多孩子没有兴趣学习这些东西,却被父母强迫去学。另一方面,培养孩子特长的条件在城乡之间和不同地区之间存在着巨大差异,也大大加重了家庭的经济负担和家长的时间、精力成本。对那些生活在农村和经济社会发展相对落后地区的孩子来说,对那些经济条件较差的家庭和缺少时间、精力的家长来说,这显然是不公正的。

二是高校自主招生和"中学校长实名推荐制"的获益群体。

高校自主招生和"中学校长实名推荐制",把选拔对象一般圈定在少数省级以上重点中学的做法,使得要上重点高校就得上名牌中学,起码也得是重点中学。这种做法,既减少了落后地区和非重点中学的招生名额,还会使已有的择校热进一步升温,教育发展的不均衡问题将会更加严重。高校自主招生和"中学校长实名推荐制"在惠及少数高校和很少一部分考生的同时,对广大的考生来说反而是减少了公平竞争的机会。其公正性导向的正确与否,引起了一些人某种程度的批评和质疑。因此,对这些改革的反对声音一直很强烈的一个重要视角,就是相对公平的单一考试制度更能够让广大的平民百姓所接受,因为它毕竟可以让一些普通家庭的孩子通过真才实学考出好成绩。

三是"应试"怪圈导致应试负担加重不利于贫弱群体。

高校自主招生也正在某种程度地陷入"应试"的怪圈。一些针对高校自主招生而推出的个性化辅导班,已经在一些地方悄然出现。为备战高校自主招生,某些高中的高三学生被提前分成小班,补习人文知识和训练口才,此举被业内人士称为一道新的"应试风景"。在这样的模式下,今后的高考前教育有可能会出现"书本知识应对统一考试"和"面试培训应对自主招生"这样两条路径。异地考试、面试训练、冬令营等日益复杂的考试形式,使学生的负担大大加重,从而使得贫弱群体的孩子在应试中更加雪上加霜。

为了保证公平,政府的应对措施是批准方案和公示。2008年起,只有经核准备案的高校招生章程才可正式向社会公布,且公布后不能擅自更改。特殊招生合格名单要在"阳光高考"平台公示。保送生推荐(或资格)名单、自主选拔录取考生资格名单、艺术特长生及高水平运动员测试合格考生名单都要在教育部网上"阳光高考"平台公示。这些措施有利于在实际操作过程中避免弄虚作假、作弊和腐败,但这些改革措施所导致的实际获益群体是否合理,其导向是否符合社会公正,仍是人们评判其公正性的一个重要视角。

三、高考改革趋向中的问题、困境与价值选择

(一) 均等还是公平——均等的正义性对于贫弱群体是有限的

机会的均等本质上是一种形式平等而不是结果平等。因为机会均等强调的不是参与竞争者的能力和条件,而是机会在竞争者中间分配的均等,所以,机会均等在本质上只是一种公平分配,是机会的公平分配。现实社会中的每

一个人,不仅在天赋、性格、能力等个体因素方面具有多样性,而且在家庭背景、成长经历、社会机遇等方面也存在着巨大差别,因此,仅有形式上的均等,并不能避免实质上的不平等,甚至可能会导致某种程度的结果上的不公平。从这个意义上说,机会均等对于在竞争条件方面处于弱势的群体不是公平。"许多研究过真正机会平等所需条件的作者们指出:如果单独使学校教育的方法平等而不考虑其他方面,事实上,这就会造成不平等的结果。"(联合国教科文组织国际教育发展委员会,1996)也正如美国法学家 E.博登海默(1999)所说,法律"对于基本权利的承认,可能只是提供了行使这些权利的一种形式机会,而非实际机会"。机会来了,对于每个人的意义是不一样的。因为在机会面前,每个人所具备的条件千差万别,有的人具备适应机会的充分条件,有的人则有可能不具备适应机会的任何条件。即使在同等条件下,机会也意味着竞争,竞争势必导致优胜劣汰从而造成实际结果的不平等。高等教育入学机会的均等,并不意味着每个人都能从结果上均等地接受高等教育。它只是表明每个人都有平等地利用高考机会的权利。

"法律面前人人平等"是法律形式正义的典型表述,但它并不意味着结果平等的实体正义不是法治所追求的价值目标。由于均等的正义性对于贫弱群体是有限的,所以,只有在形式均等的基础上,对困难或弱势群体实行有差别的倾斜保护,才能矫正和补偿形式正义之不足,实现结果的相对公平,使客观上难以消除的差别具有一定的合理性,符合法治的正义价值。

受教育机会平等的实现是一个非常复杂的问题。例如,少数民族地区的少数民族考生和长期生活在偏远落后地区的考生,由于教育发展水平和教育条件落后的长期积累,在均等的机会面前,他们往往处于不利地位。因此,不研究实质平等,形式平等的价值往往会大打折扣。为使公民能够依法享有平等的受教育权利,实现法律规定的受教育机会平等原则,消除事实上存在的不公平现象,必须针对机会平等问题本身的复杂性,研究和完善机会平等的机制。不仅要研究受教育机会平等的形式,而且要研究它的内容;不仅要研究形式平等,而且要研究实质平等的问题。

对贫弱群体的受教育机会予以倾斜和保护,并不是否定机会均等的形式公正和彻底消除结果的不平等,而是在承认结果不平等的基础上采取适当措施弥补结果的严重不平等,通过对贫弱群体给予权利的特别保护或者经济上的补偿和救济,有利于其受教育权利的实现和发展,使强势与弱势群体之间的差别符合正义。

对贫弱群体的受教育权利进行特别保护,也是建设和谐社会的需要。社会是一个有机的整体,城乡之间、地区之间、贫富之间和社会群体之间的差距过大,不利于整个社会的稳定和发展。差距越拉越大,将有可能形成尖锐的对立,甚至形成敌视、相互报复和攻击的不稳定因素。平等的受教育机会应被看成是多侧面、多层次社会保障体系的一部分,通过实现受教育机会的平等,完善社会公平和正义。

对困难或弱势群体的特别保护和补偿,正是法治追求实质正义的体现。任何善法在维护和保障形式公正的前提下,都会最大限度地追求实质公正。《中华人民共和国教育法》在规定"公民不分民族、种族、性别、职业、财产状况、宗教信仰等,依法享有平等的受教育机会"的同时,紧接着规定"国家根据各少数民族的特点和需要,帮助各少数民族地区发展教育事业。国家扶持边远贫困地区发展教育事业。国家扶持和发展残疾人教育事业"。

基于这样的法律规定和原则,中国的高等教育入学政策长期以来采取了一种通过优惠的配额向少数民族地区和边远落后地区倾斜的制度性措施。

(二)"配额制"与公平——因招生指标分配方案引起的争论

2006年3月两会期间,全国人大代表、中国政法大学校长徐显明透露,中国政法大学今年对招生制度实行重大改革,本科分省招生计划首次按人口比例确定。这个消息在媒体引起了轩然大波。

中国政法大学学生处发布的消息称,各省招生指标的计算方法是:用2006年该校计划招生的2000个指标除以13亿,再乘以省份的人口数,基本上就是下达到各省的指标数。在此基础上,适当考虑国家开发西部的政策、生源质量、地域因素等,确定本科招生分省计划。中国政法大学在校园网站上发布消息称,过去该校在山东、河南、四川等地的招生指标从来没有超过100个,现在招生指标按照各省人口比例分配后,三个人口大省的招生人数都将历史性地突破百人。这是全国第一所按人口比例下达分省招生指标的高校。也可以视为一个作为大学校长的人权学家对长期以来高考录取"配额制"的一种抵制行动。"中国政法大学不是北京的政法大学,而是全中国的政法大学。"徐显明接受采访时说,本科招生按人口比例划分是为促进教育公平,构建和谐社会。①

我国大多数高校按生源地下达招生计划,大学都有自己招生的地域范围和侧重区域。据《中国青年报》报道②,2006年中央部属院校招生总量约占全国高等学校招生总额的14%。一方面,这些学校通常对所在城市或省份会投入相对较多的招生指标;另一方面,我国在高等教育入学考试中,本着有利于少数民族地区发展的原则并考虑到偏远或经济、社会欠发达地区教育发展水平的实际情况,为了使生活在这些地区的考生能够实际地享有接受高等教育的机会和有利于这些地区的发展,国家在统一的高等教育入学考试中,对这些地区的考生采取一种从形式上看来与其他地区并不平等的优惠性、照顾性的低分录取政策,要求部属院校在这些地区和省份投入相对较多的录取名额。

毫无疑问,向少数民族地区和边远落后地区倾斜的政策表现了一种"实质理性",不仅它的初衷包含着对于平等的一种实质性追求,而且从其实际效果来看,从全国范围内照顾了少数民族地区和边远落后地区的考生,某种程度上避免了如果实行"平均分配名额"这种单纯形式平等的弊端,使得西藏、新疆、甘肃、宁夏这些少数民族地区和边远落后省区的考生有机会进入北大、清华这样的中国一流大学。但是,由于实际录取学生采取的是分省定额、划线录取的办法,各地录取定额并非按考生数量平均分配,在录取分数线上的照顾所导致的实际录取比例的差异,从全国范围来看,由于公民对高等教育机会的利用在高等教育资源有限的情况下具有排他性,从而不可否认地存在着对其他地区考生接受高等教育机会的侵占。这种侵占的不公正性,恰如美国学者所说,"群体以及构成群体的个人,能够作为政府在分配特殊利益时的对象","但是处于不利群体中的优势个体可以获得处于有利地位群体中的劣势个体得不到的权益。这种现象是完全可能发生的。如果的确如此的话,推理就站

---

① 参见《政法大学招生按各省人口分配校长称为促进公平》,《新京报》2006年3月11日。

② 参见《破解部属高校生源地方化之谜,部属高校制定招生计划尊重历史沿革,地方高校对等招收外地考生》,《中国青年报》2006年4月24日。

不住脚,这将不符合正义即公平性原则"(尼古拉斯·亨利,2002)。据报载,在西藏林芝一中支教的一位年轻老师对记者说,"与内地相比,当地学生几乎没有什么高考压力,只要参加高考基本上就会有学上。林芝一中去年的高考升学率为90%"①。这种状况某种程度地导致了目标与结果的反差,出现了工具与价值的背离。

由于部属院校集中了中国最好的学校,而这些学校又都集中在北京、上海、天津等经济社会最发达城市,从而导致了这些学校的所在地以及政策照顾区域,即最发达城市和少数民族地区、边远落后地区的获益现象。这个现象导致了两个突出的问题:一个是地区间的高等教育入学机会不平等;另一个是中国特有的高考移民现象。实际上,这两个问题是相联系的一种因果关系。

由于北京、上海高校比较集中,每年北京、上海的高考录取分数线也较低,录取比例很高。这也是近年来人们质疑的主要目标。2001年8月,山东省青岛市三名考生在律师陪同下进京状告教育部,质疑为什么一样的分数却不能获得一样的机会。② 这场诉讼引起很大轰动。这场原告最终决定终止起诉的"诉讼",表面上虽然平息了,但问题并未得到解决,它反映了涉及我国高等教育入学机会公平性的政策选择,正在面对新的价值评判和有关其公正性的信度危机。

在河北、山东、湖南、湖北、江苏、浙江等省区,高考竞争的激烈程度远高于其他省区,高中生平均每天要花十几个小时以上进行学习和准备高考;而在西藏、海南、贵州、青海、新疆、云南等地竞争的激烈程度则相对低得多,高中生学习的辛苦程度也低得多。清华、北大等一流大学在不同省区录取的学生,整体水平差距很大。

上述两个问题加在一起,便导致了中国特有的高考移民现象。高考移民有两种情况:一种是为了上大学,考生通过移民,从考分高的省份到考分低的省份去参加高考;另一种是高考分数比较低的地方的学生到分数比较高的地方接受高中教育,读一年高三或整个高中阶段,然后再回到原省(区)参加高

---

① 《西藏:内地平民的高考洼地》,《中国青年报》2004年6月28日。
② 参见《状告教育部侵犯平等受教育权,青岛三女生进京递诉状》,《燕赵都市报》2001年8月23日。

考。高考移民现象不仅衍生出一个巨大的"高考移民经济"市场,而且滋生了各种各样的腐败现象,媒体多有报道。①

"高考移民"现象是对现存高考"游戏规则"以及公正价值评判体系的挑战。当地考生对这种现象十分担忧,认为高考移民侵犯了他们的合法利益。在一个地方受教育,就应与在同样教育水平下的学生同台竞争,到教育薄弱地区去参加高考竞争,对当地学生不公平,严重侵害了当地考生的合法权益。因此,"高考移民"移入地的地方当局为了保护本地方考生的利益,每年高考前想尽一切办法,对高考移民采取严厉的封堵措施。

中国政法大学校长徐显明按人口比例下达分省招生指标的方案,受到多方面的质疑、批评甚至责难。高考录取中的指标分配确实是个十分复杂的问题,很多批评从其分析的特定角度来说,无疑具有一定的合理性和正当性,其中有公平考量,也有所在地的地方利益、原指标方案既得利益地区的利益损失问题,等等,但公立大学的招生指标作为一种全民所有的公共资源,其分配必须面对全民贯彻公平原则。将其简单地归结为"高等学校的招生自主权"②,显然是有问题的。中国政法大学的方案很难说是一个完善和完美的方案,但其反映了提出者对于平等理念的现实追求。

美国和印度的一些公立学校也曾经为达到公平目的而对弱势族裔实行过配额政策,由此而引发的法律纠纷受到社会的广泛关注。随着美国法律平等保护实践的发展,"平等保护"已发展成为一项对机会平等在形式正义和实质正义上进行价值平衡的宪法原则。联邦最高法院裁定,功能性的配额制不符合平等保护的宪法原则③,并通过以结果的相对平等为目的的对弱势个体的特别保护和补偿,使强弱群体间的差别对待符合正义,实现形式正义与实质正义的价值协调。

---

① 据 2004 年 6 月 28 日《中国青年报》报道:2004 年 6 月中旬,一份由 122 名西双版纳傣族自治州高考学生家长联名举报的材料被传真到云南省相关部门。材料披露,云南省某些学校无视国家的规章制度,唯利是图,以 5000—10000 元不等的价格"批发"高考移民生。此材料震惊了云南省和教育部。知情人透露,西双版纳景洪市的两所私立学校接纳了大批高考移民生。去年,其中有一所学校就有几十名"移民"考生考上了大学。

② 《中国政法大学高招改革引发教育公平之争》,《中国青年报》2006 年 4 月 24 日。

③ 1978 年加利福尼亚大学考生艾伦·巴基诉讼案,2003 年密歇根大学入学纠纷案。

（三）高考改革应符合效率以公平为基础的国家基本教育政策

如何权衡教育发展中效率与公平的关系,是不同历史时期国家基本教育政策中具有导向性的重要内容。由于"文革"后国家经济建设和社会发展对人才的强烈需求以及教育资源的限制,凸显效率便成为资源约束条件下的国家教育政策选择。改革开放之初,百废待兴,"多出人才、快出人才、出好人才"成为当务之急。在这样的背景下,效率与公平在教育政策取向上的矛盾并不突出。因此,1993 年 2 月中共中央、国务院印发《中国教育改革和发展纲要》,其中关于教育发展的目标、战略和指导方针强调,"在教育事业发展上,不仅教育的规模要有较大发展,而且要把教育质量和办学效益提高到一个新的水平",提出要"集中力量办好一批重点大学和重点学科"。1994 年 7 月,《国务院关于〈中国教育改革和发展纲要〉的实施意见》中提出,"每个县要面向全县重点办好一两所中学。全国重点建设 1000 所左右实验性、示范性的高中"。这些政策目标,反映了在教育发展中对于效率价值的重视及其优先地位。

20 世纪 90 年代中期以后,效率优先的教育政策所导致的负面作用和影响日趋明显,教育政策应该效率优先还是公平优先的问题成为人们讨论的话题,教育的公平问题日益受到社会的关注。如何对待教育发展中的效率和公平,成为国家教育政策必须进行的价值选择;处理和兼顾好效率与公平,成为中国教育改革和发展实践中必须解决好的重要问题。

1."教育公平"的呼声反映了社会对于公平正义的要求

在三十几年的改革取得巨大经济成就的同时,贫富差距、地区差异等社会公平与公正问题日益凸显。近几年来,"教育""医疗""买房"成为最受公众关注的三大社会热点。"上学""看病""买房"被形容为压在百姓身上的新的"三座大山"。随着社会的发展,社会的教育水平和公民个体的受教育程度,与人的需要的满足和社会公共利益的实现具有了直接的日益密切的关系。由于知识或受教育程度在当今社会中对就业、收入和社会地位起着决定性作用,教育已经成为一个利益冲突集中的领域,成为衡量中国社会公正状况的一个重要指标。教育资源特别是优质教育资源的有限性,使得人们为寻求和获得优质教育资源而激烈竞争,甚至表现为利益的争夺和冲突。这是中国的高考竞争如此激烈的一个合乎逻辑的解释,也是人们强烈关切高等教育入学机会平等问题的现实原因和社会背景。教育日益成为人民群众最关心、最直接和最现实的利益问题之一,"教育公平"的呼声反映了贫弱群体正当教育利益的合理要求。

党和政府高度重视实现社会公平正义的重要性,将其视为促进社会和谐的重要因素。党的十七大报告指出,"要通过发展增加社会物质财富、不断改善人民生活,又要通过发展保障社会公平正义、不断促进社会和谐。实现社会公平正义是中国共产党人的一贯主张,是发展中国特色社会主义的重大任务。要按照民主法治、公平正义、诚信友爱、充满活力、安定有序、人与自然和谐相处的总要求和共同建设、共同享有的原则,着力解决人民最关心、最直接、最现实的利益问题"。中国社会有关"教育公平"的讨论日渐热烈,正是在这样一个背景下出现的。

2. 教育公平已成为衡量中国社会公正状况的一个重要指标

除了受教育权已经成为现代社会公民的基本人权以外,教育还能够影响人的生存权和发展权,显著地改善人的生存状态。教育的功利性以及机会的有限性,使得人们为获得教育利益而在受教育过程中出现竞争和要求公平。中国市场经济的形成和民主政治的发展,正在使教育机会的平等享有成为一个涉及社会公平的极其敏感的问题。生存状态和利益需求不同的社会阶层和群体,对于公平的理解和要求是不一样的。因此,不同利益群体的公平价值观是有差异和有分歧的。有关高等教育入学机会的公平究竟应该满足形式平等还是实质平等的争论,影响和引导着中国的高考制度改革。这个现象反映着不同阶层人群的不同利益和诉求。

由于巨大的城乡差别所导致的学校条件差别和教师水平差异,以及从 20世纪 50 年代以来义务教育阶段长期的重点学校政策,严重地影响了农民子女获得高等教育机会的平等。据统计,高等学校每万人录取人数中,城镇青年是农村青年的 3 倍多;2000 年清华大学农村生源仅占 17.6%;在 1999 年北京市高考录取中,艺术院校录取的新生中,城镇生源的比例高达 99.01%。① 这些

---

① 参见《农村教育盛世危言》,《中国青年报》2004 年 10 月 25 日。

数字比例和中国农村人口与城镇人口的比例严重失调。温家宝总理在 2009 年 1 月 4 日由新华社播发的《百年大计教育为本》的文章中提到："有个现象值得我们注意,过去我们上大学的时候,班里农村的孩子几乎占到 80%,甚至还要高,现在不同了,农村学生的比重下降了。这是我常想的一件事情。本来经济社会发展了,农民收入逐步提高了,农村孩子上学的机会多了,但是他们上高职、上大学的比重却下降了。这有多方面的原因,要认真分析研究,关键是要缩小城乡差距,推进城乡统筹。很多名人都是苦出身和从农民中来的。"

现代社会中,教育发挥着重要的社会功能,调节社会分层结构,增进社会公正。它是促成社会各阶层成员正向流动的重要机制,因而被视为促进社会公平的重要手段和实现社会平等的伟大工具。平等的受教育机会应被看成是多侧面、多层次社会保障体系的一部分,通过实现受教育机会的平等,完善社会公平和正义。正是基于这种认识,党的十七大报告指出,"教育公平是社会公平的重要基础"。没有教育公平就实现不了社会公平。教育公平作为衡量中国社会公正状况的一个重要指标,日益为社会所关注。教育公平正在发展成为中国教育现代化的一个重要的基本价值。推进教育公平,正在成为中国教育政策选择的一个重要的价值基点。

3. 把促进公平作为国家的基本教育政策

促进教育公平,是社会主义初级阶段促进社会公平的重要战略选择。我国的基本国情是仍处于并将长期处于社会主义初级阶段,促进社会公平牵涉面特别广,促进教育公平在其中占有极其重要的地位。要在公平的基础上提高效率,通过提高办学效率更有效地促进公平,实现公平和效率的统一。

高等教育入学考试是目前我国决定公民能否进入高等学校接受高等教育的唯一手段,是直接关系公民教育权益的一个重要筛选机制。因此,高等教育入学考试的实施过程是否公平,是否真正符合法律所规定的平等原则,直接关系到我国宪法规定的公民受教育机会平等权。通过改革不断地促进公平,是高等教育入学考试制度改革的重要任务。

中国教育政策的基本价值选择,在效率与公平之间终于倾向公平。如果说,1993 年中共中央、国务院颁布的《中国教育改革和发展纲要》,其基本价值导向是效率优先兼顾公平的话,那么 2010 年的《国家中长期教育改革和发展规划纲要》第二轮公开征求意见稿则体现了公平优先,公平与效率兼顾。明确把促进公平作为国家基本教育政策,从实现基本公共服务均等化、扶助困难群体入手,努力缩小区域、城乡教育差距,保障公民依法享有的受教育平等权利,回应社会的强烈期盼。其中,关注少数人和弱势群体的教育问题,对特殊弱势群体予以特殊关注和特殊保护,是在教育发展中体现以人为本、关注人的发展的重要内容,是社会文明发展和社会公正的重要标志。

4. 高考改革的公平价值应适应后大众化发展阶段的多样化需要

高考改革是否有利于促进教育公平,不仅是高考改革是否符合国家的基本教育政策导向的问题,而且直接关系到高考改革的成败。

首先是基本的平等。高考的各种政策措施,首先应符合基本的形式平等。近年来,我国一亿多进城农民工的基本权利维护和社会保障问题日益受到重视,有关进城农民工(流动人口)子女的教育以及参加高考的同城待遇问题,也是近年来备受关注的话题。中国农民工问题是由中国特殊的国情和经济社会状况决定的,中国农民在城乡间迁移的目的和迁移的过程具有中国的特殊性,尽管中国目前的城市化进程发展很快,但农民在城乡间流动就业,在中国可能是一个长期的过程。因此,流动人口子女能否在城市参加高考,是有关高等教育入学机会基本平等的重要问题。

如果公平是一个目标,那么,公平的内涵是随着时代的发展不断更新的。这种更新反映了人类对于客观物质世界和人类精神世界的认识能力和实践能力的不断提高。在基本实现形式平等的同时,对于实质平等的追求,已成为今日中国教育公平的价值选择。

20 世纪末,中国政府明确提出了实现高等教育入学率 15% 的政策目标①,在随后的短短几年里,中国高等教育经历了从精英化阶段向大众化阶段的快速过渡。无论引发高等教育扩张的直接动力是什么,毫无疑问,促进高等教育规模扩大和发展的真正动力是社会对于高等教育入学机会的需求压力。进入大众化的过程,伴随着高等教育的扩张和多样化特征。高考作为一种人

---

① 参见国务院 1999 年 1 月 13 日批转、教育部 1998 年 12 月 24 日制定的《面向 21 世纪教育振兴行动计划》。

才选拔机制,遴选出最优秀(考分最高)的考生进入北大、清华这样的一流高校,并依次进入"985""211"、省级重点等不同层级的大学,使中国的高等教育大体形成一个以考生分数为基础的高等教育梯形结构金字塔,塔顶和塔基的差异巨大。因为人们对于更高品质目标的追求是无可非议且永无止境的。由于中国高等教育的优质资源集中于"211""985"大学,这些大学在不同的省区间分布极不均匀,各省区并没有能够复制整个国家高等教育系统的结构。因此,各省区高等教育的大众化进程并没有减弱进入"211""985"大学的竞争强度,高考的分省改革也不能降低那些能够进入普通高校的学生对于进入重点高校的渴望。在这种情况下,大众高等教育推进平等的实际作用,也就被重点高校和普通高校间的差异以及人们的不平等感所淹没。由于不同地区进入重点高校教育机会的差异,使得竞争失败者的不公平感更加强烈。重点高校入学机会的平等,已经成为大众化阶段中国高等教育入学机会公平问题中更为突出的新问题。

高考改革应在保证基本公平的同时,适应中国高等教育大众化发展后的多样化需求,给予考生更多的选择权利,扩大考生的自主选择机会。不仅在类型上实现多样化,实行分类考试,而且每个考生能够多次选择,改变目前高考一考定终身的状态,使那些已经进入普通高校的优秀学生也能够有新的机会和途径进入重点高校,实现多次选择。同时,通过进一步转变政府职能,减少对高校具体招生行为的干预,强化政府的信息公开、服务和监督职能;完善教育考试机构的专业化服务和中介职能;在报名资格的确定、考试科目的选择、录取标准和程序的确定、招生名额的分配等方面,给予高校更多的自主选择权利。类似的改革将有利于改善高等教育进入机会的公平状态。《国家中长期教育改革和发展规划纲要》指出了考试招生制度改革的原则与方向,符合促进公平的目的和要求。

(本文原载《中国教育法制评论》第 8 辑)

论教育纠纷案件的法律适用
及其法治推进作用

司法是法治社会的标志之一。伴随我国依法治国的进程，"司法已经从单纯的专政职能转变到惩罚犯罪、维护公民权利、解决社会矛盾和纠纷的基本手段。当前和今后很长时期，人民群众对司法的需求只会增强，不会减弱。因此，要解决司法的基本矛盾，靠弱化社会对司法的需求是不现实的，唯一的办法是强化司法的功能，使之适应社会对司法的需求"。① 近年来日益增多的教育纠纷中，一些向法院提起诉讼的案件很受社会关注。其中，法院受理与否以及如何裁判，也就是法官如何适用法律的问题，不仅直接关系到个案的公正，而且在很大程度上影响着人们对司法的看法以及对法治的认识，对于教育领域的法治化进程也有着十分重要的作用。

一、法律适用的创新，开拓了对于高校管理的司法审查以及受教育权利的司法救济途径

1999年被最高人民法院公布为成功判例的田永诉北京科技大学拒绝颁发毕业证、学位证行政诉讼案（以下简称"田永案"）②，开辟了学生权利司法

---

① 肖扬：《关于司法公正的理论与实践问题》，《法律适用》2004年第11期。
② 1996年3月，北京科技大学认定田永考试作弊，根据该校有关"凡考试作弊者，一律按退学处理"的规定，决定对田永按退学处理，并于同年4月10日填发了学籍变动通知。但是，北京科技大学没有给田永办理注销学籍、迁移户籍和档案等手续。田永继续在该校以在校大学生

救济的渠道,使司法的阳光照进了高等学校的殿堂,是法院创造性地适用法律进行司法审查的一个典范。

在此之前,由于高等学校的特殊性质及法律定位的模糊,导致有关高等学校的内部纠纷难以得到法律救济。在"田永案"的判决中,法院认为:"在我国目前情况下,某些事业单位、社会团体,虽然不具有行政机关的资格,但是法律赋予它行使一定的行政管理职权。这些单位、团体与管理相对人之间不存在平等的民事关系,而是特殊的行政管理关系。他们之间因管理行为而发生的争议,不是民事诉讼,而是行政诉讼。尽管《中华人民共和国行政诉讼法》第二十五条所指的被告是行政机关,但是为了维护管理相对人的合法权益,监督事业单位、社会团体依法行使国家赋予的行政管理职权,将其列为行政诉讼的被告,适用行政诉讼法来解决它们与管理相对人之间的行政争议,有利于化解社会矛盾,维护社会稳定。"①田永案通过法律适用的创新,将高等学校纳入行政诉讼制度的监督范围,从而开辟了对高校内部管理行为进行司法审查的先例。1999年法院受理了刘燕文诉北京大学学位评定委员会案(以下简称"刘燕文案"),再次突破了行政诉讼法、教育法有关法院受案范围和提起诉讼限于人身权与财产权的规定。

2001年齐玉苓诉陈晓琪等以侵犯姓名权的手段侵犯其受宪法保护的公民受教育基本权利纠纷案(以下简称"齐玉苓案")②,山东省高级人民法院向

的身份参加正常学习及学校组织的活动。学校依然为田永进行注册、发放大学生补助津贴,安排培养环节直至其最后修满学分、完成毕业设计并通过论文答辩。1998年6月,北京科技大学有关部门以田永不具有学籍为由,拒绝为其颁发毕业证。田永遂向北京市海淀区人民法院提起行政诉讼。北京市海淀区人民法院于1999年2月判决:(一)被告北京科技大学在本判决生效之日起30日内向原告田永颁发大学本科毕业证书;(二)被告北京科技大学在本判决生效之日起60日内召集本校的学位评定委员会对原告田永的学士学位资格进行审核;(三)被告北京科技大学于本判决生效之日起30日内履行向当地教育行政部门上报原告田永毕业派遣的有关手续的职责;(四)驳回原告田永的其他诉讼请求。一审宣判后,北京科技大学提出上诉。北京市第一中级人民法院经审理认为,原审认定事实清楚、证据充分,适用法律正确,审判程序合法,于1999年4月判决:驳回上诉,维持原判。

① 《中华人民共和国最高人民法院公报》1999年第4期。

② 齐玉苓与陈晓琪均系滕州八中1990届应届初中毕业生。1990年,济宁商校发出了录取齐玉苓为该校1990级财会专业委培生的通知书,该通知书由滕州八中转交。陈晓琪从滕州八中领取该通知后即以齐玉苓的名义入读济宁商校。就读期间,其学生档案仍是齐玉苓在初中阶段

最高人民法院请示由姓名权纠纷引发的受教育权问题,最高人民法院批复:
"根据本案事实,陈晓琪等以侵犯姓名权的手段,侵犯了齐玉苓依据宪法规定
所享有的受教育的基本权利,并造成了具体的损害后果,应承担相应的责
任。"①该项决定虽然至今仍在宪法学理论和宪法实践两方面存在争议,但它
首次创新性地依据宪法为公民提供法律救济,大大推动了对于公民受教育权
的保护,因此被誉为"宪法司法化第一案"。山东省高级人民法院据此审结此
案,齐玉苓胜诉。

　　1998 年以来,适应随法治深入而日益增多的对高校管理的司法审查以及
对于学生受教育权利的司法救济,正是通过这样一个个具体的具有创新性的
鲜活的法律适用过程而实现的。

二、教育纠纷的法律适用推进了教育领域的法治进程

　　高校与学生之间的关系,既不是普通的民事关系,也不是普通的行政关
系,而是具有特别权力因素的公法关系。从高校是一种教育机构、学生是受教
育者这一角度来看,高校与学生是教育与受教育的关系;从高校是一种组织系
统、学生是其组织成员的权利义务和地位区别来看,高校与学生又是管理与被
管理的关系,即高校与学生的关系一般由高校的章程和规则加以规范。为此,

及中考期间形成的考生资料。1993 年,陈晓琪毕业时,其父陈克政伪造体检表和学期评语表与
原档案中两表调换。陈晓琪工作后,其单位人事档案和工资单的名字也是齐玉苓。1999 年,齐
玉苓以姓名权和受教育的权利被侵犯为由提起诉讼。该案二审期间,最高人民法院于 2001 年 7
月 24 日作出司法解释《关于以侵犯姓名权的手段侵犯宪法保护的公民受教育的基本权利是否
应承担民事责任的批复》,明确指出陈晓琪等以侵犯姓名权的手段,侵犯了齐玉苓依据宪法规定
所享有的受教育的基本权利,应承担相应的民事责任。山东省高级人民法院据此依法作出二审
判决:陈晓琪停止对齐玉苓姓名权的侵害;齐玉苓获得因受教育的权利被侵犯而造成的经济损
失赔偿及精神损失赔偿。因受教育的权利被侵犯而造成的直接和间接损失由陈晓琪和其父陈
克政赔偿,济宁商校、滕州八中、滕州教委承担连带责任。(参见《齐玉苓诉陈晓琪等以侵犯姓名
权的手段侵犯宪法保护的公民受教育的基本权利纠纷案》,《中华人民共和国最高人民法院公
报》2001 年第 5 期)

　　① 法释〔2001〕25 号《关于以侵犯姓名权的手段侵犯宪法保护的公民受教育的基本权利是
否应承担民事责任的批复》。

我国《教育法》规定,遵守所在学校的管理制度,是学生应当履行的义务。

高校作为履行特定职能的特定主体,依法享有在其特定职能范围内自主判断、自定规章、自主管理的特别权力。我国《教育法》《高等教育法》都明确规定了高校"依法自主办学"和"按照章程自主管理"的权利。《教育法》还规定,"对受教育者进行学籍管理,实施奖励或处分"是学校行使的权利。实际上,这项权利是为了促成大学价值实现的一项制度性保障,它区别于单纯的个人权利。

高等学校的自主管理权,实际上是法律赋予学校为保证其机构目标的实现而对其内部事务进行处置的自由裁量权。我国法律对于高校自主管理权的确认和维护,可以理解为法律对于高校作为一种公法人内部"特别权力关系"的确认和肯定。但与此同时,法律亦明确规定,高校自主管理权的行使,在"不受侵犯"的同时,要"依法接受监督"。这是因为对高校自主管理权的合法性判断并不能代替对该项权力行使事实的合理性判断。即高校依法享有自主管理权,并不意味着该项自由裁量权行使的必然合理。因此,这项权力的行使也是需要监督和制约的。

一切公权力都应受到法律的监督。一切行政行为在法律未明确禁止审查时,都可受到司法审查。高校自主管理这项公法权力的获得,既使其有了实现独立意志的法律保障,也使其成为司法审查的适格对象。

对权力的制约和对权利的保障,是一个问题的两个方面。为维护和保障受教育者的合法权益,建立健全教育申诉、教育行政复议、教育行政诉讼等救济制度,同时也是监督教育管理行为的合法性与合理性,保障公民受教育权利不受侵犯,保障教育管理相对人的合法权益。

在我国走向法治的进程中,高教领域从无讼到有讼,通过法院适用法律来解决教育纠纷,法院以其特有的方式和途径,发挥着其他组织和部门在解决教育纠纷中所无法发挥的作用,直接依法分配正义或行使一定的监督权。这是历史的进步,对于推动法治的进程具有积极意义。司法审查正在有力地推动着高校内部管理秩序的完善及其法治化发展。可以说,它已成为中国法治进程的一个重要部分。

三、教育纠纷法律适用的着眼点是制约权力，学校管理的自由裁量权不能不受约束

《教育法》《高等教育法》颁布以来，政府正在逐步下放权力。随着我国法治进程的发展，特别是行政许可法的颁布实施，政府必将日益减轻和放松对高校的束缚。也就是说，在诸如"招收学生""对受教育者进行学籍管理"等自主管理问题上，高校的自由裁量权正在向越来越大而不是越来越小发展。那么，高校的管理权力是不是可以无限制地自由行使？

法治社会中，任何权力都需要制约。西方国家中立法、行政、司法互相分立、相互制约、保持平衡的三权分立体制，集中体现了权力需要制约的思想。对权力的制约和均衡是为了防止权力的滥用。孟德斯鸠曾说过："一切有权力的人都容易滥用权力，这是万古不变的一条经验。""要防止滥用权力，就必须以权力约束权力。"①伴随我国法治的进程，如何合理地运用和有效地制约公共权力的问题，日益受到重视。我国《行政诉讼法》《行政复议法》《行政处罚法》《行政许可法》等法律的颁布实施，以及"行政程序法"被列入全国人大的立法规划，都表明我国制约行政权力的法制建设正在大踏步地前进。

高校的管理权力特别是自由裁量权是否需要制约以及司法能否介入，这是一个有关教育领域是否需要法治的重要问题。

20世纪80年代，有些高校曾规定"打麻将"屡教不改者（若干次），就要劝其退学或开除学籍；还有的学校对动手打架者也有类似的规定；符合晚婚年龄的学生未经批准结婚、生孩子都要劝其退学，等等。那时候，几乎没有人质疑这类学籍处理的合法性。相反，人们认为学校为了保证学生的学习，对学生进行此类限制是完全必要的，具有天然的合理性，甚至认为没有这些限制，反而是缺乏管理。今天，这样的学籍处理几乎是不可能的。因为无论学生还是管理者的权利意识都大大地提高了，人道主义精神越来越多地体现在高校的

---

① ［法］孟德斯鸠：《论法的精神（上册）》，张雁深译，商务印书馆1961年版，第154页。

管理工作中。这说明了人们法治观念的进步。特别是随着"田永案"判决被最高人民法院列为成功的判例,高校自主管理权的行使,将会更多地面临司法审查。因为"无约束的自由裁量权的整个概念是不适宜于为公共利益而使用权力和拥有权力的公共权力机关的"①。亦如韦德所说:"法治所要求的并不是消除广泛的自由裁量权,而是法律应当能够控制它的行使","法治的实质是防止滥用自由裁量权的一整套规则"。② 学校管理权的行使必须遵循法治原则。行政法治原则可分解为合法性原则和合理性原则。其基本含义主要是依法行政、依法办事,控制滥用自由裁量权和对违法、侵权行为承担法律责任。目前,我国有关部门已经启动了有关起草"学校教育法"的立法研究,以规范学校教育过程和学校管理过程,将学校权力的行使纳入法治的轨道,最大限度地维护相对人的权利。

司法审判是救济权利的权力,既要维护学生的权利,又要维护教师和学校的权利。适应我国法治进程中权利争议和权利救济的客观需要,为公民的权利提供司法保障,是司法裁判权的当然责任。国家通过司法机关处理各种侵犯公民权利的案件,为公民的权利提供司法保障。在公民权利的保障制度中,司法保障制度占有核心地位,被称为"权利保护的最后一道屏障"。法治精神要求学校管理尊重和保护个人权利,为此就要求对学校管理行为进行必要的限制。对学校管理的司法监控,就是指通过行政诉讼对学校自主管理权力的合法性进行司法审查和救济性控制,实现对学校管理权力正当行使的最后监控和对权力相对人的最后救济。任何管理行为的合法性都不是机械的、孤立的,而是与其合理性与正当性相联系的。在学生与学校的关系中,由于学生始终处于被管理和受规制的弱势地位,所以,对学校行使管理权力的合法性进行司法审查的一个重要目的,就是要促进学校在管理过程中慎用权力。

法治的要求使得学校管理不能像在非法治状态下那么自由和随意,这或许正是学校管理适应法治社会而走向现代化的一个标志或一种反映。司法审查推动高等学校管理逐步进入法治状态,这是高等学校管理适应法治社会而

---

① [英]威廉·韦德:《行政法》,徐炳等译,中国大百科全书出版社1997年版,第69页。
② [英]威廉·韦德:《行政法》,徐炳等译,中国大百科全书出版社1997年版,第69页。

走向现代化的一个发展趋势。从这个意义上可以说，学校管理的法治化趋向标志着学校管理的现代化进程。

四、教育纠纷法律适用应最大限度地体现法治原则

我国《行政诉讼法》在规定直接通过司法救济还是先通过行政途径救济、再申请司法救济是行政相对人的一个选择权的同时，还规定："法律、法规规定应当先向行政机关申请复议，对复议不服再向人民法院提起诉讼的，依照法律法规的规定"。最高人民法院《关于贯彻执行〈中华人民共和国行政诉讼法〉若干问题的意见（试行）》规定："法律、法规中只规定了对某类具体行政行为不服，可以申请复议，没有规定可以向人民法院起诉，而行政诉讼法规定可以向人民法院起诉的，当事人向人民法院起诉时，应当告知当事人向行政机关申请复议"。鉴于行政途径的审查，是监督学校对学生处分合理性的重要渠道，我国《行政复议法》规定，"申请行政机关履行保护人身权利、财产权利、受教育权利的法定职责，行政机关没有依法履行的"，"公民、法人或者其他组织可以依照本法申请行政复议"。"刘燕文案"之后，相当多的法院依据上述规定，不直接受理学生有关处分问题的起诉，要求其按照《教育法》第四十二条第四项的规定先申请行政途径的救济，"向有关部门提出申诉"或者依法申请行政复议，强调司法途径的解决是最后的救济。从近几年见诸媒体的有关高校学生权利侵害的纠纷来看，由于在校学生资格的被剥夺而在权利救济过程中出现的法律实践上的差异，构成了人们争论的焦点。

法律的生命在于适用。法律解决社会生活中的困惑、矛盾和冲突，是通过法律适用这个中间环节来实现的。法学家研究静止状态下法律内在的一些概念、规则、逻辑、结构、体系，对静止的原理和制度进行分析，通过立法过程形成法律。然而，如果缺少把法律从抽象到具体的适用过程，不能使法律规范与具体的人、具体的事例、具体的行为和情节相联系，从而使法律在社会生活中真正发挥作用，再好的法律也是没有意义的。因此，司法过程对法治的发展起着十分重要的作用。通过司法实践，引导人们信任法律并在必要时通过法律途

径主张和维护自己的权利,是法院和法官的责任。法律适用依赖于司法过程中的法律推理,从起诉的受理到案件的裁决,通过法官的思维适用法律来定分止争。从高等学校被诉法院受理的第一案"田永案"到直接适用宪法使受教育权得到救济的第一案"齐玉苓案",都极大地推动了教育领域中法治的发展,说明法律适用并非草率和简单、被动的机械性工作,不是"自动售货机"。①

在我国大陆的司法制度中,以往的判例不具有英美法系遵循先例原则下的"先例拘束"作用。正因为如此,尽管"田永案"的判例经最高人民法院公报发布,但其作为个案判决内涵的法律推理仅限于一种参考性的指导意义。在我国司法实践中,相类似的纠纷案件经常会由于法院和法官的不同而出现结果完全不同的判决,即在相似案件中的不同当事人难以得到相同的司法对待,从而导致实践中有关"法律面前人人平等"和"法制统一"等重要法治原则方面的问题。如何实现对于正当权利的救济以及有效地保障各种合法权利,从全国范围来看,仍然是目前有关高校纠纷司法实践中有待解决的一个突出问题。

此外,在涉及学生与高校纠纷的案件中,由于高校在我国社会中渊源复杂的强势地位,保持司法公正也是一个值得重视的问题。司法审判属于法院专有的裁判纠纷的特殊权力,必须保持抵制任何外部干预的独立性,努力摆脱受其他权力控制和干预的无奈,只有始终保持中立的公正状态,才能有效地履行其法定职能。在自由、民主的法治社会中,法院和法官面对多元的利益诉求和权利保障要求,只有坚定地保持中立,才能公正地信守法律的正义之门。如果法院的公正和法官的职业操守受到有理由的怀疑,那么,法院受理与否的合法性就将大打折扣,司法裁判的公正性将难以赢得当事人和公众的信任,司法的权威性和公信力难免不遭到破坏,司法的神圣和尊严势必受到不应有的损害。法治社会中,法院应该是一个人们可以寄托希望和建立信仰的地方。在现实生活中,人民群众往往通过法院对案件的受理和判决感知法律。正是一个个纠纷案件的公正解决,使人们了解法律的价值并建立起对法治的信仰。如果

---

① 有这样一种比喻:法官是自动售货机,投进去的是诉状和诉讼费,吐出来的是判决和从法典上抄下来的理由。这个比喻显然不是对法官的赞美。

人们在合法权利受到侵害时失去了对司法救济的希望,则他们对于法治的信仰也将会随之消失。

作为学者的个人观点,我认为前述案例中法院驳回学生诉讼请求的判决有待进一步商榷。学校虽然是事业单位不是行政机关,但学校作为法律法规授权组织,其权力行使的合法性应该纳入司法审查的范围。此问题在"田永案"之后应该说已成为普遍的学理共识。法律是为了解决纠纷而存在的,而司法是为了解决法律纠纷而存在的。司法审判活动不应是被动机械地办案,而是一项实现法治精神的具有创造性的活动,法官要善于通过法律对个案的适用,发现和填补法律的漏洞,以判例、司法解释等形式对法律进行再加工,最大限度地体现法律的原则。正如有的学者所说,法官应在疑难案件中创造性地运用行政法原则,从而不仅可以实现个案的公正,还可通过判决阐释法律、发展法律。①

有权利就应有救济,没有救济就没有权利。如果一个法治社会允许权利遭受侵犯而得不到救济,那么这种法治就毫无意义。因此,维护公民的合法权利,是司法诉讼存在的最重要目的。一切行使行政权力的行为,只要它影响了相对人的合法权利,就应毫无例外地纳入行政诉讼的受案范围,除非该行为在性质上不宜进行行政诉讼(例如学术评价)。高校学生因私生活问题受到"勒令退学"或"开除学籍"的行政处分,显然不是因学术性评价而导致的处理。

受教育权作为一项公民基本权利,必须得到切实的保障。司法救济应该是也必须是保障公民受教育权利的一个最后途径。作为一项法治要求,法院应当受理诸如"勒令退学""开除学籍"等与受教育权关系重大事项的诉讼,以对学生的基本权利提供必要的救济。

(本文原载《法律适用》2005 年第 10 期)

---

① 参见何海波:《通过判决发展法律》,载罗豪才主编:《行政法论丛》(第 3 卷),法律出版社 2000 年版,第 437—471 页。

司法应谨慎介入学术纠纷

讨论司法如何介入学术纠纷,实际上是一个如何认识学术争议、学术评价、学术权力、学术批评以及学术纠纷的性质和作用的问题,也是在涉及学术的问题上一个有关司法审查的范围和限度的重要问题。笔者认为司法应充分尊重和保护学术自由、谨慎介入学术纠纷,正是从对这些问题的认识上所得出的结论。

一、学术争议体现学术自由,不构成名誉侵权

新思想的孕育和成长,有赖于自由的学术空气;学者的创新精神离不开学术自由环境的滋养和学术自由机制的保障。学术自由和学术民主意味着学术见解和学术观点不受任何约束与限制的自由表达,不同的学术见解和学术观点之间势必发生学术争议。学术争议所表现的是学术自由。学术争议是健康的学术活动中不可避免的正常现象。例如,学者个体持有不同的观点以及因持有不同的理论观点而在学者群体中区分出不同的学派,都属于正常的学术争议现象。学术争议表现的是学术自由和学术权利的平等,不具有权利冲突或权利纠纷的性质。因此,学术争议排斥权威和权力的干预。任何权力干预学术争议,都有可能妨碍学术自由。

在 2001—2004 年的甘肃"遗诗考案"中,一位历史人物的后代,对一本学术著作中有关其前辈的评价不满而诉至法院。2001 年 1 月,一审法院审理认为,学术权利是公民的合法权利,受法律保护,被告在学术问题上的失实和不

当,属于正常的学术研究,有待学术界的争论和指正,不构成名誉侵权,驳回原告的诉讼请求。2002年7月,该案上诉后,二审法院认为,被告在其《遗诗考》一书中对有关问题的描述,与事实不符并进行了传播,造成对相关人社会评价的降低,其行为构成侵害他人名誉。二审判决后,被告不服,向甘肃省人民检察院提出申诉。同时,二审法院的判决,引起了当地学术界的巨大震动,引发了一场关于"法律干预学术问题"的热烈讨论。2004年3月3日,法院重审后维持一审判决,肯定学术失当不构成名誉侵权。法院终审判决:"学术争议不构成名誉侵权"①。

这个案子具有示范作用。学术不同意见,应当用学术争鸣的办法来展开讨论,以辨明假象与真相、正确与错误。总之,学术是非应该通过平等的学术争议方式得以判明,正常的学术争议是学术健康发展所必需的。学术争议与平等的学术权利相联系,必须充分尊重学者的学术自由。学术研究中的争论问题,不应由权力干预的方式来解决。历史经验和学术实践一再表明,不仅应警惕政治权力和行政权力对学术问题的不当干预,司法权也不应介入学术性的争议,法治并不意味着法院的作用是万能的,学术是非不适于通过司法途径解决。

二、学术评价的高低与名誉侵害无关

在教育和学术领域中,学术评价随处可见。教师评价学生的学业,学位论文答辩委员会评价一个学位申请者的论文,学术委员会评价一个教师的研究水平,职称评审专家组评价一名教师的学术成果,等等。这些是学术领域中特有的评价现象,不具有与被评价者名誉权相关联的性质。当一个教师对一名学生的学业状况作出较低的学术评价时,如果学生名誉权因此而受到侵害之说能够成立,那么,正常的学术评价将无法进行。

---

① 狄多华:《甘肃"遗诗考察"终有结果,学术争议不构成名誉侵权》,《中国青年报》2004年3月8日。

　　学术评价的合法性与正当性依据,基于自由的学术权利和以民主方式形成的学术性共识。也就是说,对学者个体来讲,以学术权能为背景的学术评价,是学者享有的一种学术自由权利,仅仅是对被评价者学术能力及其水平的一种学术性的见解表达;对学术组织而言,其所作出的学术评价,应是以该组织成员个体的学术自由为前提并通过民主方式获得的一种学术性共识。这是形成学术评价结果相对公正性的基础,不构成对学术研究自由和学术判断自由的限制。学术评价的合法性,以学术自由是否受到侵害为标准和界限。表面上看起来,学术评价与学术自由似乎存在着矛盾,二者间存在着张力。实际上,在学术评价正当行使的范围内,亦可理解为是一种学术性见解的自由表达。学术评价的正当性,既与评价的科学性因素——评价标准、评价规范有关,又与评价的公正性因素——评价伦理、评价环境以及参与评价者自身具有的学术水平有关。受上述因素影响而出现的评价不当,只是一个有关学术评价高低的问题,不应构成法律上的名誉侵权。

　　学术评价以学者学术能力的可比性为基础。实际上,所谓的"学术权威",就是表现一种较大的学术能力。学术权威既可以是享有学术自由的个人,也可以是一种学术性权威组织。当学术权威以个体形式表现时,其学术权威是以其学术能力的高低来衡量的。此时,个体的学术修养、学术成就、学术经验和学术品格等都会构成衡量指数。当学术权威以组织形式出现时,首先表现为该组织中享有学术自由之个体间的一种民主形式;同时,该组织学术权威的高低,来源于该组织个体学术能力与它组织个体学术能力的比较。它和行政权力的大小不同,后者的大小取决于具有行政权力的组织在整个管理系统中的层次和位置,而并不决定于该组织中或相应位置上个人学术能力的高低。

　　以学术组织的形式形成的学术评价,应通过表现学术平等的民主方式获得。任何以学术组织名义给出的学术性评价,都排斥权威专断的表达方式。以民主的方式形成集体意见是学术平等的形式要求。作为集体学术权利的构成形式,必须贯彻民主原则。这是学术评价的学术性、可靠性和公正性的基本保证。因此,以组织名义出现的学术性评价的合法方式是投票制而不是"首长负责制"。例如:《中华人民共和国学位条例》规定,学位论文答辩委员会的决议以不记名投票方式,经全体成员 2/3 以上通过,报学位评定委员会;学位评定委员会的决定,以不记名投票方式,经全体成员过半数通过。

三、学术权力——一个与学术评价相关的制度性现象

谈到学术评价,就不可能不涉及学术权力——一个与学术评价相关的制度性现象。权力作为一种"职责范围内的支配力量",在有关学术评价的问题上是客观存在的。正如美国社会学和高等教育学家伯顿·R.克拉克所说,"专业的和学者的专门知识是一种至关重要的和独特的权力形式,它授予某些人以某种方式支配他人的权力"[①]。

学术权力不同于行政权力。行政权力产生于制度和正式的组织,而学术权力(power)则产生于学者享有学术自由的权利(right)以及行使该项权利的民主形式。行使学术权力的主体,包括享有学术权利的个人以及由其集合而成的组织。

在学术权利演变为学术权力的过程中,行政权力是一个必须的中间环节,起着重要的作用。仅有学者的学术自由和相应的权利而没有行政权力的介入和参与,学者的学术能力再大,也难以演变为能够支配他人的"权力",即不能形成一种"职责范围内的支配力量"。一个学术委员会委员、学位委员会委员或职称评审专家,当他不是在履行职责时,难以形成正式的对他人的"支配力量"。学术权力只有通过行政权力的认可,才能获得形式上的合法性,借助或通过行政权力发挥作用。正是二者的结合及相互作用,导致了制度性的"支配力量"的形成。学术权力通过行政权力加以确认和形式化,但行政权力并不能导致学术权能的产生、增大或减少。制度和组织只能形成和导致行政权能,而不能导致学术权能;行政权力即使在被赋予管理学术事务的职能时,仍不具有学术权能。

---

① [美]伯顿·R.克拉克:《高等教育系统:学术组织的跨国研究》,王承绪等译,杭州大学出版社 1994 年版,第 121 页。

学术本身的复杂性、专业性以及不确定性,构成了学术权力来源和性质的特殊性。学术权力之所以能够形成对他人的支配力量,是以学术自由的行为能力为基础的。

学术权力的有无及其大小,并不取决于权力行使人的学术职务或组织的学术称谓。就个体而言,具有专业技术职务的学者担任大学的校长、院长、系主任、所长、处长,这些学者在其行政工作岗位上所行使的行政权力,并不因为他们的学者头衔就变成了学术权力。就组织而言,教授会、学术委员会、学位委员会等由专家学者组成的具有学术性称谓和学术管理职能的组织,并不意味着必然具有学术权力。学术权力的合理性与正当性,主要来源于专业和学术能力,而不是来源于职务和组织。

在刘燕文诉北京大学学位评定委员会案中,当原告方提出"一个学界泰斗面对他所基本不懂的学科争议时,与北京大学学五食堂的师傅并没有什么区别"的时候,他所挑战的实际上并不是北京大学学位评定委员会是否具有对学位问题进行审批的合法性,也不是挑战北京大学学位评定委员会对学位问题进行程序性审查的行政权力,而是对这个组织是否具有"学术权力"提出了质疑。专家们在讨论这个问题时关于学位评定委员会行使的应该是实体性审查权力,还是程序性审查权力的争论,实质上是关于学位评定委员会除了行政权力之外,有没有实体性的学术审查权力的问题,即由多学科专家所组成的学校学位评定委员会有没有对具体学术问题进行实体性判断的权力。由于现行法律赋予了校学位评定委员会某种程度的实体性审查权力,因此,这个问题同时是对我国现行学位法制合理性的质疑和挑战。一个本质上不具有学术权利的组织,是难以对具体学术问题作出正确判断的。也就是说,学术管理并不意味着学术权力,一个仅有行政权力的组织,当它对一个具体学术问题进行裁决时,其合理性与正当性势必受到质疑和挑战。也就是说,学术权力的存在与否,依赖于专家的专业背景和学术水平而并不依赖于组织和任命。表面上看起来,学术权力存在于各种正式的职位和学术组织中,但正如克拉克所说,"专业权力像纯粹官僚权力一样,被认为是产生于普遍的和非个人的标准。但这种标准不是来自正式组织而是来自于专业。它被认为是以'技术能力'而不是以正式地位导致的'官方能力'为基础的"①。

克拉克所说的这种以"技术能力"为基础的"专业能力",用我们的话来说,就是享有学术自由权利能力的学者所表现出的学术行为能力,它在性质上至少具有两个不同于职务性权力的特征,即:

1. 构成学术权力正当性的基础是专家的学术专长,其资格的享有和权利的行使,只能是基于行使人从其学科专业背景出发所形成和达到的专业水准和学术能力。这是学术权力在性质上区别于行政权力的一个基本特征。也就是说,一个教授、一个学术委员会委员甚至一个院士,当他进入一个他所基本不了解、不熟悉的学科领域时,他便不再具有资格和享有权利。

2. 由于学术是不断发展的,学术权力没有持续的支配力。一个长时间不从事或脱离学术研究的著名学者,当他面对全新的问题时,他的学术发言权也会大大地降低。

中国一位学者言简意赅地指出,行政权力的核心是"权",权大力大;学术权力的核心是"力",力大权大②。我以为这个概括道出了行政权力与学术权力在性质上的差异所在。从现象上看,有时"学术权威"享有较大的学术权力。这是因为我们通常所说的"学术权威",就其一般意义而言,是指学者在其专长的学科专业领域中,由其享有学术自由权的行为能力和历史表现,即学术水平、学术资历和学术贡献所决定的学术地位和学术影响,以及与此相联系的学术声望和在相应学术组织中承担的角色。"学术权威"不是正式职务,但在现实生活中,被称为"学术权威"的人往往更多地与行使学术权力的组织和职务相联系,他们承担了更多的进行学术性评价和判断的职责。但当其不是在履行职务的时候,他们的评价和判断,对他人不应形成正式的影响力。

四、学术纠纷有别于行政纠纷

在学术活动中,学术争议和学术纠纷不可避免。而学术纠纷则往往与对

---

① [美]伯顿·R.克拉克:《高等教育系统:学术组织的跨国研究》,王承绪等译,杭州大学出版社 1994 年版,第 128 页。

② 参见夏再兴:《什么是学术权力?》,《咸宁师专学报》2001 年第 1 期。

他人有支配作用的学术权力相联系,因此,学术纠纷的解决必须贯彻学术民主原则。

由于学术权力区别于行政权力的特殊性质,所以,因行使学术权力而引起的学术纠纷,一般难以接受行政和司法审查。也就是说,学术纠纷区别于行政纠纷;学术争议、学术权力以及由此而引发的纠纷,不适于行政和司法裁决。

2003年,在王某某诉教育部行政不作为案中,北京市第一中级人民法院和北京市高级人民法院裁定,教师职务评聘委员会审定王某某不符合副教授任职资格的评审行为,不属于具体行政行为,教育部据此对王某某提出的行政复议申请不予受理是正确的,法院予以支持。同时,法院在判决中还认为,王某某在诉讼中提出的请求法院撤销《某某大学申报专业技术职务的条件》,并判令教育部撤销一名教师副教授资格的诉讼请求,不属于人民法院行政诉讼的受案范围。

这个判决实际上明确区分了行政纠纷和学术纠纷,不支持在学术纠纷中行政权力对于学术权力的干预,同时也清楚地表明了司法涉入的界限。由于学术权力在行使过程和作用机制上与行政权力的区别,对行政权力和学术权力这两种权力行使过程的约束和监督方式是不一样的,并非都适用法律手段。学术纠纷难以接受司法审查。

司法不是万能的,其作用范围不是无限的。例如,在研究生考生录取工作中,对考生业务水平的评价,正常情况下应是学术权力在起作用,即应该是行使学术权力而不是行使行政权力的结果。在这种情况下,如果对评价结果的公正性请求司法审查,则不是法院力所能及的。曾有一个报考博士研究生的考生,其考试成绩排名第一、科研成果数量第一,因其未被学校"择优录取"而提出行政复议申请,直至最后诉至法院。倘若这个"择优录取"过程是行使行政权力的结果,其正当性容易接受司法审查。但导师小组对该考生未获"择优录取"的原因解释为:该考生虽然考分第一,但面试结果表明其业务基础和运用知识解决问题的能力不好;其成果数量虽多,但和其他考生相比较质量较差,从而排除了"择优录取"过程即对考生学术水平鉴定过程中非学术因素的影响,最后法院不予受理。

该案例显示,对学术权力的监督和审查,如果只是简单使用对待行政权力的办法,在实践中很难操作。在很多情况下,司法的介入也是徒劳的,甚至如一些学者所说,是在浪费司法资源。我国《行政诉讼法》规定,"人民法院判决被告重新作出具体行政行为的,被告不得以同一的事实理由作出与原具体行政行为基本相同的具体行政行为"。试想,如果法院判决一所学校的学位评定委员会重新审议一个未获通过的学位问题,而通过无记名投票重新审议的结果是仍未通过;或者法院判决一所学校的职称评审委员会重新审议一个未获通过的职称问题,而专家通过无记名投票重新审议的结果仍是不能通过,怎么办?《行政诉讼法》还规定,"当事人必须履行人民法院发生法律效力的判决、裁定"。试想,如果法院判决一所学校的学位评定委员会重新审议某问题,专家们拒绝到会,又如何来强制执行? 学术权力由于其性质及其行使的特殊性,难以接受司法的干预。

五、学术发展要求有正常、健康的学术批评,司法应谨慎介入

学术上的不诚实,在全世界范围内都被认为是不可接受和难以原谅的。因学术上的不诚实而导致的名誉损失,不属于法律上的名誉侵害。学术制度的宽容是相对于学术自由而言的,并非指对各种学术造假、学术剽窃等不诚实行为的容忍。国际生物化学与分子生物学学会联合会教育委员会在关于"分子生物科学博士学位的标准"中建议:科学界每一起不诚实的事件,无论看起来多么微小,都对单个的科学家,对科学界与社会其他部分之间的关系有着很大的危害。因此,应该对所有的学生提供一种毫不含糊的环境氛围,让他们清楚地认识到,科学是严肃的。对于任何剽窃、有意捏造数据、歪曲数据、提供误导性的论文作者权等行为,行政部门都应该作为给以严厉警告直至退学处分的理由,这样才能维护科学的道德规范。

学术水平的高低以及学术成果的真假优劣,有赖于独立自由的学术批评。正常的学术批评太少,缺乏相应的机制,是相当长一个时期以来影响学术发展的一个大问题。近年来,日益增多的健康的学术批评见诸媒体,是一个十分可

喜的现象。中国政法大学杨玉圣教授主持的"学术批评网",也是一个有益的探索。

教育部 2004 年颁布《高等学校哲学社会科学研究学术规范(试行)》,旨在提供一个标准,用以加强学者的"自律"和"他律"。学者个体的学风修养和道德良知,客观上存在很大差异。当学者出现"学术失范""学术不端"行为等违反学术规范的情况时,因学术问题和学术研究本身的复杂性,通过行政、司法等非学术的形式或规则,经常难以准确判断。例如,前述甘肃案例中有关学术研究的资料来源和依据的准确性问题,往往可能是一个有待深入研究而不是一个故意损害他人名誉的问题;再如,有的人在研究成果中完全套用了他人的思想,基本上没有自己的新意,但经过文字加工和处理之后,难以从文字上确认抄袭,等等。这些情况使得学术的失范或合范,有时难以划定一条简单明了的界限,需要学术界进行认真、深入的学术工作来作出公认的学术性判断,而不是法官能够从表面的形式上可以准确判断的。学术研究的这些特点,使得揭露假成果、伪科研只能通过学术批评、学术争论的方法,反复甄别、去伪存真,才能使真理越辩越明。正常、健康的学术批评是学者的一项学术自由权利,也是让那些自以为高明巧妙的学界伪君子暴露在光天化日之下遭受谴责,从而抵制学风败坏,揭露假成果、伪科研以及解决学界学风和实现学者道德约束的一种有效手段。在此类问题上必须充分尊重学术权利。

2005 年 5 月 30 日天津市河西区人民法院的一项判决,引起学术界的一片哗然,数百名知名学者联名反对法院判决。据报载①,天津市语言学会收到举报:天津市外国语学院文化学院某副教授为申请教授,在其出版的一本署名为他本人"著"的论文集中严重抄袭,情节罕见。语言学会经查证,认为举报属实。据此,天津市语言学会常务理事全体会议一致通过有关谴责该教师剽窃的决议,并以"致天津市有关领导和天津外国语学院公开信"的形式,发表在学术批评网上。该教师以名誉权受到侵害为由诉至法院,一审法院判决语言学会败诉并赔偿该教师精神损失费 1000 元。从报道的情况看,该项判决实

① 参见李新玲:《语言学会称副教授剽窃,法院一审不支持,二百学者联名反对判决,呼吁还学术公正》,《中国青年报》2005 年 8 月 16 日。

属不当判决,司法权力应谨慎介入学术纠纷。

美国司法上的"学术节制原则"(Academic Abstention),是一个有关学术纠纷的普通法原则或法官立法原则。司法学术节制原则的基础,是对学术自由和大学学术自治的尊重。美国一位大法官的话被广为引用,成为司法学术节制原则的最为经典的判词:"提供一个最有助于思考、试验和创造的环境,这是大学的事情。这样的环境是大学的四个实质自由占据优势的环境:自己根据学术的原因决定谁来教、教什么、怎样教、谁来学。"①该原则要求司法谨慎介入学术领域的纠纷。例如,在希伯特诉奥康纳尔一案中,法院就拒绝强迫大学去考量原告学生的博士论文是否满足了研究生院的要求,认为基于教育领域的专业性,大学在作出学术性决定时应当享有裁量权,只要不是出于专断作出的,就应该不违反正当程序的要求。在马赫旺莎诉霍尔一案中,上诉法院认为,"在判决有关违纪行为的指控时也许需要听证,但在查明有关学术性的事实方面听证可能会是无用的或是有害的。学生享有的正当程序权利,在基于纪律处分开除案件和基于学术性原因拒发学位证书案件之间存在着明显的两分法"②。世界各国的司法审查理论虽不同,但对于公认的学术自由事项,一般都被排除在司法审查范围之外。这种谨慎介入学术纠纷的司法经验和做法,值得我们借鉴。

(本文原载《中国高教研究》2005 年第 11 期;《新华文摘》2006 年第 5 期论点摘编)

---

① 申素平:《谈美国司法上的学术节制原则》,载劳凯声主编:《中国教育法制评论(第 3 辑)》,教育科学出版社 2004 年版,第 301—304 页。

② 陈智峰等:《美国学位纠纷的解决及其对我国的启示》,《中国高教研究》2004 年第 8 期。

走向社会生活的教育法

——中国教育法律的适用状况分析

一、中国教育法制建设的发展——教育法律适用的前提和基础

中华人民共和国建立以前,旧中国曾颁布过从《宪法》的教育专章或专节到《小学法》《中学法》《大学法》《学位授予法》等教育法律①,但由于旧中国内忧外患、千疮百孔,这些教育法律实际上很难施行。

新中国在中国大陆废止了旧中国颁行的法律。由于历史的复杂原因,新中国至20世纪80年代以前有关教育的法制建设一直没有受到应有的重视,除了有关教育的宪法规定以外,没有颁布过一个专门的教育法律。改革开放以来,从1980年颁布《中华人民共和国学位条例》开始,我国已逐步建立和形成了教育法的制度框架和相应的法律规范。这套制度框架由四个层次的法律规范和规则构成:第一个层次是宪法中有关的原则和涉及教育的规定;第二个层次是有关部门法特别是从义务教育法到高等教育法等教育法律的规定;第三个层次是国务院颁行的教育法规或相关法规中涉及教育的相应规定;第四个层次是政府有关部门颁布的规章以及符合法律规定的规范性文件。可以说,我国已经初步建立起从法律、法规、规章到规范性文件的一整套教育法律制度的规则框架。

---

① 参见《中华民国教育法规选编(1912—1949)》,江苏教育出版社1990年版。

伴随我国整体法制建设的步伐，一个相对独立的教育法律体系已经初步形成。到目前为止，除了《中华人民共和国宪法》有关教育、教育权和受教育权的规定以外，中国大陆作为部门法的教育法律有 7 个：按照时间顺序，先后颁布了《中华人民共和国学位条例》《中华人民共和国义务教育法》《中华人民共和国教师法》《中华人民共和国教育法》《中华人民共和国职业教育法》《中华人民共和国高等教育法》《中华人民共和国民办教育促进法》，初步形成了一个教育法律的框架；我国正在施行的教育法规 15 个。7 个法律和 15 个法规，共同构成了我国目前的教育法律法规体系，也是我国教育法治和司法适用的基础。

但是，法律制度数量的多少并不直接表征法治的状况。作为实现法治的重要环节，法律制度的实施才是关键。在教育问题几乎与每一个人息息相关的今天，到底有多少人知道教育法？教育法到底和他们有什么关系？即使在教育领域中，又有多少人真正了解教育法律规范的内容？在我们的国家和现实社会生活特别是教育实践中，教育法在多大程度上起作用？这些问题一定程度地显示着教育法律的适用和实施状况，所以，它们是现实的教育法治状况的反映，也是教育是否走向法治的真正标志。

笔者曾向一位大学的主要领导提及《中华人民共和国学位条例》（以下简称《学位条例》）是法律时，他表示难以相信。这个认识至今仍较普遍，这不仅说明《学位条例》作为法律的名称是有缺陷的，更重要的是表明，已经颁布实施二十多年的《学位条例》在人们的心目中缺乏作为法律所应有的地位。

人们对于法律的关注以及法律在人们心目中的权威不是先定的。当代美国著名法学家庞德曾经说过，法律的生命在于其实行。教育法的生命在于通过其具体的适用而融入社会生活。只有当每一个生活在教育社会中的人（受教育者和教育工作者）都能感受到教育法的存在，感受到教育法与他们的学习或工作息息相关的时候，教育法才有生命力。教育法的实际权威只能来自于教育法对教育生活的现实关怀，产生于教育法对教育生活过程中所面临问题的有效解决过程。因此，无论从逻辑上还是从事实上讲，只有漠视教育生活的教育法，而生活在教育社会中的人们并不存在对教育法的天然漠视。

二、法律的生命力在于适用——中国教育法律实施中的主要问题

就当前我国教育法律制度建设的情况来看,虽然框架基本形成,数量初具规模,但尚未发挥其应有的作用,离人们对于教育法律实际作用的期望还相差甚远。从现实生活来看,教育法(泛指有关教育的法律)显然不像刑法、民商法、经济法甚至行政法那样深入社会生活,为大众所了解。教育法律规定了什么? 不用说一般民众,很多教育工作者实际上也不清楚。在现实生活中,是否清楚教育法律的规定,实际上并不妨碍一个教育工作者的日常工作。

那么,导致这种状况的原因是什么?

其中的原因,除了教育行政机关依法行政的状况及其影响之外,最重要的就是教育法律还不能像刑法、消费者权益保护法、道路交通安全法那样,经常进入法院的诉讼程序,成为司法机关经常适用的法律。

法律的适用是法律实施的基本方式。广义的法律适用,是指国家机关及其公职人员按照法律规定的职权和程序运用法律的规定解决具体问题的活动,主要包括国家行政机关及其公职人员的行政执法活动和国家司法机关的司法活动。狭义的法律适用,则专指司法活动,主要是指国家司法机关适用法律的规定处理各种具体案件的专门活动。法律适用的概念一般也较多地被使用在司法活动中。

从广义上判断教育法的法律适用状况,不能不涉及国家行政机关特别是国家教育行政机关的依法行政情况。由于长期形成的思维定势和行为惯性,依法行政问题仍是个尚待解决的敏感问题。应该肯定的是,教育行政机关的法治意识和依法行政理念,已经有了很大的进步,从总体上说,随着我国法治的进程,教育领域的依法行政状况正在不断地改善。

法律制度能否实际施行,是一个法律制度体系生命力的核心。在很长一段时间中,我国教育法律的实际"公信力"不高,是一个不争的事实。这不能抱怨公众和教育工作者。之所以如此,不仅仅由于我们制定教育法律的历史

太短,也不仅仅由于依法行政的改善步伐过于缓慢,其原因是多方面的。其中,教育法律难以司法适用是一个极其重要的原因。一项法律制度如果难以在司法过程中被采用,不能成为法院解决纠纷以及被侵权者维护合法权利的有力武器,当然也就难以被人们所知晓并真正树立起对该项法律制度应有的尊重与信仰,势必导致该项法律制度"公信力"的弱化以至逐步丧失。

教育法律的一些规定过于原则和抽象,类似于政治纲领或政策性宣言,有的甚至没有对于教育法律关系各主体权利保护和救济的基本内容与程序。教育法律的很多条文,严格地讲,只能算是一种宣言性或政策性的立法。毫无疑问,这些教育法律通过法律的形式向社会宣示了一种良好的法律精神、教育政策、政府职责或公民、法人的权利义务,从而产生了一定程度的法律导向和宣传效用。但在充分肯定教育法律的这种积极法律意义的同时,我们也不能不遗憾地指出,教育法律的很多条文不具备或较少具备法律的规范性和可诉性,在司法过程中难以适用。从一定程度上说,这个特点甚至已经成为人们对于教育法律的一个基本印象。

法律的生命力在于适用,即在于它在具体法律事实中的应用。法学家研究静止状态下法律内在的一些概念、规则、逻辑、结构、体系,对静止的原理和制度进行分析,通过立法过程形成法律。然而,如果缺少把法律从抽象到具体的适用过程,不能使法律规范与具体的人、具体的事例、具体的行为和情节相联系,从而使法律在社会生活中真正发挥作用,再好的法律也是没有意义的。法律解决社会生活中的困惑、矛盾和冲突,是通过法律适用这个中间环节来实现的。法律的适用,既体现在国家行政机关及其公职人员依照法定的职权和程序所进行的行政执法活动中,又依赖于国家司法机关适用法律的规定处理各种具体案件的活动。

法律适用作为国家司法机关按照法定的职权和程序具体运用法律处理案件的专门活动,通过个案的审理和判断,对法律所规定的抽象的权利义务进行具体的诠释。所以说,司法过程对法治的发展起着十分重要的作用。

对社会大多数人来讲,对于法律的了解,特别是对于法律重要性的认识,往往不是通过对于法律文本的学习,而是通过法律适用活动的影响来了解法律的存在和作用。这就是法律适用或司法所具有的示范作用。因此,通过司法实践,引导人们信任法律并在必要时通过法律途径主张和维护自己的权利,是法院和法官的责任。法律适用的示范作用对于法律能否引起人们的普遍关注和重视,对于法律的贯彻实施以及对于法律的完善,都是十分重要的。所以我们说,教育法律适用的现实责任和作用,不仅仅是通过适用法律判定教育纠纷的是非,及时化解纠纷、维护健康的教育秩序,同时还产生了传播法治文明、推进法治进程、促进法治社会形成的积极效果和历史作用。因此,一个广为传播和广受关注的适用教育法律成功的判例,其宣传教育法律的社会效果是难以衡量的。

在不同的法律体系中,法律适用方式的侧重点有所不同。在判例法国家,法官在处理具体案件时的经验或社会体验至为重要。在审理具体案件时,尽管法官必须按照一整套合乎逻辑的方法确定处理案件的具体规则,但法律适用的过程往往是一个经验判断的过程。用经验判断的方式处理具体案件,是判例法或法官法国家法律适用的一个特征。而在成文法国家,法律制度表现为文本的法律条文。一方面,正式公布的成文法律相对来说易于为公众和各种社会组织所了解,便于掌握;另一方面,成文法国家法律适用的过程,主要是通过逻辑演绎的方式,把相应法律体系中抽象的法律条文与纷繁复杂的具体案件事实联系和对应起来。一般地说,法律制度越完善,法律规范越健全,就越能够发挥逻辑演绎方式的优越性。无论哪一种法律适用的方式,都离不开司法过程中的法律推理,从起诉的受理到案件的裁决,就是通过法官的思维适用法律来定分止争。

法律制度能否实际施行,是实现法治的重要环节,也是一个法律制度体系生命力的核心。法律的实施是与法律的形成同样艰难的过程,其艰巨性和复杂性指数以及影响因素并不亚于法律的制定过程。因此,教育法制发展过程中的法律适用实践,是我国教育法制建设的重要组成部分。教育法能否回答教育生活中遇到的教育法问题? 能不能有效地解决现实生活中发生的教育法律纠纷,如何基于教育法的规范、原则和精神给予正当权利以应有的保障? 教育法能否约束和限制教育生活中权力的越位和滥用? 也就是说,教育法能否经受住教育生活中不断出现的各种与教育法相关问题的拷问? 这是教育法能否实实在在地为教育实践所认可,成为社会生活所必须的关键所在。

三、提高法律的可诉性是当前中国教育法制建设的重要内容

从狭义的角度研究和分析教育法的法律适用状况,是教育法学工作者的重要任务。法律适用的核心是诉讼。法律的可诉性是法治国家中法律的一个重要特征,反映法治的内在要求。教育法的可诉性不仅直接反映教育法律的立法质量,而且是影响教育法的法律适用状况的关键性因素。同时,教育法的可诉性,作为一种反作用力,还在很大程度上影响和推动着教育领域依法行政的发展进程。

法律的可诉性最大限度地体现人民是法治的主体,反映我们所要建设的社会主义法治的基本要求。一方面,只有通过作为社会正义最后一道防线的诉讼,才能对政府机构及其公职人员的行为和权力构成强制性约束,将其置于与其管理对象相平等的地位。另一方面,只有通过赋予公众赖以诉诸公堂的法律依据和程序,才能够激发和鼓励当事人运用法律武器的主动性,引导其通过诉讼过程主张和维护自己的权利,使法律成为广大人民群众手中的维权武器。

法律的可诉性,即为法律规范(包括规则、原则和立法意图)可以被任何人在法律规定的机构中通过诉讼程序或其他法定的争议解决机制加以运用的可能性。在以判例为基础并以法官为主导的普通法系中,没有诉讼就没有普通法,因此,法律的可诉性是不言而喻的。而在以成文法为主的大陆法系中,法律的适用是以制度性的规定和程序保障为前提的。在我国,依照法律条文进行裁判是一个原则。如果没有法律制度和程序上的保障,法律的可诉性是不可能自动获得和实现的。因此,要使教育法律具有可诉性,在立法时就应该按照法律可诉性的要求,不仅要在法律规范中制定明确的行为模式和相应的法律后果,而且要明确规定产生纠纷后的解决途径和诉讼主体。

教育法律适用中的一些难题,很多就是由于相关法律规则和程序的缺失造成的。增强我国教育法律的可诉性,为权利被侵害的对象提供有效的救济

机制,已成为我国正在进行的教育法律修订工作中的一种共识。因为有关教育的法律如果不被法官们所援引和适用,不被公民作为主张和保护自己权利的工具,或者如美国哈佛大学教授布莱克所说的不表现为"现实中的运作",即"在现实生活中能衡量其大小多少的各种各样的法律行为"①,诸如立法、诉讼、审判、惩罚等,那它们只不过是一张废纸。也就是说,教育法在设定权利与义务的同时,不能没有正当与完善的必要救济程序。程序是相对于实体而言的。没有程序性规定,实体性的教育法律规范就只能停留在字面上,不过是一种"响亮"的口号,而不能转化成为对社会生活具有约束性影响力的法律行为。正当程序是权利与义务实现的过程与步骤,相对于实体价值而言,程序的设置是不可缺少的实现机制。由教育权的社会属性所决定的教育法的价值倾向,符合教育法价值取向的教育法的基本原则,没有一定的实现程序作为保障和救济,最后都不过是一纸空文。例如,教育法规定了各级政府必须履行的教育职责,但一些县、乡政府有钱盖庙宇和各种娱乐设施,年久失修的学校却等着"希望工程"的赞助。当出现这种政府没有履行应尽职责的情况时,公民通过什么样的法律程序,能够要求政府机关履行自己应尽的职责或义务,从而达到维护公民受教育权利的目的?

规定在法律中的权利和义务,作为法律关系的静态内容,如果不是以法律的适用或法律的可诉性为前提,势必难以实现对法定权利的保障和对履行法定义务的约束。在我们的教育法律中,这种情况并不鲜见。已有教育法律中规定的一些职责或权益,实际上正是由于缺乏相应的法律后果的规定而流于形式。

如《中华人民共和国教育法》第五十四条中规定:"国家财政性教育经费支出占国民生产总值的比例应当随着国民经济的发展和财政收入的增长逐步提高。具体比例和实施步骤由国务院规定。"国务院在1993年印发的《中国教育改革和发展纲要》中就已提出了"逐步提高国家财政性教育经费支出占国民生产总值的比例,本世纪末达到4%"的目标,遗憾的是至今没有实现。事实上,不仅是远未实现,而且有的年份甚至出现了下降。根据教育部、国家

---

① 朱景文:《现代西方法社会学》,法律出版社1994年版,第60页。

统计局和财政部公布的各年度《全国教育经费执行情况统计公告》的数据，2003 年国家财政性教育经费占 GDP 的比例为 3.28%，比 2002 年的 3.32%下降了 0.04 个百分点；2004 年继续下降，只占 2.79%；2005 年略有回升，也只占到 2.82%。2007 年国家财政性教育经费占 GDP 的比例为 3.32%。尽管有关于目前国家财政性教育经费统计口径尚不能完全反映我国政府安排教育经费总量的解释，但这个数字差异，仍使我们不得不面对巨大的法治尴尬。再如：《中华人民共和国教育法》第五十四条、第五十五条中规定，"全国各级财政支出总额中教育经费所占比例应当随着国民经济的发展逐步提高。""各级人民政府教育财政拨款的增长应当高于财政经常性收入的增长，并使按在校学生人数平均的教育费用逐步增长，保证教师工资和学生人均公用经费逐步增长。"在我国财政收入近几年增长较快和逐步建立公共财政体制的有利形势下，这些法律规定依然没有得到落实，特别是不能保证按决算数据做到法定的"三个增长"。面对这种情况，除了每年两会期间代表们不断地强烈呼吁以外，我们有什么有效的法律机制和途径可以制约呢？倘若某个公民或机构认为国家或地方政府没有按照上述法律规定办事，那么他是否有权提出指控呢？如果有，他可以向什么机构（哪一级法院或者其他具有权威的裁决机构）提出？通过什么程序可以得到实际的受理并得到有效的裁决和执行呢？

法律规范区别于其他社会规范的一个重要特征，就是它的强制性。把不能强制执行的内容用法律的形式来确定，只会降低法律所特有的权威性和尊严，使法律与政策难以区别。所以说，政策化和道德化倾向并不是我国教育法律的一个优点。正是从这个意义上，有人颇有点儿偏激地说，有了缺乏可诉性或难以执行的法律，并不比没有法律更好。

西方国家的社会政策也有一些通过象征性立法①或宣言性立法②的方式来制定。但在英美法系，这种性质的立法并不妨碍其在法庭或其他纠纷解决机制中被引证为法律根据，因为通过法官的解释和判例，它们便有了被适用的可能性和生命力。而在我国，"依法审判"的要求使得这种宣言性或政策性立

---

① 西方学者将一些缺乏具体行为模式或法律后果的法律规范称为象征性立法（symbolic legislation）。

② 也可称为叙述性立法（narrative legislation）。

法几乎不存在可诉性,难以发挥其作为法律规范的基本功能。2001年最高人民法院关于齐玉苓在高考招生过程中被冒名顶替一案的批复中,直接依据宪法使齐玉苓所享有的受教育权得到了司法上的救济。最高人民法院的这个批复,对于推动宪法的"司法化"和宪法诉讼制度的建立或许具有十分重要的意义,但根据普通法律优先适用的原则,直接依据宪法对公民的受教育权利进行救济,这个事件本身不能不使人们质疑教育法的救济功能。

二十几年来,伴随我国经济与社会的迅速发展,我国社会的文明程度特别是法治状况发生了巨大的变化,依法治国和人权保障不断进步。新中国的教育法律尽管都很年轻,但由于社会迅速发展所导致的教育法律滞后性已经不同程度地表现出来。伴随中国法制建设的大踏步前进,人们的法治意识和法治观念也在不断地发展。今天人们对于正当权利的要求和对法治的期盼,远非改革开放之初所能比。社会对于法治的现实需求,形成了对于法制建设的巨大反作用力,有力地推动着我国法制建设的前进步伐。现实的教育诉讼以及公民权利意识的空前提高,正在有力地推动着教育法制建设的进步。在这样的历史前提和社会背景之下,中国的教育法制建设正在进入一个新的发展时期。同时,越来越多的人们特别是那些有机会参与立法或对教育立法有着重要影响的人们,对于法律应当并且能够实现权利保护的认识,使我们对教育立法对于权利保护的实际作用充满信心。

鉴于完善教育法律体系和改善立法质量的重要性和紧迫性,教育部2003—2007年教育立法五年规划,启动了教育立法的"五修四立"工作。全面启动了《教育法》《义务教育法》《学位条例》《教师法》《高等教育法》的修订工作。

教育法的适用实践,使人们对教育法的制度和规范有了真切的体验,也有了更加深入的法治经验和法理思考。教育法的修订,将对教育法的立法、执法和司法以及教育法理论产生直接而现实的作用和影响。教育法修订的基本任务,是在总结和评价教育法领域具有创新性和实用性成果的基础上,结合法学理论发展的最新成果,对现实中某些重大问题进行深入的探讨和分析,改变不适应实际需要的既有制度和规则,进一步完善必要的规定和程序,填补立法上的漏洞和空白。而最重要的是在理论突破的基础上寻求制度创新,引进、建立和发展具有时代特征、符合中国现实需要的先进教育法理念和制度。

法律的修订是一种宏大叙事。从 2003 年开始,全国人大就有将近 600 名代表强烈要求修订《义务教育法》,2004 和 2005 年全国人大又有 20 多件议案涉及修改《义务教育法》,这在全国人民代表大会的历史上是罕见的。连续三年的时间,有将近四分之一的代表强烈呼吁修改这部法律,可以看出全社会对这部法律关注的程度,也反映出这部法律已经实在难以适应社会发展的需要。

2006 年 6 月 29 日第十届全国人民代表大会常务委员会第 22 次会议修订通过了《中华人民共和国义务教育法》,自 2006 年 9 月 1 日起施行。

就我个人的感觉而言,修订后的《义务教育法》是到目前为止在我国已有的教育法律中最好的一部。之所以这样说,一方面是因为修订后的《义务教育法》不只是个别条款的修改,即不只是旧法在文字上的简单修订,在很大程度上可以说,它是一部新法。修订后的《义务教育法》在立法的理念和指导思想上都发生了很大的变化,突出表现在对义务教育的公平和均衡发展所给予的引导、促进和保障,较之修订前有了很大的进步。而这正是义务教育中最受社会关注和广大人民群众反映最强烈的问题,因为义务教育阶段的一些问题已成为人民群众最关心、最直接和最现实的利益问题之一。近几年来,"教育公平"与"医疗公平"一并成为最受公众关注的两大社会热点。"教育公平"的呼声反映了贫弱群体正当教育利益的合理要求。"择校"和"收费"是教育发展不均衡的反映或产物。正是从这个意义上说,修订后的《义务教育法》是一部体现时代精神和社会进步的法律,有利于化解矛盾,最大限度地增加和谐因素,不断促进社会公平正义与社会和谐。因此,这部法律对中国义务教育的发展将是一部具有里程碑意义的法律。

另一方面,修订后的《义务教育法》在法律形式上有了很大的进步。作为一部法律,其结构更加合理,内容更加完善。特别是最后法律责任这一章,共分十条,比较具体,便于操作。修订前的《义务教育法》没有这一章。过去人们说教育法律不是真正意义上的法律,只是一个政策宣言或宣传提纲,因为它很难像其他法律那样到法院去适用,在司法适用的过程中会碰到很多的困难。现在新修订的《义务教育法》大大提高了法律的可诉性。可诉讼性的提高,有利于在司法实践中有效地适用这部法律来维护受教育者的基本权利,从而使受教育者的权利主张和权利实现有了现实的、具体的法律依据,而不仅仅只是一种"希望工程"。

特别值得指出的是,新法第九条规定了任何社会组织或者个人有权对违反本法的行为向有关国家机关提出检举和控告,也就是说,对义务教育这项公益性事业,任何组织和个人都享有进行公益性诉讼的权利,而并不一定是某个个体权利受到侵害才能提起诉讼。很多法律在执行的过程中,公益性的诉讼案遇到很大的障碍,到法院就被驳回了。这个规定首开我国法律公益性诉讼制度的先河,是我国立法的一个进步。

通过对中国教育法律适用状况的以上分析,我们完全可以有理由、有根据地说,尽管仍然存在大量问题需要解决,但从发展趋势上说,中国的教育法律正在逐步地走向我们现实的社会生活。

(本文原载《中国教育法制评论》第 5 辑)

中国教育法学的产生发展背景与研究状态

一、教育法制建设的发展催生了中国的教育法学

伴随我国教育法制建设的推进,教育法学作为一个新兴的研究领域,正在逐步成为学界和实务界共同关注的一个学科。教育法学的发展验证了法理学的这样一个观点:"一般地说,法学是随着法的出现而出现的,但也不是一有了法就有法学。法学是在法发展到一定阶段上才产生的。"①

1980 年 2 月 12 日,第五届全国人民代表大会常务委员会第十三次会议通过了《中华人民共和国学位条例》(以下简称《学位条例》),这是新中国第一部由国家立法机构审议和通过的教育法律文件;1986 年 4 月 12 日,第六届全国人民代表大会第四次会议通过了《中华人民共和国义务教育法》(以下简称《义务教育法》),这是新中国第一部由全国人民代表大会全体会议审议和通过的教育法律。从 1985 年开始,我国的教育学和法学刊物上开始有了阐述和研究教育法问题的文章;一些师范院校的教育管理专业有了讲授《义务教育法》的课程;一些有关教育管理的著作和教材中有了与教育法相关的内容。1989 年 7 月出版的由北京教育行政学院编著的《教育法概论》,是我读到的最早系统论述教育法问题的著作。从第一部教育法律的颁布到这本教育法研究著作的问世,间隔了 9 年,当然,这本书的编写和研究工作是在 1989 年出版之前进行的。根据这本书的"编者说明",北京教育行政学院自 1988 年春开设

---

① 沈宗灵:《法理学》,北京大学出版社 2000 年版,第 8—9 页。

"教育法概论"课程,这本书是作者在讲授这一课程的基础上整理而成的教材。

进入 20 世纪 90 年代以后,我国的教育法制建设进入了快速发展时期,先后颁布和实施了《中华人民共和国教师法》《中华人民共和国教育法》《中华人民共和国职业教育法》《中华人民共和国高等教育法》等法律以及《残疾人教育条例》《教师资格条例》《社会力量办学条例》等重要行政法规和《普通高等学校学生管理规定》《高等学校校园秩序管理若干规定》《民办高等学校设置暂行规定》《中外合作办学暂行规定》等部门规章;1994 年召开的国务院学位委员会第 12 次会议,提出了"加强法制建设,着手组织《学位条例》及其暂行实施办法的修订工作"的任务,1997 年初,由国务院学位办公室和国家教委政策法规司正式聘请法学家和教育学家组成专家组,开始了对《学位条例》的修订工作①。

伴随中国教育法制建设的推进,特别是在立法进程中对于各种法律草案文本的研究、起草、论证和听取各方面意见的过程,推动和促进了教育法学的发展。1992 年以后,与教育法相关的研究呈现出相对繁荣的景象,有关教育法学的论文和著作大量涌现。在 20 世纪 90 年代出版的教育法研究著作中,开始出现了"教育法学"的名称,一批系统的教育法学论著和具有开创性的研究教育法学特定问题的学术专著问世,张维平、李连宁、劳凯声等一批学者在其中作出了重要贡献。

从中国教育法学的产生和发展历程来看,它是随着教育法律现象、教育法律问题的复杂化而逐渐形成和发展起来的。可以说,如果没有 20 世纪 80 年代以后教育法制建设的发展和实践需要,则不会有其后与教育法相关的教学与科研,也不会有今天的教育法学。"法学,作为一门科学,具有实践性的特征,是人们在社会实践的基础上建立和发展的,是实践经验的总结,它来源于社会实践,又转过来为实践服务。"②

这也正是为什么在 20 世纪 80 年代中期以前,新中国没有专门的教育法

---

① 参见秦惠民:《关于我国学位立法的若干思考》,《学位与研究生教育》1997 年第 5 期。
② 沈宗灵:《法理学》,北京大学出版社 2000 年版,第 2 页。

学研究以及到了90年代教育法学研究才逐渐兴旺起来的原因,这是对这一历史现象的合乎逻辑的解释。

二、法治进程和现实的教育法律纠纷推动了教育法学的发展

改革开放以来,我国的民主和法制建设取得了巨大进步,各方面法律制度不断建立和完善,法制建设成就空前。在此过程中,社会的法律意识逐步提高,对法律价值与功能的认识也在不断深化。党的十五大报告提出了依法治国的方略,明确了建设社会主义法治国家的目标,1999年3月15日通过的宪法修正案,把"依法治国,建设社会主义法治国家"写进了宪法,极大地推动了我国社会主义法治进程。

依法治国,要求在社会政治、经济、文化教育等各个方面,建立完善的反映客观规律并得到严格执行的法律制度,形成良好的制度安排。在整个国家全面走向法治的进程中,教育事业作为重要的公共事务,不可能不受影响地孤立于这一时代进程之外。

1998年大学生田某诉某大学案——我国法院裁决的第一起高等教育法律纠纷,1999年博士研究生刘某诉某大学学位评定委员会案——法院受理的我国首例学位纠纷诉讼案,就是在这样的社会背景下出现的。从田某案开始,请求法院裁决的高校管理纠纷日益增多。一方面,它显示着权利意识和法治理念正在深入教育领域;另一方面,它也在一定程度上进一步促进人们对于教育法治的了解以及对于教育法制建设的关注。虽然有些具有影响性的纠纷最后法院没有判决,但这些纠纷的产生以及在适用法律解决纠纷过程中出现的问题,引发了人们对于教育法律问题的深入思考,对于我国的教育法制建设,客观上起到了巨大的推动作用,同时对我国教育法学的发展产生了积极的影响。教育法学受到重视,就是与20世纪末21世纪初的这些广受社会关注的教育法律纠纷密切相连的。2000年,国务院学位办公室在《授予博士、硕士学位和培养研究生的学科、专业目录》之外,批准中国人民大学试办教育法学硕

士点,在某种程度上可以说,主要是实践需求的推动。

20 世纪 80 年代初,教育法律在中国的出现是一个重要的里程碑式的历史事件。它标志着中国领导人关于"必须发扬社会主义民主和加强社会主义法制"①、"必须使民主制度化、法律化,使这种制度和法律不因领导人的改变而改变,不因领导人的看法和注意力的改变而改变"②的意识和行动,终于在教育领域有了开端。要用法律来调整社会教育关系、用法律来规范教育活动的观念和意识,推动着作为"社会主义法制建设"一部分的教育法律的产生和发展,使国家教育权的实现有了法律的依据和方式。进入 90 年代以后,随着对"实行法治"的探讨和提出,特别是在 1999 年 3 月召开的九届全国人大第二次会议上,把"实行依法治国,建设社会主义法治国家"正式写入宪法,标志着中国社会的巨大政治进步。从"以法治国"到"依法治国",这是一次重要的观念变革,表明中国不仅仅要加强法律制度的建设,而且要从治国方式上根本抛弃"人治"的传统,实行法治。正是在这样的背景下,中国的教育法律制度和教育法学才开始受到重视,才真正走进人们的社会生活,才能够发展成为推进教育发展与社会进步的制度因素和促进力量。2004 年 3 月召开的第十届全国人大第二次会议上,把"国家尊重和保障人权"写入宪法,标志着中国进入了人权保障的时代,也使得教育法律对于作为基本人权的受教育权的保障有了宪法依据。教育法作为确定和维护教育权与受教育权、规范和控制教育行政权、调整教育关系的法律规范系统,伴随我国的整体法治进程,正在经历从主要是适应教育权的需要到以保障受教育权为主要价值目标的演变。保障受教育权的迫切需要,正在成为当前完善教育法制的首要任务。中国教育法制不断适应保障受教育者权益需要的进程,就是其日趋走向合理、完善并符合正义需要的过程。如果说,教育法律的产生,是改革开放以后我国法制建设的一个重要组成部分,那么今天教育法制建设的发展,正在适应和融入大踏步前进的中国法治和人权保障进程。在这一过程中,教育法学正在发挥着重要的作用并在实践的推动下为适应中国教育法治的需要而不断开拓前进。

---

① 《邓小平文选》第二卷,人民出版社 1994 年版,第 187 页。
② 《邓小平文选》第二卷,人民出版社 1994 年版,第 146 页。

三、教育法学的学科功能及其在中国的发展现状

没有教育法律就不会有教育法学。但是,教育法学和教育法律是两个不同的概念。教育法学是一门具有相对普适意义的科学;而教育法律的实用知识则是具体的,在不同的国家、不同的地域和不同的历史时期中,教育法律知识的具体内容是不同的。我们了解国外的教育法律、对不同的教育法律进行比较研究,学习教育法律的历史、探讨教育法治的规律、总结教育法制建设的经验,都属于教育法学的范畴。

自从有了教育法,就有了对于教育法的解释。它不能不是教育法学工作者的一个重要任务。但解释和宣传教育法,不能概括教育法学研究者的任务。实际上,对于实在教育法的解释,也存在着一个如何解释和能否科学解释的问题。

法律相对于人们的社会实践来说,滞后性和局限性是不可避免的。法律对公平问题的调整,对社会问题的规范,都有其时空性的局限,教育法同样如此。随着社会实践的发展、人们认识的升华以及政策调整的需要,法律亦应不断调整、不断完善,以最大限度地实现法律对于现实教育活动的调整和规范作用。我们在学习和解释教育法的时候,有关教育法的法律结构、法律规范和基本要素、法律体系、法律适用逻辑关系等实用法学的内容固然重要,但如果没有对于比较教育法学、理论教育法学的学习和阐释,我们就无法回答更深层次的问题,诸如对于一部教育法的价值判断,对于教育法律原则和教育法律规范合理性的阐释,等等。对这些问题的思考和回答,不仅是解释实定教育法的"实然"性需要,而且关乎应该以什么样的思想、理论和原则立法以及立什么样的法的"应然"性问题。即贯穿在教育法律规范中的指导思想是否科学和正确,是否反映教育的本质和新的时代精神,是否反映特定社会中教育活动的基本特征,能否反映教育权和受教育权的基本要求,等等。为此,就要求教育法学评价教育法律调整的法律效果和社会效果,而不是仅仅为了维护实在教育法秩序的需要。作为教育法的理论、哲学或学问的教育法学的任务,应该是

探求和把握教育法制建设的活动规律,为人们理解、认识、改进和完善教育法提供思维逻辑、批判精神和反思的方法,并通过教育法学的反思性、批判性以及应然性研究的理想性,引导和塑造教育法的发展。教育法学是对法的原理、原则、价值、范畴和规律等法的基本问题的理性思考,对我国教育法律制度的发展走向起着重要的作用。正确的教育法学理论可以引导法律制度向正确的方向发展,错误的教育法学理论则可能把教育法律制度及其创造的制度环境引向歧途。所以说,教育法学的功能不能仅仅是依附性地理解、解释实在教育法的法律规范甚至只是法律条文,不能仅仅局限于对法律操作体系的研究,甚或只是对于法律操作的一种描述性的经验体系。

在教育法学研究者的思维方式中,已有的教育法律规范的内容不一定都是合理的。教育法学相对于教育法来说,应有自己的独立性、反思性和批判精神,不能仅仅作为教育法的解释者而成为其附庸。仅仅为实在教育法的解释和宣传服务,不是完全意义上的教育法学。在教育法与教育法学的关系上,教育法学通过立法过程和研究法律实践,对于教育法的形成、发展、进步产生影响和引导作用。也就是说,教育法学应能从理论和现实出发,直面现实问题,把握时代精神,影响、引导教育法的演进和发展方向。深入现实,理解和解释"实然",通过科学的理性运动创造"应然",从而超越"实然",这就是教育法学的功能。

几乎所有学科领域的专家,都可以对教育领域中出现的问题发表看法。但教育法学工作者对问题的阐述和回答,应该从我们的专业视角和基本理论出发,而不同于非教育法学研究者的回答。教育法学研究要想得到应有的尊重,对相关现实问题的解读和回答,就不应是缺少学科视域的非专业性的"凑热闹"。已有的一些教育法学论文和著作中,有的没有区分教育学概念和法学概念,有些概念过于笼统,缺乏科学的阐述和界定,甚至有的把作为教育法学基本问题的教育权和受教育权混为一谈,等等。这种状况大大地影响了教育法学研究的理论深度、解释力和影响力,不利于发挥教育法学的学科功能。

毫无疑问,教育法学提出问题的基础,应该立足于关注教育法律现实,研究教育法律意识、教育法律规范、教育法律关系、教育法律行为等教育法律现象,但其论证方式应该是抽象的,即在形式上体现为一种抽象的概念运动,通过概念运动反映和概括现实活动,并在把握现实可能性的应然前提下超越现实。教育法学关注教育法律现实的基本方式,应是从学科的问题视角出发,以基本问题为核心,形成问题线索和逻辑框架,从理论上阐明那些影响和决定问题走向的基本原则和理论,形成合乎学科思维逻辑的解决方案。这就要求教育法学应该成为一个学科体系。一般地说,一个成熟的学科不能没有属于自己学科的基本问题、基本概念以及由此而形成的基本理论。

教育法学作为一门学科,应该是一个理论范式。理论范式的运动方式或学术特征,决定了教育法学的一些抽象概念,不一定是出现于教育法律规范中的词汇。如,作为教育法学基本概念的"教育权"和"受教育权",其中"教育权"这个概念,就不是一个法律概念而是法学概念。研究教育法律不能不研究有关教育权的问题。再如,"学术权力"的概念对于研究高等教育组织中的权力关系具有重要意义,但它同样只是一个学理性概念而不是法律概念。也就是说,教育法学相对于它所研究的对象——教育法来说,应有自己独特的学科或问题视域以及抽象的概念运动领域,以教育法学的方式联系和反映教育法的活动,否则就难以成为一门作为学科的教育法学。

教育法学应有属于自己学科的基本问题。概念总是和问题相联系的,没有自己的概念,也就很难说有自己的问题。如果只是使用行政法学的概念来研究教育法的问题,那是行政法学而不是教育法学,因为它表示教育法中只有行政法学的问题而没有教育法学的问题。不可否认,教育法学在很大程度上是通过借用行政法学的概念及其学术范式形成和建立起来的,行政法学的话语体系在教育法学中占据强势地位。但是,如果把教育法学列为一个独立的法学研究部门,那么,它应该像民商法、刑法、宪法与行政法等法学部门那样,有自己独特的话语体系。但是,令人遗憾的是,从话语体系上看,教育法学的研究,至今仍在很大程度上是行政法语境中的一种研究对象的专门化。

当然,这并不是说教育法学的概念和话语,只有独特到使外行人"每个字都认识,但就是不知道什么意思"的程度,才成其为一门独立的学科,而是说,特定的概念和话语是科学地表达教育法学专业知识不可缺少的。

随着学科独立性和学术专业化的发展,教育法学研究的概念和话语选择,有可能形成自己学科特定的概念体系和话语系统。例如教育权的问题、受教育权的问题、学术权力的问题以及美国司法上的"学术节制原则"(Academic Abstention)等,应该说这些才是教育法学的基本问题和专有概念。这些问题和概念,应该说是一个学科具有独立性的反映,也是教育法学知识区别于其他学科知识的重要标志。

从严格意义上讲,教育法学目前尚未成长为系统的理论范式,还没有形成比较成熟和完善的学科建制。之所以这样说,是因为教育法学还没有表现出它应有的、足够的独立品格。教育法学还没有真正建立起属于自己的相对完整的结构体系,包括它的概念体系、理论框架和知识系统。对于教育法学从最抽象到最具体,以及其间的中间范畴的研究都还处于不成熟的阶段。十几年来,教育法学的研究可以说有了很大的进步,有关的学术论文、著作和教材已经不算少。但是,不能不指出的是,无论是在教育立法还是在解决教育法律问题的各种实践活动中,教育法学还不能表现出它足够的影响力和发挥应有的作用。也就是说,教育法学还不能像其他部门法学那样,以自己丰富的令人信服的研究成果去影响和推动法治的发展,教育法学的发展与学科建设仍任重道远。

教育法学在国内外都不是一门"显学",这是由教育法学的学科性质决定的。但教育法学研究内容的适用范围并不因此而受到限制,无论在中国宪法行政法学的研究中,还是在美国公共管理学的研究中,我们都可看到大量的有关教育法律纠纷的判例研究和理论分析,尽管这些研究和分析的学科视角是有差异的。

经过约20年的发展,中国的教育法学迅速成长。与教育法学相关的教学与科研活动日益活跃,师范院校和教育类专业普遍开设了教育法学课程,与教育法学相关的研究文章和书籍日益增多,在全国范围内已经形成了一个从事教育法学研究与教学的专业群体。2000年中国教育学会教育政策与法律研究专业委员会(中国教育政策与法律研究会)的成立以及《中国教育法制评论》的定期出版,极大地促进了这个专业群体的学术交流和学术发展。2006年以来,辽宁省教育学会教育政策与法律研究专业委员会、湖北省教育法律与政策研究会等省级地方学会的相继成立，表明教育法学专业群体的活动和影响正在全国范围内扩展。

四、教育法学的学科建设及其问题场域

在教育学门类的学科中，一些学科的学科特点实际上也不突出。例如"高等教育学"，国内外很多学者不认为它是一门"学科"，只是一个需要运用多学科的理论和方法进行研究的问题领域。那么，教育法学能够成为教育学研究中的一个独立学科吗？能够形成法学研究中的一个独立的法学部门吗？是不是用法学的理论和方法来研究教育法律现象就是教育法学？当我们探讨教育法学的学科功能是什么的时候，问题似乎又回到了它的起点。我们不得不询问自己，探讨这个问题的意义是什么？

一个学科的成长和发展，需要来自它自身逻辑体系的动力，但更为重要的是它的社会需求，是这个学科在适应社会需要过程中所形成的问题场域、结构及其动力机制。就教育法学目前的发展阶段而言，不仅教育法律问题，而且学校场域中的几乎所有法律问题，都在期待着教育法学的解释和回答，教育法学的自身发展与人们对它的期待之间似乎存在着巨大的落差。

这个现象使我们不得不面对这样的困惑：一方面，我们必须不断地思考和探求教育法学的学科逻辑；另一方面，我们又不能拒绝介入学校场域中所发生的那些现实法律问题的研究和解决。或许这也正是那些冠名为"学校法"的教育法学英文著作所面对的相同问题。

一个学科的结构体系是重要的。一些教育法学工作者已经在从事这方面的研究和建构工作。但一个应用性学科的生命力，不是从学科结构出发的，它是社会需要的产物，其赖以存在和发展的基础或逻辑起点，只能是现实生活。作为一个具有显著实践特征的应用性学科，教育法学和其他社会科学学科一样，必须具有强烈的社会关切。这就是说，作为一个教育法学工作者，我们必须研究和回答现实社会中各种有关教育的法律纠纷所不断提出的各种问题。否则，我们就有可能面对诸如"什么是教育法学""教育法学的功能是什么"等

关于教育法学的学科内涵和学科责任到底是什么的问题。

教育法学在学科归类上属于法学学科还是属于教育学科，实际上并不重要。因为教育法学除了其自身发展起来的那些概念和理论之外，不可能不运用法学的各种理论、方法和范式进行研究；也不可能不以教育法律现象和教育法律问题为其特定的研究对象。与之相联系，教育法律的学术研究团体是附属于中国法学会还是中国教育学会，并不妨碍教育法学的学术研究及其社会影响力。

毋庸置疑，教育法学的独有问题，是使其成为一个独立学科的规定性表现。但是，教育法学的问题是教育法律现实的反映。在教育法学的研究中，除了教育法学所独有的问题之外，还有宪法学与行政法学的问题以及民商法学甚至刑法学的问题。这是因为，一个学科的生命力，在于其对社会现实的回应。公法与私法的划分，甚至法律部门的独立与归属，都不应成为教育法学发展的障碍。教育法学除了研究教育权、受教育权等公法问题之外，不能不研究教育活动中的侵权责任问题，不能不研究诸如教育契约、教育债务等非公法问题。也就是说，教育法学研究的不能仅仅是教育法作为公法属性范围内的问题，也不能仅仅是教育法学家之间的"对话"，更不能成为教育法学家个人的"自言自语"。它应为广大的教育工作者和受教育者所理解，能够回答和解决他们迫切需要回答和解决的各种相关问题，成为人们从事教育活动、维护教育秩序、保障在教育活动中的各项权利所需要的工具。只有这样，才能切实显示教育法学知识的作用和其作为一个独立学科存在的实际价值。而这不是仅凭"自说自话"式的专业化所能够实现的。因此，教育法学应成为受教育者和教育工作者所理解和认同的一门学问，成为能够关注他们现实需要的"对话"工具。这既是教育法学的功能，又是教育法学能够使人信服而得以存在和发展的根基。作为教育法学工作者来说，我们进行学科建设的目的，是为了更好地解释和回答现实社会中有关教育和学校的立法、执法、司法以及相关的各种问题。随着教育法律社会需求的提高，教育法学必将发挥越来越大的作用，并在学界和实务界获得更大程度的认同。

分析教育法学的发展状态，有利于我们认识、把握并重视教育法学基本问题和基本理论的研究。对于教育法学研究者来说，这些是实际存在着的经常困扰着我们并迫使我们不得不正视的问题。对这些问题的解释和回答，不仅关系到人们实际写出的那些教育法学著作、文章的内容及其作用的问题，关系到教育法学的学科发展及其功能的发挥，而且有利于建立起与相邻学科的学术分工、学术交流与对话机制。

（本文原载《中国教育法制评论》第 6 辑）

教育法学学科面向社会需要分类培养人才

    法学新学科和教育研究领域新学科的不断涌现,是法学发展和教育研究发展的重要标志之一。伴随中国的经济社会发展特别是中国的法治进程,教育领域中产生和出现了大量新的纠纷和法律问题。同时,这些纠纷和问题也是法学研究、教育研究的新问题与新对象,而研究这些新纠纷、新问题的现实需要,使得法学和教育研究领域增加了一个新的成员——教育法学。教育法学作为一个培养人才的学科专业蓬勃发展的十几年,正是我国法治进步和教育法制建设以及教育改革发展的重要时期,社会实践的发展正在对教育法学提出新的要求,教育法学的人才培养和学科建设面临着不断适应新需要的实践挑战。

    依法治国、依法行政、依法治校的实践发展,对于教育行政管理人员、学校管理工作者提出了必须具备法治理念、权利意识和教育法律政策素养的新要求。理论研究和实践需要的双重推动,推动着教育法学人才培养和学科建设的新发展。

一、教育法学研究与教育法学的学科发展

    教育法学是一门以教育学、法学、政治学、公共政策和公共管理的理论与方法,研究与教育现象、教育活动、教育管理相关的法律政策问题的新兴交叉学科。宏观层面,它研究国家如何运用法律政策手段发展和管理教育、调整教育活动中的各种利益关系;微观层面,它研究学校治理、学校与政府和市场的

关系,以及学校中的师生和管理人员等的权益保障、学校运行中所涉及的法治问题。

教育法学的产生和发展,与教育法治的发展和对学生、教师权益保障的实践需求密不可分。教育法律纠纷引起社会各界的广泛关注,促使教育领域的法治问题及相关的法律政策问题成为法律规范和政策议题的重要部分。涉及这些问题的地区立法、行政执法、司法领域都有相应的专业研究机构以及专业人员对其进行支持。国外对教育法治和教育法律问题的研究已有很长的历史,教育法研究拥有自己的专业组织和专业人员。教育法学作为一门课程和研究项目,主要设置在教育学院或法学院,师资也多具有教育学院和法学院的双聘资格。西方顶尖大学的法学院和教育学院很多开设有教育法、学校法或教育中的法律问题等名称的课程,一些知名大学开设教育法学研究生项目(M.Ed.L.)或学校法暑期项目,教育法及学校法成为各级教育行政人员及学校管理者必须掌握的内容。美国于1954年创立了以教育法律问题为研究重点的协会(NOLPE),1994年转变为研究导向的"教育法学会(ELA)"。

在我国,党的十五大确立"依法治国"基本方略以来,伴随我国经济社会发展与民主法治建设,教育立法进入快速发展时期,新型教育纠纷和诉讼案件不断出现,教育领域里的权利保障和依法行政问题日益突出,我国的教育立法、行政、司法都面临新的问题和挑战。法治成为社会对教育管理的基本要求,"教育法学"在20世纪80年代中期以后逐渐成为教育研究的一个新的重要领域,一些学校先后开设了"教育法律法规""教育政策法规""教育法律政策"等课程。教育法律法规也成为各级各类教师资格获得和新教师上岗的必要培训科目。2000年8月,国务院学位委员会办公室同意中国人民大学教育研究所试办教育法学专业,以"教育法学"名称招收硕士研究生,所培养的研究生按教育学门类授予学位。这标志着教育法学已经明确地作为教育学门类的一个学科专业得以确立和发展,从前期的科学研究和课程发展已经进入到专业人才培养的学科建设新阶段。

教育法学作为新兴的交叉学科,学科体系、培养方案、教学内容等一系列问题都需要创新和探索。近年来,很多高校相继在教育学院或法学院设立了与教育法学学科相关的研究机构,如北京师范大学的教育法律与政策研究所、北京大学法学院的教育法研究中心、中国政法大学的教育法制研究中心、北京外国语大学法学院的中外教育法研究中心、中山大学的教育法律政策研究所、河南师大的教育法律政策研究所、西南大学的教育法律政策研究中心等。这些专门机构的设立,促进了教育法学的教学、科研与人才培养工作在全国的拓展。2002 年,中国教育学会正式设立中国教育法律与政策研究分会,随后一些省级教育法学会或教育法律政策研究会也相继成立。2011 年,北京市法学会设立教育法学研究会;2013 年,中国教育发展战略学会正式成立中国教育法制专业委员会。这些学会组织的成立,不仅受到教育法律政策的教学科研人员的欢迎,而且受到了各级教育行政部门和学校管理人员的普遍重视,会员众多。这些都标志着教育法学学科在教育学界、法学界和教育管理队伍中的影响以及教育法学学科地位的确立和发展。

但是,由于学科专业目录的限制,教育法学的学科建设,除了中国人民大学经国务院学位委员会办公室批准将教育法学作为教育学门类下一个特设的二级学科以外,其他高校大多将教育法学作为一个研究方向,设置在教育学原理、高等教育学或教育经济与管理等不同的教育学和公共管理学二级学科之下,形成了一段时期内各个学校相关人才培养名称各异、培养内容与重点差异较大的人才培养局面。随着我国学位授权制度的改革,一些学校自设了教育法律政策二级学科,但从全国来看,缺乏统一的引导和规范,教育法学人才培养的数量和质量都远不能适应社会的需要。

二、教育法学的学科性质与实践需求特点

教育法学的研究对象不仅包括各种教育法,还包括各种教育法的现象,即基于教育法产生的各种现象以及与教育法相关的各种问题。教育的法治状况,就是教育法、教育法的现象和教育法相关问题的综合性整体性的反映。教育法学以研究教育的法治为己任,通过维护教育法治秩序和保障教育法主体权利以及推进符合法治价值目标的一系列法律制度和基本政策的学理性研究和活动,推动教育法治的进步,促进国家法治目标的实现。毫无疑问,教育法

学的进步以及教育法学所研究的具体法治的进步，与中国法治的进步及其整体价值导向紧密相连。在中国法律制度体系的日臻完善以及中国法治进程大踏步前进的过程中，教育法学及其研究和推动的具体法治，无疑是建构中国法治大厦必不可少的一块砖石。

我国宪法对于公民基本权利的规定，虽然不是采取诸如个人权利、政治权利和社会权利等的分类立宪模式，而是采用了逐条立宪模式，但在我国公民基本权利的宪法安排中，公民受教育的权利显然是作为一种社会性权利或文化教育权利来规定的。所谓社会性权利主要是指自我实现和发展意义上的社会经济权利，这是 20 世纪宪法逐步确定并发展起来的基本权利，包括社会安全的权利、工作的权利、休息和闲暇的权利、受教育的权利、达到合理生活水准的权利或参与文化生活的权利，这是一种具有积极的受益意义的权利，需要国家的干预和帮助方能实现。

公民受教育的社会权利性质，决定了公民受教育权利的实现离不开国家在履行职责过程中的积极作为，为此而依法制定和实施各种政策措施就成为教育领域里重要的政府行为。公民受教育权的保障和国家教育权的正当行使，成为研究教育法律政策的基本问题和重要基点。因此，无论是研究公民受教育权利的实现程度，还是分析中国的教育法治状况，仅仅研究教育法律是不够的，不能不研究国家的教育政策。这不仅因为中国的教育法律还不够健全和完善，还因为中国的教育政策对教育事业发展以及各种教育活动的作用和影响之大，在很大程度上反映并表征着公民受教育权利的保障和中国教育法治的基本状态。

推进和实现中国的教育法治，离不开下列关键性要素：符合法治要求的教育法律体系和政策体系；符合法治要求的教育法律政策关系；符合法律的教育政策内容；符合法律的教育政策制定与实施过程；符合法治精神的学校制度。

中国教育法治的实践状况和改革发展，呼唤着教育法学研究视野的拓展，推动着对教育法律政策的整合研究。实际上，教育法学从其诞生起，就很难说是一门严格意义上的纯法学研究，从法治视角关注教育法律政策的整体及其各种实践问题，是教育法学研究状态和研究范式的一个重要特点。从世界范围来看，不仅普通法系国家的宪法条款、立法机关通过的教育成文法、行政规章和地方学校董事会政策都可成为教育法学的研究对象,而且,从欧洲教育法律与政策学会到中国教育法律政策研究会,教育法学不仅研究教育法律问题,同时也研究国家教育政策和学校制度等问题,因为在教育领域,法律、政策、学校制度共同影响着教育的法治状态。教育法学作为一门新兴交叉学科,具有挑战性,有太多的东西需要研究讨论、阐述和回答。教育法学的任务不仅要告诉人们应该做什么,更重要的是通过自己专业领域的学理分析,不断地对教育法律政策所设定和体现的那些原则、逻辑提出疑问,以理性的精神和逻辑审查现行教育法律政策的理念、规则、制度,并回答教育法律政策实践中不断提出的各种新的问题并寻求解决的方案和方法。

三、教育法学的人才培养

教育法学人才的培养目标应兼顾学术型与应用型人才,进行分类培养。一类偏重学术性的培养目标,培养学生掌握教育法学的基本理论、概念和规范,为学生进行更深一步的学习和研究奠定基础;另一类则应是偏重应用性的,其目标主要定位在面向全国各级教育行政机关和大、中、小学、幼儿园等各级各类教育机构,培养精通教育法律政策的教育管理和学校管理实际工作者,所培养的学生除了掌握最基本的教育法律政策原理外,主要应了解教育规律和学校管理过程,熟悉教育法律政策,以能够实际从事教育管理和处理学校管理中的法律政策事务、问题为培养重点。因为从教育法学的学科特点来说,其既有学术性的一面,更具有应用性的特点。从社会需求来看,虽然需要一定数量的学术型人才从事教育法学理论和问题的研究,但社会更多需要的是既懂教育理论和规律又具备法学思维和法律政策素养、精通教育法律政策的教育管理和学校管理应用型人才。因此,在现有的学术型教育法学硕士之外,有必要设立和开办以培养教育法律政策应用型人才为目标的专业硕士学位,以适应我国建设法治国家的大环境和教育法治不断发展的背景下对提升教育行政管理者和各级各类学校管理者教育法律政策素养的新要求。

在招生方面,应当兼顾教育学、法学及其他各种专业背景的学生。中国人民大学试办的教育法学专业属于教育学门类,授予教育学硕士学位,因此在硕士招生时只能根据教育学的招生要求,主要考查考生的教育学综合知识基础,而对法学、管理学等从事教育法学学习和研究也同样重要的知识基础难以同等考察。这一方面影响了法学、管理学等专业背景学生的报考意愿,同时也在一定程度上影响了后续培养过程的课程和教学。明确区分教育法学的学术型硕士学位和应用型专业硕士学位,使前者面向有志于深入从事教育法学理论研究的考生,后者则主要培养教育行政部门和各级各类学校的实际管理者。前者应在招生考试中兼顾教育学和法学的学科背景,可根据情况由学生选择教育学或法学硕士学位;后者可面向各种学科专业背景的考生,通过专业硕士学位入学考试并通过培养过程获得应用型专业硕士学位,以此有效地根据两种学位的不同培养目标科学设定招生标准和要求。

课程设计方面,应当兼顾教育学和法学两套课程体系。教育法学不仅是一个教育学与法学的交叉学科,而且涉及教育学和法学两个一级学科下的多个二级学科,如学前教育、基础教育、高等教育、职业教育、教育技术等不同层次和类型的教育活动中都有法律问题,教育法律政策问题的学习和研究也涉及多个法学分支学科。虽然教育法经常被归属于部门行政法的范畴,行政法的原理和规范是学习与研究教育法必须掌握的内容,但教育事务的复杂性和学校管理中涉及问题的多样性涉及多个法律部门,使得教育法研究需要了解和运用多种不同的部门法知识,如教育宏观管理的教育法问题需要宪法及宪法相关法的知识基础,学生伤害事故问题涉及民法侵权行为法和刑法知识,教师聘任制度和管理涉及劳动法知识,其他还有涉及知识产权法、合同法知识的问题,等等。这些问题来自教育管理和学校管理的实际,无论是否属于学理上教育法学的学科范畴体系,但的确是教育法学的学习和研究必须面对并解决的。显而易见,单一的教育学院和法学院难以提供如此全面的课程,因此,在教育法律政策的课程和师资提供方面,教育学院与法学院的合作相当重要,国外采用的教育学院与法学院双聘教师制度值得参考和借鉴。

在培养环节方面,应兼顾理论性与实践性,并以能力培养为重点。从理论发展与实践中的问题出发,积极参与教育法治实践,参与各种教育法律政策问题的解决,注重学生的能力培养和训练,采用理论与实践相结合的教学模式,把最新的学术成果和实践问题应用于教学,培养学生的教育法学学科敏感性,强化学生对于教育和法律双重思维的训练,提高学生分析和解决实际问题的能力,让学生在掌握扎实的法学和教育学理论功底的同时,能够运用自如地将两门学科渗透融合,取得实际成效。

区别于教育法学学术型硕士的研究型取向,面向实务工作岗位培养应用型取向人才的教育法学专业硕士,应更加注重能力培养。随着我国法治环境和教育法制的不断完善,政府依法行政和学校依法治校理念与实践的不断推进,学校制定章程并照章办学的实践发展,以及对学生、教师权益保护的进一步重视,社会对教育法学硕士毕业生的需求以及对接受教育法律与政策培养和培训的需求都将进一步提升,教育法学除了学术型硕士之外,发展适应教育管理和学校管理实践需要的专业硕士学位,迫在眉睫,也势在必行。

参考文献

1. 杨海坤:《论我国公民基本权利的宪法安排》,《润物无声·中国宪政之路:北京大学法学院百年院庆文存》,法律出版社 2004 年版。

2. 郑贤君:《基本权利的宪法构成及其实证化》,《法学研究》2002 年第 2 期。

(本文原载《中国高等教育》2014 年第 17 期,本文作者为秦惠民、申素平)

教育类一级学科设置探讨

一、学科设置重要性的理论逻辑和现实意义

本文论及的"学科",是指我国通过行政批准程序设置并颁布的人才培养和学位授予分类,它是组成我国现行学位制度的一个重要部分。我国于1981年施行的《中华人民共和国学位条例》(以下简称《学位条例》)规定,授予学位的高等学校和科学研究机构及其可以授予学位的学科名单,由国务院学位委员会提出,经国务院批准公布。国务院于1981年批准实施的《中华人民共和国学位条例暂行实施办法》(以下简称《实施办法》)规定,"学位按下列学科的门类授予:哲学、经济学、法学、教育学、文学、历史学、理学、工学、农学、医学。"《学位条例》及《实施办法》以法律和行政法规的形式确立了我国学位授予及相应人才培养的分类依据——学科及其划分。基于人才培养和学位授予而设置或划分的学科,其科学合理与否,不仅关系和影响着人才培养及学位授予的质量和效益,而且关系和影响着学科的规划、建设和发展。

当学科作为一种学问的分类或一定科学领域的相对划分的时候,学者的学术兴趣和科学研究不会也不应该受到学科的限制。这也是各种交叉学科、边缘学科能够不断涌现并成为新兴学科的原因。但当学科成为制度的一部分,学科就有可能异化为一种僵硬的制度模式、归类体制或评价机制。由制度所带来的利益导向使得学科演变为对学问表达和学者活动的一种硬性束缚,并成为衡量教学科研活动的效益以及利益分配的一种现实尺度,从而不可避免地导致对正在或已经成长起来的交叉学科、新兴学科的不利影响,使得那些

在体制外形成与发展的学科,在权利和资源配置机制面前,往往不得不面对因合法性而导致的生存危机与发展困境。对这些体制外学科而言,不仅学科与科学不匹配、学科与学术研究和人才培养相脱节的现象难以避免,而且势必在教学、科研、师资配备、物质条件等方面导致学科的发展遇阻或受限。

改革开放以来,学科在中国越来越受到关注,学科这个概念日益具有一种特殊重要的意义。其原因,不是因为诸如"什么是学科""学科与科学是什么关系"之类的学理性问题的意义及其探讨,而更多地是因为学科及其衍生概念(如学科建设、学科立项建设等)在现实生活中被赋予的日益突显的权利性质,甚至成为教育资源分配的一种沉重依托和利益载体。

现行制度体制下的学科,承载着太多非学术的东西,学科设置或划分的调整和变化,不仅影响着相关人才的培养和学位授予,影响着相关学科的建设和发展,影响着以学科为基础的学术组织的设置和调整,甚至影响到相关学校的排名以及学科实力的结构变化。2009 年 6 月,国务院学位委员会、教育部印发了《关于修订学位授予和人才培养学科目录的通知》,本文特为目录中教育类一级学科的调整提出建议方案和论证意见。

作为一个相对独立的知识体系的学科,是一个历史的范畴。学科的变化,是人们基于时代与社会的演变,基于知识的综合、分化、交叉、融合,为适应科学和社会发展的变化需要而进行的适应性调整活动。这是学科服务科学与服务社会双重职能的要求。学科调整正是这种要求的制度性表现。本文的理论逻辑建立在对于教育研究和人才培养历史轨迹的探寻、对于社会需求和已有实践活动的现实认识以及对于未来发展趋势的判断把握基础之上,而不是基于一种对纯理想化模式的探讨和设计。也就是说,学科设置作为规范人才培养和学位授予的一种分类,不可能没有一定的学理逻辑,但这种学理逻辑不应该是书斋式的,而应该基于现有学科的建设和发展,基于我国人才培养的实践状况、社会需求和未来发展。这是本文对学科划分问题进行理论分析的重要前提和基础。正是从这个意义上说,学科作为人才培养和学位授予制度的一项重要内容,必须随着科学和社会的发展以及相应学科的分化、整合及其对人才培养带来的影响,适时地作出相应的调整。

二、教育研究的发展及在师范类与非师范类院校中的特点和优势

自 1978 年恢复研究生教育以来,教育学作为我国硕士和博士学位授予以及研究生培养的一个重要学科,得到了长足发展。不仅传统的教育学科,如教育学原理、课程与教学论、教育史等得到了恢复和加强,教育经济学、教育政治学、教育法律与政策、教育社会学、教育发展与评估、教育服务贸易等新兴交叉学科的科学研究和人才培养,也在这一时期展现出强劲的发展势头。时至今日,教育研究已形成既包括从学前教育到高等教育的关于教师教育、课程与教学等学校教育内部问题的研究,也包括对教育事业发展和管理过程中的经济、政治、法律、政策、管理及社会等与外部相关联问题的研究的新局面。

与教育研究多样化格局的发展历程相似,随着教育与经济和社会发展相互影响的加深,社会对教育类人才的需求日趋专业化和多样化,不同的职业岗位提出了对于专业化的教师和各类教育管理人才的不同的专业要求。传统的教育学人才培养模式已难以满足和适应新时期经济和社会发展对高层次专业化人才的需求。在这种形势下,一方面,原有的封闭于师范教育体系内的传统师资培养模式逐渐改变,一些非师范类综合性高等学校开始参与教师教育,师资培养向开放型体制转变。另一方面,随着我国改革开放的不断深入和依法治国的推进,经济与社会发展对教育事业发展的要求逐步提高,教育发展的公平性问题、公民受教育权利的保障问题、机会平等问题、教育质量问题、教育的国家责任问题以及教育市场、教育的跨境服务贸易等问题日益受到社会的强烈关注,教育决策的科学化、民主化、法治化以及教育行政和学校管理的科学化、专业化日益受到重视,高层次的教育政策分析和研究人才、教育行政和学校管理人才以及教育发展与规划人才等日益受到社会重视。这些人才既需要了解和掌握教育的基本原理、懂得教育规律和教育运作过程,又要能够运用经济学、政治学、法学、管理学、社会学等的知识和研究方法来研究教育现

象和分析教育发展中的问题,而后者正是综合性高等学校的优势和专长所在,因此,非师范类高等学校逐渐在这类人才培养和科学研究方面占据了重要地位。

总体上看,我国现有的教育研究和人才培养,已经从师范类高等学校作为主要承担者的传统格局,发展成为师范类高等学校与非师范类高等学校共同承担、相互影响、各有优势的新发展格局。在教师教育、课程与教学的研究与人才培养方面,非师范类高等学校虽有参与,但师范类高等学校仍是主力军,并因其长期的历史传统、学科积累及与中小学的密切联系而保有明显的甚至是难以超越的优势。在教育管理相关领域的研究与人才培养方面,师范类高等学校虽也在着力加强,并取得了一些重要成绩,如北京师范大学在教育经济、法律及管理方面,华东师范大学在高等教育政策研究方面等都有较雄厚的教学、科研实力。但一个客观事实是,非师范类高等学校不仅在高等学校自身研究及相关问题研究方面逐渐表现出各自的特点,而且在教育研究的交叉学科、新兴学科和边缘学科的发展方面存在着得天独厚的学科优势,可以在相对较短时间内在某些领域形成重要的学术影响,如北京大学的教育财政与经济,中国人民大学的教育法学,北京大学、厦门大学的高等教育管理,清华大学、华中科技大学的高等工程教育研究等,无论在学科建设、人才培养还是学术研究与社会服务方面,都发挥着重要影响和排头兵作用,逐渐形成了自己特有的教育研究和人才培养特色与优势。

改革开放以来,我国的教育研究和人才培养在整体上快速发展的同时,学校覆盖面不断扩大,不仅师范类高等学校从事教育研究和人才培养,而且非师范类高等学校也逐渐加入这一行列,非师范类高等学校中与教育相关的硕士点、博士点从无到有,发展迅速。同时,教育研究和人才培养的学科模式逐渐分化为两种类型:一种是以教师教育或师范教育为目标,以学校教育的课程与教学为主要研究内容的模式;另一种则是以教育管理研究及人才培养为目标,以教育交叉学科为主要研究内容的新兴模式。形成这两种学科模式和发展方向,是改革开放以来教育研究的科学发展、学科建设以及不断满足社会需求和人才培养需要的结果。在这种情况下,我国教育研究和人才培养一级学科的设置,应该作出相应的适应性调整。

三、学科专业目录的调整及对教育研究和人才培养的影响

学科专业目录,是我国学位授予单位(高等学校和科研机构)授予学位的学科、专业划分依据以及上级主管部门的审核依据,即按目录中所列出的学科、专业及其归属的学科门类,授予相应的学位。学科专业目录从其诞生起,就成为国家学位制度的一个重要组成部分,培养研究生的高等学校和科研机构以及各有关主管部门,也需参照学科专业目录制定培养研究生的发展规划,按照学科专业目录的学科专业划分进行研究生的招生和培养工作。学科专业目录还是各级学位委员会组成学科评议分组以及依照权限划分审批博士或硕士学位授权点时学科专业的划分依据。

1981年,为了审批我国第一批博士和硕士学位授予学科、专业点的需要,教育部汇总和参照国内外设置学科专业的情况,组织拟定了第一份《高等学校和科研机构授予博士和硕士学位的学科、专业目录(草案)》,经1981年国务院学位委员会学科评议组第一次会议讨论修改,形成了《高等学校和科研机构授予博士和硕士学位的学科、专业目录(草案)(征求意见稿)》。从1982年开始,按此学科专业目录招收培养研究生。[①] 此后,国务院学位委员会又组织进行了修订,于1983年公布了《高等学校和科研机构授予博士和硕士学位的学科、专业目录(试行草案)》。在试行和组织修订的基础上,国务院学位委员会又分别于1990年和1997年两次批准公布施行新的学科专业目录。

从1990年颁布的学科专业目录起,学科专业目录的名称正式改为《授予博士、硕士学位和培养研究生的学科、专业目录》。在1983年公布的《学科、专业、目录(试行草案)》[②]中,教育学一级学科下设14个二级学科,包括教育

---

① 参见吴镇柔等:《中华人民共和国研究生教育和学位制度史》,北京理工大学出版社2001年版,第105页。

② 国务院学位委员会办公室、国家教育委员会研究生司:《学位与研究生工作文件选编》,北京航空航天大学出版社1988年版,第77页。

基本理论(含马列主义教育理论研究、毛泽东教育思想研究、教育哲学)、教学论、德育原理、中国教育史、外国教育史、比较教育学、特殊教育学、幼儿教育学、成人教育学、高等教育学、教材教法研究、教育科学研究法(含教育统计、教育测验、教育实验)、教育经济学、学校管理与领导。其中,除学校教育或教师教育相关学科外,教育管理相关学科有两个:教育经济学、学校管理与领导。1990 年修订颁布的学科专业目录①对教育学一级学科下的二级学科进行了调整和增加,数量从 14 个增加为 16 个,教育基本理论调整为教育学原理(含教育社会学),撤销了教材教法研究,增加了学科教学论、教育技术学、职业技术教育学,教育管理学替换了学校管理与领导。在 16 个独立设置的二级学科中,教育管理相关学科仍为两个:教育经济学、教育管理学;教育社会学则以加括号的方式被明确包含在教育学原理中。1997 年修订颁布的学科专业目录增加了管理学学科门类,将教育学中的教育经济学和教育管理学合并为教育经济与管理归入公共管理一级学科,授予管理学或教育学学位。同时,教育学一级学科下的学校教育或教师教育相关学科,合并为 10 个二级学科:教育学原理、课程与教学论、教育史、比较教育学、学前教育学、高等教育学、成人教育学、职业技术教育学、特殊教育学、教育技术学(可授教育学、理学学位)。

从先后颁布的学科专业目录来看,教育学一级学科下的下列二级学科是稳定不变的:教育学原理(或教育基本理论)、教学论(或课程与教学论、学科教学论)、教育史(或中国教育史、外国教育史)、学前教育学(或幼儿教育学)、比较教育学、高等教育学、成人教育学、职业技术教育学、特殊教育学、教育技术学。这些学科基本都属于学校教育或教师教育相关学科。而与教育管理相关的学科先后在学科专业目录中出现过的有:教育经济学、学校管理与领导、教育管理学、教育社会学。

在现行学科专业目录中,教育学一级学科下是清一色的学校教育或教师教育相关学科专业,没有教育经济学、教育政治学、教育社会学、教育法学、教育政策学、学校管理与领导等和教育管理相关的交叉学科。这种状况,导致这

---

① 参见秦惠民主编:《学位与研究生教育大辞典》,北京理工大学出版社 1994 年版,第737 页。

些与教育管理相关的交叉学科的人才培养,在一些学校中只能挂靠在教育学一级学科下的学校教育各专业,从而出现人才培养的专业内容相同,但挂靠的学科不同、名称各异的情况,如教育经济学、教育法学专业,有的挂靠在教育学原理专业,也有的挂靠在高等教育甚至挂靠在教育史、成人教育、职业技术教育等专业中;或者是专业名称相同,但人才培养的学科专业内容——理论基础和教学科研内容迥然相异的情况。教育管理交叉学科人才培养的名称与内容名不符实的现象,在各高等学校莫衷一是,五花八门。这种状况充分说明,这一学科专业目录没有兼顾教育研究既包括对教师教育、课程与教学等学校教育内部问题的研究,也包括对教育发展和管理过程中的经济、政治、社会、法治等外部问题研究的区别和联系,没有给予后者以应有的地位和发展空间,不仅对教育经济、政策、法律等教育管理学科的发展不利,同时,也因挂靠导致的专业名称与人才培养实际不符,对教师教育、课程与教学的学科发展也有所冲击和影响。这个现象表明,现有的"教育学"一级学科已经不能适应改革开放以来教育研究和人才培养的发展需要,难以兼顾学校教育和教育管理两个学科的区别,亟须加以改变。

四、分别设立"学校教育"和"教育管理"两个一级学科的建议

教育研究和人才培养在理论和实践逻辑上可以分为两个部分:一个以培养各级各类教师为目标,以各级各类教育的课程与教学为主要研究内容,以教育学和心理学为共同学科基础;另一个则以培养教育管理人才为目标,以教育与经济、政治、社会等的相互关系以及教育事业发展、法律政策和管理为主要研究内容,以教育学与经济学、政治学、法学、管理学、社会学等形成交叉性的学科基础。两个一级学科既有明确区别,又都以教育为共同的研究领域或研究对象,相互间存有密切联系的现实。有鉴于此,建议撤销"教育学"一级学科,增设"学校教育"(或称"教师教育""师范教育")和"教育管理"两个一级学科。"学校教育"一级学科下除保留原有二级学科外,增加基础教育学作为

新的二级学科。在"教育管理"一级学科下增设教育经济学、教育法律与政策、教育行政与学校管理、教育文化与社会、高等教育管理、教育发展与评估、教育市场与服务贸易等7个二级学科,具体建议及理由如下。

(一) 增设"学校教育"(或称"教师教育")一级学科,所属学科门类为教育学

第一,该学科以各级各类学校的教师教育和学生学习为中心,关注和研究学校的课程设置、教材编写、教学方法、教师培养以及学生学习经验的研究与教学。

第二,该学科的人才培养和学位授予主要由师范类高等学校承担。在英美国家的高校中,该学科是教育学院或教师学院的主干学科,多以教学、教师教育、学习与课程研究作为主体,跨越从学前教育到高等教育、从普通教育到职业教育、特殊教育等不同的层次和领域。

第三,该学科围绕教师教育和学生学习的主线,主要研究方向和内容是与此相关的各级各类学校的课程设置与改进、教材内容的选择与编写、教学方法的设计与改进以及学生学习经验等。

第四,该学科的主要理论基础是教育学原理和心理学,后者包括教育心理学和儿童心理学,以及其他教育阶段学生的心理学。

第五,该学科的相关学科主要有两个:一个是学科目录中教育学门类下的"心理学"一级学科,心理学在很大程度上构成了课程与教学的基础,但两者的研究目的不同,课程与教学是以教师如何更好地教或学生如何更好地学为目标,心理学只是其理论和方法论基础。另一个是在教育学门类下增设的"教育管理"一级学科,教育管理与学校教育的研究领域都是教育,都以各个层次和各种类型的教育为研究领域,但两者的学科基础和培养目标却有很大差别。

第六,该学科本身有其稳定的就业领域,随着社会发展和公民对教育质量要求的提高,我国对硕士和博士阶段的高层次专业化教师的需求将会大大增加,同时,也需要一批高层次人才在教师教育中发挥更大作用,因此,该学科毕业生的就业前景比较乐观。

第七,该学科是教育学领域的传统学科,是社会维系和发展必然要存在的学科。在满足公民基本的受教育机会基础上,如何更好地提高教育的质量,如何根据学生的身心特点与文化背景给予其更适当的教学,是教师教育发展的客观需要,也是该学科不断发展的社会基础。

第八,该学科下可归属的二级学科:(1)教育学原理:学科基础;(2)教育史:学科基础;(3)课程与教学论:学科的理论基础;(4)学前教育学:学前教育的教师教育;(5)基础教育学:中小学教师教育;(6)高等教育学:高等教育的教师教育;(7)成人教育学:成人教育的教师教育;(8)职业技术教育学:职业技术教育的教师教育;(9)特殊教育学:特殊教育的教师教育;(10)教育技术学:教师教育技术。

(二) 增设"教育管理"一级学科,所属学科门类为教育学

第一,该学科以培养教育管理和政策研究人才为中心,侧重于教育发展和管理过程中各种经济、政治、法律、政策及社会问题的分析与研究,属于教育的交叉学科研究领域。

第二,该学科的人才培养由非师范类综合性大学和各级各类师范院校共同承担。现存的问题主要是由于该学科在现有学科目录中没有合法地位,因此,名称较为混乱,人才培养和学位授予挂靠学科五花八门,学科发展和相应的教学、科研受到很大的制约和不利影响。

第三,该学科在英美国家多称为教育管理与政策,是与"教师教育""学校教育"或"课程与教学"并列的另一个重要学科,与经济系、法律系、社会政策系或社会学系等的研究有所交叉。在国内,各高校对该学科的设置不统一,有的将其设置在教育学原理二级学科下,有的放在高等教育甚至教育史二级学科下,也有的放在公共管理下的教育经济与管理中,发展势头总体强劲。

第四,该学科围绕教育发展和管理过程中的各种经济、政治、社会、政策、法律等问题,主要研究方向和研究内容是与此相关的教育经济与财政、教育法律与政策、教育行政与学校管理、教育文化与社会、高等教育管理、教育发展与评估以及教育市场与跨境服务贸易等。

第五,该学科属于交叉学科,其基础理论和方法论基础广泛,除了教育学

以外,还涉及经济学、法学、政治学、政策学、管理学、社会学、文化学、人类学、统计学,等等。

第六,根据学科交叉对象的不同,该学科的相关学科包括经济学、法学、政策学、管理学、社会学、文化学、人类学等。教育管理与学校教育在研究对象上部分有重叠,但总体的研究重点和针对性不同,研究的视角也各有差异。

第七,教育是国家行政和公共管理的重要组成部分,教育发展及管理过程中的大量问题都需要以法治为前提的科学决策和管理。该学科是教育与其他人文学科以及社会科学交叉而形成的新兴学科,发展空间较大,前景很好,社会对教育管理和政策研究的高层次人才需求会越来越旺盛。

第八,该学科下可归属的二级学科:(1)教育经济学:运用经济学的理论与方法分析教育发展和管理中的财政、经费、人力资本等各种问题;(2)教育法律与政策:运用法学、政治学、政策学、社会学和教育学的理论与方法分析教育管理过程中的各种法律和政策问题;(3)教育行政与学校管理:运用政治学、管理学和教育学的理论与方法分析教育行政和学校管理中的各种问题;(4)教育文化与社会:运用政治学、社会学、民族学、文化学、人类学和教育学的理论与方法分析多元文化教育、教育社会学以及国际教育交流和比较教育等问题;(5)高等教育管理:运用政治学、法学、管理学、社会学和教育学的理论与方法分析和研究高等教育和高等学校管理中的各种问题;(6)教育发展与评估:运用多学科的理论、方法与技术进行教育发展战略和规划以及教育质量的评估研究;(7)教育市场与服务贸易:运用经济学、法学、管理学、国际关系学和教育学的理论与方法分析研究国内、国际教育市场以及国际教育服务贸易相关问题。

(本文原载《教育研究》2009 年第 9 期,本文作者为秦惠民、申素平)

高等教育价值与大学
理性和功能

高等教育的价值及其实现

——纪念《中国高教研究》创刊 30 周年随感

一

　　《中国高教研究》创刊 30 年了。这 30 年,是《中国高教研究》见证我国高等教育发展及其研究逐渐成长的 30 年,也是《中国高教研究》本身由弱到强逐渐壮大的 30 年。30 年里,《中国高教研究》助推了我国高等教育实践的发展进程,也推动和展示了关于高等教育价值及其实现问题的探讨和研究进展。

　　1985 年创刊之时,适逢《中共中央关于教育体制改革的决定》发布,《中国高教研究》(原《高等教育学报》)就此进行了及时的解读与评论。此后,无论是国家重要的高等教育政策文件出台,还是相关法律法规问世,抑或是国家采取推动高等教育发展的战略举措,《中国高教研究》作为中国高等教育学会的会刊,总能在第一时间启动和组织开展对相关理论问题的研究探讨,为我国的高等教育实践出谋划策、引导借鉴。从创刊伊始,《中国高教研究》即非常注重对我国高等教育实践的关照与探索。但在初始的一段较长时间里,这种探索曾呈现出单一和呆板的面孔:文章论题范围与稿源渠道相对狭窄,官样文章、工作总结式文章甚至领导讲话稿占据了较多版面,文章观点一般不出政府文件的范围,甚至常常表现出多篇一律的倾向,等等。经过 30 年的实践探索、锤炼和调整,《中国高教研究》紧跟时代步伐,坚持客观、公正、科学的立场,日益形成理论性与实践性并行、学术性与政策性兼顾、引导性与争鸣性共存的鲜明特色。翻开近些年的《中国高教研究》目录,读者看到的是日益丰富的题材涉猎、愈加强烈的实践关切、渐趋深入的理性探究和切磋商榷的观点碰撞,一种活泼而又博大、包容的气象逐渐显现。

2013年4月,由中国科学评价研究中心、武汉大学图书馆、中国科教评价网联合发布的《中国学术期刊评价研究报告(2013—2014)——RCCSE权威、核心期刊排行榜与指南》中,《中国高教研究》获评"教育学"类A+期刊(权威期刊),位列第3。2014年12月,由清华大学所属中国学术期刊电子杂志社和清华大学图书馆联合设立的中国学术文献国际评价研究中心研制并发布第三个年度报告,《中国高教研究》入选"2014中国最具国际影响力学术期刊(人文社会科学)"。这些肯定性的好评次第而至,无疑是给予《中国高教研究》30岁生日最好的贺礼。

而立之年,《中国高教研究》已经开拓了一片备受业界瞩目的学术园地,通过多元立体的切磋与争鸣,以其自信与开放的叙事方式,努力彰显着高等教育及其研究的价值。对于高等教育价值及其实现的探讨,是一个常辩常新的话题,在《中国高教研究》创刊30年这样一个具有历史意义的日子,以对这样一个话题的讨论来纪念,或许可以作为一种兼具回顾与反思式的主题致贺吧!

二

高等教育的发展历史,实际上是一个以坚持自身价值为基础而在价值实现形式上不断地进行修正与创新的过程。当今世界,高等教育越来越多地通过服务社会体现其价值。无论是处于高等教育大众化进程中的中国,还是在高等教育已较为普及的西方发达国家,高等教育都与现实社会有着密切的联系。正因如此,大量高等教育研究充满浓郁的实践气息,无论这些研究是从宏观层面进行世界高等教育史考或是探讨发展趋势、进行高等教育国际比较、探讨高等教育理念创新与变革或研究高等教育战略规划及其实施,还是从中观层面研究大学及其利益相关者共同体的构建、高校治理结构的设计或改革、大学学术权力与行政权力的平衡、大学自主权的争取或维护,抑或是从微观层面探讨高等教育人才培养模式架构、专业与课程改革、师资队伍建设、大学教师发展、教材规划设计、教学方法及手段创新，等等，都直接或间接地表现出对现实问题的关切。从表面上看，这种关切更多和更直接的内容是在探究如何解决高等教育自身面临的问题，但其解决问题所依据的准则以及最终的指向却在教育之外，其隐含的潜台词是：高等教育应该如何认同和调整自己，才能更好地服务于置身其中的社会现实乃至参与对潜在问题的解决，并通过这一服务过程实现高等教育的自身价值。

早在 20 世纪初，以 1904 年"威斯康星思想"的提出为标志，美国实用主义教育崛起，服务社会开始成为与教学和科研相提并论的高等教育基本功能。经历两次世界大战，高等教育的重要作用进一步被世界各国所深切认知，美国、法国、德国、英国、加拿大、意大利等国都出台政策，推动高等教育向着能够为经济提供更直接服务的方向发展，以期推动国民经济的恢复和腾飞，事实上也的确取得了明显的成效。这些国家政策所表现出来的共同特征，就是明显加大了对于技术应用类教育的支持[①]。正是在这一过程中，高等教育的价值实现形式获得重大转型。到 20 世纪八九十年代，西方发达国家再次掀起有关高等教育改革的争论和热潮，丹麦、法国、荷兰、德国、日本、瑞典等多个国家纷纷通过立法、制定相应政策以及改变财政拨款等手段，强化对高等教育的政府支持和干预，进一步调节高等教育发展对于经济市场的适应关系[②]。

进入 21 世纪，世界各国的高等教育战略规划，愈发强化了推动和促进其服务经济社会发展的态势。高等教育成为当今世界各国经济和社会发展的重要国家战略之一。2006 年 9 月，《美国高等教育未来规划》出台，旨在引领美国未来 20 年高等教育走向；2007 年 5 月，美国联邦教育部发布《2007—2012 年战略规划》。美国总统奥巴马提出，欲在 21 世纪继续保持全球领导地位，美国必须自强，只有教育比别人强，竞争力才能比别人强。欧盟各国的动作丝毫不逊于美国。2003 年 3 月，德国联邦政府提出《2010 年议程》，把教育的改革与发展看作推动经济发展、增加就业、激活创新力的重要举措。德国政府明

---

① 参见王义智、李大卫、董刚、张兴会主编：《中外职业技术教育》，天津大学出版社 2011 年版，第 886—1213 页。

② 参见[荷]弗兰斯·F.范富格特：《国际高等教育政策比较研究》，王承绪等译，浙江教育出版社 2001 年版，第 396—440 页。

确提出，到2020年德国将成为世界上"最适于研究的国家"，确保科研水平和经济竞争力处于世界领先地位。2007年10月，英国首相布朗在新政府教育施政纲领中提出，英国的抱负是建立"世界级"的教育体系，成为全球教育联盟的领头羊。2010年3月，欧洲理事会春季峰会审议《欧盟2020战略》，其基本思路是以教育促创新、以创新促增长、以增长促就业、以就业促和谐，同时教育本身也要直接发挥作用。欧盟认为，欧洲要想发展成为世界上最繁荣和最具活力的经济体，就必须鼓励竞争，在国家和欧洲两个层面建立起高水平的教育体系。日本制定了21世纪科学技术创造立国和文化立国两大战略，历届内阁都把教育改革列为社会整体规划的重要议题。2004年12月，日本中央教育审议会在《高等教育未来展望》报告书中构想了2015—2020年间日本高等教育的状态。俄罗斯继承了苏联发展国民教育几十年形成的"发展教育，立法先行"的显著特点，将发展教育的政策法律作为国家政策法律体系中的重要领域专门部署。21世纪初，联邦政府连续颁布了《2020年前的俄罗斯教育——服务于知识经济的教育模式》等一系列重要教育法令和纲领，提出重建俄罗斯教育体系应该在培养新一代专业人才方面起到决定性的作用。2007年12月，作为发展中大国的印度提出"全纳性增长"的发展理念，提出到2012年高等教育毛入学率达到15%，新建30所中央大学，做到每个邦有一所中央大学，并创建14所世界一流大学，增强印度高等教育的全球竞争力①。

尽管世界各国国情各异，但在对待高等教育的问题上都表现出了高度一致的重视态度。各国政府都试图通过日益增强的支持和干预来推动高等教育的发展，进而促进科技、经济和社会的发展与国力强盛。发展高等教育被提升为国家战略，即使在一直标榜教育自由主义的英国和美国也没能例外，高等教育正在被赋予前所未有的国家责任和社会期盼。然而，对于高等教育通过紧密联系社会实现其价值的趋向，非议和反对的声音始终存在。反对者认为，高等教育正在日益被市侩的社会需要所绑架而变得越来越庸俗和功利。他们主张，为了维护追求真理的神圣使命，高等教育应遵循自身的逻辑去发展，应该

---

① 参见周满生：《21世纪教育决策的有效工具和自觉行为：看世界各国如何制定教育战略规划》，《中国教育报》2009年1月21日。

和社会保持距离。从 20 世纪 70 年代以来,在当今美国主流政界享有绝对优势的新保守主义者大声疾呼,"'有必要在我们中间建立一所不那么通俗的大学,求真理胜于求生存、求怜悯,能够抗拒强硬的要求和各种诱惑,能够免受势利熏陶而坚持自己的标准。'大学必须抗拒那种事事为社会服务的倾向;作为众多利益集团中的一个,大学必须随时警惕自己的利益由于人们要求它更加实用、更为适应现实、更受大众喜爱而受到伤害。这就是说,大学应该把长远的问题作为中心"①。

<h2 style="text-align:center">三</h2>

事实上,在越来越多地表现出为社会实践和社会发展服务的价值倾向的同时,高等教育的确仍然保持着与其他社会组织迥然不同的另外一面。曾任美国加州大学校长的克拉克·科尔做过一个统计,发现 1520 年以前在西方世界建立的机构中,历史不曾中断,至今仍以其公认的形式、相似的功能存在着的绝大部分是大学,而诸多追逐经济利益与政治权力的曾经显赫的机构则大多在历史长河中消失了。② 相较于各种营利及非营利机构等其他社会组织,大学能够以独立的形态自立于世,虽历经变迁而仍然矗立,所仰仗和依赖的是高等教育价值的基本内涵——大学理性,"正是大学理性以其内在的执著与坚韧构成了大学生存与发展的基本方式"③。大学理性是大学得以产生、存在与发展的根基所在,两者是一种不可分割的伴生关系。即便是在大学貌似已经深刻融入社会生活的当下,如果有人试图对此予以否认,那无异于"冒天下之大不韪",必将瞬间成为众矢之的而招致"秒杀"。

那么,何为大学理性? 大学理性为大学罩上了一层神圣的光环,赋予大学一种卓尔不群的超然意蕴,也让大学变得神秘。为尽可能清楚地理解这一概

①　张斌贤、刘慧珍:《西方高等教育哲学》,北京师范大学出版社 2007 年版,第 364 页。

②　参见[美]克拉克·科尔(Clark kerr):《大学的功用》,陈学飞等译,江西教育出版社 1993 年版,第 107—108 页。

③　张学文:《大学理性研究》,北京师范大学出版社 2013 年版,第 6 页。

念,有必要作一简单梳理。大学理性脱胎于理性,理性起源于古代西方的"逻各斯(logos)"和"努斯(nous)",逻各斯指理性的逻辑规范性,具有不以人的意志为转移的客观规律性;努斯则指理性的自由超越性,是人寻求以自身为目的的有意义的生活。可见,古代西方哲学的理性,指的是客观规律性与自由超越性的统一。亚里士多德认为,天性、习惯和理性是能够使人善良而有德行的三样东西,但它们并不能自然地和谐统一,因而,需要通过立法和教育使天性和习惯接受理性的领导;并提出了"白板说",主张人的灵魂如同白板,经过教育之后形成对各种感觉的综合。西方古老的理性概念以原初形态奠定了后世理性主义的传统,也蕴含了大学理性的萌芽。古希腊之后,在欧洲的中世纪,托马斯·阿奎那建立起庞大的经院哲学体系,成为中世纪大学的重要学习与研究内容。经院哲学肯定自然理性的作用,但又在其之上提出了"超理性"的概念,即认为很多知识只能通过"神启"才能获得。此后,西方爆发了文艺复兴和启蒙时代两次社会性的思想解放运动,社会主流思想从神性转移到人性,最终又回归理性;而理性本身,又经历了天赋理性与经验理性的争辩。理性主义启蒙哲学的巨匠康德,"给德意志的精神加上了能够想象到的最严格的理性的约束"[①]。康德的纯粹理性崇尚人的自由,但必须以道德律令为约束;康德的实践理性以寻求终极的本原和意义为旨趣。康德认为,大学与其他组织有真理与权力的不同,在"学者共和国"中,人们服从的是真理与证据,教学与科研只接受理性立法的约束。康德的自由观以及在此基础上形成的有关国家和大学的基本观点,通过威廉·洪堡等人的传播,深刻影响了19世纪以后的德国大学以及世界其他大学的发展。洪堡将康德的思想发扬光大并切实运用到实践,他提出,大学的任务主要有两项:一是对纯科学的提倡与追求,一个是个性与道德的修养;他创建了著名的柏林大学,并确立了学术自由及教学与科研相统一的重要原则。黑格尔提出了思辨理性,他所主张的达到善的目的,已经超越了内在的东西,是只有通过扬弃外在世界的规定才能实现的意志,是对外部世界的现实性的要求。康德和黑格尔的思想,使西方对理性的探寻形成了一个较为完整的过程;而洪堡则把理性的大旗高高地插到大学的城堡之上。

---

① 张斌贤、刘慧珍:《西方高等教育哲学》,北京师范大学出版社2007年版,第1页。

不同时代不同国别占据统治地位的哲学思潮，无不对当时的大学理性产生深刻影响，从而使大学理性呈现出明显的历史性特征。

我国古代所称的理性指的是社会伦理规范，与西方所说的自然规则、绝对知识有着本质区别。因此，我国学者在探究大学理性的问题上少有沿袭中国古代对于理性的习惯理解，而是接受和认同西方学者关于大学理性概念的使用及其内在规定性。蔡元培是我国秉持大学理性推动高等教育改革较为成功的典范，他提出了以"思想自由，兼容并包"为核心的高等教育理论，开展了具有划时代意义的高等教育实践，从而造就了其在北大乃至在中国高等教育史上的辉煌。受我国近代以来社会动荡、民族危难和救亡图存的历史发展影响，我国学者对于高等教育价值及其实现形式的追求，逐渐表现出了与西方学者不同的特征：一方面受西方影响高举理性大旗，为大学寻求绝对真理、终极意义鼓与呼；另一方面又继承我国传统的"经世致用"思想，试图在哲学层面和实践领域之间寻求对接。他们往往根据论证命题的需要，对理性作进一步细化的区分，比如工具理性、政治理性、经济理性、实践理性、认知理性①，观念理性、学术理性、制度理性、文化理性、管理理性②，组织理性、价值理性、生命理性、行动理性③，等等。这些理解总体上没有脱离对理性概念作出形而上的哲学解读，同时表现出适应形而下的实践操作与运用需要的趋向。

拨开层云密布的面纱，剥去盘根错节的纠缠，可以看到大学理性最为本质的内核，即"追求真理"。无论是对于大学本身运行规律的探寻，还是对于人类生命与生活意义的满足，抑或是科技创新、推动文明发展以及对于外部世界现实需求的关照，都必须以追求真理为前提和基础；无论研究者是唯心地将"真理"理解为先验的绝对观念，还是唯物地将"真理"理解为客观的自在之物，在"追求真理"的底线上，大家都能够达成一致。弘扬理性，追求真理，这才是大学得以区别其他一切社会组织的本质特征。现代意义的大学从欧洲中世纪诞生以后，更加明确地坚守着大学理性的信念。尤其是威廉·洪堡确

---

① 参见展立新、陈学飞：《理性的视角：走出高等教育"适应论"的历史误区》，《北京大学教育评论》2013年第1期。

② 参见眭依凡：《理性捍卫大学》，北京大学出版社2013年版，第51—67页。

③ 参见张学文：《大学理性研究》，北京师范大学出版社2013年版，第125页。

立了大学的两大重要原则,进一步强化了大学对于保持独立、追求真理的秉性的坚持,因为在高等教育古老而传统的语境之下,从事教学和科研本身就是一个研究、批判、传承和扬弃高深知识的过程,也就是一个坚持和弘扬大学理性的过程。

可见,恰是大学理性规定了高等教育的本质功能及其特征。既然如此,关于弘扬理性是高等教育价值主要实现方式的观点是否能够获得一致赞同?实则不然。从西方中世纪开始,对于大学理性的执着坚守,逐渐使大学演变成为能够与教会和世俗王权共同维护社会秩序、促进公众生活的重要力量,但也滋养着大学慢慢培养起了一种超然世外的"贵族"气息。"象牙塔"的称号由此产生。随着两次资产阶级工业革命的勃兴,整个资本主义世界的社会结构发生了翻天覆地的变化,作为占据着重要社会资源的独立组织,那些固守传统的大学开始受到前所未有的指责。著名的实用主义教育家杜威即提出,"普通教育应彻底抛弃它高高在上、脱离社会需求、脱离学生未来工作生活实际的传统,彻底摆脱它迂腐、无用的形象,更多地承担起社会责任"[1]。指责同样来自政府和社会各界公众,人们批评大学不能适应形势的变化,对于社会的发展置身事外。这种指责一直延续至今。

四

综上所述,一种相互矛盾的现象凸显出来。作为一项重要功能同时也是一种价值实现形式,服务社会已成为高等教育本身和社会公众的"共享观念"而被普遍接纳,高等教育由此与外部社会环境形成交融共生的密切关系,以至克拉克称大学为社会的"轴心机构"[2]。然而,对此的批评者有之。作为高等教育赖以生存、发展并持续绵延的根本依据,大学理性这一高等教育的价值源泉,自古至今即为高校所执着坚持、固守和弘扬,从而使得大学成为各种社会

---

① 王川:《西方近代职业教育史稿》,广东教育出版社2011年版,第366页。

② [美]伯顿·克拉克:《高等教育新论》,王承绪等译,浙江教育出版社1998年版,第45页。

组织当中具有独特秉性的重要力量。直到今天,以秉持古老学术传统为标志的牛津大学、剑桥大学、柏林大学仍然饮誉全球,大学理性也仍然是高等学府所执着的价值追求和崇高理想。然而,对此的批评者亦有之。一个有趣的逻辑循环现象是,两种批评的声音有时竟然互为依据:批评高等教育不能独立于社会现实的声音,往往指责其背离了大学的固有追求;而批评高等教育过于迂腐亟须改革的声音,又往往指责其脱离社会的现实需要。高等教育该向何处去? 究竟应该由谁来主导大学的前进方向? 一面是对大学理性的坚守,一面是对服务社会的冲动,两者之间究竟是怎样的关系? 应该怎样正确认识这种关系? 让我们来做两个假设。

第一个假设:如果没有社会的需求,高等教育能否产生? 回答是否定的。无论是回溯到大学萌芽状态的古希腊,还是现代大学形成时期的中世纪,大学的形成史表明,大学是基于社会的需要而应运而生的。古希腊的学园等教育场所或教育方式,通过文法、修辞、辩论等"七艺"的训练,能够较好地满足培养统治、商贸、诉讼人才的社会需要,因而受到推崇。中世纪大学通过文、法、神、医四科训练,满足城市生产、交换和社会生活的需要,通过从教会或世俗王权获得"特许状"而立足并逐步发展起来,表现出极强的职业性特征。可以说,高等教育是承载着服务社会的使命诞生的,服务社会是高等教育产生的"发动"机制。

第二个假设:如果没有独特秉性,高等教育能否生存和发展? 在这个问题上,相信任何学术派别都会作出否定的回答。如果其他社会组织已经具备高等教育的功能,高等教育机构就不会产生;如果高等教育的功能可以为其他社会组织所替代,高等教育机构就难以生存和持续发展。那么,高等教育的独特之处何在? 这就是高等教育对高深知识或者说对客观真理的探索,以及由此延伸出来的对真理的保存、传承、推广、运用等功能。由于真理具有客观实在性,所以,要求高等教育对于真理的探索必须尽可能摆脱一切外在的干扰,这正是高等教育发展所应遵循的规律。由此,在 19 世纪洪堡确立的重要原则的基础上,美国学术界于 20 世纪三四十年代又完整地提出了"3A"原则,即学术自由(Academic Freedom)、学术自治(Academic Autonomy)和学术中立(Academic Neutrality)。所以,理性是高等教育的灵魂所在,无理性,无大学。

由此可见，高等教育基于自身价值，对社会需求的满足和对大学理性的弘扬是一个统一于价值实现的同步过程；不仅如此，在高等教育漫长的历史发展过程当中，两者之间结成了密不可分的关系。高等教育服务社会，既可以间接提供，亦可以直接提供。所谓间接提供服务，又可以区分为两种情况：其一，高等教育通过培养社会所需要的人才，为生产、生活及休闲等社会活动提供人力资源支持和储备；其二，高等教育通过科学研究揭示自然、科技、社会与人文领域的基本规律，为生产、生活及休闲等社会活动提供理论和认知性产品，创造知识基础和科技条件。所谓对社会直接提供服务，即高等教育机构直接提供满足生产、生活及休闲等社会活动所需要的产品或服务。两种服务提供方式中，间接服务是传统的较常态化的提供方式，而直接服务往往具有特殊性或者适应特殊需要。随着高等教育服务社会规模的扩展和深入，提供直接服务的方式正在日益受到社会的鼓励和支持。无论哪种服务方式都离不开一个共同的前提，或者说都蕴含着一个共同的精神内核，即对于客观真理的探寻和掌握。高等教育对于真理探寻和掌握的程度，从深层意义上影响着高等教育满足社会需求的程度。反之亦然，高等教育服务社会的实践，是对高等教育理性探索成果的运用、检验，同时为新的探索提供了需求导向和服务提供途径。总之，高等教育服务社会与弘扬理性构成了一个"理论与实践的连通器"，两者分执两端，却在底部内在通连；两者互相制约、互相影响；其趋势是最终达成平衡，但由于其间极其复杂的转换机制，这种平衡需要漫长的过程才可能实现。

既然如此，论争从何而来？论争的存在，反映了从理论意义上应该密切联结的两个方面在实践展开过程中的某种分裂。高等教育服务社会是其生存和持续发展的实践基础，是高等教育价值的重要实现形式。然而，当高等教育基于局部的、短视的利益诱惑而偏离甚至放弃自己的应有价值，就有可能对社会整体的、长远的利益造成损害，就有可能丧失高等教育的基本社会功能，高等教育的价值实现也就落空。反之亦然，大学理性是高等教育用以表征自身社会存在的根基所在，必须理直气壮地坚守。然而，当高等教育沉浸于对客观真理的不懈追求而无视社会实际需要的存在或置社会实践的迫切需求于不顾，高等教育的价值不仅无从实现而且势必受到质疑。从更广阔的视角看，有关高等教育价值及其实现的论争,可看作是社会对于高等教育实践的一种错误出现提示或匹配性问题反馈。这种提示和反馈,有可能是对高等教育的价值偏离或对其实现过程中的问题发出的预警和要求调试的信号。

五

高等教育的价值实现只是满足社会利益吗? 高等教育的价值实现是多元的还是单一的?

毫无疑问,为社会利益的满足提供服务是高等教育价值的重要实现形式。高等学校这种特殊的社会组织形式产生于社会实践,同时社会实践又反过来受到高等教育日益深刻的影响。世界各国所采取的通过发展高等教育推动经济与社会发展的国家战略,所遵循的内在逻辑就是通过大力弘扬高等教育的理性引导社会实践并为其开辟道路。高等教育正在推动着人类社会文明的发展和以人为本的价值实现需求,促进人本身的解放和发展,正在日益成为衡量和判断高等教育价值实现的一个重要尺度。学习型社会的提出,反映了以人为本的主体性学习自觉,正在日益成为高等教育价值实现的新需求。今天我们讨论高等教育的价值及其实现,必须关注高等教育的人本性需求。

理性既有高深玄奥之处,亦有可知可感可触的切近之物。"知识不仅仅是达到知识以外的某种东西的方式,或是自然地发展某些技能的基础,而且是自身足以依赖和探求的目的。"[1]闲逸的志趣、高雅的情操、向善的品质、得体的言行,对这些素养进行探究和修炼的过程,就是对社会主体进行塑造的价值体现。

讨论高等教育的价值及其实现,不是学者们的自言自语、自娱自乐或无病呻吟。中国的高等教育在发展壮大的同时,在服务社会的改革发展过程中,面临理性丧失的危险不是危言耸听。高等学校是由于其独特的价值才成其为独

---

[1]　[英]约翰·亨利·纽曼:《大学的理想》,徐辉等译,浙江教育出版社 2001 年版,第 33 页。

特的社会组织,其历史性职责不仅在于对已经发生的社会实践进行总结、提炼、揭示、阐发以及传播和推广,更在于对其进行理性评价和理性引导,在于为未来社会的发展探究规则、寻找方向、规划路径。在此类重大问题上,大学不是已经做得足够多了,而是远远不能适应要求。大学不能苟同于肤浅、短视的欲望而满足社会需要,那样最终收获的只能是社会的鄙视和嘲讽,从而丧失大学应有的价值与社会功能。高等教育要更好地服务社会,就必须更好地坚守大学理性,始终保持和社会的适当距离;大学与社会的关系,犹如太空中运行的天体,既相互吸引,又彼此排斥,一旦这种平衡关系遭到破坏,势必是毁灭性的"坍塌"。大学必须以理性为基础与社会对话,理性是高等教育任何时候都不容忽视的根基和灵魂。中国的公立大学在争创世界一流的过程中,人们更多看到的是"失去灵魂的卓越",而较少看到公立大学应有的社会担当和社会责任,大学的公共性正在受到严峻挑战。一些大学已不再是清心寡欲之场,视知识为工具,视利益为父母,以改革的名义把大学变成官场和市场,媚俗和趋炎附势,原则和尊严丧失,这正是今天人们呼唤大学理性、大学精神的现实背景。

近些年来,大学内外对于我国高等教育的批评,特别是对于高等学校行政化的广泛诟病,可归结为对于大学自身的某些变化偏离高等教育价值要求的批评,主要是指责近些年来公立大学违背了高等教育价值对其基本形式的逻辑要求。在批评大学行政化的声浪中,大学的领导者们往往热衷于批评大学行政化的外部关系表现,即政府对大学行政化的管理方式和资源配置方式,而有意无意地回避了渗透在大学内部的行政化思维和行为方式所导致的问题、危害及其深刻影响。其表现方式很多,突出的有几种:其一是折腾,即有的大学领导者按照自己的主观意愿,违背高等教育价值及其实现规律,以行政首长说了算的方式进行所谓的"改革",不断折腾学校、学院、教师和学生,导致学校难以安宁,学院、教师都不胜其烦,难以获得秩序稳定的教学科研环境。其二是量化管理,不是根据科学规律、学科特点、学术要求和学者的实际情况来进行实事求是的考核和管理,而是行政化地进行量化管理,划定刊物级别,追求国外发表和课题数目,定时定量,以数量和排名为指标,使复杂的学术管理活动变成只要会操作电脑的行政人员即能评价出学术和学者的优劣,技术性地追求"没有灵魂的卓越"。其三是学科化模式,学科这一具有中国特色的概念,在国外似乎并不受到如此重视甚至不被认知。学科是中国高校外部和内部管理长期行政化模式的产物,以学科为归类标准进行人才培养,进而以学科来进行科学研究分类,以学科来进行管理、考核特别是进行各种各样的资源配置。学科制度实现了学术管理与行政管理的制度同构。有了学科,就有了学科建制和"学科建设",就分出了所谓的"学科主流",学者的科学研究就会以学科为框架被"主流化"或者被边缘化,学科在大学里成为神圣之物,一切都与此有关。以学科为名的各种名目的管理和学科配套性资源分配,深刻影响着大学教学科研的状态、发展和水平。因为没有学科的科学研究在大学里几乎难以得到身份认同,没有学科就无法进行人才培养,没有学科就得不到任何资源。因此,人们为了学科而十八般武艺无所不用其极。对科学和真理的追求,被限制和固定在一个个以行政方式确立和掌控的僵化的学科框架内,时时被顶礼膜拜。学科大大方便了行政管理,学科大大提高了行政权威及其深入影响教学科研的程度,学科也大大拓展了行政权力的寻租空间。其四是"官气"和"衙门"作风,大学里的文牍之风盛行,繁文缛节充斥,本来是为教学科研服务的学校机关演变成一个个官气十足的衙门。毋庸赘述,大学行政化显然不符合大学知识生产和科研创新的要求,亦不符合高等教育的价值逻辑以及价值实现的基本形式要求,更不符合培养创新型现代社会合格公民对于育人环境的基本要求。

坚守大学理性、实现高等教育价值是一个辩证的过程。高等教育的工具性和超然姿态,在社会的不同时期会有不同的表现。高等教育价值及其实现在时间、形式、效果、程度以及在不同主体之间的差异性,需要正确认识以及社会给予客观、公正的对待,实事求是地分析和对待高等教育的问题,辨识和澄清那些高等教育难以承受之责。大学理性对于推进社会进步效果的显现需要一定的时间和过程。为此,社会需要有足够的耐心,大学也需要呵护。理性的超前常常会受到误解甚至抵制,这个时候,大学应该对自己有清醒的认识和坚定的信念,坚持和耐心是实现高等教育价值所必不可少的大学定力与品性。

高等教育的价值及其实现是一个非常复杂的问题,本文无意于构建完备的理论和知识体系,仅仅基于《中国高教研究》30 年研究轨迹的启发,有感而发,表达我们思考这个问题的视角、逻辑和框架。期待《中国高教研究》这个学术平台,把相关研究持续地引向深入,拓展对问题的理解以及对实践的推进,为中国高等教育的健康发展和持续进步作出贡献。

（本文原载《中国高教研究》2015 年第 2 期,本文作者为秦惠民、解水青）